Jens Petersen

Kants Recht der Freiheit

Jens Petersen

Kants Recht der Freiheit

DE GRUYTER

Professor Dr. iur. *Jens Petersen*, Universität Potsdam

ISBN 978-3-11-107006-3
e-ISBN (PDF) 978-3-11-107018-6
e-ISBN (EPUB) 978-3-11-107049-0

Library of Congress Control Number: 2024930715

Bibliografische Information der Deutschen Nationalbibliothek
Die Deutsche Nationalbibliothek verzeichnet diese Publikation in der Deutschen Nationalbibliografie; detaillierte bibliografische Daten sind im Internet über http://dnb.dnb.de abrufbar.

Druck und Bindung: CPI books GmbH, Leck

www.degruyter.com

Vorwort

Das vorliegende Buch berücksichtigt neben den drei Kritiken und der späten Rechtslehre sowie einigen seiner Gelegenheitsschriften Kants Grundlegung zur Metaphysik der Sitten, seine Anthropologie in pragmatischer Hinsicht, den Weltbürgeressay, den Streit der Fakultäten, die Friedensschrift und die Abhandlung über den Gemeinspruch, aus der die Formulierung ‚Recht der Freiheit' stammt: „Dieses Recht der Freiheit kommt ihm, dem Gliede des gemeinen Wesens, als Mensch zu, so fern dieser nämlich ein Wesen ist, das überhaupt der Rechte fähig ist." (AA VIII 291). Der mehr als zwei Drittel umfassende erste Teil der vorliegenden Abhandlung über die ‚Rechtslehre und Gerichtsbarkeit in der Kritik der reinen Vernunft' wurde eigens für dieses Buch geschrieben. Dieser Hauptteil bildet denn auch eine eigene Monographie, die als solche schon den Titel des Kantischen Rechts der Freiheit tragen könnte.

Ergänzt wird diese Abhandlung durch vier verschiedene Festschrifts-Aufsätze, die jedoch von vornherein auf ein einheitliches Buch über Kants Recht der Freiheit hingeordnet waren. Alle diese Aufsätze wurden für die vorliegende Abhandlung ergänzt, überarbeitet und aufeinander bezogen. Der letzte Beitrag über Kants Metaphysische Anfangsgründe der Rechtslehre war meinem verehrten Lehrer *Claus-Wilhelm Canaris* zugeeignet. Seinem Andenken widme ich auch den im Verhältnis dazu komplementären ersten Teil dieses Buches in Dankbarkeit.

Potsdam, zum 22. April 2024 *Jens Petersen*

https://doi.org/10.1515/9783111070186-001

Inhalt

Zweiter Teil: **Didaktik, Deduktion und Weltbürgerrecht**

Erster Teil: **Rechtslehre und Gerichtsbarkeit in der *Kritik der reinen Vernunft***

I. Einleitung

Es ist seit jeher bekannt, dass in der *Kritik der reinen Vernunft* eine Fülle juristischer Anspielungen zu finden sind und sich die Darstellung über weite Strecken am Gerichtsprozess orientiert.[1] Vielfach verdeutlicht Kant transzendentalphilosophische Probleme am Beispiel von Begriffen und Bildern aus der Rechtssprache, die ihren Grund in der ihm geläufigen Methode der juristischen Deduktionsschriften haben dürften.[2] Ausnahmsweise bedient er sich der juristischen Rhetorik, um der anspruchsvollen Darstellung eine bessere Nachvollziehbarkeit zu verleihen; zumeist allerdings zur Statuierung eines normativen Maßstabs, an dem sich auch das kritische Geschäft messen lassen muss.

Daher begegnen rechtliche Anspielungen mitunter fast auf Schritt und Tritt, dann wieder über längere Darstellungen hinweg nur vereinzelt, jedoch bis zum Schluss weiträumig und zumeist an Stellen, die für die Beweisführung von beträchtlicher Bedeutung sind. Einige Bezugnahmen auf die Justiz und Gerichtsbarkeit weisen eher ornamentalen Charakter auf, andere dagegen enthalten genuin rechtsphilosophische Gedanken.[3] Beide Ausprägungen jedoch müssen im Verbund miteinander gewürdigt werden, weil sich diese nicht zuletzt im Hinblick auf jene erschließen. Denn die flächendeckende Verwendung juristischer Beispiele und Anleihen aus der Rechtssprache spricht entscheidend dafür, dass es sich dabei nicht

1 Entstehungsgeschichtlich und konzeptionell am deutlichsten *Dieter Henrich*, Werke im Werden. Über die Genesis philosophischer Einsichten, 2011, S. 82f.; ferner *Diego Kosbiau Trevisan*, Der Gerichtshof der Vernunft. Eine historische und systematische Untersuchung über die juridischen Metaphern der K. r. V., 2018; *Ulrich Seeberg*, Kants Vernunftkritik als Gerichtsprozeß, in: Darstellung und Erkenntnis. Beiträge zur Rolle nichtpropositionaler Erkenntnisformen in der deutschen Philosophie und Literatur nach Kant (Hg. Brady Bowman), 2007, S. 61; *Peter L. Oesterreich*, Vom Vernunftgerichtshof zum Weltgericht. Gerichtliche Metaphorik bei Kant und Hegel, in: Darstellung und Erkenntnis. Beiträge zur Rolle nichtpropositionaler Erkenntnisformen in der deutschen Philosophie und Literatur nach Kant (Hg. Brady Bowman), 2007, S. 45, 48ff.; *Marcus Twellmann*, Der (Anti-)Juridismus der reinen Vernunft. Zur Rechtsmetaphorik bei Kant, Weimarer Beiträge 55 (2009), 413; *Otfried Höffe*, Kants Kritik der reinen Vernunft. Die Grundlegung der modernen Philosophie, 2023, S. 34ff.

2 Grundlegend *Dieter Henrich*, Kant's Notion of a Deduction and the Methodological Background of the First Critique, in: Kant's Transcendental Deductions. The Three 'Critiques' and the 'Opus postumum' (Hg. Eckart Förster), 1989, S. 29; weiterführend *Ulrich Seeberg*, Ursprung, Umfang und Grenzen der Erkenntnis. Eine Untersuchung zu Kants transzendentaler Deduktion der Kategorien, 2006, S. 203ff.

3 *Friedrich Kaulbach*, Studien zur späten Rechtsphilosophie Kants und ihrer transzendentalen Methode, 1982, S. 11 Fußnote 2, zur transzendentalen Methode als „Verfahren der Rechtsfindung".

https://doi.org/10.1515/9783111070186-002

einfach um ein äußerliches Gerüst, sondern vielmehr ein tragendes Strukturprinzip des epochalen Werkes handelt.[4]

Zudem erhalten die Bezugnahmen auf das Recht und die Anspielungen auf einen Gerichtsprozess den Spannungsbogen aufrecht, indem sie ihn von den beiden Vorreden bis hin zur transzendentalen Methodenlehre erstrecken und dadurch auch äußerlich zu einem durchgängigen Darstellungsprinzip erheben. So setzen die Anleihen aus der Rechtslehre und Gerichtsbarkeit auch in wissenschaftstheoretischer Hinsicht eine Messlatte, die – beispielsweise im Hinblick auf die Anforderungen bezüglich der Beweisbarkeit oder der Deduktion transzendentalphilosophischer Annahmen – nicht nur zur schieren Veranschaulichung sinnfällig ist, sondern sich darüber hinaus als wissenschaftlich verbindlich erweist. Doch wird auf diese Weise nicht allein die Jurisprudenz zum Paradigma der Verdeutlichung gerade der schwierigsten Probleme der Transzendentalphilosophie.

Vielmehr ist umgekehrt die unerbittliche Stringenz der Kantischen Beweisführung, wie sich im Verlauf der vergangenen beiden Jahrhunderte gezeigt hat, in vielerlei Hinsicht ihrerseits vorbildlich für die Methodenlehre der Rechtswissenschaft.[5] Denn die Einheit, Folgerichtigkeit und Widerspruchsfreiheit der Rechtsordnung sind nicht nur in abstrakter Hinsicht unverzichtbare Desiderate, sondern müssen sich auch in der Entscheidung des konkreten Rechtsfalles spiegeln, darüber hinaus aber im rechtswissenschaftlichen Gutachten, das diese auf eine methodisch anspruchsvolle Weise vorbereitet,[6] dabei freilich idealerweise auch die Widerspruchsfreiheit der Rechtsordnung selbst abbildet und zur Geltung bringt.[7] Wieviel gerade dieses in der universitären Jurisprudenz praktizierte Vorgehen der Kantischen Philosophie verdankt, ohne dessen vollends eingedenk zu sein, ist innerhalb der juristischen Methodenlehre nur vereinzelt gewürdigt worden.[8]

---

4 *Dieter Henrich*, Die Deduktion des Sittengesetzes, Festschrift für Wilhelm Weischedel, 1975, S. 55, 78 f.

5 *Claus-Wilhelm Canaris*, Theorienrezeption und Theorienstruktur, Festschrift für Zentaro Kitawaga, 1992, S. 59, 85 f. mit Fußnote 99; *ders.*, Systemdenken und Systembegriff in der Jurisprudenz, 2. Auflage 1983, S. 3 mit Fußnote 3 und 4 unter Bezugnahme auf die erste Kritik; *ders.*, Funktionen des Allgemeinen Teils eines Zivilgesetzbuchs und Grenzen seiner Leistungsfähigkeit, Gesammelte Schriften (Hg. Hans Christoph Grigoleit/Jörg Neuner), 2012, Band 3, S. 403, 413 mit Fußnote 27; *ders.*, Die Vertrauenshaftung im Lichte der Rechtsprechung des Bundesgerichtshofs, in: 50 Jahre Bundesgerichtshof, Festgabe aus der Wissenschaft, 2000, Band I, S. 129, 148 f.

6 *Dieter Medicus*, Anspruch und Einrede als Rückgrat einer zivilistischen Lehrmethode, Archiv für die civilistische Praxis 174 (1974), 313.

7 *Jens Petersen*, Anspruchsgrundlage und Anspruchsaufbau als Abbildung des inneren Systems der Privatrechtsordnung, Festschrift für Dieter Medicus, 2009, S. 295.

8 *Claus-Wilhelm Canaris*, Das Rangverhältnis der „klassischen" Auslegungskriterien, demonstriert an Standardproblemen aus dem Zivilrecht, Festschrift für Dieter Medicus, 1999, S. 25, 26 f.

So könnte sich zeigen, dass nicht nur ‚die Rechtslehrer' mit ihren Deduktionen eine aus Kants Sicht für die Transzendentalphilosophie vorbildhafte Veranschaulichung entwickelt haben (AA IV 68 / AA III 99), sondern dieser seinerseits für die Jurisprudenz verallgemeinerbare wissenschaftstheoretische Standards der Subsumtion erarbeitet hat. Denn gerade das Denken in Ansprüchen, das Kant, wie wir sehen werden, an so vielen Stellen seiner *Kritik der reinen Vernunft* zur Verdeutlichung heranzieht, ist für die Zivilrechtswissenschaft seit jeher von elementarer Bedeutung. Es hat auf diese Weise nicht nur die *Kritik der reinen Vernunft* in gewissem Maße geprägt und dürfte durch diese in wissenschaftstheoretischer Hinsicht höher geadelt worden sein, als ihren Vertretern bewusst ist[9] – nicht zuletzt den von Kant so genannten ‚Rechtslehrern'.[10] Damit geht freilich auch eine gewisse Verpflichtung einher,[11] der sich die Jurisprudenz durch stetige Rückbesinnung auf ihre rechtsphilosophischen Grundlagen als würdig erweisen sollte.[12]

Es könnte ein lohnender Gegenstand einer dogmengeschichtlichen Untersuchung sein, ob nicht die juristischen Deduktionschriften, anhand deren Methode Kant seine transzendentale Deduktion veranschaulicht (AA IV 68 / AA III 99), im Hinblick auf ihre gedankliche Stringenz und das Postulat der Widerspruchsfreiheit entwicklungsgeschichtliche Vorbilder jener Gutachtenmethode sind, deren Beherrschung bis heute in der universitären juristischen Schulung verlangt wird, darüber hinaus aber auch als methodischer Maßstab wenigstens idealiter der richterlichen Urteilsbegründung zugrunde liegt. Das kann und soll jedoch in der vorliegenden Abhandlung nicht geleistet werden, weil es zu weit vom eigentlichen Thema – Kants Recht der Freiheit – wegführen würde.

Aber selbst wenn eine solche Entwicklung nicht bruchlos verlaufen sein sollte, könnte sich ergeben, dass gerade Kant mit seiner Transzendentalphilosophie, die von diesem normativen Maßstab ausgegangen ist und ihr damit eine wissenschaftstheoretische Dignität sondergleichen verschafft hat, womöglich sogar als eine Art geistesgeschichtliches Zwischenglied die juristische Gutachtentechnik aus dem Geiste der Deduktionsschriften geformt hat, indem sie jene daran erinnerte,

---

9 Vgl. nur *Bernhard Großfeld*, Examensvorbereitung und Jurisprudenz, JuristenZeitung 1992, 22. Dagegen zutreffend *Dieter Medicus*, Bürgerliches Recht, 16. bis 20. Auflage (1993 bis 2004), jeweils im Vorwort S. V.

10 *Kant* (AA VI 357), verwendet diesen Begriff mitunter auch abschätzig: „Die Rechtslehrer haben bisher nun zwei Gemeinplätze besetzt".

11 Wichtig bereits *Hannes Unberath*, Der Nachhall der Metaphysischen Anfangsgründe der Rechtslehre im System des heutigen römischen Rechts, Zeitschrift der Savigny-Stiftung für Rechtsgeschichte. Germanistische Abteilung 127 (2010), 142.

12 *Johannes Strangas*, Kritik der kantischen Rechtsphilosophie, 1988, S. VII Fußnote 1, ruft in Erinnerung, dass Kant selbst nicht von Rechtsphilosophie spricht.

dass alle Voraussetzungen der Anspruchsbegründung logisch widerspruchsfrei und wertungsmäßig folgerichtig in einer stimmigen Anordnung der sich jeweils stellenden Vorfragen nach einem gedanklich ökonomischen Verfahren geprüft sein müssen,[13] um die Rechtsfolge annehmen zu dürfen, dass der geltend gemachte Anspruch besteht oder eben nicht besteht.[14] Auf diese Weise könnten Jurisprudenz und Transzendentalphilosophie einander wechselseitig und in wissenschaftstheoretischer Hinsicht zu ihrem beiderseitigen Vorteil stärker beeinflusst haben, als man bisher angenommen hat.[15]

13 Zu dem damit umschriebenen, auf Ernst Mach zurückgehenden Begriff der ‚Denkökonomie' *Werner Heisenberg*, Der Teil und das Ganze. Gespräche im Umkreis der Atomphysik, 13. Auflage 1993, S. 81f.; dort freilich auch zu Einwänden Albert Einsteins im Hinblick auf den ‚kommerziellen Charakter' des Begriffs.

14 *Dieter Medicus/Jens Petersen*, Bürgerliches Recht, 29. Auflage 2023; *dies.*, Grundwissen zum Bürgerlichen Recht, 12. Auflage 2021, jeweils S. 1.

15 *Dieter Henrich*, Between Kant and Hegel. Lectures on German Idealism, 2008, S. 51, legt Wert auf die Feststellung: "Kant's epistemology is not purely logical, or formal, but it is a philosophy of mind." – Dementsprechend verhält es sich mutatis mutandis mit einer recht verstandenen Wertungs- und Prinzipienjurisprudenz.

II. Juristische Anspielungen in den beiden Vorreden

Da die Versinnbildlichung schwieriger Zusammenhänge mit Bildern aus dem Rechtsleben, etwa im Hinblick auf gedachte juristische Streitigkeiten, zugleich eine den Leser lenkende, hermeneutische Funktion entfalten kann, dürfte Kant wohl nicht von ungefähr die beiden Vorreden zur ersten und zweiten Auflage seines Werkes dazu auserkoren haben, den unwegsamen Gegenstand mit Metaphern und Anspielungen aus jenem Teil der Lebenswirklichkeit zu verdeutlichen, der gleichwohl nicht nur auf die Frage nach dem konkreten Entscheidungssachverhalt (‚*quid facti*') antwortet, sondern auch die normative Ebene dessen berücksichtigt, was im konkreten Fall Rechtens ist (‚*quid iuris*'), das heißt, welche Voraussetzungen vorliegen müssen, damit der geltend gemachte Anspruch im Zuge eines Gerichtsverfahrens damit abschließend zugesprochen und tituliert werden kann, mithin *für Recht erkannt wird,* wie die Urteilsformel interessanterweise noch heute mit einem überraschend epistemologischen Anklang lautet. Vor diesem Hintergrund folgt es einer rhetorisch einprägsamen Dramaturgie, dass Kant die Wahrheitssuche auch im Hinblick auf den transzendentalen Streitgegenstand von Anfang an und über weite Strecken gleichsam nach Art eines Gerichtsprozesses anlegt.

1. Recht und Justiz in der ersten Vorrede

Bereits zu Beginn der Vorrede zur ersten Auflage der *Kritik der reinen Vernunft* leitet Kant den von ihm drucktechnisch hervorgehobenen Begriff der Metaphysik mit einer zwar noch nicht juristischen, aber im Wortsinne annähernd polemischen, zumindest aber kompetitiven Wendung ein, welche die im Wege eines Gerichtsverfahrens zu klärenden Zwistigkeiten umreißt: „Der Kampfplatz dieser endlosen Streitigkeiten heißt nun *Metaphysik*" (AA IV 7).[16]

16 *Eckart Förster*, Die 25 Jahre der Philosophie, 2011, S. 33, erläutert die Metapher anschaulich, indem er die Bedingungen auffächert, unter denen Metaphysik möglich ist, und anhand dessen zeigt, wie sich deren Erfüllung nach Art eines Gerichtsverfahrens darstellen lässt.

https://doi.org/10.1515/9783111070186-003

a) ‚Rechtmäßigkeit jener Ansprüche'

Damit ist ein gewisser Grundton vorgegeben, dem Kant mit rhetorischer Finesse den „Modeton des Zeitalters" (AA IV 7) entgegensetzt und auf diese Weise eine Distanz verrät, die er in einer anderen Schrift *Von einem neuerdings erhobenen vornehmen Ton in der Philosophie* (AA VIII 387) hat anklingen lassen. Seine Diktion, die von den Streitigkeiten ausgeht, ist demgegenüber allem Anschein nach vergleichsweise kompromisslos und erscheint beinahe als Vorgriff jenes Kampfes um das Recht, den später Rudolf von Jhering ausgefochten wissen wollte, wenn es um den Widerstreit der unterschiedlichen Ansprüche gegeneinander gehen wird, in dem das Recht behauptet wird.[17] Allerdings ist es Kant weniger um einen Wettbewerb widerstreitender Rechte zu tun als vielmehr die im Bild der Arena zum Ausdruck kommende Leistungsfähigkeit einer Theorie im Sinne unangreifbarer und gleichsam rechtmäßiger transzendentalphilosophischer Besitzansprüche.

aa) Systemdenken in der ersten Kritik und der Zivilrechtswissenschaft

Insofern kann man zumindest in wissenschaftstheoretischer Hinsicht von einer gewissen Übereinstimmung zwischen Kants metaphysischem Denken und der Zivilrechtswissenschaft sprechen, gilt die Leistungsfähigkeit und Verallgemeinerbarkeit einer Theorie doch hier wie dort als Ausweis der Verbriefung ihres Wissenschaftsanspruchs, wie Kant in einer geradezu klassischen Begriffsbestimmung verdeutlich hat: „Man nennt einen Inbegriff selbst von praktischen Regeln alsdann Theorie, wenn diese Regeln als Principien in einer gewissen Allgemeinheit gedacht werden." (AA VIII 275).[18]

(1) Rechtmäßigkeit der Ansprüche und Anspruchsprüfung

Innerhalb der *Kritik der reinen Vernunft* ist bereits sprachlich bemerkenswert, dass Kant unmittelbar, bevor er behandelt, ob und inwieweit sich die Metaphysik hinsichtlich ihrer vorgeblich herausgehobenen Stellung einer ‚Anmaßung mit Recht' befleißigt hat, in juristischer Terminologie die jüngere Entwicklung in der Nachfolge der epochalen Arbeiten von John Locke skizziert: „In neueren Zeiten schien es zwar einmal, als sollte allen diesen Streitigkeiten durch eine gewisse Physiologie des

17 *Rudolf von Jhering*, Der Kampf ums Recht, 1872; dazu näher *Jens Petersen*, Privatrechtsdogmatik und methodischer Individualismus am Beispiel Rudolf von Jherings, Festschrift für Claus-Wilhelm Canaris, 2017, S. 87–117.

18 Auf diesen Satz verweist wiederholt *Claus-Wilhelm Canaris*, Theorienrezeption und Theorienstruktur, Festschrift für Zentaro Kitawaga, 1992, S. 59 f. mit Fußnote 7; *ders.*, Funktion, Struktur und Falsifikation juristischer Theorien, JuristenZeitung 1993, 377.

menschlichen Verstandes (von dem berühmten Locke) ein Ende gemacht und die Rechtmäßigkeit jener Ansprüche völlig entschieden werden“ (AA IV 8). Hier zeigt sich die juristische Begrifflichkeit interessanterweise in Gestalt einer spezifisch zivilrechtlichen, in deren Mittelpunkt die gegenseitigen Ansprüche stehen.

(2) Stringenz des Prüfungsmaßstabs und Systemdenken

Vor dem Hintergrund solcher Formulierungen nimmt es nicht wunder, dass Kant, wie bereits in der Einleitung angedeutet, seit jeher für die geistige Entwicklung bedeutender Zivilrechtsdenker prägend war,[19] darüber hinaus auch auf die Systematik des Bürgerlichen Rechts maßgeblichen Einfluss ausgeübt hat.[20] Kant dachte im Hinblick auf die systematische Einheit und Folgerichtigkeit sowie vor allem die Widerspruchsfreiheit, wie ein Zivilrechtswissenschaftler idealerweise denken sollte, wenngleich man heute innerhalb der Anspruchsprüfung nicht mehr von der Rechtmäßigkeit der Ansprüche sprechen würde, sondern von ihrer Entstehung.[21] Doch ändert dies nichts daran, dass die Stringenz der Prüfung demselben Maßstab entsprechen muss, nämlich einem Systemdenken verpflichtet zu sein hat, also nicht einfach eine lose, mehr oder minder assoziative Aneinanderreihung bilden oder den Entscheidungsfall einfach nur in der historischen Abfolge der mitgeteilten Fakten rechtlich würdigen darf.[22]

(3) System statt ‚Rhapsodie‘

Ganz ähnlich verhält es sich nach der Kantischen Methode, der alles Unverbindliche, Erzählerische und Zufällige zuwider ist, sondern vielmehr den Prinzipien der Einheit, Folgerichtigkeit und Widerspruchsfreiheit verpflichtet ist. Insbesondere das Postulat der Einheit der vielfältigen Erkenntnisse muss sich einer Idee subsumieren lassen. Systematisch hergeleitete Erkenntnis ist aber eine vom Primat der Vernunft ausgehende. Nicht von ungefähr heißt es in der transzendentalen Methodenlehre der *Kritik der reinen Vernunft:* „Unter der Regierung der Vernunft dürfen unsere Erkenntnisse überhaupt keine Rhapsodie, sondern sie müssen ein System ausmachen, in welchem sie allein die wesentlichen Zwecke derselben unterstützen und befördern können. Ich verstehe aber unter einem Systeme die

19 Eingehend *Dieter Nörr*, Savignys philosophische Lehrjahre, 1994.

20 Grundlegend *Hannes Unberath*, Die Vertragsverletzung, 2007, S. 32 ff.

21 Vgl. nur *Jens Petersen*, Die Entstehung und Prüfung von Ansprüchen, Juristische Ausbildung 2008, 180.

22 *Dieter Medicus*, Anspruch und Einrede als Rückgrat einer zivilistischen Lehrmethode, Archiv für die civilistische Praxis 174 (1974), 313.

Einheit der mannigfaltigen Erkenntnisse unter einer Idee“ (AA III 538).[23] Das lässt sich mutatis mutandis auf das juristische Systemdenken übertragen und ist denn auch innerhalb der juristischen Methodenlehre so verstanden worden.[24]

(4) Rechtswissenschaft und ‚Regierung der Vernunft'

Schon deswegen sollten dem Juristen, umso weniger dem Rechtsphilosophen, die rechtlich geprägten Gedanken der *Kritik der reinen Vernunft* nicht gleichgültig sein, zumal da es einen erkennbaren Zusammenhang zwischen der philosophischen Provenienz und einem anspruchsvollen juristischen Systemdenken gibt.[25] Beiläufig begegnet hier bereits die für Kants Verständnis grundlegende Subordination allen Denkens unter die ‚Regierung der Vernunft'. Wir werden später noch sehen, dass Kant ansonsten hauptsächlich vom Gerichtshof der Vernunft spricht oder wenigstens sinngemäß auch von der Gesetzgebung der Vernunft und damit gleichsam alle Gewalten in ihr vereinigt. Darüber hinaus ist die Gegenüberstellung von Rhapsodie und System auch aus rechtswissenschaftlicher Sicht aufschlussreich, weil gerade die gedankliche Strenge und dem Systemdenken verpflichtete Prüfung von Ansprüchen nicht nur für eine wissenschaftliche Jurisprudenz unerlässlich ist, sondern auch bereits zur Schulung angehender Juristen.[26]

bb) ‚Rechtmäßiger Anspruch' in der *Kritik der Urteilskraft*

Übrigens findet sich der soeben aus der ersten Vorrede der *Kritik der reinen Vernunft* zitierte Begriff des rechtmäßigen Anspruchs auch in der 1790 erschienenen *Kritik der Urteilskraft* im Zusammenhang mit dem Geschmacksurteil: „Dieses würde so viel heißen, als: es giebt gar keinen Geschmack, d. i. kein ästhetisches Urtheil, welches auf jedermanns Beistimmung rechtmäßigen Anspruch machen könnte.“ (AA V 213). Diese Stelle verdeutlicht den werkimmanenten Zusammenhang und belegt damit die eingangs aufgestellte Hypothese, dass es sich die den juridischen Formulierungen vor allem innerhalb der ersten Kritik um ein tragendes Strukturprinzip handelt.

---

23 Weiterführend zu dieser Stelle *Johannes Strangas*, Kritik der kantischen Rechtsphilosophie, 1988, S. 4.

24 *Claus-Wilhelm Canaris*, Systemdenken und Systembegriff in der Jurisprudenz, 2. Auflage 1983, S. 3.

25 *Vittorio Hösle*, Eine kurze Geschichte der deutschen Philosophie, 2013, S. 73, im Hinblick auf die Rechtskultur insbesondere des 19. Jahrhunderts.

26 *Claus-Wilhelm Canaris*, Das Rangverhältnis der „klassischen“ Auslegungskriterien, demonstriert an Standardproblemen aus dem Zivilrecht, Festschrift für Dieter Medicus, 1999, S. 25, 27.

Vor diesem Hintergrund wird verständlich, dass sich bei dem zuletzt zitierten Satz mit seiner eigentümlichen Wendung des ‚rechtmäßigen Anspruchs' nicht lediglich um ein obiter dictum, sondern eine für das Grundverständnis der dritten Kritik zentrale Aussage handelt, weil es dort nicht um eine gleichwie geartete geschmackliche Vorliebe geht.[27] Vielmehr handelt es sich auch dabei um eine strikte Beweisführung nach den hohen Maßstäben der kritischen Methode.[28] Insofern weist auch das Geschmacksurteil im Sinne der kritischen Philosophie Kants eine für die Jurisprudenz nicht unwichtige Nähe zum Richteramt auf.[29]

b) Despotische Herrschaft und Gesetzgebung der Metaphysik

Kehren wir nach diesen Überlegungen zur Rechtmäßigkeit geltend gemachter Ansprüche zurück zum ‚Kampfplatz' der Metaphysik und den Streitigkeiten, in die sie kraft ihrer wissenschaftlichen Vormachtstellung seines Erachtens verwickelt war (15 Vorrede A7). Zwei zwischen den zuletzt zitierten Stellen stehende Sätze sind in rechtsphilosophischer Hinsicht aufschlussreich, weil sie einerseits Anspielungen auf einen im Naturzustand bestehenden Kampf aller gegen alle enthalten, andererseits aber nach ursprünglich anarchischen Tendenzen von einer gewissen Entwicklung der Rechtskultur zu künden scheinen, wenn es dort mit sprachmächtigen Bildern über die Metaphysik heißt:[30] „Anfänglich war ihre Herrschaft, unter der

27 *Dieter Nörr*, Das Verhältnis von Fall und Norm als Problem der reflektierenden Urteilskraft, in: Text und Applikation, Poetik und Hermeneutik IX (1981), 395, 403, entwickelt den anregenden Gedanken einer Ästhetik des juristischen Urteils. Für diese Sichtweise Nörrs und insbesondere seinen Verweis auf die Eleganz und Qualität der Gutachten der römischen Juristen spricht ein Wort von *Kant*, Von der Unrechtmäßigkeit des Büchernachdrucks, 1785 (AA VIII 77, 87), von „der erforderlichen Eleganz der römischen Rechtsgelehrsamkeit", das freilich die – kaum je einzulösende – Voraussetzung seinerseits elegant mit einer Alliteration postuliert. Zu dieser im Hinblick auf die Methode der Deduktion bedeutsamen Schrift noch im Zweiten Teil unter II.

28 *Eckart Förster*, Die 25 Jahre der Philosophie, 2011, S. 137, hat diesen Satz am gründlichsten analysiert und in den Gang des Kantischen Denkens eingeordnet. Abschließend – und ebenfalls im Hinblick auf die juristische Formulierung sowie das innere System der drei Kritiken aufschlussreich – ebenda, S. 141: „Wie jede Analyse liefert sie (sc. Kants Analyse des Geschmacksurteils) ein Ergebnis *quid facti*, aber nicht *quid iuris*." Hervorhebungen auch dort.

29 *Claus-Wilhelm Canaris*, Richtigkeit und Eigenwertung in der richterlichen Rechtsfindung, in: Grazer Universitätsreden Nr. 50, 1993, S. 23, 40 f., unter Verweis auf hier nicht weiter interessierende Stellen aus der ‚Kritik der Urteilskraft' mit einem auch für den vorliegenden Zusammenhang bemerkenswerten argumentum a fortiori.

30 In diese Richtung bereits *Ulrich Seeberg*, Kants Vernunftkritik als Gerichtsprozeß, in: Darstellung und Erkenntnis. Beiträge zur Rolle nichtpropositionaler Erkenntnisformen in der deutschen Philosophie und Literatur nach Kant (Hg. Brady Bowman), 2007, S. 61 f.

Verwaltung der Dogmatiker, despotisch. Allein weil die Gesetzgebung noch die Spur der alten Barbarei an sich hatte, so artete sie durch innere Kriege nach und nach in völlige Anarchie aus, und die Sceptiker, eine Art Nomaden, die allen beständigen Anbau des Bodens verabscheuen, zertrennten von Zeit zu Zeit die bürgerliche Vereinigung“ (AA IV 8).

Anstelle eines nüchternen dogmengeschichtlichen Abrisses, wie man ihn zu Beginn der *Kritik der reinen Vernunft* erwarten könnte, entwirft ihr Verfasser in mitreißenden Worten ein historisches Schlachtengemälde im Wettstreit provokanter Aufwiegler mit auf Ruhe und Beständigkeit sinnenden Bewahrern, die ursprünglich nicht minder herrschsüchtig und rechthaberisch verfuhren.[31] Der rhetorische Schwung dieser kraftvollen Rede darf freilich nicht darüber hinwegsehen lassen, dass Kants Rechtsphilosophie letztlich der Idee eines ewigen Friedens verpflichtet ist (AA VI 354).[32] In diesem Sinne berücksichtigt er auch in seiner *Anthropologie in pragmatischer Hinsicht* maßgeblich das „Recht des Schwächeren“ (AA VII 209).

c) Staatstheoretische Diktion

Kunstvoll lässt Kant die unterschiedlichen Herrschaftsformen im Hinblick auf die Metaphysik, die – wie er sprachlich nicht ohne buchstäblich polemische Anleihen unterstreicht – zwischenzeitlich in Kriege verwickelt war, vor dem Auge des philosophisch gebildeten Lesers erstehen und wieder zerfallen. Unversöhnlich stehen die administrativ gesonnenen, aber ihrer konstanten Machtausübung bewussten Dogmatiker, und die eher unsteten Skeptiker mit ihrem Unwillen gegenüber kontinuierlicher Fruchtbarmachung des zu bestellenden Bodens einander gegenüber.[33] Bereits an dieser frühen Stelle begegnet das Bild der Gesetzgebung; freilich noch in einer denkbar undemokratischen, rudimentären Frühform einseitig auferlegter Verordnungen und Gebote.

---

31 *Vittorio Hösle*, Im Dialog mit Gómez Dávila. Gegenaphorismen, Variationen, Korollarien, 2022, S. 33, spricht in anderem Zusammenhang treffend von „der Verwirklichung des Juridischen“ in Anlehnung an Kants ‚Kritik der reinen Vernunft‘.

32 Dazu noch am Ende des Zweiten Teils unter dem Gesichtspunkt des Weltbürgerrechts.

33 *Eckart Förster*, Die 25 Jahre der Philosophie, 2011, S. 37, stellt beide einander gegenüber und verdeutlicht den Vergleich mit der richterlichen Urteilsfindung: „Der Dogmatiker behauptet, im Besitz metaphysischer Erkenntnisse zu sein, der Skeptiker bezweifelt die Rechtmäßigkeit solcher Besitzansprüche. Zwischen beiden muss nun, wenn es um die Möglichkeit oder Unmöglichkeit metaphysischer Erkenntnis gehen soll, nach allgemeingültigen Gesetzen entschieden und ein bindendes Urteil gefällt werden“.

Kant zeichnet ein eher trostloses Panorama der Rechtlosigkeit, in dem das Gesetz der Macht und des anarchistischen Gegeneinanders gilt. Mit Bedacht spricht er nur von der sich gegen alle Widerstände bildenden ‚bürgerlichen Vereinigung' und noch nicht von der zu gründenden bürgerlichen Gesellschaft, deren Aufkommen ihm ideengeschichtlich so viel verdankt.[34] Er nennt zwar auch in seiner Abhandlung *Über den Gemeinspruch* nicht den Begriff der bürgerlichen Gesellschaft, fasst aber insbesondere unter Berücksichtigung des Prinzips der Freiheit den Zusammenhang zwischen Recht und Gesellschaft aufschlussreich zusammen:[35] „Der bürgerliche Zustand also, bloß als rechtlicher Zustand betrachtet, ist auf folgende Principien *a priori* gegründet: 1. Die Freiheit jedes Gliedes der Societät, als Menschen." (AA VIII 290).[36] Auch hierin kommt beiläufig die Grundannahme eines Rechts der Freiheit zum Vorschein, so dass folgerichtig bereits kurz darauf ausdrücklich davon die Rede ist: „Dieses Recht der Freiheit kommt ihm, dem Gliede des gemeinen Wesens, als Mensch zu, so fern dieser nämlich ein Wesen ist, das überhaupt der Rechte fähig ist." (AA VIII 291).

d) Sicherung ‚gerechter Ansprüche'

Die demnach erforderlichen nachhaltig wirkenden Bande wurden also von den Skeptikern immer wieder zerschnitten und somit die dafür vorausgesetzte ‚bürgerliche Vereinigung' vereitelt. Auf diese Weise beschreibt Kant die Lage der Metaphysik in einer rhetorisch eindrucksvollen staatstheoretischen Diktion. Vor dem Hintergrund dieser schwungvollen Einleitung mag es auf den ersten Blick überraschen, dass Kant in einer unserem heutigen Sprachgebrauch widerstrebenden Weise der Gleichgültigkeit in wissenschaftstheoretischer Hinsicht ein gutes Zeugnis ausstellt (AA IV 9), weil sie aus der Urteilskraft hervorgeht, deren Fehlen Torheit bedeutet (AA IV 97 / AA III 132).

---

34 *Ernst-Joachim Mestmäcker*, Wettbewerb in der Privatrechtsgesellschaft, 2019, S. 47 f.

35 *Henry E. Allison*, Kant's Conception of Freedom: A Developmental and Critical Analysis, 2020, ist aus dem neueren Schrifttum zu Kants Verständnis der Freiheit zu nennen.

36 Hervorhebung auch dort. Bedenkenswert im Hinblick auf den ‚bürgerlichen Zustand', wenngleich ohne Berücksichtigung der Abhandlung über den Gemeinspruch, *Diego Kosbiau Trevisan*, Der Gerichtshof der Vernunft. Eine historische und systematische Untersuchung über die juridischen Metaphern der K. r. V., 2018, S. 403.

aa) Rechtsprechung statt ‚Machtsprüchen'

Man muss wohl die Gleichgültigkeit im Wortsinne der unparteiischen, vorurteilsfreien Kritik begreifen, um ermessen zu können, warum Kant sie in einer Weise hervorhebt, die unversehens zu einer zentralen Justizmetapher führt, welche ihrerseits wiederum in die Mitte des Werks weist, ja dessen Gegenstand selbst umfassend beschreibt: „Sie ist offenbar die Wirkung nicht des Leichtsinns, sondern der gereiften Urtheilskraft des Zeitalters, welches sich nicht länger durch Scheinwissen hinhalten läßt, und eine Aufforderung an die Vernunft, das beschwerlichste aller ihrer Geschäfte, nämlich das der Selbsterkenntniß, aufs neue zu übernehmen und einen Gerichtshof einzusetzen, der sie bei ihren gerechten Ansprüchen sichere, dagegen aber alle grundlose Anmaßungen nicht durch Machtsprüche, sondern nach ihren ewigen und unwandelbaren Gesetzen abfertigen könne; und dieser ist kein anderer als die Kritik der reinen Vernunft selbst" (AA IV 9).[37]

Rechtsprechung kraft gesetzmäßiger Vernunfterkenntnis tritt an die Stelle der Machtsprüche, deren mangelnde Überzeugungskraft Kant auch in einer kleineren Schrift ironisch persifliert: „Zuerst gefällt sich das Genie sehr in seinem kühnen Schwunge, da es den Faden, woran es sonst die Vernunft lenkte, abgestreift hat. Es bezaubert bald auch andere durch Machtsprüche und große Erwartungen und scheint sich selbst nunmehr auf einen Thron gesetzt zu haben, den langsame, schwerfällige Vernunft so schlecht zierte." (AA VIII 145).

Die aus besonnener Urteilskraft hervorgehende unparteiliche Gleichgültigkeit und Vorurteilslosigkeit ist also ein Mittel zur Selbsterkenntnis der Vernunft, die sie von allem Blendwerk, wie Kant es an verschiedenen anderen Stellen bezeichnet, unterscheidet und zugleich befreit. Nur die Vernunft selbst kann als richtende Instanz über die Berechtigung der Ansprüche billigerweise entscheiden.[38] In einer imposanten Antithese stellt er die auf schierer Macht gründenden Behauptungen ohne zureichende Beweisgründe den ‚ewigen und unwandelbaren Gesetzen' wortgewaltig gegenüber.

---

37 Prägnant zur Zielsetzung *Ulrich Seeberg*, Kants Vernunftkritik als Gerichtsprozeß, in: Darstellung und Erkenntnis. Beiträge zur Rolle nichtpropositionaler Erkenntnisformen in der deutschen Philosophie und Literatur nach Kant (Hg. Brady Bowman), 2007, S. 61, 63: „durch einen *Rechtsspruch* (Sentenz) befriedet und nicht bloß durch einen Machtspruch vorübergehend zum *Schweigen* gebracht." Hervorbungen auch dort.

38 *David Roland Doublet*, Die Vernunft als Rechtsinstanz, 1989, S. 10, 14 und passim, versteht die ‚Kritik der reinen Vernunft' als ‚Reflexionsprozeß der Vernunft' in erklärter Anlehnung an *Friedrich Kaulbach*, Das Prinzip Handlung in der Philosophie Kants, 1978.

bb) Vorgriff auf das Ende

Der zuletzt zitierte, überaus anspruchsvolle Gedanke nimmt eine zentrale Einsicht des Werkes vorweg, der gegen Ende der *Kritik der reinen Vernunft* innerhalb der von Kant so genannten transzendentalen Methodenlehre noch näher ausgeführt wird. Der entscheidende Satz, welcher der zuletzt angesprochenen Forderung der Einsetzung eines solchen Gerichtshofs entspricht, lautet:[39] „Man kann die Kritik der reinen Vernunft als den wahren Gerichtshof für alle Streitigkeiten derselben ansehen" (AA III 491). Was Kant innerhalb der Vorrede am Beispiel der Gerichtsmetapher gleichsam im Urteilsstil wissen lässt, leitet er in der transzendentalen Methodenlehre nach strengsten erkenntnistheoretischen Maßstäben dergestalt her, dass in der zuletzt zitierten Sentenz sogar das Erfordernis der Wahrheit als erfüllt gelten kann. Die Einzelheiten dieser Herleitung brauchen daher an dieser Stelle noch nicht dargelegt zu werden. Es genügt die Quintessenz, dass dieser einzusetzende Gerichtshof nichts anderes ist als die Kritik der reinen Vernunft.

e) Immanente Unterscheidung zwischen formellem und materiellem Recht

Mehr müsste man nicht sagen, um zu ermessen, welchen Stellenwert das Bild des Gerichtshofs für den Verfasser der *Kritik der reinen Vernunft* hat. Bereits hieraus lässt sich jedoch ersehen, dass auch die vor dem Gerichtshof zu verhandelnden Fragen mit juristischen Begriffsanleihen bezeichnet werden. Daraus erklärt sich, dass jener Gerichtshof der Kritik der reinen Vernunft die damit einhergehende Selbsterkenntnis zunächst ‚bei ihren gerechten Ansprüchen sichere' (AA IV 9).[40] Erneut findet sich wieder die bereits oben beobachtete Beurteilung und Prüfung nach Ansprüchen. ‚Berechtigte' und ‚gerechte' Ansprüche sind offenbar gleichbedeutend, auch wenn jene als Resultat einer methodisch gesicherten Prüfungsweise erscheinen, diese nach einer allgemeinen Idee der Gerechtigkeit klingen, beide jedoch vernunftrechtlich fundiert sind, wie weiter unten noch näher darzustellen ist.[41]

---

39 *Georg Sterzenbach*, Die Welt als Tribunal. Der Gerichtshof als Metapher in Philosophie und schöner Literatur, Kritische Justiz 31 (1998), 486, 493.

40 Siehe zur Selbsterkenntnis der Vernunft auch *Ulrich Seeberg*, Kants Vernunftkritik als Gerichtsprozeß, in: Darstellung und Erkenntnis. Beiträge zur Rolle nichtpropositionaler Erkenntnisformen in der deutschen Philosophie und Literatur nach Kant (Hg. Brady Bowman), 2007, S. 61, 65, sowie die beiden eindrucksvollen abschließenden Sätze auf S. 75.

41 *Ralf Dreier*, Rechtsbegriff und Rechtsidee. Kants Rechtsbegriff und seine Bedeutung für die gegenwärtige Diskussion, 1986, S. 19, zur vernunftrechtlichen Konzeption.

Kant unterscheidet dabei, wie die Formulierung der Sicherung der gerechtfertigten Ansprüche belegt, ähnlich unserer heutigen Differenzierung zwischen materiellem und formellem Recht. Ersteres betrifft das Bestehen rechtmäßig begründeter Ansprüche. Letzteres erscheint als prozedurale Instanz zur Geltendmachung und praktischen Durchsetzung bereits bestehender und lege artis geprüfter Rechte. Die als Gerichtshof aller Streitigkeiten über dieselbe begriffene Kritik der reinen Vernunft umfasst gleichsam formelles Recht in Gestalt der Beweiserhebung und Beweiswürdigung mit der dem materiellen Recht zugehörigen Frage des Bestehens der geltend gemachten Ansprüche und der Prüfung ihrer Berechtigung bzw. in Kants Worten ihrer ‚Rechtmäßigkeit'.

f) Kritik der ‚Majestät der Gesetzgebung'

Dass Kant in dem eingangs behandelten Gedanken nicht nur die Kritik der reinen Vernunft, sondern auch die Urteilskraft hervorhebt, wird durch eine Fußnote hinter derselben noch akzentuiert und betont zugleich deren Inhalt, der nicht zuletzt aus Sicht der Jurisprudenz Beachtung verdient. Denn wenn im Haupttext von der ‚gereiften Urtheilskraft des Zeitalters' die Rede ist (AA IV 9), dann kann dies gegen Ende der genannten Fußnote in einer den Wissenschaftsanspruch der Jurisprudenz betreffenden Weise verstanden werden: „Unser Zeitalter ist das eigentliche Zeitalter der Kritik, der sich alles unterwerfen muß. Religion durch ihre Heiligkeit und Gesetzgebung durch ihre Majestät wollen sich gemeiniglich derselben entziehen. Aber alsdann erregen sie den gerechten Verdacht wider sich und können auf unverstellte Achtung nicht Anspruch machen, die die Vernunft nur demjenigen bewilligt, was ihre freie und öffentliche Prüfung hat aushalten können" (AA IV 9 Fußnote).[42]

Im Zeitalter der Aufklärung hat also das Heimlichkeitsprinzip dem Grundsatz der Öffentlichkeit im Interesse der Freiheit zu weichen:[43] „und zwar die unschädlichste unter allem, was nur Freiheit heißen mag, nämlich die: von seiner Vernunft

42 *Vittorio Hösle*, Eine kurze Geschichte der deutschen Philosophie, 2013, S. 76, verallgemeinert nicht von ungefähr in Anlehnung an eine sakralrechtliche Diktion, die zu dem zuletzt Zitierten sogar in besonderer Weise passt: „Alles vor den Gerichtshof der Vernunft zu ziehen, ist nach Kant religiöse Pflicht".

43 Siehe auch *Jürgen Habermas*, Strukturwandel der Öffentlichkeit. Untersuchungen zu einer Kategorie der bürgerlichen Gesellschaft, 1962, Neuauflage 1990, S. 178: „Noch bevor der Topos der öffentlichen Meinung im deutschen Sprachbereich eingebürgert wird, findet die Idee der bürgerlichen Öffentlichkeit mit der rechts- und geschichtsphilosophischen Entfaltung des Prinzips der Publizität durch Kant ihre theoretisch ausgereifte Gestalt".

in allen Stücken *öffentlichen Gebrauch* zu machen." (AA VIII 36). Der Gerichtshof der Vernunft tagt also auch öffentlich über die Gesetzgebung und streitet jeder mit Machtansprüchen argumentierenden klandestinen Kabinettsjustiz zuwider. Wir werden weiter unten noch sehen, dass das Prinzip der Publizität für Kant sogar a priori gilt und daher transzendentalphilosophischer Natur ist, wie sich aus den Anhängen zu seiner Friedensschrift ergibt.[44]

g) Vernunftrechtliche Fundierung

Eine Gesetzgebung, die nur auf Machtansprüchen gründet und nicht mehr als den Zwangscharakter des Rechts für sich vereinnahmen kann, mag vielleicht noch die notwendige Bedingung der Herrschaft in sich tragen, erweist sich jedoch als nicht hinreichend, wenn es darum geht, die einmal gesetzten Normen auch vernunftrechtlich zu legitimieren.[45]

aa) Freiheit und Öffentlichkeit als notwendige Bedingungen der Gesetzgebung

Gesetze dürfen nicht lediglich auf unvordenklichen Traditionen basieren, sondern müssen vor der Vernunft selbst bestehen. Man beachte die beiden letztgenannten Voraussetzungen, die Kant postuliert, nämlich die ‚freie und öffentliche Prüfung' durch die Vernunft. Freiheit und Öffentlichkeit sind notwendige Bedingungen der Gesetzgebung.[46] Beide sind zwar auf die Vernunft bezogen, aber gerade deswegen muss eine jede Gesetzgebungswissenschaft ergebnisoffen ausgerichtet sein. Genese und Geltung sind daher zu unterscheiden, wie sich wohl auch aus dem systematischen Zusammenhang ergibt, den Kant voraussetzt, wenn er davon ausgeht, dass die insofern durchaus positiv verstandene Gleichgültigkeit ‚die Wirkung (...) der gereiften Urtheilskraft' darstellt (AA IV 9).

---

44 *Kant*, Zum ewigen Frieden. Ein philosophischer Entwurf, 1795, Anhang I (AA VIII 370) und Anhang II (AA VIII 381).

45 *Ulrich Seeberg*, Ursprung, Umfang und Grenzen der Erkenntnis. Eine Untersuchung zu Kants transzendentaler Deduktion der Kategorien, 2006, S. 214, erläutert den Zusammenhang anschaulich mit Verweis auf Kants späte Rechtslehre.

46 *Claus-Wilhelm Canaris*, Richtigkeit und Eigenwertung in der richterlichen Rechtsfindung, in: Grazer Universitätsreden Nr. 50, 1993, S. 23, 26, entnimmt Kants ‚Publizitätsgedanken' auch der Friedensschrift, näherhin wohl ihrem weiter unten noch zu behandelnden Anhang II, und wendet dies anschaulich auf die richterliche Urteilsbegründung an.

bb) ‚Gereifte Urtheilskraft' des Zeitalters der Kritik

Insofern kann wohl auch für die Rechtswissenschaft gelten, was man im Hinblick auf die so verstandene Gleichgültigkeit in Bezug auf die Wissenschaften sagt: „Indessen ist diese Gleichgültigkeit, die sich mitten in dem Flor aller Wissenschaften eräugnet und gerade diejenige trifft, auf deren Kenntnisse, wenn dergleichen zu haben wären, man unter allen am wenigsten Verzicht thun würde, doch ein Phänomen, das Aufmerksamkeit und Nachsinnen verdient" (AA IV 8 f.). Doch auch auf dieser Ebene ist zu berücksichtigen, dass es sich nicht um die ‚gereifte Urtheilskraft' eines Einzelnen handelt, sondern eine gleichsam überindividuelle, nämlich diejenige des Zeitalters der Kritik (AA IV 9).

Es geht also um die im Zeitalter der Aufklärung durch wechselseitige geistige Auseinandersetzung gebildete allgemeine Urteilskraft, deren Ergebnisse und Erkenntnisse sich daher auch einer freien und öffentlichen Überprüfung zu stellen haben. Dabei handelt es sich um einen in die Öffentlichkeit und Allgemeinheit gewendeten Prüfungsmaßstab, dem sich auch die Vernunft „in allen ihren Unternehmungen der Kritik unterwerfen" muss (AA III 484). Von dieser Stelle wird gegen Ende dieses Teils der Abhandlung noch die Rede sein.

h) Gewissheit und Deutlichkeit

Wenn Kant die freie und öffentliche Prüfung durch die Vernunft postuliert, soweit es um die Gesetzgebung geht, so findet dies eine gewisse Entsprechung in seinem eigentlichen Vorhaben, das er übrigens wiederum in dezenter, wenn auch nicht ausschließlicher Anlehnung an den juristischen Sprachgebrauch als ‚ruhmredige und unbescheidene Ansprüche' bezeichnet (AA IV 10).

aa) Grad der Gewissheit

Es besteht darin, die Vernunft im Sinne einer umfassenden Selbsterkenntnis der Kritik zu unterziehen, wie er an der weiter oben zitierten Stelle aus der transzendentalen Methodenlehre noch näher ausführen wird (AA III 484). Dabei hält er ebenfalls auf zwei Postulate, nämlich die Gewissheit und Deutlichkeit, die er im Wortsinne als rechtmäßige Voraussetzungen seines Vorhabens formuliert, weil sie sich nicht aus einer willkürlichen Setzung, sondern der ‚Natur der Erkenntniß selbst' ergeben (AA IV 10): „Noch sind Gewißheit und Deutlichkeit, zwei Stücke, die die Form derselben betreffen, als wesentliche Forderungen anzusehen, die man an den Verfasser, der sich an eine so schlüpfrige Unternehmung wagt, mit Recht thun kann“ (AA IV 10 f.). Das geht wohl über das cartesische ‚*clare et distincte*‘ hinaus.[47] Denn der Anspruch an den Grad der Gewissheit übersteigt dieses offenbar und die Kantische Selbstverpflichtung lautet, wie sogleich zu zeigen sein wird, womöglich noch radikaler.

bb) Strenger Urteilsspruch in eigener Sache

Von daher erklärt sich auch, warum Kant die Jurisprudenz als seinerzeit allenthalben anerkannte normativ ausgerichtete Wissenschaft zur Veranschaulichung eben solcher Desiderate in der Erkenntnis- und Moraltheorie heranzieht.[48] Die Rechtssprache, derer sich Kant mit Bedacht befleißigt, setzt sich auf der Ebene der Urteilsfindung fort. Dabei braucht sie den später noch näher zu behandelnden Insichprozess nicht zu scheuen, da die richtende Instanz ohnehin die höchste und unbestechliche, nämlich die Vernunft selbst ist:[49] „Was nun die Gewißheit betrifft, so habe ich mir selbst das Urtheil gesprochen: daß es in dieser Art von Betrachtungen auf keine Weise erlaubt sei, zu meinen und daß alles, was darin einer Hypothese nur ähnlich sieht, verbotene Waare sei, die auch nicht für den geringsten Preis feil stehen darf, sondern, so bald sie entdeckt wird, beschlagen werden muß“ (AA IV 11).

Kant erlegt sich also eine kategorische Wahrheitsfindung auf, die keinerlei unverbindliches Dafürhalten duldet. Hier ist in juristischer Wortwahl nicht nur die Erlaubnis zum Ausdruck gebracht. Vielmehr erstreckt sich die Selbstverpflichtung auch auf diejenigen verbotenen Früchte, die sich aus lediglich hypothetischen und nicht kategorisch ein für alle Mal gewissen Annahmen ergeben. Die Rigidität seines kritischen Unterfangens verdeutlicht er in einer stilistisch ingeniösen Weise dadurch, dass solchermaßen verbotener Ertrag bei Entdeckung ipso facto der Konfiszierung verfällt. Auch der leiseste Gedanke, der auf bloßer Vermutung gründet, ist nicht zollfrei.[50]

---

47 *Johannes Haag*, Erfahrung und Gegenstand. Das Verhältnis von Sinnlichkeit und Verstand, 2007, S. 85, macht zudem darauf aufmerksam, dass auch „die Nichterkennbarkeit des An-sich eine klare Abweichung Kants von der cartesischen Theorie der klaren und deutlichen Ideen ist“.

48 In diese Richtung weist die gesamte grundlegende Abhandlung von *Dieter Henrich*, Kant's Notion of a Deduction and the Methodological Background of the First Critique, in: Kant's Transcendental Deductions. The Three 'Critiques' and the 'Opus postumum' (Hg. Eckart Förster), 1989, S. 29.

49 *Eckart Förster*, Die 25 Jahre der Philosophie, 2011, S. 37, skizziert die heikle Rollenverteilung: „Die besondere Brisanz besteht dabei darin, dass die Vernunft in diesem Fall Anklägerin, Angeklagte und Richterin in eins sein muss“.

50 Zu einer entgegengesetzten Annahme auf der Ebene des Rechts *Theo Mayer-Maly*, Gedanken sind zollfrei, Festschrift für Claus-Wilhelm Canaris, 2007, Band II, S. 1241, 1242.

cc) Gewissenhafte Selbstprüfung zur Gewährleistung ewigen Friedens

Man versteht diese Stelle besser, wenn man eine martialisch klingende Präzisierung aus der transzendentalen Methodenlehre hinzunimmt: „Hypothesen sind also im Felde der reinen Vernunft nur als Kriegswaffen erlaubt, nicht um darauf ein Recht zu gründen, sondern nur es zu vertheidigen" (AA III 506). Man mag fremde Anspruchsbegründungen mit Vermutungen zu entkräften versuchen, aber die eigene Rechtbegründung ist bedingungsfeindlich, darf vor allem keinerlei ‚Blendwerk' enthalten und muss buchstäblich hieb- und stichfest sein.

(1) Berücksichtigung ‚niemals verjährender Ansprüche'

Daran kann man erkennen, dass es Kant bei seinem kritischen Geschäft allein um die Begründung rechtmäßiger Ansprüche zu tun ist. Aber anders, als diese Stelle auf den ersten Blick glauben macht, geht es hier nicht um einen Prozess, im Rahmen dessen dem Prozessgegner auf seine behaupteten Ansprüche mehr oder minder haltlose Einwendungen in Gestalt wohlfeiler Hypothesen entgegengehalten werden, um sich gegen den Anspruch zur Wehr zu setzen oder mit fadenscheinigen Gegenrechten zu wappnen.

Vielmehr gründet auch diese selbstgesetzte Verpflichtung auf einer Selbstkritik der reinen Vernunft in permanenter inquisitorischer Manier: „Den Gegner aber müssen wir hier jederzeit in uns selbst suchen. Denn speculative Vernunft in ihrem transscendentalen Gebrauche ist an sich dialektisch. Die Einwürfe, die zu fürchten sein möchten, liegen in uns selbst. Wir müssen sie gleich alten, aber niemals verjährenden Ansprüchen hervorsuchen, um einen ewigen Frieden auf deren Vernichtigung zu gründen" (AA III 506 f.). Erneut nimmt Kant eine Anleihe bei der Jurisprudenz auf, wie der Vergleich mit unverjährbaren Ansprüchen zeigt.

(2) Parallele zum geltenden Recht

Auch hier verblüfft die juristisch präzise Verdeutlichung der selbstgestellten Aufgabe mithilfe solcher Ansprüche, die keiner Verjährung unterliegen. Denn solche sind auch nach heute geltendem Recht die absolute Ausnahme (§ 194 Absatz 2 BGB), unterliegt doch das Recht, von einem anderen ein Tun oder Unterlassen zu verlangen – die Legaldefinition des Anspruchs –, nach § 194 Absatz 1 BGB der Verjährung.[51] Die unnachgiebige Selbstkritik der reinen Vernunft macht es somit erforderlich, sogar solche exzentrischen Einwendungen und Gegenrechte als

---

51 Zu Letzteren in zivilrechtlicher Hinsicht *Jens Petersen*, Die Verjährung der Ansprüche, Juristische Ausbildung 2011, 657. Grundlegend zur Verjährung *Detlef Leenen*, Verjährung oder Risikoverlagerung?, 1997.

Möglichkeiten der Entkräftung des eigenen Anspruchs und der prätendierten Rechtsposition zu erwägen, die nicht einmal erhoben worden sind, aber noch jederzeit geltend gemacht werden könnten, weil ihnen gegenüber die Einrede der Verjährung niemals bestünde.

(3) Selbstkritische Prüfung in Betracht kommender Gegenrechte

Bereits im Vorhinein erwogen und gegebenenfalls entkräftet werden müssen seitens der mit sich selbst ins Gericht gehenden Vernunft mithin auch solche Einwendungen, die der als Prozessgegner vorgestellte Zweifler nicht einmal zu erkennen vermag. Das entspricht im Übrigen nicht von ungefähr auch der Vorgehensweise im zivilrechtlichen Gutachten, weil es in strenger und unparteilicher Objektivität die Rechtslage anhand des Gesetzes in sich konsistent und vor allem widerspruchsfrei darzulegen hat. Dazu gehört jedoch nach der Prüfung, ob der geltend gemachte Anspruch entstanden ist, auch die Untersuchung von Amts wegen zu prüfender Einwendungen sowie schließlich etwaiger Einreden.[52] Das Ziel der gewissenhaften Prüfung aller denkbaren Gegenansprüche besteht dementsprechend, bezogen auf die Kantische Aufgabe, gleichsam darin, dass die Vernunft über sich selbst Gericht hält und auf diese Weise zum ‚ewigen Frieden' findet. Doch ist hier gleichsam der innere ewige Friede ruhiger Selbstgewissheit und vernunftmäßiger Erkenntnis im Unterschied zum äußeren der Friedensschrift gemeint.[53]

i) Richtmaß philosophischer Gewissheit und Richtmaß des Urteils

Es kann vor diesem Hintergrund nicht verwundern, dass Kant den denkbar strengsten Maßstab seiner Vernunftkritik im Sinne einer a priori feststehenden Erkenntnis erneut mit juristischer Konnotation als Richtmaß bezeichnet: „Denn das kündigt eine jede Erkenntniß, die *a priori* fest stehen soll, selbst an: daß sie für schlechthin nothwendig gehalten werden will, und eine Bestimmung aller reinen Erkenntnisse *a priori* noch viel mehr, die das Richtmaß, mithin selbst das Beispiel aller apodiktischen (philosophischen) Gewißheit sein soll" (AA IV 11). Philosophische Gewissheit im Sinne der *Kritik der reinen Vernunft* muss also nicht nur bar aller Kontingenz dem Prinzip der Notwendigkeit folgen und unwiderleglich sein, sondern damit zugleich auch a priori bestehen.

Denn gerade die Unabhängigkeit der Erkenntnis von aller erfahrungsmäßigen Beimischung ist das Richtmaß der Kantischen Transzendentalphilosophie. Die

52 Vgl. nur *Jens Petersen*, Einwendungen und Einreden, Juristische Ausbildung 2008, 422.
53 Vgl. *Kant*, Zum ewigen Frieden. Ein philosophischer Entwurf, 1795 (AA VIII 341).

Formulierung erinnert an eine Stelle aus der *Kritik der praktischen Vernunft*, an der Kant in moraltheoretischer Hinsicht vom „Richtmaß des Urtheils" spricht (AA V 37). Dort ist es jedoch eher der innere Gerichtshof des Gewissens, vor dem sich der Täter einer moralischen Verfehlung zu verantworten hat.[54] Doch passt dies immerhin zu der soeben betrachteten konsekutiven Formulierung, „um einen ewigen Frieden auf deren Vernichtigung zu gründen" (AA III 506 f.). Das Richtmaß ist nämlich hier wie dort eine ebenso strenge Selbstkritik, die es nicht dabei bewenden und sich nicht damit beruhigen lässt, der andere Teil werde das schlagende Gegenargument nicht finden oder das Blendwerk werde nicht als solches enttarnt.

j) Leser als unparteilicher Richter

In einer rhetorisch kunstreichen Anordnung wird sodann der Leser in die Rolle des Richters versetzt und soll schließlich auch das Urteil über das Gelingen der Kritik der reinen Vernunft ‚im erfahrungsfreien Gebrauche' sprechen (AA IV 9): „Ob ich nun das, wozu ich mich anheischig mache, in diesem Stücke geleistet habe, das bleibt gänzlich dem Urtheile des Lesers anheim gestellt, weil es dem Verfasser nur geziemt, Gründe vorzulegen, nicht aber über die Wirkung derselben bei seinen Richtern zu urtheilen" (AA IV 11).

aa) Recht des Lesers

Im Unterschied zum soeben erörterten Richtmaß handelt es sich dabei freilich eher um ein rhetorisches Ornament.[55] Denn hier geht es um die äußerliche Wirkung auf den als Richter vorgestellten Leser, mithin die Überzeugungskraft der Argumentation im Hinblick auf eine wissenschaftliche Öffentlichkeit, also eine klassische captatio benevolentiae, die in dieser Form wohl nur kundtun wird, wer sich der Substanz seiner Beweisgründe nach strengsten wissenschaftlichen Maßstäben sicher ist. Eine doppelte Forderung stellt Kant allerdings ebenfalls an den als Richter gedachten Leser: „Hier erwarte ich an meinem Leser die Geduld und Unparteilichkeit eines Richters" (AA IV 14).

Aber nicht nur das selbstgesetzte Kriterium der Gewissheit, sondern auch dasjenige der Deutlichkeit leitet Kant juristisch ein, indem er – wiederum auf den Leser als Richter bezogen – von der Innehabung eines Rechts im Sinne eines An-

---

54 Siehe nur *Fumiyasu Ishikawa*, Das Gerichtshof-Modell des Gewissens, Aufklärung 7 (1993), 43.
55 *Dieter Henrich*, Die Deduktion des Sittengesetzes, Festschrift für Wilhelm Weischedel, 1975, S. 55, 78 f., zu diesen beiden generellen Möglichkeiten, wobei „Kants barocke Rhetorik" im Allgemeinen seltener den Ausschlag gebe.

spruchs ausgeht: „Was endlich die Deutlichkeit betrifft, so hat der Leser ein Recht, zuerst die discursive (logische) Deutlichkeit durch Begriffe, dann aber auch eine intuitive (ästhetische) Deutlichkeit durch Anschauungen, d. i. Beispiele oder andere Erläuterungen in concreto, zu fordern“ (AA IV 12).[56]

bb) Paradoxon zum Begriff des Rechts

Wir werden am Beispiel der Erkenntnis einer Rose sehen, dass er diesem selbstauferlegten Maßstab gerade an entscheidenden Stellen gerecht wird (AA III 56 f.). Gleichwohl begründet Kant im Folgenden, warum er sinnfällige Beispiele meidet, zumal da sie denjenigen, die mit dem Gegenstand vertraut sind, ohnehin selbstverständlich erscheinen. Auch in dieser Hinsicht verwundert es nicht, dass er ein geistreiches Paradoxon mit dem Begriff des Rechts einleitet: „Andererseits aber, wenn man auf die Faßlichkeit eines weitläufigen, dennoch aber in einem Princip zusammenhängenden Ganzen speculativer Erkenntniß seine Absicht richtet, könnte man mit eben so gutem Rechte sagen: manches Buch wäre viel deutlicher geworden, wenn es nicht so gar deutlich hätte werden sollen“ (AA IV 12 f.). Dieser selbstgewährte Dispens von der Notwendigkeit beispielhafter Veranschaulichung mit seiner an Lichtenberg erinnernden aphoristischen Zuspitzung könnte zumindest ein Surrogat in der auf Schritt und Tritt begegnenden juristischen Metaphorik finden, die den Leser leitet und zugleich zum Richter erhebt. Doch auch dieser wird dadurch nur daran erinnert, dass vor dem Gerichtshof der Vernunft verhandelt wird.

2. Vorrede zur zweiten Auflage

Auch in der Vorrede zur zweiten Auflage finden sich mannigfaltige Anspielungen auf das Recht. So groß die Unterschiede zwischen naturwissenschaftlichen Gesetzen und solchen, die für die Vernunft gelten, im Verhältnis zu den juristischen Gesetzen auch sind, genügt Kant möglicherweise schon diese Ähnlichkeit, um dem Leser seinen unzugänglichen Gegenstand im Wege einer Analogie nahezubringen.

---

56 Wegweisend auch im Hinblick auf Kant, wenngleich in bewusster Abgrenzung durch Einbeziehung richterlicher Intuition, *Dieter Nörr*, Das Verhältnis von Fall und Norm als Problem der reflektierenden Urteilskraft, in: Text und Applikation, Poetik und Hermeneutik IX (1981), 395, 404. Ausdrücklich zustimmend und seinerseits weiterführend *Friedrich Kaulbach*, Studien zur späten Rechtsphilosophie Kants und ihrer transzendentalen Methode, 1982, S. 25 Fußnote 21.

a) Vernunft als ‚bestallter Richter'

Kaum anders ist zu erklären, dass Kant nach physikalischen Ausführungen zu den Experimenten Galileis und Toricellis nahezu unvermittelt übergeht zu einer Anwendung auf die Prinzipien der Vernunft, deren Darstellung er mit juristischen Hilfestellungen anreichert: „Die Vernunft muß mit ihren Principien, nach denen allein übereinstimmende Erscheinungen für Gesetze gelten können, in einer Hand und mit einem Experiment, das sie nach jenen ausdachte, in der anderen an die Natur gehen, zwar um von ihr belehrt zu werden, aber nicht in der Qualität eines Schülers, der sich alles vorsagen läßt, was der Lehrer will, sondern eines bestallten Richters, der die Zeugen nöthigt auf die Fragen zu antworten, die er ihnen vorlegt" (AA III 10).

Im Unterschied zur ersten Auflage erscheint hier nicht der Leser als Richter, sondern die Vernunft selbst. Sie allein ist Subjekt dieses Satzes; ausschließlich ihr ist das Richteramt zugeordnet. Die Vorstellung der Vernunft als Richter entspricht ersichtlich derjenigen des Gerichtshofs der Vernunft, wie sie in der Vorrede zur ersten Auflage aufscheint. Kant belässt es jedoch nicht bei dieser sinnfälligen Gleichsetzung, sondern führt dieses suggestive Bild noch aus, indem er der als Richter vorgestellten Vernunft gleichermaßen die Aufgabe wie die Befugnis zuweist, Zeugen zu vernehmen, die seine Fragen zu beantworten haben.

b) Entscheidung der Vernunft aus eigenem Recht

Das zuletzt zitierte Bild lässt sich aber wohl erst vollends begreifen, wenn man auch die dort abgelehnte Qualität eines Schülers auf eine spätere Aussage bezieht, nach welcher die Vernunft als Schüler der Metaphysik behandelt wird:[57] „Der Metaphysik, einer ganz isolierten speculativen Vernunfterkenntniß, die sich gänzlich über Erfahrungsbelehrung erhebt und zwar durch bloße Begriffe (nicht wie Mathematik durch Anwendung derselben auf Anschauung), wo also Vernunft selbst ihr eigener Schüler sein soll, ist das Schicksal bisher noch so günstig nicht gewesen, daß sie den sichern Gang einer Wissenschaft einzuschlagen vermocht hätte, ob sie gleich älter ist als alle übrige und bleiben würde, wenn gleich die übrigen insgesammt in

57 *Herbert Schnädelbach*, Immanuel Kant, Kritik der reinen Vernunft, in Zeit-Bibliothek der 100 Sachbücher (Hg. Fritz J. Raddatz), 1984, S. 110, zur damit der Sache nach einhergehenden ‚Kritik der Metaphysik'.

dem Schlunde einer alles vertilgenden Barbarei gänzlich verschlungen werden sollten“ (AA III 11).[58]

Wenn man diese beiden bedeutsamen Aussagen über Vernunft und Metaphysik in Ansehung der Schüler–Metapher im Unterschied zu jener des bestallten Richters zusammenführt, dann kann mit der Ersetzung der Schülerstellung durch die des Richters nur gemeint sein, dass die Vernunft selbst aus eigenem Recht entscheiden kann. Damit besteht aber auch die Metaphysik in keiner gleichwie gearteten Abhängigkeit, sondern die so verstandene erfahrungsfreie spekulative Vernunfterkenntnis ist durch ihr Richteramt mit hinreichender Autonomie und Urteilskraft ausgestattet, derer sie sich nur noch bewusst werden muss.[59]

c) Vergleich mit der präventiven Gefahrenabwehr

Abgesehen von den genannten Justizmetaphern oder anderen Bildern aus der Rechtswelt ist bemerkenswert, dass Kant an markanten Stellen – sei es affirmativ, sei es zur Beweisführung – eine Berufung auf das Recht unternimmt.

aa) ‚Mit allem Recht zu allem Bedingten‘

Auffällig, wenngleich für sich betrachtet noch nicht durchschlagend, ist etwa das besonders verstärkende ‚mit allem Recht‘ im nächsten Gedanken, der die Folgen wie die Notwendigkeit der von Kant eingeleiteten kopernikanischen Wende der Metaphysik behandelt (AA III 11 f.): „Denn das, was uns nothwendig über die Grenze der Erfahrung und aller Erscheinungen hinaus zu gehen treibt, ist das Unbedingte, welches die Vernunft in den Dingen an sich selbst nothwendig und mit allem Recht zu allem Bedingten und dadurch die Reihe der Bedingungen als vollendet verlangt“ (AA III 13 f.). So ist die scheinbar nur rhetorische Wendung ‚mit allem Recht‘ im Zusammenhang mit der berühmten kopernikanischen Wende und der Unerkennbarkeit des ‚Ding an sich‘ darüber hinaus mehr als ein verstärkendes ‚mit Recht‘, wie sich an der Wiederholung des dazwischen stehenden Pleonasmus‘ zeigt: ‚mit *allem* Recht zu *allem* Bedingten und dadurch die Reihe der Bedingungen als voll-

58 *Diego Kosbiau Trevisan*, Der Gerichtshof der Vernunft. Eine historische und systematische Untersuchung über die juridischen Metaphern der K. r. V., 2018, S. 253 ff., behandelt Kants Verhältnis zur im Klammerzusatz genannten Mathematik.

59 *Dieter Henrich*, Ethik der Autonomie, in: *Ders.*, Selbstverhältnisse. Gedanken und Auslegungen zu den Grundlagen der klassischen deutschen Philosophie, 1982, S. 6, 54, hebt am Ende seines grundlegenden Aufsatzes die systemkonstituierende und zeitlos gültige Bedeutung der Autonomie hervor.

endet verlangt'. Denn durch diese letztgenannte Voraussetzung der Erfüllung sämtlicher Bedingungen handelt es sich nicht mehr nur um eine hypothetische, sondern eine kategorische Feststellung, wie sie auch zur Darlegung und zum Beweis eines rechtmäßigen Anspruchs erforderlich ist.

bb) Positiv nutzbare Ruhe der gesetzmäßigen Sicherheit

Um eine weitere in juristischer Hinsicht aufschlussreiche Stelle besser einordnen zu können, müssen wir zunächst die Art und Weise betrachten, mit der Kant den positiven Nutzen seiner *Kritik der reinen Vernunft* rechtfertigt, auch wenn er in einem Vorgriff auf die analytischen Teile der Kritik vorausschauend zu bedenken gibt, dass „Raum und Zeit nur Formen der sinnlichen Anschauung, also nur Bedingungen der Existenz der Dinge als Erscheinungen sind, daß wir ferner keine Verstandesbegriffe, mithin auch gar keine Elemente zur Erkenntniß der Dinge haben, als so fern diesen Begriffen correspondirende Anschauung gegeben werden kann, folglich wir von keinem Gegenstande als Ding an sich selbst, sondern nur so fern es Object der sinnlichen Anschauung ist, d. i. als Erscheinung, Erkenntniß haben können" (AA III 16).[60]

(1) Vergleich mit dem Polizeirecht

Nicht von ungefähr verdeutlicht Kant unmittelbar vor dieser scheinbar die Begrenztheit seines kritischen Unterfangens einräumenden Einsicht, die in Wahrheit eine transzendentalphilosophisch revolutionäre Leistung darstellt, den positiven Nutzen seiner vermeintlich nur negatorischen Methode durch einen rhetorisch ungemein wirkungsvollen Vergleich mit dem Polizeirecht: „Diesem Dienste der Kritik den positiven Nutzen abzusprechen, wäre eben so viel als sagen, daß Polizei keinen positiven Nutzen schaffe, weil ihr Hauptgeschäfte doch nur ist, der Gewaltthätigkeit, welche Bürger von Bürgern zu besorgen haben, einen Riegel vorzuschieben, damit ein jeder seine Angelegenheit ruhig und sicher treiben könne" (AA III 16). Besteht nun der Nutzen der von Kant genannten Polizei in der präventiven Gefahrenabwehr bei gleichzeitiger Sicherheit von Recht, Ordnung und Freiheit, so zeigt sich daran zugleich die Kurzschlüssigkeit vordergründiger utilitaristischer Einwände.

---

60 Eingehend *Johannes Haag*, Erfahrung und Gegenstand. Das Verhältnis von Sinnlichkeit und Verstand, 2007, S. 78–85, zur Unterscheidung zwischen Erscheinung und Ding an sich. Zur Bedeutung der Kantischen Erkenntnis, das in der kopernikanischen Wende zum Ausdruck kommt, auch *Vittorio Hösle*, Eine kurze Geschichte der deutschen Philosophie, 2013, S. 77. Ferner *Dieter Henrich*, Between Kant and Hegel. Lectures on German Idealism, 2008, S. 48 f.

(2) Recht der Freiheit durch ‚gesetzmäßige Verfassung'

Interessanterweise begegnet hier wiederum, wenngleich in anderem Gewand, die aus dem Beginn der ersten Vorrede geläufige staatstheoretische Einsicht, dass im Naturzustand allgegenwärtige Gewalt und mangelnde Sicherheit herrschen, die erst durch eine ordnende Instanz aufgehoben bzw. hergestellt werden, deren präventive Ausrichtung dadurch nicht weniger effektiv ist, dass sie dieser Gewaltanwendung durch ihre schiere Existenz und Funktion – mit im Vorhinein, also gleichsam *a priori*, bestimmten Aufgaben und Befugnissen ausgestattet – auch dort friedensstiftend entgegenwirkt, wo sie scheinbar nichts ausrichtet.

Dementsprechend betont Kant im Weltbürger-Essay den ungern gefassten Entschluss des im Naturzustand ungezügelten Menschen, „seine brutale Freiheit aufzugeben und in einer gesetzmäßigen Verfassung Ruhe und Sicherheit zu suchen." (AA VIII 24). Denn der Verzicht auf die Freiheit in ihrer rudimentären Form scheint zunächst nicht hinreichend aufgewogen durch die dadurch entstandene, aber weder spürbare noch positiv nutzbare Ruhe der gesetzmäßigen Sicherheit. Entscheidend ist die Gesetzmäßigkeit der Verfassung, ohne die es zum Despotismus käme. Es geht mithin um eine „Verfassung, die alle Freiheit der Unterthanen, die alsdann gar keine Rechte haben, aufhebt" (AA VIII 291). So führt gerade die scheinbare Preisgabe der ungeschlachten Freiheit im Naturzustand durch eine Rechtssicherheit verbürgende ‚gesetzmäßige Verfassung' zu einer wechselseitigen Freiheitsbeschränkung und damit einem Recht der Freiheit.

d) Transzendentalphilosophische Gewinn- und Verlustrechnung

Kant verfällt an späterer Stelle nochmals in die Sprache einer sinngemäßen Verdeutlichung am Beispiel des Rechts – hier des Besitzes – sowie einer damit verwandten ökonomischen Diktion in Gestalt des Monopols:[61] „Bei dieser wichtigen Veränderung im Felde der Wissenschaften und dem Verluste, den speculative Vernunft an ihrem bisher eingebildeten Besitze erleiden muß, bleibt dennoch alles mit der allgemeinen menschlichen Angelegenheit und dem Nutzen, den die Welt bisher aus den Lehren der reinen Vernunft zog, in demselben vortheilhaften Zustande, als es jemals war, und Verlust trifft nur das Monopol der Schulen, keineswegs aber das Interesse der Menschen" (AA III 19).

Es ist also letztlich eine transzendentalphilosophische Gewinn- und Verlustrechnung, die Kant aufmacht. Die Bilanz, die er zieht, ist jedoch ausgeglichen und

61 Zu diesem Zusammenhang von Recht und Wirtschaft am Beispiel eines Denkers, der Kant besonders verpflichtet ist, *Jens Petersen*, Rechtsordnung und Wirtschaftsordnung nach Eucken, 2019.

zum Nutzen der philosophischen Wissenschaft sogar vorteilhaft, weil lediglich ein im Dogmatismus erstarrtes Monopol verloren zu gehen droht. Aber auch dies präzisiert Kant an späterer Stelle mit einer zumindest juristisch gefärbten Sprache, die von Recht und angemaßten Ansprüchen handelt: „Die Veränderung betrifft also bloß die arroganten Ansprüche der Schulen, die sich gerne hierin (wie sonst mit Recht in vielen anderen Stücken) für die alleinigen Kenner und Aufbewahrer solcher Wahrheiten möchten halten lassen, von denen sie dem Publicum nur den Gebrauch mittheilen, den Schlüssel derselben aber für sich behalten" (AA III 20).

e) Spekulativer Philosoph als treuhänderischer Depositär

Die Streitigkeiten der unterschiedlichen Schulen im Hinblick auf die Wissenschaft der Metaphysik stellt Kant auch im Folgenden mit Bezug auf das Recht dar.

aa) Depositum in der *Kritik der reinen Vernunft*

Zunächst begreift er den spekulativen Philosophen als Depositär, mithin jemanden, der juristisch relevante Dokumente, wie etwa Wertpapiere oder Verträge für einen anderen verwahrt: „Gleichwohl ist doch auch für einen billigern Anspruch des speculativen Philosophen gesorgt. Er bleibt immer ausschließlich Depositär einer dem Publicum ohne dessen Wissen nützlichen Wissenschaft, nämlich der Kritik der Vernunft" (AA III 20). Auch hier begegnet also neben dem zuletzt genannten juristischen Fachbegriff wiederum der des Anspruchs mit Rücksicht auf dessen Billigkeit. Der spekulative Philosoph erscheint auf diese Weise gleichsam als Treuhänder.

Hervorhebung verdient der Gesichtspunkt, der bereits im Zusammenhang mit dem Beispiel der Polizei genannt wurde, nämlich der für die Gesellschaft gestiftete Nutzen, mag er auch nicht offen zu Tage treten oder gar dem dadurch geschützten Personenkreis nicht einmal offensichtlich sein, weil er so selbstverständlich ist, dass man sich seiner Funktion erst wieder gewahr werden muss (AA III 16). Eben diesen Gesichtspunkt ruft Kant hier in Erinnerung, indem er die Kritik der Vernunft als eine Wissenschaft bezeichnet, die der Öffentlichkeit auch ohne ihr Wissen von Nutzen ist. Stilistisch brillant ist das auf die gesamte Transzendentalphilosophie zu erstreckende Paradoxon der ‚ohne dessen Wissen nützlichen Wissenschaft'.

bb) Depositum in der *Kritik der praktischen Vernunft*

In der *Kritik der praktischen Vernunft* verdeutlicht er übrigens die moralische Gesetzgebung ebenfalls am Beispiel des Depositum:[62] „Welche Form in der Maxime sich zur allgemeinen Gesetzgebung schicke, welche nicht, das kann der gemeinste Verstand ohne Unterweisung unterscheiden. Ich habe z. B. es mir zur Maxime gemacht, mein Vermögen durch alle sichere Mittel zu vergrößern. Jetzt ist ein Depositum in meinen Händen, dessen Eigenthümer verstorben ist und keine Handschrift darüber zurückgelassen hat. Natürlicherweise ist dies der Fall meiner Maxime. Jetzt will ich nur wissen, ob jene Maxime auch als allgemeines praktisches Gesetz gelten können. Ich wende jene also auf gegenwärtigen Fall an und frage, ob sie wohl die Form eines Gesetzes annehmen, mithin ich wohl durch meine Maxime zugleich ein solches Gesetz geben könnte: daß jedermann ein Depositum ableugnen dürfe, dessen Niederlegung ihm niemand beweisen kann. Ich werde sofort gewahr, dass ein solches Princip, als Gesetz, sich selbst vernichten würde, weil es machen würde, dass es gar kein Depositum gäbe. Ein praktisches Gesetz, was ich dafür erkenne, muß sich zur allgemeinen Gesetzgebung qualificiren; dies ist ein identischer Satz und also für sich klar. Sage ich nun: mein Wille steht unter einem praktischen Gesetze, so kann ich nicht meine Neigung (z. B. im gegenwärtigen Falle meine Habsucht) als den zu einem allgemeinen praktischen Gesetze schicklichen Bestimmungsgrund desselben anführen; denn diese, weit gefehlt daß sie zu einer allgemeinen Gesetzgebung tauglich sein sollte, so muß sie vielmehr in der Form eines allgemeinen Gesetzes sich selbst aufreiben.“ (AA V 27 f.).

Es versteht sich jedoch, dass die Gesetzgebung in diesem moraltheoretischen Sinne der *Kritik der praktischen Vernunft* vorderhand nichts mit der juristischen Gesetzgebung zu tun hat und daher nicht einmal als Metapher in dem Sinne herangezogen werden kann, wie es die Justizmetaphern, insbesondere die Verwendung der Gesetzgebung innerhalb der *Kritik der reinen Vernunft* vermögen. Beiläufig erweist sich hier der Unterschied zwischen Recht und Moral, also zwischen Legalität und Moralität, wie sich aus dem Begriff des ‚Bestimmungsgrundes' ergibt. Denn in der Kantischen Moraltheorie geht es um den guten Willen als bestimmenden Grund der Ordnung der Bedürfnisse, wohingegen es dem Recht um die Abgrenzung der jeweiligen Willkürsphären unter dem Prinzip der wechselseitigen Freiheitsverwirklichung zu tun ist.[63] Allerdings zeigt sich als gleichsam verklammernder

---

62 *Manfred Kühn*, Kant. Eine Biographie (Übersetzung Martin Pfeiffer), 2003, S. 185 ff., schildert den Einfluss des mit Kant befreundeten englischen Kaufmanns Joseph Green (1727–1786), dem er vielfältige wirtschaftliche Kenntnisse verdankte. Es ist nicht auszuschließen, dass auch die hier zitierten Stellen durch diesen Einfluss inspiriert sind.

63 *Ralf Dreier*, Rechtsbegriff und Rechtsidee. Kants Rechtsbegriff und seine Bedeutung für die gegenwärtige Diskussion, 1986, S. 12, zur äußeren und inneren Gesetzgebung.

Gesichtspunkt, dass Kant zumindest in seiner ganzen kritischen Philosophie eine Gesetzgebungswissenschaft zugrunde legt.[64]

f) ‚Untersuchung der Rechte der spekulativen Vernunft'

So hat die spekulative Vernunft nach Kant selbst ihre Rechte, über welche die Kritik der reinen Vernunft gleichsam als Gerichtshof entscheidet (AA IV 9): „Denn die kann niemals populär werden, hat aber auch nicht nöthig es zu sein, weil, so wenig dem Volke die fein gesponnenen Argumente für nützliche Wahrheiten in den Kopf wollen, eben so wenig kommen ihm auch die eben so subtilen Einwürfe dagegen jemals in den Sinn; dagegen, weil die Schule, so wie jeder sich zur Speculation erhebende Mensch, unvermeidlich in beide geräth, jene dazu verbunden ist, durch gründliche Untersuchung der Rechte der speculativen Vernunft einmal für allemal dem Skandal vorzubeugen, das über kurz oder lang selbst dem Volke aus den Streitigkeiten aufstoßen muß, in welche sich Metaphysiker (und als solche endlich auch wohl Geistliche) ohne Kritik unausbleiblich verwickeln, und die selbst nachher ihre Lehren verfälschen" (AA III 20 f.).

Der Klammerzusatz darf wohl als korrespondierender Gedanke zu jener weiter oben behandelten Fußnote aus der Vorrede zur ersten Auflage verstanden werden, in der Kant sein Zeitalter als das Zeitalter der Kritik begriff, der sich eben auch die ‚Religion durch ihre Heiligkeit' unterwerfen müsse (AA IV 9). Auch dort war, wie erinnerlich, ein Gleichlauf von Religion und Gesetzgebung zu beobachten, der sich hier zumindest terminologisch fortsetzt.

Schließlich findet sich eine derartige Korrespondenz von Gesetzgebung und Religion unter Prinzipiengesichtspunkten auch in der transzendentalen Dialektik: „In Ansehung desjenigen aber, was die Principien der Sittlichkeit, der Gesetzgebung und der Religion betrifft, wo die Ideen die Erfahrung selbst (des Guten) allererst möglich machen, obzwar niemals darin völlig ausgedrückt werden können, ein ganz eigenthümliches Verdienst, welches man nur darum nicht erkennt, weil man es durch eben die empirischen Regeln beurtheilt, deren Gültigkeit als Principien eben durch sie hat aufgehoben werden sollen" (AA IV 202 f. / AA III 249). Hier wird zudem die Unterscheidung zwischen Prinzipien und empirischen Regeln beispielhaft deutlich.

---

64 *Manfred Baum*, Freiheit und Recht bei Kant, in: Kant und die Philosophie in weltbürgerlicher Absicht (Hg. Stefano Bacin/Alfredo Ferrarin/ Claudio La Rocca/Margit Ruffing), 2013, S. 73, mit dem für die vorliegende Thematik in seiner eben nicht nur auf die Rechtsphilosophie bezogenen und nicht zuletzt dadurch aufschlussreichen Einleitungssatz: „Nach Kant ist die gesamte Philosophie eine Gesetzgebungswissenschaft".

3. Recht als Ausdrucksform für die methodisch geleitete Erkenntnis

Kant wendet sich gegen den unkritischen Dogmatismus, der eine unreflektierte despotische Herrschaft innerhalb der Metaphysik ausübt und, in dieser Beschränktheit befangen, nicht den Maßstäben der philosophischen Wissenschaft entspricht, weil er nicht auf einer dogmatisch gesicherten Methode beruht: „Die Kritik ist nicht dem dogmatischen Verfahren der Vernunft in ihrem reinen Erkenntniß, als Wissenschaft, entgegengesetzt (denn diese muß jederzeit dogmatisch, d. i. aus sicheren Principien a priori strenge beweisend, sein), sondern dem Dogmatism, d. i. der Anmaßung, mit einer reinen Erkenntniß aus Begriffen (der philosophischen) nach Principien, so wie sie die Vernunft längst im Gebrauch hat, ohne Erkundigung der Art und des Rechts, womit sie dazu gelangt ist, allein fortzukommen“ (AA III 21). Erneut begegnet hier das Recht, und zwar interessanterweise als normative Ausdrucksform für die methodisch geleitete Erkenntnis.

Es kann daher nicht überraschen, dass die mit dem Wissenschaftsanspruch der Jurisprudenz zusammenhängenden Fragen aufs engste mit der dogmatischen Arbeit zusammenhängen.[65] Diese ist eine notwendige Bedingung der Rechtswissenschaft, wenngleich wohl noch keine hinreichende, weil dazu idealerweise noch die Reflexion der Grundlagen des Rechts hinzutreten muss. Beiden Disziplinen, der Philosophie wie der Jurisprudenz, ist die Prinzipienorientierung nach festen Grundsätzen der Methodenlehre eigentümlich; oder wie Kant sagt: „durch gesetzmäßige Feststellung der Principien“ (AA III 22). Nicht von ungefähr finden sich gegen Ende der *Kritik der reinen Vernunft* innerhalb der von Kant so genannten transzendentalen Methodenlehre besonders viele juristische Anspielungen (AA III 478/484/487 f./491 ff./501).

---

65 Vgl. auch *Jens Petersen*, Max Webers Rechtssoziologie und die juristische Methodenlehre, 3. Auflage 2020, S. 134 f.

III. Recht in der transzendentalen Ästhetik

Die erste Erwähnung *des Rechts* außerhalb der Vorreden der *Kritik der reinen Vernunft* begegnet im Rahmen der transzendentalen Ästhetik. Als solche bezeichnet Kant „eine Wissenschaft von allen Principien der Sinnlichkeit a priori" (AA IV 30 / AA III 50).[66] Er ermittelt Zeit und Raum als derartige Prinzipien der Erkenntnis. Beide sind reine Formen sinnlicher Anschauung (AA IV 31 / AA III 51): „Zeit und Raum sind demnach zwei Erkenntnißquellen, aus denen a priori verschiedene synthetische Erkenntnisse geschöpft werden können" (AA III 63).

1. Grundbegriffe

Zur Vermeidung von Missverständnissen verdeutlicht Kant dies an einem sinnfälligen Beispiel durch die affirmative Feststellung ‚mit Recht'. Natürlich ist diese umgangssprachliche Wendung, die Kant allerdings auffallend häufig verwendet, noch kein spezifisch juristisches Argument.[67]

a) Erscheinung und Ding an sich

Wir können die Dinge, wie sie an sich selbst sind, freilich nach Kant nicht erkennen, sondern nur ihrer Erscheinung nach.[68] Es geht ihm darum „zu verhüten, daß man die behauptete Idealität des Raumes nicht durch bei weitem unzulängliche Beispiele zu erläutern sich einfallen lasse, da nämlich etwa Farben, Geschmack etc. mit Recht nicht als Beschaffenheiten der Dinge, sondern bloß als Veränderungen unseres Subjects, die sogar bei verschiedenen Menschen verschieden sein können, betrachtet werden. Denn in diesem Falle gilt das, was ursprünglich selbst nur Erscheinung ist, z. B. eine Rose, im empirischen Verstande für ein Ding an sich selbst, welches doch jedem Auge in Ansehung der Farbe anders erscheinen kann. Dagegen ist der transscendentale Begriff der Erscheinungen im Raume eine kritische Erin-

66 *Eckart Förster*, Die 25 Jahre der Philosophie, 2011, S. 30 mit Fußnote 3, erklärt, warum innerhalb der transzendentalen Ästhetik nicht die Rede ist von einer transzendentalen Deduktion.

67 Vgl. nur *Kant*, Kritik der praktischen Vernunft, 1788, § 7 Anmerkung (AA V 32).

68 Kritisch *Vittorio Hösle*, Kritik der verstehenden Vernunft, 2018, S. 283 mit Fußnote 262, sowie S. 309 mit Fußnote 280, unter Verweis auf *Peter F. Strawson*, The Bounds of Sense, 1966, S. 38 ff., 235 ff. Zur Unerkennbarkeit eingehend *Johannes Haag*, Erfahrung und Gegenstand. Das Verhältnis von Sinnlichkeit und Verstand, 2007, S. 85 ff.

https://doi.org/10.1515/9783111070186-004

nerung, daß überhaupt nichts, was im Raume angeschaut wird, eine Sache an sich, noch dass der Raum eine Form der Dinge sei, die ihnen etwa an sich selbst eigen wäre, sondern daß uns die Gegenstände an sich gar nicht bekannt seien, und, was wir äußere Gegenstände nennen, nichts anders als bloße Vorstellungen unserer Sinnlichkeit seien, deren Form der Raum ist, deren wahres Correlatum aber, d. i. das Ding an sich selbst, dadurch gar nicht erkannt wird, noch erkannt werden kann, nach welchem aber auch in der Erfahrung niemals gefragt wird" (AA IV 35 / AA III 56 f.).

Von der Erscheinung ist die Sinnlichkeit zu unterscheiden, über die „uns Gegenstände gegeben [werden], und sie allein liefert uns Anschauungen; durch den Verstand aber werden sie gedacht, und von ihm entspringen Begriffe" (AA IV 29 / AA III 49). Doch ändert dies nichts daran, dass wir die Dinge, wie sie an sich selbst sind, gleichwohl nicht zu erkennen vermögen: „Wenn wir diese unsre Anschauung auch zum höchsten Grade der Deutlichkeit bringen könnten, so würden wir dadurch der Beschaffenheit der Gegenstände an sich selbst nicht näher kommen. Denn wir würden auf allen Fall doch nur unsere Art der Anschauung, d. i. unsere Sinnlichkeit, vollständig erkennen und diese immer nur unter den dem Subject ursprünglich anhängenden Bedingungen von Raum und Zeit; was die Gegenstände an sich selbst sein mögen, würde uns durch die aufgeklärteste Erkenntniß der Erscheinung derselben, die uns allein gegeben ist, doch niemals bekannt werden" (AA IV 43 / AA III 65 f.).[69]

b) ‚Verfälschung des Begriffs von Sinnlichkeit und Erscheinung'

Man muss diese Prämissen vorausschicken, um jener ersten Stelle den Boden zu bereiten, an der Kant innerhalb der transzendentalen Ästhetik vom Recht spricht. Daher erwies es sich in didaktischer Hinsicht als hilfreich, dass er, bevor der vergleichsweise abstrakte Begriff des Rechts beispielhaft erscheint, zunächst das sinnfällige und daher besser verständliche Beispiel der Rose gibt.[70] Denn allzu leicht

---

69 *Dieter Henrich*, Werke im Werden. Über die Genesis philosophischer Einsichten, 2011, S. 82 f., zeigt, dass gerade die schwierigsten Teile der ‚Kritik der reinen Vernunft', etwa die Ausführungen zu Zeit, Raum und zur Kausalität, sich darstellungsmäßig für die Veranschaulichung eines Gerichtsverfahrens eignen: „Es hat den weiteren Vorteil, dass die besonders schwierige Begründung der Geltung von Grundsätzen der Erkenntnis der Natur (etwa dem der Kausalität) *nach einem ganz eigentümlichen juristischen Verfahren modelliert werden kann.*" Hervorhebung nur hier.

70 *Dieter Henrich*, Die Deduktion des Sittengesetzes, Festschrift für Wilhelm Weischedel, 1975, S. 55, 95, verdeutlicht am Beispiel der ‚Grundlegung zur Metaphysik der Sitten', dass derartige didaktische Hilfestellungen für Kant bezeichnend sind, darüber hinaus aber in aller Regel die Argumentation

missverstehen wir Sinnlichkeit und Erscheinung: „Daß daher unsere ganze Sinnlichkeit nichts als die verworrene Vorstellung der Dinge sei, welche lediglich das enthält, was ihnen an sich selbst zukommt, aber nur unter einer Zusammenhäufung von Merkmalen und Theilvorstellungen, die wir nicht mit Bewußtsein auseinander setzen, ist eine Verfälschung des Begriffs von Sinnlichkeit und von Erscheinung, welche die ganze Lehre derselben unnütz und leer macht“ (AA IV 43 / AA III 66). Die von Kant so genannte ‚verworrene Vorstellung der Dinge‘ unterscheidet nicht zwischen Form und Inhalt: „Der Unterschied einer undeutlichen von der deutlichen Vorstellung ist bloß logisch und betrifft nicht den Inhalt“ (AA IV 43 / AA III 66).

2. Rechtsbegriff

Dies nun ist der Punkt, an dem Kant den Unterschied zwischen Vorstellung, Sinnlichkeit und Erscheinung am Beispiel des Rechts exemplifiziert: „Ohne Zweifel enthält der Begriff von Recht, dessen sich der gesunde Verstand bedient, eben dasselbe, was die subtilste Speculation aus ihm entwickeln kann, nur daß im gemeinen und praktischen Gebrauche man sich dieser mannigfaltigen Vorstellungen in diesem Gedanken nicht bewußt ist. Darum kann man nicht sagen, daß der gemeine Begriff sinnlich sei und eine bloße Erscheinung enthalte, denn das Recht kann gar nicht erscheinen, sondern sein Begriff liegt im Verstande und stellt eine Beschaffenheit (die moralische) der Handlungen vor, die ihnen an sich selbst zukommt“ (AA IV 43 / AA III 66).[71]

a) ‚Begriff von Recht‘ und gesunder Menschenverstand

Allein diese Stelle ist Ausweis genug, warum die vorliegende Abhandlung nicht mit den Justizmetaphern oder Beispielen aus der Rechtswelt überschrieben worden ist, sondern neben der Gerichtsbarkeit auch von der Rechtslehre in Kants *Kritik der*

teleologisch festigen. Dabei ist interessant, dass *Henrich*, aaO., S. 100, den Schwierigkeitsgrad der nur scheinbar einfachen ‚Grundlegung‘ hervorhebt und wiederum mit dem Kantischen Topos der Rechtmäßigkeit des Anspruchs verwebt.

71 Interessant ist vor diesem Hintergrund eine Formulierung aus *Kants* ‚Nachricht von der Einrichtung seiner Vorlesungen in dem Winterhalbenjahre 1765–1766‘, in der er unter der Überschrift der Ethik, die er als „moralische Weltweisheit“ beschreibt, von der „sittliche(n) Rechtmäßigkeit“ der Handlungen spricht (AA II 311). Dazu unten im Zweiten Teil, wo die genannte Abhandlung näher betrachtet wird.

reinen Vernunft handelt. Denn selbst bei kursorischer Lektüre kann kein Zweifel daran bestehen, dass Kant hier die Kritik der reinen Vernunft nicht nur allgemein als Gerichtshof versteht, wie er es gegen Ende des Werkes eingehend ausführt (AA III 491). Vielmehr geht es an der vorliegenden Stelle um den ‚Begriff von Recht', mithin den Kern der Rechtslehre und der Rechtsphilosophie.

aa) Menschenverstand und Weltweisheit

Betrachten wir diese beiden Sätze über das Recht innerhalb der transzendentalen Ästhetik etwas näher, so fällt zunächst in sprachliche Hinsicht der apodiktische Duktus (‚ohne Zweifel') auf. Es ist vielleicht gerade für die mitunter wegen ihres Dünkels geziehenen Juristen eine heilsame Einsicht, dass Kant zur Bestimmung des Begriffs von Recht in inhaltlicher Hinsicht jedenfalls qualitativ nicht zwischen dem des gesunden Menschenverstandes und jenem der ausgefeilten juristischen Differenzierung unterscheidet. Gewiss denkt Kant auch bei dem Letzteren nicht an den fachlich geschulten Juristen, sondern vielmehr den Philosophen, der über das Recht nachsinnt. Wir werden im Dritten Teil im Rahmen der Behandlung der *Metaphysischen Anfangsgründe der Rechtslehre* sehen, dass er in dieser Hinsicht auch vom ‚philosophischen Rechtslehrer' spricht (AA VI 281).

Und dennoch gibt dies Anlass, an eine Folgerung Kants aus der Einleitung der *Kritik der reinen Vernunft* zu denken: „Daher ist die Transscendental-Philosophie eine Weltweisheit der reinen, bloß speculativen Vernunft" (AA III 45). Dass die als Weltweisheit begriffene Philosophie auch für die ‚Vernunftwissenschaft' des Rechts gilt, hat Kant in einem ausgreifenden Einleitungssatz der Besprechung eines zeitgenössischen Werkes zum Naturrecht ausgeführt: „In Wissenschaften, deren Gegenstand durch lauter Vernunftbegriffe gedacht werden muß, wie die es sind, welche die praktische Weltweisheit ausmachen, nicht blos zu den ersten Grundbegriffen und Grundsätzen zurückgehen, sondern, weil es diesen leicht an Zulässigkeit und objectiver Realität fehlen könnte, die selbst durch ihre Zulänglichkeit für einzelne vorkommende Fälle noch nicht hinreichend bewiesen ist, ihre Quellen in dem Vernunftvermögen selbst aufsuchen, ist ein rühmliches Unternehmen, welchem sich Herr Hufeland hier in Ansehung des Naturrechts unterzogen hat." (AA VIII 127). Dass Kant die Wissenschaft vom Naturrecht als ‚Vernunftwissenschaft' begreift, folgt e contrario aus der dortigen Formulierung der ‚andern Vernunftwissenschaften' (AA VIII 130).

bb) Rechtsbegriff und ‚mannigfaltige Vorstellungen'

Es ist erfrischend zu lesen, dass Kant, dem man wohl am wenigsten vorwerfen wird, zur leichtfertigen begrifflichen Vereinfachung zu neigen, die Philosophie schlicht mit dem schönen Begriff der Weltweisheit übersetzt. Überträgt man dies auf die im

Ausgangspunkt behandelte Stelle zum Begriff des Rechts (AA IV 43 / AA III 66), so meint man im Begriff des ‚gesunden Verstandes' sowie dem ‚gemeinen und praktischen Gebrauche' eine Entsprechung zur unverbildeten Weltweisheit zu vernehmen. Wenn Kant den Unterschied dieses gleichsam naiven Verständnisses vom Begriff des Rechts zum Bewusstsein der ‚mannigfaltigen Vorstellungen' ins Verhältnis setzt, dann gilt gerade dafür der weiter oben zitierte Satz, wonach „der Unterschied einer undeutlichen von der deutlichen Vorstellung ist bloß logisch und betrifft nicht den Inhalt" (AA IV 43 / AA III 66).

b) Rechtsbegriff, Erscheinung und Sinnlichkeit

Man kann dies wohl auch auf das Verhältnis des Juristen zum Laien übertragen und sagen, dass dieser, wenn er vom Recht spricht, ungeachtet aller fachlichen Defizite, die sich etwa in Ermangelung einer juristischen Schulung und sauberen Subsumtion ergeben, gleichwohl inhaltlich über einen ebenso ernst zu nehmenden ‚Begriff von Recht' verfügen kann.[72]

aa) Gesunder Menschenverstand versus ‚subtilste Speculation'

Ebenso wichtig ist der zweite Satz über den Begriff von Recht, wonach „man nicht sagen [kann], daß der gemeine Begriff sinnlich sei und eine bloße Erscheinung enthalte" (AA IV 43 / AA III 66). Denn das folgt nicht nur aus dem ersten Satz (‚darum'), sondern aus den Prämissen der transzendentalen Ästhetik überhaupt, mithin aus Kants Verständnis der Sinnlichkeit:[73] „Die Fähigkeit (Receptivität), Vorstellungen durch die Art, wie wir von Gegenständen afficirt werden, zu bekommen, heißt Sinnlichkeit" (AA IV 29 / AA III 49).[74] Schließlich geht es hier gerade um Vorstellungen, die sich im einen Fall der gesunde Menschenverstand, im anderen Fall der geschulte Philosoph durch ‚subtilste Speculation' vom Recht macht. Und dass es sich nicht um eine ‚bloße Erscheinung' bei diesem ‚gemeinen' Rechtsbegriff

---

72 Dazu *Jens Petersen*, Max Webers Rechtssoziologie und die juristische Methodenlehre, 3. Auflage 2020, S. 1f.

73 Grundlegend dazu *Johannes Haag*, Erfahrung und Gegenstand. Das Verhältnis von Sinnlichkeit und Verstand, 2007, passim, insbesondere S. 32ff., 103ff.

74 *Dieter Henrich*, Ethik der Autonomie, in: *Ders.*, Selbstverhältnisse. Gedanken und Auslegungen zu den Grundlagen der klassischen deutschen Philosophie, 1982, S. 6, 37, formuliert im Hinblick auf Kants Moralphilosophie interessanterweise in beinahe juridischer Diktion: „Denn unter Kantischen Voraussetzungen ist nicht einzusehen, wie Sinnlichkeit allein dadurch eine positive Beziehung zur Vernunft dadurch sollte eingehen können, daß *ihre Ansprüche niedergeschlagen* werden." Hervorhebung nur hier.

handelt, folgt aus der eingangs der transzendentalen Ästhetik getroffenen Begriffsbestimmung: „Der unbestimmte Gegenstand einer empirischen Anschauung heißt Erscheinung" (AA IV 29 / AA III 50).[75]

bb) ‚Richterstuhl des Verstandes' in der Anthropologie

In der *Anthropologie in pragmatischer Hinsicht* spricht Kant zur „Rechtfertigung der Sinnlichkeit gegen die Zweite Anklage" konsequenterweise vom ‚Richterstuhl des Verstandes' und nicht demjenigen der Vernunft, wie wir später noch sehen werden. Im Übrigen aber begegnet auch in diesem Werk eine vergleichbare juristische Diktion: „Zwar giebt es Urtheile, die man eben nicht förmlich vor den Richterstuhl des Verstandes zieht, um von ihm abgeurtheilt zu werden; die daher unmittelbar durch den Sinn dictirt zu sein scheinen." (AA VII 145). Hier erweist sich, dass Kant die Gerichtsmetapher werkübergreifend zu einem durchgängigen Darstellungsprinzip erhoben hat.

c) Form und Inhalt

Womöglich noch deutlicher wird die von Kant im Hinblick auf den Begriff des Rechts vorgenommene Übertragung, die hinsichtlich der mehr oder minder deutlichen Vorstellung nur logischer Art ist, nicht aber den Inhalt berührt, wenn man die im Ausgangspunkt der transzendentalen Ästhetik getroffene Präzisierung berücksichtigt: „In der Erscheinung nenne ich das, was der Empfindung correspondirt, die Materie derselben, dasjenige aber, welches macht, daß das Mannigfaltige der Erscheinung in gewissen Verhältnissen geordnet werden kann, nenne ich die Form der Erscheinung" (AA III 50).

Das entspricht der oben genannten Unterscheidung zwischen Form und Inhalt (‚Materie'), die im Übrigen auch der Jurisprudenz vertraut ist, innerhalb derer formelles und materielles Recht voneinander unterschieden werden.[76] Nicht von ungefähr lässt sich auch der erste Satz über den Begriff des Rechts, der von „mannigfaltigen Vorstellungen" spricht (AA IV 43 /AA III 66), bruchlos der genannten Präzisierung der Erscheinung subsumieren, spricht sie doch von demjenigen, „welches macht, daß das Mannigfaltige der Erscheinung in gewissen Verhältnissen

75 *Vittorio Hösle*, Eine kurze Geschichte der deutschen Philosophie, 2013, S. 85 f., erläutert die Einzelheiten anschaulich unter Verweis auf die grundlegende Studie von *Peter F. Strawson*, The Bounds of Sense, 1966.

76 Zu den formalen („the a priori") und inhaltlichen Elementen der Erkenntnis auch *Dieter Henrich*, Between Kant and Hegel. Lectures on German Idealism, 2008, S. 35.

geordnet werden kann“ (AA III 50). Dieser Ordnung der mannigfaltigen Vorstellungen ist sich der gesunde Menschenverstand mit seinem Begriff von Recht nicht bewusst (AA III 66). Doch betrifft dies eben ausweislich der Begriffsbestimmung der transzendentalen Ästhetik nur die Form der Erscheinung, nicht aber ihre Materie beziehungsweise den Inhalt (AA III 50).

d) Verstand und Rechtsbegriff

Es versteht sich, dass Kant die zuletzt angestellten Überlegungen nicht explizieren musste, weil die Begriffsbestimmungen der transzendentalen Ästhetik gleichsam vor der Klammer mit hinreichender Allgemeingültigkeit getroffen wurden; im Übrigen einem begrifflich ökonomischen Prinzip entsprechend, wie es die Zivilrechtswissenschaft vom Allgemeinen Teil des Bürgerlichen Gesetzbuchs her kennt, wonach jeder dort gesetzlich definierte Begriff auch in den übrigen Teilen des Gesetzbuchs nur so zu verstehen ist, wie eingangs legaldefiniert.[77]

Kant konnte daher die Begründung auf den entscheidenden Gesichtspunkt beschränken, wonach „das Recht (…) gar nicht erscheinen [kann], sondern sein Begriff (…) im Verstande [liegt] und (…) eine Beschaffenheit (die moralische) der Handlungen vor[stellt], die ihnen an sich selbst zukommt“ (AA IV 43 /AA III 66).[78] Hervorhebung verdient zunächst die Feststellung, dass der Begriff von Recht ‚im Verstande liegt‘. Dies dürfte so zu verstehen sein, wie es im zweiten Teil der transzendentalen Elementarlehre definiert wird, nämlich innerhalb der transzendentalen Logik, wonach Kant das Vermögen als Verstand bezeichnet, „Vorstellungen selbst hervorzubringen, oder die Spontaneität des Erkenntnisses“ (AA IV 48 / AA III 75).[79]

77 Näher *Jens Petersen*, Die systematische Stellung des Allgemeinen Teils vor der Klammer der übrigen Bücher, Juristische Ausbildung 2011, 759.

78 Zu dieser Stelle für den werkimmanenten Zusammenhang weiterführend *Johannes Strangas*, Zum Problem einer transzendentalen Deduktion des Begriffs des Rechts, in: Opera minora omnia, 2021, Band II, S. 551, 557.

79 Prägnant *Vittorio Hösle*, Eine kurze Geschichte der deutschen Philosophie, 2013, Seite 87: „Die transzendentale Logik handelt von dem Beitrag des Verstandes und der (die Erfahrungen transzendierenden) Vernunft zu den Bedingungen der Möglichkeit von Erfahrung“.

e) ‚Das Recht kann gar nicht erscheinen'

Es ist, mit anderen Worten, „das Vermögen, den Gegenstand sinnlicher Anschauung zu denken" (AA IV 48 / AA III 75). Übrigens folgt kurz darauf die Abwandlung eines noch bekannteren Wortes: „Gedanken ohne Inhalt sind leer, Anschauungen ohne Begriffe sind blind" (AA IV 48 / AA III 75).[80] Das ist deswegen erwähnenswert, weil Kants Begründung vom ‚Begriff' (sc. von Recht) handelt, der ‚im Verstande liegt' (AA IV 43 / AA III 66). Indem er dort voraussetzt, dass „das Recht gar nicht erscheinen kann", entspricht dies der genannten Stelle innerhalb der transzendentalen Logik, wonach „der Verstand (…) nichts anzuschauen [vermag]" (AA IV 48 / AA III 75). Das Verständnis des Rechtsbegriffs ist also mit der transzendentalen Logik abgestimmt und erweist sich somit unausgesprochen als Paradigma ihrer systematischen Kohärenz mit der transzendentalen Ästhetik.[81]

Wenn das Recht nach Kant überhaupt nicht ‚erscheinen' kann, dann entspricht dies den zuvor aufgestellten Prämissen. Denn die Möglichkeit der Erkenntnis reduziert sich darauf, wie die Dinge in Raum und Zeit erscheinen.[82] Das aber trifft auf das Recht als solches ersichtlich nicht zu. Das Recht ist eben auf das menschliche Erkenntnisvermögen nicht zugerichtet, weil ihm keine Erscheinung zukommt, die es für den Erkenntnisapparat begreiflich machen würde. Insofern verhält es sich im Hinblick auf das Recht in der Tat fundamental unterschiedlich im Verhältnis zu der von Kant aus Gründen didaktischer Anschaulichkeit zunächst genannten Rose, die ihrer Erscheinung nach – wenngleich nicht als Ding an sich (AA IV 35 / AA III 56 f.) – erkannt werden kann.

---

80 *Jürgen Trabant*, Mithridates im Paradies. Kleine Geschichte des Sprachdenkens, 2003, S. 179 f., hat dies in beeindruckender Weise semantisch und sprachphilosophisch am Beispiel dieser Stelle herausgearbeitet: „Die Metaphorik des Erkennens ist in den europäischen Sprachen generell eher eine des Sehens und Ergreifens, nicht eine des Zuhörens. (…) Auge und Hand sind die entscheidenden Sinne: *Idee* (das ‚Gesehene'), *con-ceptus, re-praesentatio, An-Schauung, Be-Griff, Vor-Stellung, er-fassen, ver-stehen*, das ist alles ein Sehen und Fassen. Klassisch ist das ja in Kants berühmter Zusammenfassung dessen formuliert, was Erkennen ist: ein Sehen und Greifen bzw. ein Ergreifen des Erblickten und ein Blick auf die Hand, die das Ergriffene hält: ‚Gedanken ohne Inhalt [d. h. Begriffe ohne Anschauungen] sind leer, Anschauungen ohne Begriffe sind blind'".

81 *Ulrich Seeberg*, Ursprung, Umfang und Grenzen der Erkenntnis. Eine Untersuchung zu Kants transzendentaler Deduktion der Kategorien, 2006, S. 231, unterscheidet die Voraussetzungen der Erhebung und Begründung rechtmäßiger Besitzansprüche innerhalb der transzendentalen Logik besonders deutlich.

82 Näher zu Raum und Zeit als Formen der Anschauung *Johannes Haag*, Erfahrung und Gegenstand. Das Verhältnis von Sinnlichkeit und Verstand, 2007, S. 110 – 120; *Otfried Höffe*, Immanuel Kant (1724 – 1804), in: Klassiker der Philosophie (Hg. Ders.), Zweiter Band, 2. Auflage 1985, S. 7, 21.

f) Begriff des Rechts als moralische Beschaffenheit der Handlungen

Damit kommen wir zu der letzten und aus rechtsphilosophischer Sicht vielleicht wichtigsten Qualifizierung des Begriffs von Recht, den Kant hier beispielhaft zugrunde legt. Nachdem er nämlich zunächst dargetan hat, auf welche Weise man den Begriff des Rechts missverstehen würde, und so in negatorischer Abgrenzung freigelegt hat, was den Begriff ausmacht, kann er nun mit bündigen Worten den positiven Gehalt des Begriffes zusammenfassen, indem er feststellt, dass dieser „eine Beschaffenheit (die moralische) der Handlungen vorstellt, die ihnen an sich selbst zukommt" (AA IV 43 /AA III 66).

Bedeutsam ist zunächst der Bezugspunkt der Handlungen, die ersichtlich anthropozentrisch ausgerichtet sind, also auf den handelnden Menschen bezogen, selbst wenn im Folgenden von ihnen mit dem Zusatz ‚an sich selbst' die Rede ist. Doch erklärt sich auch diese Bestimmung aus dem Subjekt, dessen Genitiv die Handlungen ja lediglich sind, nämlich der Beschaffenheit. Der Begriff von Recht bezeichnet also nur eine Beschaffenheit, die den Handlungen an sich selbst zukommt. Wegen dieser ungefähren Bezeichnung ist der Klammerzusatz so bedeutsam, geht es doch beim Begriff von Recht aus Kants Sicht gerade um die moralische Beschaffenheit der Handlungen.

3. Werkimmanenter Zusammenhang

An dieser Stelle wird deutlich, dass Kant bereits in der *Kritik der reinen Vernunft* einen Begriff von Recht voraussetzt, den er, wie wir im Dritten Teil dieser Abhandlung sehen werden, in den *Metaphysischen Anfangsgründen der Rechtslehre* noch ausführen wird.[83] Daraus ergibt sich im Übrigen, dass auch dieser Rechtsbegriff seiner kritischen Philosophie entspricht und keinen Rückfall in vorkritisches Denken darstellt, wie wir gegen Ende der vorliegenden Untersuchung ebenfalls ausführen werden. Zugleich kann man die zuletzt zitierte Stelle aber wohl auch als einen Vorgriff auf die *Kritik der praktischen Vernunft* verstehen, zumal da es unausgesprochen um das bereits weiter oben angesprochene Verhältnis von Legalität

---

83 *Eckart Förster*, Die 25 Jahre der Philosophie, 2011, S. 8, beginnt die Vorbemerkung seines grundlegenden Werkes interessanterweise rückblickend von der späten Rechtslehre (1797) her und entwickelt daraus den Gang der Untersuchung. Er erschließt von daher den Gang der Untersuchung, indem er den Zusammenhang zwischen theoretischer und praktischer Philosophie verdeutlicht (S. 23/24). Gerade dieser werkimmanente Zusammenhang ist in der Tat von größter Bedeutung, wie Förster (S. 24) hervorhebt. Eingehend dazu im Dritten Teil dieser Abhandlung.

und Moralität geht.[84] Eine ähnliche unausgesprochene Verweisung auf die *Kritik der praktischen Vernunft* findet sich auch in der transzendentalen Methodenlehre, in der es über die gesetzgebende Gewalt der Vernunft heißt: „Die Gesetzgebung der menschlichen Vernunft (Philosophie) hat nun zwei Gegenstände, Natur und Freiheit, und enthält also sowohl das Naturgesetz, als auch das Sittengesetz, anfangs in zwei besonderen, zuletzt aber in einem einzigen philosophischen System. Die Philosophie der Natur geht auf alles, was da ist, die der Sitten nur auf das, was da sein soll" (AA III 543).[85] Der verdeutlichende Hinweis in der Klammer nimmt in seiner begriffsökonomischen Präzision methodisch wiederum die aus der Gesetzgebung des Bürgerlichen Rechts geläufige Technik der Legaldefinitionen vorweg.[86]

4. Von der Gerichtsverhandlung zum Recht der Freiheit

Philosophie ist demnach nicht nur Weltweisheit, sondern zugleich in ihrer die Autonomie und Freiheit betonenden Bedeutung Gesetzgebung der menschlichen Vernunft.[87] Bereits zuvor heißt es im Hinblick auf die Gesetzgebung der Vernunft folgerichtig: „Diese giebt daher auch Gesetze, welche Imperativen, d. i. objective Gesetze der Freiheit, sind, und welche sagen, was geschehen soll, ob es gleich vielleicht nie geschieht, und sich darin von Naturgesetzen, die nur von dem handeln, was geschieht, unterscheiden, weshalb sie auch praktische Gesetze genannt werden" (AA III 521). Auch diese Bestimmung jener Gegenstände der als Gesetzgebung der menschlichen Vernunft begriffenen Philosophie, insbesondere die Freiheit, legt die weiter unten noch näher zu untersuchende Annahme nahe, dass vom darstellungsmäßigen Ausgangspunkt der Gerichtsverhandlung ein Weg über die objektiven Gesetze der Freiheit führt, der es am Ende rechtfertigen wird, von einem Recht der Freiheit zu sprechen.

84 *Vittorio Hösle*, Eine kurze Geschichte der deutschen Philosophie, 2013, S. 93, verdeutlicht nicht von ungefähr im Hinblick auf die auch von Kant an der zitierten Stelle genannten Handlungen den Gesichtspunkt der „Regulierung der Freiheit".

85 *Dieter Henrich*, Werke im Werden. Über die Genesis philosophischer Einsichten, 2011, S. 82 ff., hat den wegweisenden Gedanken von der Gerichtsverhandlung bis zum Primat der sittlichen Freiheit entwickelt, der aufgrund seiner Geradlinigkeit hier noch um die Möglichkeit einer Zusammenschau erweitert werden soll, die zu einem Recht der Freiheit führt.

86 *Jens Petersen*, Die systematische Stellung des Allgemeinen Teils vor der Klammer der anderen Bücher, Juristische Ausbildung 2011, 759.

87 Siehe auch *Fiete Kalscheuer*, Autonomie als Grund und Grenze des Rechts. Das Verhältnis zwischen dem kategorischen Imperativ und dem allgemeinen Rechtsgesetz Kants, 2014.

IV. Gerechtigkeit und Recht in der transzendentalen Logik

Mit dem zuletzt Bedachten ist bereits der Übergang von der transzendentalen Ästhetik zur transzendentalen Logik eingeleitet.[88] In ihr geht es um den Verstand als das „Vermögen, den Gegenstand sinnlicher Anschauung zu denken" (AA IV 48 / AA III 75).[89] Das war deswegen weiter oben bedeutsam, weil der Begriff vom Recht nach Kant „im Verstande liegt" (AA IV 43 / AA III 66). Dieser Ursprung aus dem Verstand ist für sein transzendentalphilosophisches Vorhaben gleichermaßen bedeutend wie verpflichtend: „Die Transzendentalphilosophie hat den Vortheil, aber auch die Verbindlichkeit, ihre Begriffe nach einem Princip aufzusuchen, weil sie aus dem Verstande als absoluter Einheit rein und unvermischt entspringen und daher selbst nach einem Begriffe oder Idee unter sich zusammenhängen müssen" (AA IV 57 f. / AA III 84 f.).

1. ‚Vollkommene Gerechtigkeit'

Für das Recht wenigstens von mittelbarer Bedeutung dürfte der Umstand sein, dass der Verstand im Wortsinne – wenn auch nicht genau im Sinne der *Kritik der Urteilskraft* – als Urteilsvermögen begriffen werden kann: „Wir können aber alle Handlungen des Verstandes auf Urtheile zurückführen, so daß der Verstand überhaupt als ein Vermögen zu urtheilen vorgestellt werden kann" (AA IV 59 / AA III 86).[90] Wenn man vor diesem Hintergrund zur ‚logischen Function des Verstandes in Urtheilen' überleitet, wie Kant den neunten Paragraphen überschreibt (AA IV 59 / AA III 86), dann fällt zunächst auf, dass wiederum die ersten Aussagen verstärkend durch ein ‚mit Recht' bejaht werden: „Die Logiker sagen mit Recht, daß man beim Gebrauch der Urtheile in Vernunftschlüssen die einzelnen Urtheile

88 *Vittorio Hösle*, Kritik der verstehenden Vernunft, 2018, S. 19, 281, 289 ff., 301 ff., wählt im Hinblick auf die Hermeneutik in Analogie zur Kantischen Gliederung einen ähnlichen Aufbau, allerdings erklärtermaßen (S. 282 ff.) mit markanten Unterschieden und Umstellungen (S. 288).

89 Monographisch zum Verhältnis von Sinnlichkeit und Verstand *Johannes Haag*, Erfahrung und Gegenstand. Das Verhältnis von Sinnlichkeit und Verstand, 2007.

90 *Eckart Förster*, Die 25 Jahre der Philosophie, 2011, S. 35, präzisiert zur Vermeidung von Missverständnissen: „Wohlgemerkt: Kant sagt ‚zurückführen.' Nicht alle Handlungen des Verstandes *sind* Urteile, sie können aber darauf zurückgeführt werden".

https://doi.org/10.1515/9783111070186-005

gleich den allgemeinen behandeln könne" (AA IV 60 / AA III 87).[91] Das hat auch hier ersichtlich noch keine spezifisch juristische Bedeutung. Doch wiederholt Kant dies im Rahmen der Feststellung der zweiten Prämisse auffälligerweise: „Eben so müssen in einer transscendentalen Logik unendliche Urtheile von bejahenden noch unterschieden werden, wenn sie gleich in der allgemeinen Logik jenen mit Recht beigezählt sind und kein besonderes Glied der Eintheilung ausmachen" (AA IV 61 / AA III 88). Es wäre indes übertrieben, darin einen verstärkt juristischen Anklang zu erblicken, selbst wenn man die Häufung in Rechnung stellt.[92] Es handelt sich als eher um akzidentelle Affirmationen.

a) Paradigma von Gerechtigkeit und Strafe

Vergleichsweise bedeutsamer ist aber, dass Kant im Rahmen des dritten Punktes, der die Verhältnisse des Denkens in Urteilen darlegt, ein Beispiel wählt, dass die vollkommene Gerechtigkeit zum Gegenstand hat:[93] „Der hypothetische Satz: wenn eine vollkommene Gerechtigkeit da ist, so wird der beharrlich Böse bestraft, enthält eigentlich das Verhältniß zweier Sätze: es ist eine vollkommene Gerechtigkeit da, und: der beharrlich Böse wird bestraft" (AA IV 62 / AA III 89).

aa) Vergleich mit der juristischen Subsumtion

Kant spaltet also ungeachtet der hypothetischen Formulierung den Satz in zwei kategorische Urteile auf. Aus juristischer Sicht ist die ‚Wenn – dann – Implikation'

---

91 *Ulrich Seeberg*, Ursprung, Umfang und Grenzen der Erkenntnis. Eine Untersuchung zu Kants transzendentaler Deduktion der Kategorien, 2006, S. 220, hat zwar nicht unmittelbar diese Stelle im Blick, folgert aber unter Berücksichtigung von Achenwall und Pütter, was wohl insbesondere für das im Text Zitierte gilt.

92 Man vergleiche im Unterschied dazu nur den für das Verhältnis von Recht und Literatur tiefgründigen Tagebucheintrag von *Franz Kafka*, Tagebücher 1910 – 1923 (Hg. Max Brod), 1967, S. 401 zum 19. Januar 1922: „Mit Recht, sage ich und zeige, daß ich wenigstens dieses Vertrauen habe. Oder habe ich nicht einmal das? Denn ich denke nicht eigentlich an ‚Recht', das Leben hat vor lauter Überzeugungskraft keinen Platz in sich für Recht und Unrecht. So wie du in der verzweifelten Sterbestunde nicht über Recht und Unrecht meditieren kannst, so nicht im verzweifelten Leben. Es genügt, daß die Pfeile genau in die Wunden passen, die sie geschlagen haben".

93 *Ralf Dreier*, Rechtsbegriff und Rechtsidee. Kants Rechtsbegriff und seine Bedeutung für die gegenwärtige Diskussion, 1986, S. 19, berücksichtigt die folgende Stelle zwar nicht, macht aber gleichwohl zu ihrem besseren Verständnis auf die Mehrdeutigkeit des Begriffs der Gerechtigkeit aufmerksam. Wichtig ist ferner seine ebenda, S. 22, entfaltete Vorstellung des Friedens im Verhältnis zum Recht; einen Zusammenhang, auf den wir im Zusammenhang mit der Friedensschrift eingehen werden.

von Interesse. Denn sie ist zugleich bezeichnend für juristische Tatbestände und Gesetzesformulierungen. In einer juristischen Subsumtion könnte also die Strafe des beharrlich Bösen der im Obersatz statuierten vollkommenen Gerechtigkeit durchaus subsumiert werden. Allerdings wäre dafür typischerweise ein vermittelnder Satz erforderlich, dessen Funktion darin bestünde, dass die konkrete Zuwiderhandlung eine Ausprägung der Verwirklichung eines bestimmten Straftatbestandes wäre, der seinerseits die Idee der Gerechtigkeit hinsichtlich eines bestimmten geschützten Rechtsgutes konkretisieren würde. Insofern muss man sich, wie ganz allgemein im Verhältnis der Jurisprudenz zur Logik, davor hüten, die juristische Subsumtion ungeachtet der Nähe zum Syllogismus als einen lediglich streng logischen Vorgang zu begreifen, weil damit die entscheidenden Wertungsspielräume außer Betracht gelassen würden.[94]

bb) Kantisches Erbe der Rechtswissenschaft

Man kann es wohl sogar als Teil des Kantischen Erbes der Rechtswissenschaft betrachten, dass diese bei aller strengen Bindung an gesetzlich im Vorhinein festgesetzte Tatbestände im Rahmen der Subsumtion unter diese gleichwohl in einer recht verstandenen Wertungs- und Prinzipienjurisprudenz mehr ist als die sterile Abfolge logischer Schlüsse, sondern stets auch sinndeutende und prinzipiengerechte Anwendung des Gesetzes auf Lebenssachverhalte, welche die Gesetzesverfasser, etwa infolge zwischenzeitlicher technischer Entwicklungen, noch nicht voraussehen konnten.[95] Insofern kann man bei aller gebotenen Vorsicht vor einem allzu großen Aktualitätseifer vielleicht von einer zeitlich-dynamischen Offenheit

---

94 *Dieter Henrich*, Kant's Notion of a Deduction and the Methodological Background of the First Critique, in: Kant's Transcendental Deductions. The Three 'Critiques' and the 'Opus postumum' (Hg. Eckart Förster), 1989, S. 29, 39, hat für das Verständnis der juristischen Anleihen innerhalb der transzendentalen Deduktion herausgearbeitet, was womöglich mutatis mutandis für die Jurisprudenz gilt. Durchaus im Sinne des für die Wertungsjurisprudenz Geltenden betont *Henrich* den Gesichtspunkt der Flexibilität des Verständnisses: "Second, once we have realized that the deduction as such cannot be founded upon a syllogistic structure, *we have gained a new flexibility* in our understanding of the various kinds of argumentation Kant might employ in the course of the deduction." Hervorhebung nur hier. – Für eine solche prinzipienorientierte Betrachtungsweise, die an die Stelle syllogistischer Rechtsanwendung eine argumentative Flexibilität treten lässt, gibt es in der juristischen Methodenlehre eine gewisse Entsprechung in Gestalt der von *Walter Wilburg* (Die Elemente des Schadensrechts, 1941) begründete Lehre vom beweglichen System. Präziser als ihr Begründer freilich hat *Claus-Wilhelm Canaris*, Systemdenken und Systembegriff in der Jurisprudenz, 2. Auflage 1983, S. 75 Fußnote 8, gesehen, dass es weniger ‚Elemente' sind, auf die es entscheidend ankommt, als vielmehr Prinzipien; vor allem daraus dürfte denn auch die Einschlägigkeit dieser Form des Systemdenkens mit dem Kantischen beruhen.

95 Vgl. nur *Jens Petersen*, Allgemeiner Teil und Internet, Juristische Ausbildung 2002, 387.

des Systems sprechen,[96] die imstande ist, unvorhergesehene tatsächliche Entwicklungen anhand der im Vorhinein erarbeiteten Prinzipien dergestalt einzuordnen, dass sich ungeachtet ihrer neuartigen Ausgestaltung eine methodisch konsistente wertungsmäßig folgerichtige Lösung ergibt.[97]

b) Unerweislichkeit vollkommener Gerechtigkeit

Innerhalb der transzendentalen Logik geht es indes weniger um die vollkommene Gerechtigkeit und unweigerliche Bestrafung des Delinquenten selbst, als vielmehr um die Verdeutlichung der unterschiedlichen Arten des Urteils: „Problematische Urtheile sind solche, wo man das Bejahen oder Verneinen als bloß möglich (beliebig) annimmt; assertorische, da es als wirklich (wahr) betrachtet wird; apodiktische, in denen man es als nothwendig ansieht“ (AA IV 62 / AA III 89).

aa) Verdeutlichung transzendentalphilosophischer Probleme anhand juristischer Beispiele

Man muss dies voranstellen, um den Rekurs auf das soeben gegebene Beispiel zur vollkommenen Gerechtigkeit besser verstehen zu können: „In dem obigen Beispiel wird der Satz: es ist eine vollkommene Gerechtigkeit da, nicht assertorisch gesagt, sondern nur als ein beliebiges Urtheil, wovon es möglich ist, daß jemand es annehme, gedacht“ (AA IV 63 / AA III 90). Es versteht sich, dass Kant das in diesem Beispiel als denkbar vorausgesetzte Dasein vollkommener Gerechtigkeit nur zum Zwecke der Veranschaulichung logischer Folgerichtigkeit und Klassifizierung gewählt hat, die inhaltliche Frage nach der Möglichkeit vollkommener Gerechtigkeit jedoch unbeantwortet lässt: „Ob beide dieser Sätze an sich wahr sind, bleibt hier unausgemacht“ (AA IV 62 / AA III 89). In der Tat kann dies dahinstehen. Und doch ist – ebenso wie bereits weiter oben beim Begriff des Rechts – auffallend, dass Kant transzendentalphilosophische Probleme mit einer gewissen Vorliebe anhand juristisch geprägter Beispiele erörtert.

bb) Strafgerechtigkeit in der *Kritik der praktischen Vernunft*

In der *Kritik der praktischen Vernunft* gibt Kant immerhin einen Fingerzeig, weil er Gerechtigkeit als integralen und begriffsnotwendigen Bestandteil der Strafe er-

---

96 Zur Offenheit des Systems im geltenden Recht *Claus-Wilhelm Canaris*, Systemdenken und Systembegriff in der Jurisprudenz, 2. Auflage 1983, S. 61–72.

97 *Vittorio Hösle*, Kritik der verstehenden Vernunft, 2018, S. 264, hat dies der Sache nach bereits methodisch mustergültig vorgedacht im Hinblick auf die Auslegung nach ‚Wertungsprinzipien‘.

achtet: „Endlich ist noch etwas in der Idee unserer praktischen Vernunft, welches die Übertretung eines sittlichen Gesetzes begleitet, nämlich ihre Strafwürdigkeit. Nun läßt sich mit dem Begriff einer Strafe, als einer solchen, doch gar nicht das Theilhaftigwerden der Glückseligkeit verbinden. Denn obgleich der, so da straft, wohl zugleich die gültige Absicht haben kann, diese Strafe auch auf diesen Zweck zu richten, so muß jedoch zuvor als Strafe, d. i. als bloßes Übel, für sich selbst gerechtfertigt sein, so daß der Gestrafte, wenn es dabei bliebe, und er auch auf keine sich hinter dieser Härte verbergende Gunst hinaussähe, selbst gestehen muß, es sei ihm Recht geschehen, und sein Loos sei seinem Verhalten vollkommen angemessen. In jeder Strafe als solcher muß zuerst Gerechtigkeit sein, und diese macht das Wesentliche dieses Begriffs aus." (AA V 37).

Dieser letzte Satz sollte in den Darstellungen der philosophischen Grundlagen der Strafrechtswissenschaft eine größere Bekanntheit haben, als es wohl der Fall ist. Das Dasein der Gerechtigkeit als immanenter Begriffsnotwendigkeit der Strafe ist schließlich das, was die Bestrafung von schierer Willkür, Rachgier und brutaler Machtausübung abhebt. Nur unter dieser Bedingung kann die prinzipielle Möglichkeit der Schuldangemessenheit der Strafe aus Sicht des Bestraften als regulative Idee angenommen werden. Zugleich wird damit unausgesprochen vorausgesetzt, dass allein die Subsumtion eines strafbaren Verhaltens unter ein im Vorhinein erlassenes Gesetz – nulla poena sine lege – die Gerechtigkeit verwirklichen kann.[98] Und schließlich ist das Dasein der Gerechtigkeit auch deswegen begriffsnotwendig, weil in einer jeglichen Strafe eine massive Einschränkung der Freiheit liegt, die einer systematischen Rechtfertigung bedarf.

cc) Recht der Freiheit innerhalb der Anthropologie

In seiner *Anthropologie in pragmatischer Hinsicht* entwickelt Kant in einer ebenfalls selten berücksichtigten, aber nichtsdestoweniger beeindruckenden Verbindung von systematischer Geschlossenheit mit rational ausgerichtetem psychologischen Einfühlungsvermögen die aus Sicht des Verletzten mitwirkenden Determinanten: „Da Leidenschaften nur von Menschen auf Menschen gerichtete Neigungen sein können, so fern diese auf mit einander zusammenstimmende oder einander widerstreitende Zwecke gerichtet, d. i. Liebe oder Haß sind; der Rechtsbegriff aber, weil er unmittelbar

98 *Vittorio Hösle*, Goethe und Dickens als christliche Dichter, 2022, S. 211 mit Fußnote 1, gelangt in seinen philosophischen Reflexionen über den Vergleich von Texten anhand der Kantischen Ausführungen über den ‚regulativen Gebrauch der Ideen der reinen Vernunft' innerhalb der ‚Kritik der reinen Vernunft' zu weiterführenden hermeneutischen Annahmen, die das im oben Text Gemeinte sowie viele andere dortige Überlegungen zum Vergleich der juristischen Subsumtion mit der philosophischen Erkenntnis ungleich präziser zum Ausdruck bringen.

aus dem Begriff der äußeren Freiheit hervorgeht, weit wichtiger und den Willen weit stärker bewegender Antrieb ist, als der des Wohlwollens; so ist der Haß aus dem erlittenen Unrecht, d. i. die Rachbegierde, eine Leidenschaft, welche aus der Natur des Menschen unwiderstehlich hervorgeht, und, so bösartig sie auch ist, doch die Maxime der Vernunft vermöge der erlaubten Rechtsbegierde, deren Analogon jene ist, mit der Neigung verflochten und eben dadurch eine der heftigsten und am tiefsten sich einwurzelnden Leidenschaften (...). Die Begierde, in einem Zustande mit seinen Mitmenschen und im Verhältniß zu ihnen zu sein, da jedem das zu Theil werden kann, was das Recht will, ist freilich keine Leidenschaft, sondern ein Bestimmungsgrund der freien Willkür durch reine praktische Vernunft.“ (AA VII 270 f.).

(1) ‚Rechtsbegierde‘ und ‚was das Recht will‘

Bemerkenswert ist die Formulierung des aus dem Begriff der äußeren Freiheit hervorgehenden Rechtsbegriffs, nämlich des Neologismus‘ der Rechtsbegierde und seine Verbindung mit der Maxime der Vernunft sowie der Verbindung der praktischen Vernunft mit dem, ‚was das Recht will‘. Das ist im Hinblick auf das zuletzt Festgestellte deswegen von Bedeutung, weil sie – auch zur Erläuterung der oben betrachteten Stelle aus der *Kritik der praktischen Vernunft* (AA V 37) – den Unterschied zwischen der rachgierigen Bestrafung ohne begriffsnotwendiges Vorhandensein der Gerechtigkeit in der Strafe, und der von Kant dort treffend so genannten ‚Rechtsbegierde‘ kenntlich macht. Es ist in der systematischen Zusammenschau – also nicht lediglich in der begrifflichen Zusammensetzung – gleichsam eine auf die normativ verallgemeinerte Innensicht des Geschädigten gewendete Vorstellung eines Rechts der Freiheit.

(2) ‚Inkompetenz des Gerichtshofs‘

Allerdings sei nicht unterschlagen, dass sich in der *Anthropologie* mitunter – auch im Hinblick auf prüfungsmäßig vorgelagerte Fragen – in den Konsequenzen eigenartige Einsichten zur Ermittlung der Schuldfähigkeit finden: „Wenn also jemand vorsetzlich ein Unglück angerichtet hat und nun, ob und welche Schuld deswegen auf ihm hafte, die Frage ist, mithin zuvor ausgemacht werden muß, ob er damals verrückt gewesen sei oder nicht, so kann das Gericht ihn nicht an die medicinische, sondern müßte (der Incompetenz des Gerichtshofes halber) ihn an die philosophische Facultät verweisen.“ (AA VII 213). So differenziert und aufgeklärt das darin zum Ausdruck kommende Schuldverständnis mit seiner Unterscheidung von Vorsatz und Schuld seinerzeit auch gewesen sein mag, so streitträchtig für die Fakultäten und eingeschränkt tauglich dürfte eine solche Entscheidung des Gerichthofs über die funktionale Zuständigkeit wohl für die Praxis sein. Es entspricht aber gleichwohl der Grundtendenz seiner Schrift über den *Streit der Facultäten.*[99]

c) Ausblick auf die transzendentale Methodenlehre

Aber auch mit diesen beiden Exkursen aus der *Kritik der praktischen Vernunft* und der *Anthropologie in pragmatischer Hinsicht* ist wohl die in der ersten Kritik aufgeworfene Frage noch nicht beantwortet, ob Kant eine ‚vollkommene' Gerechtigkeit für möglich hält. Wenigstens ist aber das Dasein der Gerechtigkeit Voraussetzung für die Rechtfertigung der Strafe (AA IV 62 / AA III 89).

aa) Systematische Standortbestimmung

Ihrer systematischen Stellung nach würde die Problematik der ‚vollkommenen Gerechtigkeit' innerhalb der *Kritik der reinen Vernunft* wohl am ehesten zu denjenigen Teilen gehören, an denen er die übersinnlichen Gegenstände der Freiheit, der Unsterblichkeit der Seele oder die Unmöglichkeit eines Beweises vom Dasein Gottes behandelt (AA III 498 ff.). Zudem würde die Frage nach der Möglichkeit vollkommener Gerechtigkeit wohl bis in die transzendentale Methodenlehre hineinreichen. Denn sie hängt letztlich mit jenen berühmten drei Fragen zusammen, was ich wissen kann, tun soll und hoffen darf (AA III 522). Die Frage nach der vollkommenen Gerechtigkeit dürfte innerhalb der transzendentalen Methodenlehre schwerpunktmäßig zwischen der zweiten und dritten zu veranschlagen sein.

bb) ‚Zurechnender Vernunftschluss'

Übrigens begründet Kant in seiner *Verkündigung des nahen Abschlusses eines Tractats zum ewigen Frieden in der Philosophie* im Wege eines Vernunftschlusses, was er unter ‚den über sinnlichen Gegenständen unserer Erkenntnis' versteht: „Sie sind Gott, Freiheit und Unsterblichkeit. – 1) *Gott*, als das allverpflichtende Wesen; 2) *Freiheit*, als Vermögen des Menschen, die Befolgung seiner Pflichten (gleich als göttlicher Gebote) gegen alle Macht der Natur zu behaupten; 3) *Unsterblichkeit*, als ein Zustand, in welchem dem Menschen sein Wohl und Weh in Verhältniß auf seinen moralischen Werth zu Theil werden soll. – Man sieht, daß sie zusammen gleichsam in der Verkettung der drei Sätze eines zurechnenden *Vernunftschlusses* stehen." (AA VIII 418). Ein solcher Vernunftschluss wird uns im Zweiten Teil noch am

99 Zu dieser Schrift *Vittorio Hösle*, Eine kurze Geschichte der deutschen Philosophie, 2013, S. 93.

Beispiel einer kleineren Schrift Kants begegnen,[100] die ebenfalls nach Art der Deduktionsschriften aufgebaut ist.[101]

cc) Theorie und Praxis

Einen entsprechenden Zusammenhang, der bis in die Unterscheidung von Theorie und Praxis reicht, liegt wohl auch Kant selbst zugrunde, wenn er annimmt: „Die dritte Frage, nämlich: wenn ich nun thue, was ich soll, was darf ich alsdann hoffen? ist praktisch und theoretisch zugleich, so daß das Praktische nur als ein Leitfaden zu Beantwortung der theoretischen und, wenn diese hoch geht, speculativen Frage führt. Denn alles Hoffen geht auf Glückseligkeit und ist in Absicht auf das Praktische und das Sittengesetz eben dasselbe, was das Wissen und das Naturgesetz in Ansehung der theoretischen Erkenntniß der Dinge ist. Jenes läuft zuletzt auf den Schluß hinaus, daß etwas sei (was den letzten möglichen Zweck bestimmt), weil etwas geschehen soll; dieses, daß etwas sei (was als oberste Ursache wirkt), weil etwas geschieht" (AA III 523).[102] Nicht von ungefähr lassen sich diese drei Fragen[103] in der allgemeinen anthropologischen zusammenfassen, was der Mensch sei.[104] Interessanterweise hat Kant diese letztere nur in seiner *Anthropologie in pragmatischer Hinsicht*, nicht aber in der transzendentalen Methodenlehre der *Kritik der reinen Vernunft* gestellt.[105]

d) Orientierung im Denken

Eine strukturelle Entsprechung bei Unterschieden im Einzelnen lässt sich auch im Hinblick auf eine juristisch konnotierte Formulierung ausmachen, die ebenfalls vom Begriff sowie vom Übersinnlichen ausgeht und ihrer Zielrichtung nach wohl

---

100 *Kant*, Von der Unrechtmäßigkeit des Büchernachdrucks, 1785 (AA VIII 77); dazu im Zweiten Teil unter II.

101 *Ulrich Seeberg*, Ursprung, Umfang und Grenzen der Erkenntnis. Eine Untersuchung zu Kants transzendentaler Deduktion der Kategorien, 2006, S. 203.

102 Lesenswert zur Frage ‚was ich hoffen darf' *Jörg Neuner*, Das Rechtsprinzip Hoffnung, JuristenZeitung 2021, 585.

103 Zu ihnen auch *David Roland Doublet*, Die Vernunft als Rechtsinstanz, 1989, S. 55.

104 Näher *Reinhard Brandt*, Die Bestimmung des Menschen bei Kant, 2007, S. 259 ff.; *Eugen Biser*, Gotteskindschaft und Menschenwürde. Eine neue Anthropologie, 2005, S. 9.

105 *Jürgen Habermas*, Auch eine Geschichte der Philosophie, Band 2: Vernünftige Freiheit. Spuren des Diskurses über Glauben und Wissen, 2019, S. 301 Fußnote 43, wonach an der von ihm treffend sogenannten ‚Parallelstelle' der transzendentalen Methodenlehre der ersten Kritik (A 805/B 833) „die vierte Frage fehlt, auf die die Anthropologie die Antwort geben soll".

auch in der *Kritik der reinen Vernunft* ihren Platz haben könnte, zumal da sie der Frage nachgeht: *Was heißt: sich im Denken orientiren.*

aa) ‚Das Recht des Bedürfnisses der Vernunft'

Kant nimmt dafür ‚das Recht des Bedürfnisses der Vernunft' in Anspruch: „Allein hiedurch, nämlich durch den bloßen Begriff, ist doch noch nichts in Ansehung der Existenz dieses Gegenstandes und der wirklichen Verknüpfung desselben mit der Welt (dem Inbegriffe aller Gegenstände möglicher Erfahrung) ausgerichtet. Nun aber tritt das Recht des Bedürfnisses der Vernunft ein, als eines subjectiven Grundes etwas vorauszusetzen und anzunehmen, was sie durch objective Gründe zu wissen sich nicht anmaßen darf; und folglich sich im Denken, im Unermeßlichen und für uns mit dicker Nacht erfüllten Raume des Übersinnlichen, lediglich durch ihr eigenes Bedürfniß zu orientiren." (AA VIII 137). Auch hier hat Kant also eine genuin transzendentalphilosophische Frage mit einer juristischen Einkleidung bekräftigt, allerdings wohl eher in einem deklaratorischen Sinne. Wir werden am Ende des Dritten Teils der Untersuchung sehen, dass sich dieses rhetorisch wirkungsvolle, aber für die Beweisführung wohl nicht konstitutive ‚Recht des Bedürfnisses der Vernunft' vom Recht der Vernunft unterscheidet.

bb) Freiheitsstreben und ‚Alleinherrschaft der speculativen Vernunft'

An späterer Stelle der genannten Abhandlung hebt Kant die ‚objectiven' Gründe hervor und verknüpft sie vielsagend mit dem Freiheitsstreben und der menschlichen sowie der ‚Alleinherrschaft der speculativen Vernunft', wobei die Objektivität der Gründe rechtfertigende Wirkung entfaltet: „Weil gleichwohl die menschliche Vernunft immer noch nach Freiheit strebt: so muß, wenn sie einmal die Fesseln zerbricht, ihr erster Gebrauch einer lange entwöhnten Freiheit in Mißbrauch und vermessenes Zutrauen auf Unabhängigkeit ihres Vermögens von aller Einschränkung ausarten, in eine Überredung von der Alleinherrschaft der speculativen Vernunft, die nichts annimmt, als was sich durch *objective* Gründe und dogmatische Überzeugung rechtfertigen kann, alles übrige aber kühn wegläugnet." (AA VIII 145 f.).

cc) Gleichlauf mit der *Kritik der reinen Vernunft*

Der Vergleich dieser womöglich noch sinnfälligeren Darstellung mit jener in den beiden Vorreden der ersten Kritik veranschaulicht, dass Kant mit dem bildhaft dargestellten Prozess einer zunächst auf Freiheit sinnenden, sodann entfesselten und schließlich selbstkritisch gebundenen, aber die Idee der Freiheit im Blick haltenden Vernunft um größtmögliche Verständlichkeit des anspruchsvollen Gegenstandes bemüht ist. Hier wie dort sind es zwar nicht unmittelbar juristische

Vergleiche, aber doch gleichsam in rechtliche Bahnen gelenkte Bewegungen, infolge derer die ursprünglich noch zwischen Anarchie und Alleinherrschaft schwankende spekulative Vernunft schließlich über sich selbst unparteilich Gericht hält und nur noch gelten lässt, was sich durch objektive Beweisgründe legitimieren lässt.

Insofern besteht ein Gleichlauf zwischen der *Kritik der reinen Vernunft* und der Abhandlung *Was heißt: sich im Denken orientiren.* Gewiss ist die letztere eingängiger formuliert und daher weniger fachjuristisch nach Art der Deduktionsschriften gehalten, sondern eher in Anlehnung an einen dialektisch verlaufenden Wandel der Herrschaftsformen, die in das Zeitalter der Aufklärung münden. Das entspricht letztlich der oben bei der Behandlung der Vorrede zur ersten Auflage der *Kritik der reinen Vernunft* angesprochenen ‚gereiften Urtheilskraft des Zeitalters‘ (AA IV 9) – eben des Zeitalters der Aufklärung.

e) ‚Vollkommen gerechte bürgerliche Verfassung‘

Im Zusammenhang mit der im Ausgangspunkt gestellten Frage nach der vollkommenen Gerechtigkeit ist zudem ein Ausblick auf Kants berühmten Aufsatz über die *Idee zu einer allgemeinen Geschichte in weltbürgerlicher Absicht* aufschlussreich, weil es dort an einer Stelle um ‚eine vollkommen gerechte Verfassung‘ geht, wenngleich nicht notwendigerweise um die Herstellung vollkommener Gerechtigkeit als solcher, aber doch in einer für das menschliche Zusammenleben besonders wichtigen Ausprägung. Der fünfte Satz dieser Abhandlung lautet: „Das größte Problem für die Menschengattung, zu dessen Auflösung die Natur ihn zwingt, ist die Erreichung einer allgemein das Recht verwaltenden bürgerlichen Gesellschaft.“ (AA VIII 22).

aa) Verwaltung des Rechts und Beschränkung der Freiheit

Für den vorliegenden Zusammenhang ist dies deswegen weiterführend, weil die Erklärung dieses Satzes unmittelbar einmündet in eine Variante der Kantischen Definition des Rechts, wonach die Freiheit der einzelnen Mitglieder dieser Gesellschaft miteinander in Einklang zu bringen ist und jegliche Rechtsausübung auf der wechselseitigen Einschränkung dieser Freiheit zum Nutzen aller gründet:[106] „Da

106 Dazu *Ernst-Joachim Mestmäcker*, Wettbewerb in der Privatrechtsgesellschaft, 2019, S. 48–51; dort auch zu den transzendentalphilosophischen Implikationen unter Berücksichtigung moderner rechtsphilosophischer Ansätze mit aufschlussreicher Bezugnahme auf die Schottische Aufklärung, insbesondere den von Kant hochgeschätzten Adam Smith; vgl. auch *Jens Petersen*, Adam Smith als Rechtstheoretiker, 2. Auflage 2017, S. 36 ff.

nur in der Gesellschaft und zwar derjenigen, die die größte Freiheit, mithin einen durchgängigen Antagonism ihrer Glieder und doch die genauste Bestimmung und Sicherung der Grenzen dieser Freiheit hat, damit sie mit der Freiheit anderer bestehen könne, – da nur in ihr die höchste Absicht der Natur, nämlich die Entwickelung aller ihrer Anlagen, in der Menschheit erreicht werden kann, die Natur auch will, daß sie diesen so wie alle Zwecke ihrer Bestimmung sich selbst verschaffen solle: so muß eine Gesellschaft, in welcher Freiheit unter äußeren Gesetzen im größtmöglichen Grade mit unwiderstehlicher Gewalt verbunden angetroffen wird, d. i. eine vollkommen gerechte bürgerliche Verfassung, die höchste Aufgabe der Natur für die Menschengattung sein, weil die Natur nur vermittelst der Auflösung und Vollziehung derselben ihre übrigen Absichten mit unserer Gattung erreichen kann." (AA VIII 22). Die Stelle ist nicht nur aufgrund ihrer denkbar weitgehenden Bestimmung der ‚Freiheit unter äußeren Gesetzen im größtmöglichen Grade', sondern auch wegen der Verknüpfung mit der auf die Ausgangsfrage nach der vollkommenen Gerechtigkeit antwortenden ‚vollkommen gerechten bürgerlichen Verfassung' aufschlussreich.

bb) ‚Gesetzliche Verfassung nach Freiheitsprincipien'

Das entspricht der Sache nach, wenngleich mit leichten Abschattierungen und anderen Akzentsetzungen, einer Stelle aus dem ersten Anhang seiner Schrift *Zum ewigen Frieden:* „Freilich ist das Wollen aller einzelnen Menschen, in einer gesetzlichen Verfassung nach Freiheitsprincipien zu leben (die distributive Einheit des Willens Aller), zu diesem Zweck nicht hinreichend, sondern daß Alle zusammen diesen Zustand wollen (die collektive Einheit des vereinigten Willens), diese Auflösung einer schweren Aufgabe, wird noch dazu erfordert, damit ein Ganzes der bürgerlichen Gesellschaft werde." (AA VIII 317).

Hervorhebung verdient für den vorliegenden Zusammenhang die Bestimmung des Lebens ‚in einer gesetzlichen Verfassung nach Freiheitsprincipien'. Denn gerade das im Konsekutivsatz formulierte Ziel, in dieser voluntativen Einheitlichkeit ‚ein Ganzes der bürgerlichen Gesellschaft' zu werden, um unter Prinzipiengesichtspunkten in Freiheit unter dem Gesetz zu leben, steht im Einklang mit dem im Weltbürgeressay zum Ausdruck kommenden Endzweck ‚einer allgemein das Recht verwaltenden bürgerlichen Gesellschaft.' (AA VIII 22). In der Zusammenschau vermitteln die zuletzt betrachteten Stellen eine Vorstellung vom Recht der Freiheit.

cc) Recht in der bürgerlichen Gesellschaft

Eine ‚vollkommen gerechte bürgerliche Verfassung' ist also eine solche mit ‚Freiheit unter äußeren Gesetzen im größtmöglichen Grade'. Vollkommene Gerechtigkeit innerhalb der ‚das Recht verwaltenden bürgerlichen Gesellschaft' besteht somit nur unter der Bedingung größtmöglicher Freiheit, die freilich graduell eingeschränkt sein muss durch äußere Gesetze, um den wechselseitigen Freiheitsgebrauch zu ermöglichen. Dieser Grad der Freiheitsbeschränkung muss daher von vornherein genauestens begrenzt sein. Von daher versteht sich, warum ‚die Erreichung einer allgemein das Recht verwaltenden *bürgerlichen Gesellschaft* das größte Problem für die Menschengattung ist‘.

Wenn Kant hier die bürgerliche Gesellschaft hervorhebt, so darf dies nicht den Blick darauf verschatten, dass in der Rechtspraxis und der Rechtssetzung nicht zuletzt das Wörtchen ‚allgemein‘ die schwierigsten Fragen aufwirft, zumal aus dieser Allgemeinheit auch das Erfordernis folgt, im Vorhinein Bestimmungen und Bedingungen zu setzen, unter denen die größtmögliche Freiheit aller verwirklicht und die bürgerliche Gesellschaft überhaupt erst das Recht verwalten kann.[107] Selbstverwaltung und Selbstbeschränkung dieses Rechts bedingen auf diese Weise die Freiheit, so dass es sich um ein in kollektiver Autonomie vernünftig gesetztes Recht der Freiheit handelt.[108] Wir werden noch sehen, warum Kant in seiner Abhandlung *Über den Gemeinspruch* mit Bedacht vom ‚Recht der Freiheit‘ spricht (AA VIII 291).

f) Freiheit und Gesetz als Dreh- und Angelpunkt der bürgerlichen Gesetzgebung

Man kann diese Stellen indes wohl erst dann im werkimmanenten Zusammenhang würdigen, wenn man auch noch das Ende der *Anthropologie in pragmatischer Hinsicht* betrachtet. Kant schildert dort den ‚Charakter der Menschengattung‘ und hält die Aufnahme des Menschen in die bürgerliche Gesellschaft für gleichermaßen bestimmungsgemäß wie notwendig: „Der Mensch war nicht bestimmt wie das Hausvieh zu einer Heerde, sondern wie die Biene zu einem Stock zu gehören. – Nothwendigkeit, ein Glied irgendeiner bürgerlichen Gesellschaft zu sein.“ (AA VII 330). Hieran zeigt sich der werkimmanente Zusammenhang mit dem

---

107 *Claus-Wilhelm Canaris*, Funktion, Struktur und Falsifikation juristischer Theorien, Juristen-Zeitung 1993, 377 mit Fußnote 2, macht mit Recht darauf aufmerksam, dass die Allgemeinheit auch ein Kriterium der Kantischen Definition der Theorie darstellt, wie sie in der Abhandlung über den Gemeinspruch gegeben wird.

108 *Ulrich Seeberg*, Ursprung, Umfang und Grenzen der Erkenntnis. Eine Untersuchung zu Kants transzendentaler Deduktion der Kategorien, 2006, S. 219 mit Fußnote 123, postuliert unter Rückgriff auf die beiden Kant prägenden Juristen Achenwall und Pütter für den Spezialfall der – freilich auch für die Rechtsbeispiele bedeutsamen Begründung rechtmäßiger Ansprüche – Beweislastverteilung.

Weltbürgeressay.[109] Ebenso interessant für den vorliegenden Zusammenhang ist aber im Hinblick auf die soeben zur Freiheit unter dem Gesetz gemachte Feststellung wiederum Kants Präzisierung des Verhältnisses von Freiheit und Gesetz einerseits sowie des notwendigen Zwischengliedes der Gewalt andererseits: „Freiheit und Gesetz (durch welches jene eingeschränkt wird) sind die zwei Angeln, um welche sich die bürgerliche Gesetzgebung dreht. Aber damit das Letztere auch von Wirkung und nicht leere Anpreisung sei: so muß ein Mittleres hinzu kommen, nämlich Gewalt, welche, mit jenen verbunden, diesen Principien Erfolg verschafft." (AA VII 330). Das Verhältnis von Freiheit und Gesetz ist also buchstäblich der Dreh- und Angelpunkt der bürgerlichen Gesetzgebung. Das Recht der bürgerlichen Gesellschaft ist damit notwendig ein Recht der Freiheit (AA VIII 291).

2. Recht in der transzendentalen Deduktion

Diese sinnfälligen Stellen zum Recht in der bürgerlichen Gesellschaft sind womöglich geeignet, den Weg des Verstehens eines der schwierigsten Abschnitte der ersten Vernunftkritik zu ebnen, dessen Gedankengang Kant selbst mit einer Anleihe aus der Rechtsdogmatik erklärt.[110] Die transzendentale Deduktion der reinen Verstandesbegriffe zählt nämlich nicht nur zu den anspruchsvollsten Teilen der transzendentalen Logik innerhalb der *Kritik der reinen Vernunft*,[111] sondern überhaupt zu den schwierigsten Texten der Philosophie;[112] zugleich aber enthält die transzendentale Deduktion einige der bedeutendsten Gedanken Kants.[113]

---

109 *Kant*, Idee zu einer allgemeinen Geschichte in weltbürgerlicher Absicht, 1784 (AA VIII 15), Fünfter Satz.

110 *Eckart Förster*, Die 25 Jahre der Philosophie, 2011, S. 37, schichtet die streitgegenständlichen Fragen ebenso klarsichtig wie anspruchsvoll ab, so dass sich die Heranziehung juristischer Kategorien im Hinblick auf die bereits oben behandelten Vorreden gleichsam von selbst erschließt „Die Frage *quid facti:* welche apriorischen Begriffe hat der Verstand? wurde bereits mittels der metaphysischen Deduktion entschieden, welche ermittelte, dass es um zwölf Kategorien geht. Die transzendentale Deduktion muss also nun den rechtmäßigen Gebrauch dieser Begriffe entscheiden bzw. das, was Kant in der gerade zitierten Passage aus der Vorrede die Hauptfrage nennt: was und wie viel kann der Verstand mit diesen Begriffen erkennen? Jetzt wird noch deutlicher, warum er gerade diese Frage als ‚wesentlich zu meinen Zwecken' bezeichnet: durch ihre Beantwortung wird die Rechtmäßigkeit des metaphysischen Erkenntnisanspruchs entschieden, und damit die Möglichkeit von Metaphysik selbst." Hervorhebung auch dort.

111 Zum Folgenden auch *Diego Kosbiau Trevisan*, Der Gerichtshof der Vernunft. Eine historische und systematische Untersuchung über die juridischen Metaphern der K. r. V., 2018, S. 334 ff.

112 Bahnbrechend *Dieter Henrich*, Identität und Objektivität. Eine Untersuchung über Kants transzendentale Deduktion, 1976; *ders.*, Die Identität des Subjekts in der transzendentalen Deduktion, in: Kant. Analysen – Probleme – Kritik (Hg. Hariolf Oberer/Gerhard Seel), 1988, S. 39–70.

a) Juristische Deduktion im Hinblick auf den Rechtsanspruch

Umso erstaunlicher ist, dass die transzendentale Deduktion der reinen Verstandesbegriffe zumindest nicht unmittelbar mit transzendentalphilosophischen Erwägungen beginnt, sondern mit juristischen, wie im Schrifttum seit jeher zu Genüge bekannt ist:[114] „Die Rechtslehrer, wenn sie von Befugnissen und Anmaßungen reden, unterscheiden in einem Rechtshandel die Frage über das, was Rechtens ist (*quid iuris*), von der, die die Thatsache angeht (*quid facti*), und indem sie von beiden Beweis fordern, so nennen sie den erstern, der die Befugniß oder auch den Rechtsanspruch darthun soll, die Deduction" (AA IV 68 / AA III 99). Im erstgenannten Sinne versteht er auch in der späten Rechtslehre „was Rechtens sei (*quid sit iuris*)" als das, „was die Gesetze an einem gewissen Ort oder zu einer gewissen Zeit sagen oder gesagt haben" (AA VI 229).

aa) Didaktische Absicht

Offenbar war sich Kant zu Beginn der transzendentalen Deduktion der reinen Verstandesbegriffe der außerordentlichen Schwierigkeit seiner nachfolgenden Ausführungen bewusst, so dass er zunächst in erkennbar didaktischer Absicht den Begriff der Deduktion auf eine vergleichsweise greifbare Art darzulegen beabsichtigt, die es dem Leser leichter macht, dem eigentlichen Anliegen zu folgen. Zugleich kann man darin eine Bestätigung dessen finden, was wir bereits im Rahmen der beiden Vorreden erfahren haben, nämlich dass die Beispiele aus der Rechtswelt noch einen zusätzlichen Erklärungswert entfalten, der seinen tieferen Grund in der Verwandtschaft der wissenschaftlichen Gegenstände haben könnte.

Zudem galt die Jurisprudenz seinerzeit unter den normativ ausgerichteten Disziplinen als hinlänglich anerkannt. Insofern ist aufschlussreich, dass Kant bereits im einleitenden Satz bestimmte Begriffe, wie jenen des Rechtsanspruchs, aufgreift, die bereits in den Vorreden begegneten, darüber hinaus aber von zentraler Bedeutung für die juristische Dogmatik sind. Ebenfalls auffallend ist die Formulierung dessen, was Kant mit der noch eingehend zu besprechenden Formulierung des ‚quid iuris' meint, nämlich was ‚Rechtens' ist.[115] Die Unterscheidung

113 *Vittorio Hösle*, Eine kurze Geschichte der deutschen Philosophie, 2013, S. 87.

114 Grundlegend dazu *Friedrich Kaulbach*, Studien zur späten Rechtsphilosophie Kants und ihrer transzendentalen Methode, 1982, S. 35; aus dem neueren Schrifttum *Marcus Twellmann*, Der (Anti-)Juridismus der reinen Vernunft. Zur Rechtsmetaphorik bei Kant, Weimarer Beiträge 55 (2009), 413 f.

115 *Ulrich Seeberg*, Ursprung, Umfang und Grenzen der Erkenntnis. Eine Untersuchung zu Kants transzendentaler Deduktion der Kategorien, 2006, S. 220, vertieft dies beispielhaft im Hinblick auf den Erwerbsakt und die stets im Hintergrund stehende Frage der Rechtmäßigkeit der Ansprüche, um von dort aus auf eine didaktisch geschickte Weise, nämlich jeweils flankiert durch hier nicht

dessen von der Frage der Faktizität (‚quid facti') bildet im Übrigen eine beständige Herausforderung der Rechtsdidaktik und Rechtsdogmatik.

bb) Deduktion der ‚Rechtslehrer'

Auch wenn Kant hier die pragmatische Seite der Jurisprudenz zu betonen scheint, indem er vom ‚Rechtshandel' spricht, sollte man nicht übersehen, dass er gleich zu Beginn ‚die Rechtslehrer' nennt und damit von der universitären Jurisprudenz, also gleichsam einer der drei klassischen Nachbarfakultäten ausgeht.

(1) Amtsmäßige und freie Rechtslehrer

Kant unterscheidet übrigens interessanterweise im *Streit der Facultäten* von den eigentlichen Rechtslehrern der Juristischen Fakultät im Sinne einer (negativen) Freiheit vom Staat ‚freie Rechtslehrer, d. i. die Philosophen': „Weil es hier nur natürliche und aus dem gemeinen Menschenverstande hervorgehende Rechte betrifft, so sind die natürlichen Verkündiger und Ausleger derselben im Volk nicht die vom Staat bestellte amtsmäßige, sondern freie Rechtslehrer, d. i. die Philosophen, welche eben um dieser Freiheit willen, die sie sich erlauben, dem Staate, der immer nur herrschen will, anstößig sind, und werden unter dem Namen Aufklärer als für den Staat gefährliche Leute verschrieen." (AA VII 89). Auch hierin liegt ein Bekenntnis zur Philosophie der Aufklärung, wie wir es bereits weiter oben bei der Beobachtung eines Gleichlaufs zwischen einer anderen kleineren Schrift Kants mit seiner ersten Kritik festgestellt haben.

(2) Unterscheidung der Rechtslehrer

Damit wird der für sein Denken bezeichnende Gleichklang von Theorie und Praxis, wie er ihn in der Abhandlung *Über den Gemeinspruch* ausgeführt hat, auch in der *Kritik der reinen Vernunft* vorausgesetzt. Ungeachtet der didaktisch-pragmatischen Zielrichtung ist es daher alles andere als zufällig, dass der erste Satz der transzendentalen Deduktion der reinen Verstandesbegriffe umrahmt wird von den Worten der ‚Rechtslehrer' und vor allem der drucktechnisch hervorgehobenen ‚Deduction'. Von Anfang an geht es um eine streng methodische Vorgehensweise und nicht um vulgärtheoretische Vereinfachung.

Das ist deswegen interessant, weil damit auch die von Kant bezeichnete juristische Einteilung ihre Bedeutung hat. Das gilt zunächst für die konditionale Formulierung, die das Subjekt der Rechtslehrer voranstellt und sodann in einer

---

mitgeteilte Nachweise auf die Kant vor Augen stehenden Juristen Achenwall und Pütter, zur im Ausgangspunkt getroffenen Unterscheidung des ‚quid facti' und des ‚quid iuris' zu gelangen.

sprachlich an sich ungelenken Weise – gleich als ob es sich um eine wörtliche Übersetzung aus dem Lateinischen handelte – die Bedingung nachstellt, statt sie zusammenzufassen („wenn die Rechtslehrer"). Aber auch das Verb verdient Hervorhebung: ‚Die Rechtslehrer (...) unterscheiden'. Denn darin kommt der Bezug zur Kritik im Wortsinne zur Geltung.

cc) Befugnis und Rechtsanspruch

Doch bestätigt gerade der Satzbau, dass es Kant eben um die genannte Umrahmung der Begriffe geht und weniger um syntaktische Ästhetik. Im Hinblick auf die juristische Rhetorik fällt auf, dass er gleichsam im Duktus der Vorlesung formuliert.[116] Auch hier folgt die Darstellung bewusst den akademischen Gepflogenheiten. Von daher verdient es Beachtung, dass Kant in durchaus technischer juristischer Diktion kumulativ von ‚Befugnissen und Anmaßungen' spricht, von denen die Rechtslehrer ‚reden'.

Denn die nachfolgende Präzisierung verdeutlicht, dass Kant beide – Befugnisse und Anmaßungen – strikt unterscheidet und damit der kritischen Methode der Rechtslehrer folgt. Es kann daher nicht verwundern, dass der Kantischen Vorgehensweise gerade diese aus Sicht der Jurisprudenz wissenschaftlich vorgegebene Unterscheidung in besonderer Weise entgegenkommt, läuft sie doch im ursprünglichen Wortsinne auf etwas seiner kritischen Methode Entsprechendes hinaus und erweist sich gerade dadurch als ein wissenschaftstheoretisch adäquates Mittel der Darstellung.[117]

In diesem Sinne qualifiziert Kant die Befugnis ausdrücklich und juristisch durchaus zutreffend als den Rechtsanspruch (‚die Befugnis oder auch den Rechtsanspruch'). Diesen unterscheidet er von den ‚Anmaßungen'. Damit bezeichnet er diejenigen Tatsachen, die der Anspruchsteller im Prozess vor dem Gericht darzulegen hat, damit das Bestehen des materiellen Anspruchs, wie im Gesetz normiert, auf der faktischen Ebene der Rechtstatsachen dergestalt unterlegt ist, dass der Richter das geltend gemachte Recht, den Anspruch, in der begehrten Weise ohne weiteres zusprechen kann.[118] Der Anspruchsteller muss also für das Vorliegen aller

116 Zu Kants Verständnis der Vorlesung noch im Zweiten Teil unter I.

117 *Dieter Henrich*, Kant's Notion of a Deduction and the Methodological Background of the First Critique, in: Kant's Transcendental Deductions. The Three 'Critiques' and the 'Opus postumum' (Hg. Eckart Förster), 1989, S. 29, 34 f., hat diese Übereinstimmung von juristischer Form und philosophischem Inhalt am deutlichsten auf den Punkt gebracht.

118 Mit einer gewissen Vereinfachung und in aller gebotenen Vorsicht kann man hier vielleicht von einer Anlehnung an den im Prozessrecht so genannten zweigliedrigen Streitgegenstandsbegriff denken; zu ihm *Walter Zeiss/Klaus Schreiber*, Zivilprozessrecht, 12. Auflage 2014, S. 137 ff.; *Florian Jacoby*, Zivilprozessrecht, 18. Auflage 2022, S. 103 f. *Otfried Höffe*, Kants Kritik der reinen Vernunft.

nach dem Gesetz bestehenden Voraussetzungen Tatsachen darlegen und gegebenenfalls beweisen, wie Kant wiederum vom Standpunkt der Rechtslehrer aus postuliert (‚indem sie von beiden Beweis fordern‘).

dd) Unterscheidung der Rechtsfrage vom empirischen Tatsachenmaterial

Anders als im bisherigen Verlauf seiner Ausführungen sowie auch der späteren, ist es also interessanterweise ausgerechnet hier nicht der Richter oder der Gerichtshof, dem diese Rechtsfrage tatsächlich zur Entscheidung vorliegen könnte, sondern die Vorgehensweise der anscheinend eher theoretisch denkenden Rechtslehrer. Doch darf man diese Perspektive als durchaus bewusst gewählt ansehen, weil es Kant gerade in der transzendentalen Deduktion der reinen Verstandesbegriffe darauf ankommt, die methodengerechte und nach den Regeln strengster Dogmatik vorgehende Arbeit der wissenschaftlichen Jurisprudenz zum Maßstab zu erheben, um darzustellen, worum es ihm in der genannten Deduktion geht.

Offenbar ist es ihm nämlich im Ausgangspunkt in besonderer Weise darum zu tun, die reinen Rechtsfragen von dem empirischen Material der Tatsachenwelt zu sondern. Daher betont er die Unterscheidung zwischen Normativität und Faktizität.[119] Im Hinblick auf die Deduktion, auf die der erste Satz nicht von ungefähr hinausläuft, interessiert ihn vor allem die normative Problematik des materiellrechtlichen Anspruchs. Dieser ist gleichsam frei von aller Erfahrung, weil er unbelastet von allen Rechtstatsachen ist. So passt der Begriff des Rechtsanspruchs beziehungsweise der Befugnis – im Unterschied zur faktisch geprägten Rechtsanmaßung auf der behaupteten Grundlage eines bestimmten empirischen Lebenssachverhalts – zum intelligiblen Bereich. Wir werden dies im Dritten Teil innerhalb der Rechtslehre am Beispiel des intelligiblen Besitzes erneut betrachten.

b) Begriffverwendung ohne Berechtigung der Deduktion

Es könnte auf den ersten Blick so scheinen, als wären die vorstehenden Überlegungen Kants entbehrlich, wenn er zu Beginn der transzendentalen Deduktion von den Rechtslehrern spricht. Jedoch ist zu beachten, dass diese – die Rechtslehrer –

Die Grundlegung der modernen Philosophie, 2023, S. 37, betont mit Recht die Nähe der Kantischen Argumentation zum Zivilprozess.

119 *Ulrich Seeberg*, Ursprung, Umfang und Grenzen der Erkenntnis. Eine Untersuchung zu Kants transzendentaler Deduktion der Kategorien, 2006, S. 201, zu den juristischen Deduktionen, von deren methodischer Erstellung sich Kant hat anregen lassen. Zur Unterscheidung zwischen Faktizität und Normativität auch *Jens Petersen*, Von der Interessenjurisprudenz zur Wertungsjurisprudenz, 2001, S. 54f.

die beiden ersten Worte der transzendentalen Deduktion der reinen Verstandesbegriffe und damit eines zentralen Teils der *Kritik der reinen Vernunft* ausmachen.

aa) Rechtslehrer in der Friedensschrift

So erscheinen die Rechtslehrer auf den ersten Blick als Fremdkörper, wenngleich anders als in der Schrift *Zum ewigen Frieden*, in deren zweitem Anhang sie zu Beginn distanzierend erwähnt werden, und zwar interessanterweise mit Bezug auf den Rechtsanspruch: „Wenn ich von aller Materie des öffentlichen Rechts (nach den verschiedenen empirisch-gegebenen Verhältnissen der Menschen im Staat oder auch der Staaten unter einander), so wie es sich die Rechtslehrer gewöhnlich denken, abstrahire, so bleibt mir noch die Form der Publicität übrig, deren Möglichkeit ein jeder Rechtsanspruch in sich enthält, weil ohne jene es keine Gerechtigkeit (die nur als öffentlich kundbar gedacht werden kann), mithin auch kein Recht, dass nur von ihr ertheilt wird, geben würde." (AA VIII 381). Diese Stelle ist transzendentalphilosophisch nicht zuletzt deswegen bedeutsam, weil damit die den Rechtsanspruch bedingende Apriorität der Publizität festgestellt wird, die ihrerseits konstitutiv für Recht und Gerechtigkeit ist.

bb) Rechtslehrer und Transzendentalphilosophen

Erscheinen die Rechtslehrer an der zuletzt zitierten Stelle der Friedensschrift noch dem Empirisch-Faktischen verhaftet, so sind sie zu Beginn der transzendentalen Deduktion der methodisch strengen Deduktion verpflichtet. Dies wird umso deutlicher, wenn man den nachfolgenden Satz betrachtet, der mit einer kontrastierenden Entgegensetzung beginnt, indem er mit einem ‚Wir' anhebt. Zugleich zeigt sich daran, warum Kant die eingangs als etwas umständlich erachtete und syntaktisch wenig elegante Voranstellung des Subjekts der Rechtslehrer gewählt hat, denen, wie oben gezeigt, unmittelbar ein Konditionalsatz folgt (AA IV 68 / AA III 99). Denn das ‚Wir' des nachfolgenden Satzes ist nicht einfach ein Pluralis majestatis, sondern meint offenbar ganz allgemein die Universitätslehrer der Philosophie, also im Sinne der oben zitierten Terminologie aus dem Streit der Fakultäten, ‚nicht (...) vom Staat bestellt amtsmäßige, sondern freie Rechtslehrer, d. i. die Philosophen' (AA VII 89).

Dass nämlich Kant nicht im Pluralis majestatis von sich selbst schreibt, folgt daraus, dass er sich gegenüber der bestehenden terminologischen Praxis seinerzeit mit einer gewissen Distanz ausdrückt, um auf diese Weise zur Geltung zu bringen, dass eine präzise Form der Begriffsunterscheidung, wie sie innerhalb der universitären Jurisprudenz seit jeher üblich ist, um den Wissenschaftsanspruch einzulösen, innerhalb der Transzendentalphilosophie noch nicht mit aller Schärfe beobachtet worden ist:[120] „Wir bedienen uns einer Menge empirischer Begriffe ohne jemandes Widerrede und halten uns auch ohne Deduction berechtigt, ihnen einen Sinn und eingebildete Bedeutung zuzueignen, weil wir jederzeit die Erfahrung bei der Hand haben, ihre objective Realität zu beweisen“ (AA IV 68 / AA III 99). Hier wird deutlich, dass sich Kant, der zunächst die Methode der Rechtslehrer dargestellt hatte, für welche die begriffliche Deduktion bereits seinerzeit eine Selbstverständlichkeit bedeutet, nunmehr kritisch an die Vertreter seiner eigenen Zunft wendet.

cc) Wissenschaftstheoretische Legitimation der Begriffsbildung

Vor diesem Hintergrund ist es wohl in terminologischer Hinsicht kein Zufall, dass er in einer umgangssprachlichen Mehrdeutigkeit von der – womöglich selbstgerechten – Annahme einer Berechtigung spricht (‚wir halten uns für berechtigt‘). Denn es geht ihm offenbar um die wissenschaftstheoretische Legitimation, Begriffe ohne Deduktion zu verwenden, die eine hinlängliche alltagstheoretische Plausibilität aufzuweisen scheinen, weil man sie zumindest mit erfahrungsmäßigem Wissen dergestalt anreichern kann, dass sie sinnfällig erscheinen.

Eben dies könnte jedoch ein entscheidender Teil des Problems sein, weil auf diese Weise erfahrungsgesättigte Begriffe unversehens für Zusammenhänge bemüht werden, die den Geltungsbereich erfahrungsfreier synthetischer Urteile a priori betreffen. Insofern erweist sich auch die Formulierung, dass dieses bisherige Vorgehen ohne jemandes Widerrede erfolge, als eine Fortsetzung des Vorigen, weil die Widerrede Kants gerade in dieser Erinnerung an seine Kritik besteht. Letztlich dürfte hierin die von ihm in der Vorrede zur zweiten Auflage der *Kritik der reinen*

---

120 *Dieter Henrich*, Kant's Notion of a Deduction and the Methodological Background of the First Critique, in: Kant's Transcendental Deductions. The Three 'Critiques' and the 'Opus postumum' (Hg. Eckart Förster), 1989, S. 29, 33, der die Hintergründe rechtsgeschichtlich und biographisch am gründlichsten nachgezeichnet hat, nennt beispielhaft den zeitgenössischen Juraprofessor J. S. Pütter, dessen Deduktionen als besonders geschliffen galten und dessen Buch Kant in seinen Naturrechts-Vorlesungen zugrunde legte, folgert überzeugend: "Kant also had very good reasons to assume-given the widespread practice of arguing through deduction writings-that his audience would understand him when he transferred the term ‚deduction‘ from its juridical usage to a new, philosophical one." *Ulrich Seeberg*, Ursprung, Umfang und Grenzen der Erkenntnis. Eine Untersuchung zu Kants transzendentaler Deduktion der Kategorien, 2006, S. 204 ff., zeichnet Pütters Schriften methodisch gründlich nach und gelangt auf S. 206 zu der überzeugenden Folgerung, dass sie Kant geläufig und methodisch nachahmungswürdig im Hinblick auf philosophische Deduktionen erschienen sein dürften.

Vernunft eingeleitete kopernikanische Wende der Metaphysik einen Widerhall finden (AA III 12).[121]

dd) Rechtsgrund aus Erfahrung oder Vernunft

Der erfahrungsmäßige Beweis genügt Kant also gerade nicht, weil er eher geeignet ist, die Ebene erfahrungsfreier Erkenntnis mit jener der empirischen Voraussetzungen zu vermengen. Die Transzendentalphilosophie muss sich daher nach dem Vorbild der Jurisprudenz darauf besinnen, Begriffe im Wege der Deduktion dergestalt abzuleiten, dass sie im übertragenen Sinne auf die Frage ‚was rechtens ist (*quid iuris*)' auf eine Weise antworten kann, die allen erdenklichen Einwänden standhält.[122] Schwierigkeiten kann dies freilich entsprechend der Rechtsusurpation bei solchen Begriffen bereiten, die im allgemeinen Sprachgebrauch schon derart aufgegangen und vereinnahmt worden sind, dass hinlängliche Klarheit darüber auch in transzendentalphilosophischer Hinsicht zu bestehen scheint:[123] „Es giebt indessen auch usurpirte Begriffe, wie etwa Glück, Schicksal, die zwar mit fast allgemeiner Nachsicht herumlaufen, aber doch bisweilen durch die Frage: *quid iuris*, in Anspruch genommen werden; da man alsdann wegen der Deduction derselben in nicht geringe Verlegenheit geräth, indem man keinen deutlichen Rechtsgrund weder aus der Erfahrung, noch der Vernunft anführen kann, dadurch die Befugniß ihres Gebrauchs deutlich würde" (AA IV 68 / AA III 99).[124] Nun wird vollends klar, dass Kant das einleitende Beispiel aus der Rechtswissenschaft nicht allein zu didaktischen Zwecken, sondern zur Veranschaulichung des transzendentalphilosophischen Anliegens gegeben hat, weil erneut die Unterscheidung zwischen Rechtsanspruch (quid iuris) und Tatsachenwissen (quid facti) in Rede steht.

---

121 *Dieter Henrich*, Ethik der Autonomie, in: *Ders.*, Selbstverhältnisse. Gedanken und Auslegungen zu den Grundlagen der klassischen deutschen Philosophie, 1982, S. 6, 16, 54 Anmerkung 4, verweist in aufschlussreicher Weise auf eine frühere kopernikanische Wende aus dem Jahre 1765 innerhalb der Kantischen Moralphilosophie. Das ist ungefähr jene Zeit, zu der er die im Zweiten Teil unter I. behandelte Vorlesungsankündigung verfasste, so dass auch aus dieser eine größere Tragweite zukommen könnte, als ihr bisher zugebilligt wurde.

122 *Dieter Henrich*, Kant's Notion of a Deduction and the Methodological Background of the First Critique, in: Kant's Transcendental Deductions. The Three 'Critiques' and the 'Opus postumum' (Hg. Eckart Förster), 1989, S. 29, 36, verdeutlicht dies am Beispiel des natürlichen Rechts bei Kant und hebt richtigerweise hervor: "It is important to realize, furthermore, that the *quaestio iuris* can be answered in a satisfactory way even if the *quaestio facti* meets with insurmountable difficulties." Hervorhebungen auch dort.

123 Zur Rechtsusurpation im Zivilrecht grundlegend *Eduard Picker*, Der negatorische Beseitigungsanspruch, 1972.

124 *Dieter Henrich*, Die Deduktion des Sittengesetzes, Festschrift für Wilhelm Weischedel, 1975, S. 55, 79, erklärt dies insbesondere im Hinblick auf die Rechtsusurpation.

ee) Transzendentalphilosophische Entsprechung zum Tatsachenwissen und Rechtsanspruch

In gewissem Sinne bildet dieser Satz die vorläufige Synthese, da spätestens an dieser Stelle klar wird, dass Kant mit dem Rekurs auf Erfahrung und Vernunft letztlich eine transzendentalphilosophische Entsprechung zum juristischen Tatsachenwissen und zum Rechtsanspruch verdeutlicht. Nicht von ungefähr kulminiert diese Darlegung in dem juristischen Fachbegriff des Rechtsgrundes.

(1) Rechtmäßigkeit zum Gebrauch der Begriffe

Für Kant ist, um im Bild zu bleiben, jederzeit entscheidend, ob der rechtliche Grund für die sachgerechte Verwendung eines Begriffes im erfahrungsmäßigen Tatsachenwissen besteht oder in der Vernunft. Entsprechend dem eingangs Festgestellten geht es nämlich im Unterschied zu den die Tatsachen betreffenden Anmaßungen vor allem um die Befugnisse, und das bedeutet an dieser Stelle die Befugnis im Hinblick auf den Gebrauch der Begriffe. Ein jeder dieser Begriffe muss im Wege der transzendentalen Deduktion ebenso sorgfältig, widerspruchsfrei und bar jeden Erfahrungswissens hergeleitet werden wie ein Rechtsanspruch, der eine Befugnis verbrieft: „Unter den mancherlei Begriffen aber, die das sehr vermischte Gewebe der menschlichen Erkenntniß ausmachen, giebt es einige, die auch zum reinen Gebrauch *a priori* (völlig unabhängig von aller Erfahrung) bestimmt sind, und dieser ihre Befugniß bedarf jederzeit einer Deduction: weil zu der Rechtmäßigkeit eines solchen Gebrauchs Beweise aus der Erfahrung nicht hinreichend sind, man aber doch wissen muß, wie diese Begriffe sich auf Objecte beziehen können, die sie doch aus keiner Erfahrung hernehmen“ (AA IV 69 / AA III 99 f.).

(2) Vergleich mit der Deduktion der Rechtslehrer und Juristen

Die Bedeutung der einleitenden Bemerkungen aus der Rechtswelt und insbesondere das Verfahren, welches die Rechtslehrer anwenden, um Rechtsansprüche methodisch folgerichtig zu deduzieren, erschließt sich ansatzweise durch den zuletzt zitierten Satz. Einen Anhaltspunkt gibt die auf den ersten Blick diffus erscheinende Formulierung des ‚sehr vermischten Gewebes der menschlichen Erkenntniß‘. Diese Undurchsichtigkeit und Vielschichtigkeit erschließt den Vergleich mit der Arbeit des wissenschaftlich geschulten Juristen. Denn die bei der Bewältigung von Rechtsfällen erforderliche Scheidung des Rechtsstoffs vom Tatsachenmaterial, wie es sich im Entscheidungsfall abbildet, ist mitunter ähnlich undurchdringlich und macht die abwechselnde Richtung des Blickes auf Sachverhalt und Norm erforderlich, welcher der zu entscheidende Fall zu subsumieren ist.[125]

(3) Unterscheidung des *quid iuris* vom *quid facti*

Doch auch dafür ist die unbedingte Klarheit darüber unerlässlich, was auf die Ebene des Rechts (*quid iuris*) gehört, also eine normative Frage – *quaestionem iuris* – darstellt,[126] und was den Tatsachen (*quid facti*) unterfällt.[127] Erstere entsprechen dem, was Kant als die Begriffe *a priori*, also zum reinen Gebrauch ganz unabhängig von jeder Erfahrung bezeichnet. Aus diesem Grund spricht er hier auch wiederholend von der ‚Befugniß', die in seinem Beispiel aus der Rechtswelt dem Rechtsanspruch korrespondiert, also der Frage, ‚was Rechtens ist'.[128] Die Deduktion dieser Begriffe bezeichnet er als die transzendentale.

Demgegenüber nennt er die Deduktion eines erfahrungsmäßig und durch Reflexion gewonnenen Begriffs die empirische: „Ich nenne daher die Erklärung der Art, wie sich Begriffe *a priori* auf Gegenstände beziehen können, die transscendentale Deduction derselben und unterscheide sie von der empirischen Deduction, welche die Art anzeigt, wie ein Begriff durch Erfahrung und Reflexion über dieselbe erworben worden, und daher nicht die Rechtmäßigkeit, sondern das Factum betrifft, wodurch der Besitz entsprungen" (AA IV 69 / AA III 100).[129] Dieser zentrale Satz läuft geradewegs zu auf den Schlüsselbegriff der Rechtmäßigkeit als Bezugspunkt. Kant unterscheidet also bloße Faktizität, wie sie aus der Erfahrungswelt herrührt, von Normativität.

---

125 *Karl Engisch*, Logische Studien zur Gesetzesanwendung, 3. Auflage 1963, S. 15.

126 *Vittorio Hösle*, Kritik der verstehenden Vernunft, 2018, Seite 14, 370; skeptisch gegenüber *Hans-Georg Gadamer*, Wahrheit und Methode. Grundzüge einer philosophischen Hermeneutik, 1960, S. 484.

127 Erhellend *Johannes Haag*, Erfahrung und Gegenstand. Das Verhältnis von Sinnlichkeit und Verstand, 2007, S. 192: „Dass eine transzendentale Deduktion eine *quaestio iuris* beantworten soll, impliziert im Allgemeinen nicht, dass sie *alle* Fragen, die bezüglich eines bestimmten thematischen Komplexes einer solchen Deduktion zugänglich sind beziehungsweise einer solchen bedürfen, beantworten muss. Es kann prinzipiell voneinander begrifflich unabhängige *quaestiones iuris* innerhalb eines solchen Komplexes geben, die deshalb auch eine getrennte Beantwortung erlauben." Wichtig ebenda, S. 192 f., auch zum Verhältnis von objektiver und subjektiver Deduktion. Hervorhebungen auch dort.

128 *Dieter Henrich*, Kant's Notion of a Deduction and the Methodological Background of the First Critique, in: Kant's Transcendental Deductions. The Three 'Critiques' and the 'Opus postumum' (Hg. Eckart Förster), 1989, S. 29, 36.

129 Zum Factum eingehend *Diego Kosbiau Trevisan*, Der Gerichtshof der Vernunft. Eine historische und systematische Untersuchung über die juridischen Metaphern der K. r. V., 2018, S. 301 ff., 313 ff.

ff) Rechtmäßigkeit und Faktizität des Ursprungs des Besitzes

Zur Vermeidung von Missverständnissen rundet Kant das Beispiel aus der Rechtswelt ab, indem er hinzufügt, dass ein Begriff, der empirisch deduziert wird, ‚nicht die Rechtmäßigkeit, sondern das Factum betrifft, wodurch der Besitz entsprungen'. Besitz in diesem Sinne ist zwar nicht die tatsächliche Sachherrschaft, wie wir sie heute aus dem Bürgerlichen Gesetzbuch kennen (§ 854 BGB).[130] Die Herrschaft wird jedoch gleichsam durch die Verwendung des Begriffs ausgeübt; ebenso wie beim bürgerlich-rechtlichen Begriffsverständnis folgt die Innehabung aber der schieren Faktizität, also einem Sachverhalt aus der Erfahrungswelt, der noch nichts über die Rechtmäßigkeit aussagt.

(1) Paradigma des Besitzes

Kant ist erkennbar bemüht, die zum Vergleich zwischen der Entscheidung von Rechtsfällen und der Betrachtung des komplexen ‚Gewebes der menschlichen Erkenntniß' (AA IV 69 / AA III 99) erforderlichen Begriffe so sparsam wie möglich zu verwenden, um die Übereinstimmung ebenso deutlich aufzuzeigen wie die Anforderungen, die der Vergleich aus der Rechtswelt mutatis mutandis an die Begriffsklärung stellt. Dessen ungeachtet hat er sich wohl mit Bedacht entschieden, noch einen weiteren juristisch konnotierten Begriff zur Veranschaulichung einzuführen, nämlich den des Besitzes.[131] Denn dieser eignet sich in seiner Doppeldeutigkeit gleichermaßen als Inbegriff des menschlichen Erkenntnisvermögens wie als juristische Bezeichnung für die tatsächliche Sachherrschaft, aber eben darüber hinaus auch der Frage, ob der Besitz berechtigt ist. Wir werden im Dritten Teil bei der Behandlung der Kantischen Rechtslehre noch eine weitere Unterscheidung zum Besitz – *possessio noumenon* und *possessio phaenomeno*n – kennenlernen.

(2) Mehrdeutigkeit des Besitzes

Dass Kant die Mehrdeutigkeit des Besitzes auch im weiteren Verlauf ebenso berücksichtigt, wie die Frage nach dem tatsächlichen Geschehen (*quaestionem facti*), die er in den Prozess einführt, um das erfahrungsmäßig erworbene Wissen von der Fähigkeit zur Erlangung einer Erkenntnis a priori zu unterscheiden, zeigt folgender Gedanke: „Ein solches Nachspüren der ersten Bestrebungen unserer Erkenntniß-

---

130 Dazu *Jens Petersen*, Grundfragen zum Recht des Besitzes, Juristische Ausbildung 2002, 160.

131 Es könnte ein lohnender Gegenstand dogmengeschichtlicher und rechtsphilosophischer Befassung sein, die verborgenen Kantischen Quellen der grundlegenden Arbeit von *Friedrich Carl von Savigny*, Das Recht des Besitzes, 1803, zu erschließen. Dazu noch näher im Dritten Teil. Wegweisend insbesondere *Dieter Nörr*, Savignys philosophische Lehrjahre, 1994. Zum Besitz aus zivilrechtlicher Sicht *Jens Petersen*, Sonderfragen zum Recht des Besitzes, Juristische Ausbildung 2002, 255.

kraft, um von einzelnen Wahrnehmungen zu allgemeinen Begriffen zu steigen, hat ohne Zweifel seinen großen Nutzen, und man hat es dem berühmten Locke zu verdanken, daß er dazu zuerst den Weg eröffnet hat. Allein eine Deduction der reinen Begriffe *a priori* kommt dadurch niemals zu Stande,[132] denn sie liegt ganz und gar nicht auf diesem Wege, weil in Ansehung ihres künftigen Gebrauchs, der von der Erfahrung gänzlich unabhängig sein soll, sie einen ganz anderen Geburtsbrief, als den der Abstammung von Erfahrungen müssen aufzuzeigen haben. Diese versuchte physiologische Abteilung, die eigentlich gar nicht Deduction heißen kann, weil sie eine *quaestionem facti* betrifft, will ich daher die Erklärung des Besitzes einer reinen Erkenntniß nennen" (AA IV 69 f. / AA III 100 f.).[133]

(3) Justizförmige Terminologie

Nicht nur dadurch, dass der Besitz hier im Original drucktechnisch hervorgehoben wurde, sondern auch im Hinblick auf eine die Abstammung dokumentierende Geburtsurkunde betont Kant mit Bedacht die juristische und justizförmige Terminologie, um die transzendentalphilosophischen Folgerungen anschaulich zu vergegenwärtigen: „Daher zeigt sich hier eine Schwierigkeit, die wir im Felde der Sinnlichkeit nicht antrafen, wie nämlich subjective Bedingungen des Denkens sollten objective Gültigkeit haben, d. i. Bedingungen der Möglichkeit aller Erkenntniß der Gegenstände abgeben: denn ohne Functionen des Verstandes können allerdings Erscheinungen in der Anschauung gegeben werden" (AA IV 69 f. /

132 Ähnlich *Kant*, Zum ewigen Frieden. Ein philosophischer Entwurf, 1795, Anhang I für die politischen Maximen, die „von dem reinen Begriff der Rechtspflicht (vom Sollen, dessen Princip a priori durch reine Vernunft gegeben ist) ausgehen" müssen (AA VIII 379).

133 *Eckart Förster*, Die 25 Jahre der Philosophie, 2011, S. 37, zeichnet den überaus komplexen Gedanken im Gefolge der grundlegenden Überlegungen von *Dieter Henrich* (Kant's Notion of a Deduction and the Methodological Background of the First Critique, in: Kant's Transcendental Deductions. The Three 'Critiques' and the 'Opus postumum', Hg. Eckart Förster, 1989, S. 29–46), instruktiv nach und überträgt die juristische Problemstellung passgenau auf die transzendentalphilosophische: „Dazu ist allerdings zu beachten, dass Kant mit Deduktion keineswegs einen syllogistischen Beweis im Sinne der heutigen Logik meint, sondern den Terminus aus der Rechtspraxis seiner Zeit übernimmt. Neben der Feststellung der in einer Streitsache relevanten Tatsachen, oder der Frage *quid facti*, entscheidet eine Deduktion in diesem Sinne die Rechtmäßigkeit eines Anspruchs, oder die Frage *quid iuris*, indem der Anspruch auf seinen Ursprung zurückgeführt wird". Hervorhebungen auch dort. – Diese zutreffende Feststellung ist auch für das Verhältnis zur Jurisprudenz aufschlussreich und unterstreicht damit zugleich die Sinnhaftigkeit der Kantischen Methode, weil auch die juristische Subsumtion nicht schematisch einem syllogistischen Verfahren entspricht, da auch dort stets die unter Prinzipiengesichtspunkten auszulotenden Wertungsspielräume zu berücksichtigen sind, die gegebenenfalls im Wege der Analogie auszufüllen sind.

AA III 102). Der ‚Streit der Facultäten' wird somit in den einleitenden Bemerkungen zur transzendentalen Deduktion durchaus friedfertig und konstruktiv ausgetragen.

3. Richterliche Urteilskraft in der transzendentalen Analytik

In der Einleitung der transzendentalen Analytik handelt Kant zunächst von der transzendentalen Urteilskraft insgesamt.[134] Der diesbezügliche Einleitungssatz liest sich aus juristischer Sicht wie eine exakte Beschreibung der Tätigkeit des Juristen. Denn sie besteht sowohl in der universitären Rechtslehre als auch innerhalb der richterlichen Praxis in der Subsumtion des gegebenen Einzelfalls unter das Gesetz: „Wenn der Verstand überhaupt als das Vermögen der Regeln erklärt wird, so ist Urtheilskraft das Vermögen unter Regeln zu subsumiren, d. i. zu unterscheiden, ob etwas unter einer gegebenen Regel (*casus datae legis*) stehe, oder nicht" (AA IV 96 / AA III 131).[135]

a) Urteilskraft als ‚Mittelglied' zwischen Verstand und Vernunft

Der lateinische Zusatz macht dies sogar noch deutlicher, bedeutet doch ‚lex' in erster Linie Gesetz. Bereits der Klammerzusatz liegt somit nahe, dass es sich um eine Ähnlichkeitsbeziehung im Verhältnis zur juristischen Gesetzesanwendung handelt.

aa) Verstand, Urteilskraft und Vernunft

Wir haben bereits gesehen, dass diese Ähnlichkeit zwischen Jurisprudenz und Transzendentalphilosophie ein maßgeblicher Grund dafür sein könnte, dass Kant

134 *Dieter Henrich*, Kant's Notion of a Deduction and the Methodological Background of the First Critique, in: Kant's Transcendental Deductions. The Three 'Critiques' and the 'Opus postumum' (Hg. Eckart Förster), 1989, S. 29, 38, beschreibt wohl nicht zuletzt deswegen die Zielsetzung der transzendentalen Analytik in einer juristisch gefärbten Ausdrucksweise: "*A legal dispute* originates when *a party's claim* has been challenged by an opponent, *so that a court case must be opened.* This happened in philosophy when the skeptic challenged the claim of reason to be *in possession* of a priori knowledge of objects. The dispute makes indispensable an investigation into the origins of such knowledge. To the extent to which a deduction can be produced, the claim of reason becomes definitely *justified* and the challenge of the skeptic is rejected. This is the aim of the Transcendental Analytic." Hervorhebungen nur hier.

135 *Ralf Dreier*, Rechtsbegriff und Rechtsidee. Kants Rechtsbegriff und seine Bedeutung für die gegenwärtige Diskussion, 1986, S. 15, erläutert diese Stelle bezogen auf den Verstand als das Vermögen der Regeln und den Vorgang der Subsumtion.

die besonders schwierige transzendentale Deduktion mit Entsprechungen aus dem Rechtsleben einleitet. Um allerdings die juristische Seite nicht über Gebühr zu betonen, sollte man zunächst den einleitenden Konditionalsatz betrachten, wonach ‚der Verstand überhaupt als das Vermögen der Regeln erklärt wird'. Denn dieser Satz erschließt sich leichter, wenn man eine Begriffsbestimmung voranstellt, die Kant in der Einleitung zur transzendentalen Analytik innerhalb „des transscendentalen Leitfadens der Entdeckung aller reinen Verstandesbegriffe" (AA IV 58 / AA III 85) in prägnanter Weise auf den Punkt bringt.[136] Danach kann „der Verstand überhaupt als ein Vermögen zu urtheilen vorgestellt werden" (AA IV 59 / AA III 86).[137]

Verstand bedeutet also zunächst Urteilsvermögen. Entgegen dem ersten Anschein ist damit die Urteilskraft dem Verstand nicht gleichzusetzen. Vielmehr erweist sich jene als eine Art notwendiges Zwischenglied im Verhältnis zu diesem und der Vernunft, wie eine aufschlussreiche Bemerkung aus der Einleitung der *Kritik der Urteilskraft* unmissverständlich zeigt:[138] „Allein in der Familie der oberen Erkenntnißvermögen giebt es doch noch ein Mittelglied zwischen dem Verstande und der Vernunft. Dieses ist die Urtheilskraft, von welcher man Ursache hat nach der Analogie zu vermuthen, daß sie eben sowohl, wenn gleich nicht eine eigene Gesetzgebung, doch ein ihr eigenes Princip nach Gesetzen zu suchen, allenfalls ein bloß subjectives, *a priori* in sich enthalten dürfte." (AA V 177).

Interessant hieran ist nicht nur jener an der zuletzt zitierten Stelle ebenfalls begegnende Gedanke der Analogie, sondern auch die Bedeutung der Gesetzgebung, die sich, wie wir noch näher sehen werden, im Zusammenhang mit der Vernunft herauskristallisieren wird. Als gesetzgebende Gewalt will Kant die Urteilskraft also

---

136 *Ulrich Seeberg*, Ursprung, Umfang und Grenzen der Erkenntnis. Eine Untersuchung zu Kants transzendentaler Deduktion der Kategorien, 2006, S. 208 Fußnote 100, verdeutlicht die weichenstellende Unterscheidung des ‚quid facti' vom ‚quid iuris' innerhalb des Abschnitts ‚Von dem Leitfaden der Entdeckung aller reinen Verstandesbegriffe': „Das erste Hauptstück des ersten Buches der transzendentalen Analytik (...) kann insgesamt als eine ‚species facti' gelesen werden, welche die Aufgabe hat, den Ursprung der Kategorien bzw. ihres Anspruches auf objektive Geltung aus dem formalen Verstandesgebrauch herzuleiten und somit ihren Ursprung a priori zu verdeutlichen. Dieser Ursprungsnachweis geschieht aber, im Unterschied zum Versuch einer empirischen Deduktion, nicht auf empirischem sondern auf ‚metaphysischem' Wege und gehört auch insofern bereits zur Frage ‚quid iuris'".

137 Zur transzendentalen Analytik auch *Ulrich Seeberg*, Kants Vernunftkritik als Gerichtsprozeß, in: Darstellung und Erkenntnis. Beiträge zur Rolle nichtpropositionaler Erkenntnisformen in der deutschen Philosophie und Literatur nach Kant (Hg. Brady Bowman), 2007, S. 61, 66 f.

138 Zur Bedeutung der Urteilskraft für die kritische Philosophie *Johannes Haag*, Grenzbegriffe und die Antinomie der teleologischen Urteilskraft, in: Übergänge – diskursiv oder intuitiv? Essays zu Eckart Försters „Die 25 Jahre der Philosophie" (Hg. Ders./Markus Wild), 2013, S. 141.

nicht verstanden wissen, wohl aber als ‚ein ihr eigenes Princip nach Gesetzen zu suchen'. Die Urteilskraft entfaltet auf diese Weise eher eine heuristische Funktion, freilich mit Prinzipienrang ausgestattet. Die Vernunft hingegen ist ‚legislatorisch' (AA III 547).

bb) Advokat, Richter und Spruch der Vernunft in der Anthropologie

Diese innerhalb der *Kritik der reinen Vernunft* sowie der *Kritik der Urteilskraft* behandelten Bezüge zwischen Verstand, Vernunft und Urteilskraft setzt Kant im Rahmen seiner *Anthropologie in pragmatischer Hinsicht* noch näher auseinander, und zwar in durchaus juristischer Manier, wie im Schrifttum bereits gesehen worden ist:[139] „Was will ich? (frägt der Verstand) Worauf kommts an? (frägt die Urtheilskraft) Was kommt heraus? (frägt die Vernunft). Die Köpfe sind in der Fähigkeit der Beantwortung aller dieser drei Fragen sehr verschieden. – Die erste erfordert nur einen klaren Kopf, sich selbst zu verstehen; und diese Naturgabe ist bei einiger Cultur ziemlich gemein; vornehmlich wenn man darauf aufmerksam macht. – Die zweite treffend zu beantworten, ist weit seltener; denn es bieten sich vielerlei Arten der Bestimmung des vorliegenden Begriffs und der scheinbaren Auflösung der Aufgabe dar: welche ist nun die einzige, die dieser genau angemessen ist (z. B. in Processen oder im Beginnen gewisser Handlungsplane zu demselben Zweck)? Hiezu giebt es ein Talent der Auswahl des in einem gewissen Falle gerade Zutreffenden (*iudicium discretivum*), welches sehr erwünscht, aber auch sehr selten ist. Der Advocat, der mit viel Gründen angezogen kommt, die seine Behauptung bewähren sollen, erschwert dem Richter sehr seine Sentenz, weil er selbst nur herumtappt; weiß er aber auch nach der Erklärung dessen, was er will, den Punkt zu treffen (denn der ist nur ein einziger), worauf es ankommt, so ist es kurz abgemacht, und der Spruch der Vernunft folgt von selbst." (AA VII 227 f.).

(1) „Ankläger – Advocat und Richter"

Anhand dieser juristisch geprägten Stelle zeigt sich nicht zuletzt aufgrund der Rollenverteilung zwischen Anwalt und Richter besonders anschaulich, warum Kant die Urteilskraft als Mittelglied zwischen Verstand und Vernunft bezeichnet

139 *Dieter Nörr*, Das Verhältnis von Fall und Norm als Problem der reflektierenden Urteilskraft, in: Text und Applikation, Poetik und Hermeneutik IX (1981), 395, 396 f., geht mit guten Gründen davon aus, dass „Kant dem Juristen die *bestimmende* Urteilskraft zuweist" (ebenda, S. 398), also nicht die reflektierende (ebenda, S. 396). Später (ebenda, S. 399) spricht er mit erklärendem Klammerzusatz von der „reflektierenden (juristischen) Urteilskraft." Hervorhebungen nur hier. Dort auch näher zu *Hans Kiefner*, Ius praetensum – Preussisches Zivil- und Zivilprozessrecht, richterliche Methode und Naturrecht im Spiegel einer Reflexion Kants zur Logik, Festschrift für Helmut Schelsky, 1978, S. 287 ff.

(AA V 177). Aufschlussreich ist daher auch eine auf den ersten Blick kryptische stichwortartige Ergänzung in Gestalt eines Klammerzusatzes aus Kants Handschrift innerhalb seiner *Anthropologie in pragmatischer Hinsicht:* „der Ankläger – Advocat und Richter. Der Mittlere ist also der, so eine jede Sache soviel ihm, sei es Schein oder Wahrheit, aufgetragen ist“.[140] Zugleich erweist sich dies aus Sicht der Jurisprudenz als weiterführend. Denn wenn die Urteilskraft danach fragt, worauf es ankomme, dann bedeutet dies in juristischen Kategorien nichts anderes als die Ermittlung des Entscheidungserheblichen, mithin die Sonderung des für den Entscheidungsfall Wesentlichen vom Unwesentlichen – und somit die zentrale Aufgabe der Juristen.[141]

(2) Ordnung der Entscheidungsgesichtspunkte

Diese ist freilich alles andere als einfach, da es erfordert, die Mannigfaltigkeit scheinbar naheliegender Entscheidungsgesichtspunkte sinnvoll zu ordnen.[142] Das dürfte wohl auch Kant gemeint haben, wenn er auf die Vielfalt der Begriffsbestimmungen und die Schwierigkeit der für den konkreten Fall maßgeblichen verweist. Denn auch für die Jurisprudenz und nicht für die Theologie gilt das Mephisto-Wort, wonach ‚es so schwer ist den falschen Weg zu meiden. Es liegt in ihr so viel verborgnes Gift‘.[143] Nicht von ungefähr betont Kant wiederholt die Seltenheit des Vermögens, den für den konkreten Fall wertungsmäßig einschlägigen Aspekt aufzufinden; ebenfalls ein prinzipielles Problem juristischer Arbeit. Der Klammerzusatz liegt immerhin nahe, das mit den beispielhaft genannten Prozessen auch Rechtsstreitigkeiten gemeint sein könnten, zumal da im Anschluss daran von der Rollenverteilung zwischen Advokat und Richter die Rede ist. Den maßgeblichen Entscheidungsgesichtspunkt hält Kant, wie der zweite Satz nahelegt, für ein singulare tantum.

---

140 *Karl Vorländer*, Ergänzungen aus Kants Handschrift, in: Kant, Anthropologie in pragmatischer Hinsicht (Hg. Reinhard Brandt), 2000, S. 273, 301 zu R 263 Mitte.

141 *Dieter Nörr*, Das Verhältnis von Fall und Norm als Problem der reflektierenden Urteilskraft, in: Text und Applikation, Poetik und Hermeneutik IX (1981), 395, 399, wendet dies mit weiteren tragfähigen Analogien anschaulich auf die Jurisprudenz an: „Die Kantsche Regel der praktischen Urteilskraft ist (...) vergleichbar mit genuin juristischen Instrumenten der Normsuche (...).Wenn man hier überhaupt von Subsumtion sprechen darf, so allenfalls im Verhältnis der gefundenen Entscheidungsnorm zur Regel der juristischen Urteilskraft“.

142 *Claus-Wilhelm Canaris*, Das Rangverhältnis der „klassischen“ Auslegungskriterien, demonstriert an Standardproblemen aus dem Zivilrecht, Festschrift für Dieter Medicus, 1999, S. 25, 26 f.; dort auch zu Kant.

143 *Johann Wolfgang von Goethe*, Faust. Der Tragödie Erster Teil, 1808, Verse 1985 f.

b) Urteilskraft und Gelehrsamkeit

Eine überraschend aphoristisch anmutende Fußnote innerhalb der *Kritik der reinen Vernunft* bringt die Bedeutung und Funktion der Urteilskraft in negatorischer Weise, wenngleich erstaunlich lebensnah und mit einem gewissen Sinn für Humor, auf den Punkt: „Der Mangel an Urtheilskraft ist eigentlich das, was man Dummheit nennt, und einem solchen Gebrechen ist gar nicht abzuhelfen" (AA IV 97 / AA III 132).[144] Auch hierzu findet sich eine Ergänzung innerhalb der *Anthropologie in pragmatischer Hinsicht*, die freilich mit ihrem lateinischen Klammerzusatz ohne die illusionslose Erklärung etwas vergleichsweise hölzern anmutet: „Der Mangel an Urtheilskraft ohne Witz ist Dummheit (stupiditas)" (AA VII 204).

Die scheinbare Ausweglosigkeit und Beschränktheit, die jene Sentenz aus der *Kritik der reinen Vernunft* wie ein Verdikt erscheinen lässt, wird allerdings durch den nachfolgenden Satz zumindest pragmatisch abgemildert: „Ein stumpfer oder eingeschränkter Kopf, dem es an nichts als am gehörigen Grade des Verstandes und eigenen Begriffen desselben mangelt, ist durch Erlernung sehr wohl, sogar bis zur Gelehrsamkeit auszurüsten" (AA IV 97 / AA III 132).[145] Das erscheint auf den ersten Blick widersprüchlich, womöglich sogar sarkastisch und von einer paradoxen Schärfe, die an die französische Moralistik erinnert. Doch würde man Kant damit wohl missverstehen, zumal da er sich kaum je ironisch äußert.[146]

c) Richteramt und Juristenausbildung

Man muss diese aphoristisch anmutende, in Wahrheit aber systematisch tiefe Einsicht voranschicken, um den folgenden Satz begreifen zu können, der inmitten praktischer Berufsbeispiele den Richter nennt: „Ein Arzt daher, ein Richter oder ein Staatskundiger kann viel schöne pathologische, juristische oder politische Regeln im Kopfe haben in dem Grade, daß er selbst darin ein gründlicher Lehrer werden kann, und wird dennoch in der Anwendung derselben leicht verstoßen, entweder, weil es ihm an natürlicher Urtheilskraft (obgleich nicht am Verstande) mangelt, und

144 Zu dieser Stelle auch *David Roland Doublet*, Die Vernunft als Rechtsinstanz, 1989, S. 132.

145 *Dieter Nörr*, Das Verhältnis von Fall und Norm als Problem der reflektierenden Urteilskraft, in: Text und Applikation, Poetik und Hermeneutik IX (1981), 395, 402, hat recht, wenn er in Übertragung der Kantischen Prämissen auf die juristische Arbeit feststellt, dass „die Urteilskraft weder als bestimmende noch als reflektierende unmittelbar erlernbar ist. (…). So kann der Verstand zwar Gesetze, Regeln, Dogmen, Präjudizien lernen; ihre Anwendung im Einzelfall ist nicht unmittelbar erlernbar".

146 *Vittorio Hösle*, Eine kurze Geschichte der Philosophie, 2013, S. 77.

er zwar das Allgemeine in abstracto einsehen, aber ob ein Fall in concreto darunter gehöre, nicht unterscheiden kann, oder auch darum, weil er nicht genug durch Beispiele und wirkliche Geschäfte zu diesem Urtheile abgerichtet worden" (AA IV 97 / AA III 132).[147]

Wenn man bedenkt, dass die derzeitige Juristenausbildung auf die Befähigung zum Richteramt ausgerichtet ist, dann erscheint es geradezu verblüffend, dass Kant im Hinblick auf die Tätigkeit des Richters in so passgenauer Weise die entsprechenden Anforderungen beschreibt und denkbaren Defizite hervorhebt. Er hat nicht lediglich laienhaft erahnt, sondern systematisch erfasst, was eine gute Juristenausbildung ausmacht, nämlich die recht verstandene Verschränkung von Theorie und Praxis.[148] Von daher erklärt sich zugleich, warum gerade die auf das Recht bezogenen Stellen geeignet sind, den werkimmanenten Zusammenhang zu erhellen, der zwischen der ersten Kritik und der Abhandlung *Über den Gemeinspruch* besteht.[149]

---

147 Eingehend zu dieser Stelle *Wilhelm A. Scheuerle*, Kants Auffassung von der Urteilskraft des Richters, Zeitschrift für die gesamte Staatswissenschaft 109 (1953), 691, der „den Richter in den Mittelpunkt der Betrachtung" rückt.

148 *Claus-Wilhelm Canaris*, Das Rangverhältnis der „klassischen" Auslegungskriterien, demonstriert an Standardproblemen aus dem Zivilrecht, Festschrift für Dieter Medicus, 1999, S. 25, 26, hat dies nicht von ungefähr unter Rückgriff auf die soeben zitierte Stelle in geradezu mustergültiger Weise zugerichtet: „Denn Jurisprudenz ist nun einmal eine praxisbezogene Disziplin, und die Qualität eines Juristen – übrigens keineswegs nur eines Praktikers, sondern in wesentlichen Hinsichten auch eines Wissenschaftlers! – erweist sich demgemäß vor allem an seiner Kompetenz, praktische Fälle angemessen zu lösen." Der Sache nach ähnlich *Niklas Luhmann*, Die Grenzen der Verwaltung, 2. Auflage 2022, S. 7.

149 Auch dies wurde wiederholt herausgearbeitet von *Claus-Wilhelm Canaris*, Theorienrezeption und Theorienstruktur, Festschrift für Zentaro Kitawaga, 1992, S. 59 f. mit Fußnote 7; *ders.*, Funktion, Struktur und Falsifikation juristischer Theorien, JuristenZeitung 1993, 377.

V. Prinzipienjurisprudenz in der transzendentalen Dialektik

In seiner *Anthropologie in pragmatischer Hinsicht* stellt Kant Verstand, Urteilskraft und Vernunft nochmals auf eine leichter fassliche Weise in einen systematischen Zusammenhang, der dazu angetan ist, die strukturellen Übereinstimmungen mit der juristischen Deduktion und Subsumtion zu veranschaulichen: „Ein richtiger Verstand, geübte Urtheilskraft und gründliche Vernunft machen den ganzen Umfang des intellectuellen Erkenntnißvermögens aus. (...) Wenn nun Verstand das Vermögen der Regeln, die Urtheilskraft das Vermögen das Besondere, sofern es ein Fall dieser Regel ist, aufzufinden ist, so ist die Vernunft das Vermögen, von dem Allgemeinen das Besondere abzuleiten und dieses letztere also nach Principien und als nothwendig vorzustellen" (AA VII 198 f.).

Wendet man diese Überlegungen auf die juristische Arbeit an, so ist damit nicht nur die Tätigkeit des Richters sowie die Arbeit des ein richterliches Urteil vorbereitenden Gutachters erfasst, sondern im Hinblick auf die Vernunft mutatis mutandis auch der Weg zu einer die Besonderheiten des Einzelfalls verallgemeinernden und systematisch zusammenführenden Prinzipienjurisprudenz geebnet. Das sei im Folgenden anhand der transzendentalen Dialektik innerhalb der *Kritik der reinen Vernunft* nachgezeichnet.

1. Regeln und Prinzipien

Wir haben weiter oben gesehen, dass Kant dort, wo er die Prinzipien einer transzendentalen Deduktion überhaupt entwickelt, einleitend eine Unterscheidung der ‚Rechtslehrer' nennt, um die Deduktion der reinen Verstandesbegriffe zu veranschaulichen (AA IV 68 / AA III 99). Im Zuge dieser Deduktion spricht er, wie erinnerlich, vom ‚Nachspüren der ersten Bestrebungen unserer Erkenntnißkraft' (AA IV 69 / AA III 100). Diese Bezeichnung greift er im Rahmen der transzendentalen Dialektik auf, wo er von der Vernunft als ‚oberster Erkenntnißkraft' spricht. Just zuvor fasst er den Gang der Untersuchung und damit in gewisser Weise die Quintessenz der *Kritik der reinen Vernunft* selbst in einem bündigen Satz zusammen: „Alle unsere Erkenntniß hebt von den Sinnen an, geht von da zum Verstande und endigt bei der Vernunft, über welche nichts Höheres in uns angetroffen wird, den Stoff der Anschauung zu bearbeiten und unter die höchste Einheit des Denkens zu bringen" (AA IV 191 / AA III 237).

Dieser Schlüsselsatz des Werkes ist für den vorliegenden Zusammenhang nicht zuletzt deswegen von Bedeutung, weil er das Zusammenwirken von Verstand und

https://doi.org/10.1515/9783111070186-006

Vernunft in Erinnerung ruft, die ihrerseits wiederum – also ebenso wie im Rahmen der Einleitung zur transzendentalen Deduktion – in eine Betrachtung über das Recht mündet. Diese strukturelle Übereinstimmung innerhalb der Darstellung überrascht auf den ersten Blick, erweist sich jedoch gerade aus juristischer Sicht als nachvollziehbar, wenn man zunächst die Unterscheidung zwischen Verstand und Vernunft betrachtet, die Kant selbst noch einmal zusammenfasst, bevor er auf Recht und Gesetzgebung zu sprechen kommt: „Wir erklärten im erstern Teile unserer transscendentalen Logik den Verstand durch das Vermögen der Regeln; hier unterscheiden wir die Vernunft von demselben dadurch, daß wir sie das Vermögen der Principien nennen wollen“ (AA IV 192 / AA III 238). Die Unterscheidung zwischen Regeln und Prinzipien ist für die Jurisprudenz bis in unsere Tage prägend.[150]

2. Ermittlung der Prinzipien bürgerlicher Gesetze

Von daher kann es den Juristen nicht wundern, dass Kant gerade die Begründung und Funktionsweise von Prinzipien am Beispiel der Gesetzgebung des Bürgerlichen Rechts veranschaulicht: „Es ist ein alter Wunsch, der, wer weiß wie spät, vielleicht einmal in Erfüllung gehen wird; daß man doch einmal statt der endlosen Mannigfaltigkeit bürgerlicher Gesetze ihre Principien aufsuchen möge“ (AA IV 193 / AA III 239).

a) Hoffnung auf eine Prinzipienjurisprudenz

Wenn Kant hier von einem alten Wunsch spricht, so lässt sich dies in der Tat durchaus rechtsgeschichtlich verorten. Bereits bei den antiken Autoren erscheint die ungebändigte und ungeordnete Menge und Vielfalt der Gesetze als Ärgernis. Am deutlichsten wird dies bei Tacitus, der seinen Gesetzgebungsexkurs nicht von ungefähr als eine Abhandlung ‚*de principiis iuris*‘ einleitet.[151] Dabei wird nicht übersehen, dass Tacitus den Begriff des principium in gewisser Weise doppeldeutig versteht, also nicht nur im Sinne von Prinzipien, sondern auch Anfängen und Ursprüngen.[152] Doch auch das findet einen Widerhall in der *Kritik der reinen Vernunft*: „Der Ausdruck eines Princips ist zweideutig und bedeutet gemeiniglich nur ein

150 *Ronald Dworkin*, Taking Rights Seriously, 1977, der zwischen ‚principles‘ und ‚rules‘ unterscheidet.

151 *Tacitus*, Annales 3.25.2: ‚de principiis iuris et quibus modis ad hanc multitudinem infinitam ac varietatem legum perventum sit altius disseram‘.

152 Dazu eingehend *Jens Petersen*, Recht bei Tacitus, 2019, S. 99–285 und öfter.

Erkenntniß, das als Princip gebraucht werden kann, ob es zwar an sich selbst und seinem eigenen Ursprunge nach kein Principium ist“ (AA IV 192 / AA III 238).

Indes ist der rechtsgeschichtliche Rückblick des ‚alten‘ Wunsches bei Tacitus bewusst unbestimmt formuliert, um zum Ausdruck zu bringen, dass hier unvordenkliche Wünschbarkeiten mit einer diffusen Zukunftserwartung in Verbindung gesetzt werden, der etwas Utopisches anhaftet. Es ist gleichsam die ins Juristische gewendete Frage, was wir zur Vervollkommnung unserer Zivilgesetzgebung hoffen dürfen.[153] Jedoch ist diese Hoffnung mit einer konkreten Erwartung und Anstrengung verbunden, so dass der Wunsch nur in Erfüllung gehen kann, wenn es gelingt, eine Prinzipienjurisprudenz zu entwickeln, die diesem Begriff auch gerecht wird.[154]

b) Prinzipien für die Gesetzgebung

Es ist interessant, dass Kant hier vor allem die bürgerlichen Gesetze nennt, also weder das Strafrecht noch das Öffentliche Recht. Auch daran erkennt man, dass Kant in juristischer Hinsicht vordringlich zivilrechtlich denkt und wohl auch deswegen nicht nur von der Rechtsphilosophie, sondern auch der Dogmatik des Bürgerlichen Rechts seit jeher in besonderer Weise rezipiert worden ist.[155] Die Vereinfachung der Gesetzgebung, um die es ihm in der Tradition der Rechtsgeschichte und Rechtsdogmatik geht, kann freilich nicht allein durch eine Reduzierung der Vorschriften bewerkstelligt werden, wie man es bis heute immer wieder – man denke nur an das Steuerrecht – versucht.[156]

Vielmehr kann das Vorhaben nur gelingen, wenn man sich in dogmatischer Kärrnerarbeit der mühevollen Arbeit der Auffindung von Prinzipien unterzieht.[157] Allerdings darf dabei nicht übersehen werden, dass es Kant gerade nicht nur um die Systematisierung des geltenden Rechts geht, sondern vor allem um die Ermittlung von Prinzipien für die Gesetzgebung, wie sich übrigens auch anhand seiner Abhandlung über den *Streit der Facultäten* zeigen lässt, in der er von ‚Gesetzen‘

---

153 Zu weiteren juristischen Implikationen die bereits zitierte Abhandlung von *Jörg Neuner*, Das Rechtsprinzip Hoffnung, JuristenZeitung 2021, 585.

154 Zum Begriff grundlegend *Peter Landau*, Die Rechtsquellenlehre in der deutschen Rechtswissenschaft des 19. Jahrhunderts, in: Juristische Theoriebildung und Rechtliche Einheit, Rättshistorika Studier (Hg. Claes Peterson), Band XIX, 1993, S. 69.

155 Siehe nur *Hannes Unberath*, Die Vertragsverletzung, 2007, S. 32 ff.

156 Zum Ganzen *Klaus Tipke*, Ein Ende dem Einkommensteuerwirrwarr!?, 2006.

157 Grundlegend aus der juristischen und insbesondere methodologischen Literatur etwa *Franz Bydlinski*, System und Prinzipien des Privatrechts, 1996.

spricht, „die sich ein Volk selbst nach allgemeinen Rechtsprincipien geben würde" (AA VII 88).

c) Prinzipienlose Gesetzesvielfalt als Anschauung ohne Begriff

Die rechtshistorische und dogmatische Arbeit darf sich also nicht in der Rückschau und Reflexion der lex lata erschöpfen. Aber noch in anderer Hinsicht ist die Prinzipienfindung bezüglich der *Kritik der reinen Vernunft* zur Überwindung ‚der endlosen Mannigfaltigkeit bürgerlicher Gesetze' (AA IV 193 / AA III 239) aufschlussreich. Denn wenn man einmal den Versuch unternimmt, dieses Desiderat in Kantischen Kategorien zu bedenken, dann ist die infinite Gesetzesvielfalt, der die Prinzipien fehlen, in juristischer Entsprechung nichts anderes, als Anschauung ohne Begriff und damit letztlich blind. Es ist gleichsam der unendliche Erfahrungsraum der Rechtsgeschichte und Gegenwart voller Vorschriften, die einer ordnenden Begriffsbildung bedürfen, auf deren Grundlage eine Prinzipien- und Wertungsjurisprudenz möglich ist.[158]

3. Gesetze als bedingende Einschränkungen der Freiheit

Kann man aus dem soeben Behandelten ersehen, dass eine Prinzipienjurisprudenz im Hinblick auf die bürgerlichen Gesetze vor allem dann in Betracht kommt, wenn diese ihrerseits systematisch konsistent ausgearbeitet sind, weil sie dann erst Raum für eine prinzipienorientierte Betrachtungsweise und Ordnung ermöglichen, so fragt sich nunmehr, worin der tiefere Geltungsgrund der Gesetze in rechtsphilosophischer Hinsicht besteht.

a) Werkimmanente Übereinstimmung

Es sollte nach den bisherigen Überlegungen nicht verwundern, dass dieser Geltungsgrund in den Einschränkungen der Freiheit liegt, die erforderlich sind, um das Zusammenleben friedvoll zu ordnen: „Aber die Gesetze sind hier auch nur Einschränkungen unserer Freiheit auf Bedingungen, unter denen sie durchgängig mit sich selbst zusammenstimmt" (AA IV 193 / AA III 239). Diese Erinnerung ist deswegen bedeutsam, weil Kant damit unausgesprochen zugleich anmahnt, dass jedwede

158 Näher *Jens Petersen*, Der Dritte im Zivilrecht, 2018, S. 250.

Ermittlung von Prinzipien der Rechtsordnung vom Begriff der Freiheit und ihren Einschränkungen her gedacht sein muss, durch welche die unterschiedlichen Willkürsphären voneinander getrennt und geordnet werden, wie Kant auch in der Abhandlung *Über den Gemeinspruch* voraussetzt. Denn auch dort begründet er die Beschränkung der Willkürsphären durch das Recht so: „Denn da alles Recht bloß in der Einschränkung der Freiheit jedes Anderen auf die Bedingung besteht, daß sie mit der meinigen nach einem allgemeinen Gesetze zusammen bestehen könne." Dies führt zu „einer dem allgemeinen Freiheitsgesetze gemäß einander einschränkenden Willkür, (welches der bürgerliche Zustand heißt)" (AA VIII 292).

b) Gesetz der Freiheit

Das wiederum stimmt überein mit der Definition des Rechts aus den *Metaphysischen Anfangsgründen der Rechtslehre*, wonach „das Recht (…) also der Inbegriff der Bedingungen [ist], unter denen die Willkür des einen mit der Willkür des andern nach einem allgemeinen Gesetze der Freiheit zusammen vereinigt werden kann" (AA VI 230).[159] Oberster Rang gebührt damit dem Gesetz der Freiheit.[160] Das ergibt sich auch aus dem Bedingungszusammenhang, den Kant in der zitierten Stelle aus der *Kritik der reinen Vernunft* voraussetzt, die somit systematisch und werkimmanent übereinstimmt mit den Ausführungen innerhalb der *Metaphysischen Anfangsgründen der Rechtslehre*, die ihrerseits Ausfluss kritischer Philosophie sind.[161] Die gesetzlichen Einschränkungen der Freiheit stehen ihrerseits unter Bedingungen, die wiederum voraussetzen, dass alle Beschränkungen unserer Freiheit mit der eines jeden anderen stimmig zusammengedacht werden können,

Alle Gesetze müssen also als Einschränkungen der Freiheit ihrerseits mit dem Prinzip der Freiheit harmonieren. Hervorhebung verdient in diesem Zusammenhang die von Kant vorausgesetzte Durchgängigkeit. Jede Einschränkung der Freiheit bedarf also auf Schritt und Tritt einer Legitimation, die gleich einem permanenten Schutzfilm die gesamte Privatrechtsordnung imprägniert. Man kann insofern von einem dynamischen Freiheitsverständnis sprechen. Nur wenn jederzeit gesichert ist, dass die Freiheit des einen mit der Freiheit des anderen übereinstimmt, kann

---

159 *Vittorio Hösle*, Moral und Politik. Grundlagen einer Politischen Ethik für das 21. Jahrhundert, 1997, S. 79, folgert daraus zutreffend die staatliche Verantwortung „die Rechtssphären der einzelnen voneinander abzugrenzen und damit jedem maximale private Freiheitsräume zu sichern".

160 *Helmut Coing*, Grundzüge der Rechtsphilosophie, 1969, Seite 35 f.: „Aus dem Prinzip der Freiheit folgen alle andern natürlichen Gesetze".

161 Dazu eingehend unten im Dritten Teil.

von einer durchgängigen Rechtfertigung freiheitsbeschränkender Gesetze unter dem Prinzip der Freiheit gesprochen werden.[162]

c) Gesetze als Menschenwerk

Kant zieht allerdings eine weitere Folgerung aus diesem Bedingungszusammenhang, die einen neuen Aspekt einbringt, der freilich innerhalb der juristischen Ideengeschichte nicht ohne Vorbild ist. So sagt er über die Gesetze: „Mithin gehen sie auf etwas, was gänzlich unser eigen Werk ist, und wovon wir durch jene Begriffe selbst die Ursache sein können" (AA IV 193 / AA III 239). Die Erinnerung daran, dass die Gesetze letztlich Menschenwerk sind – das heißt von Menschen geschaffen und erlassen, also keine Naturkonstanten oder religiös gestifteten Normen – ist nicht neu. Bereits Giambattista Vico hat sie entsprechend seinem Verum-factum-Prinzip für den Wissenschaftsanspruch der Jurisprudenz herangezogen.[163]

Doch geht es Kant noch um etwas darüber Hinausgehendes. Er betont das Veranlassungsprinzip, wonach die Gesetze eben von Menschen herrühren. Aber er erklärt es instrumental ‚durch jene Begriffe'. Um den Bezugspunkt herauszuarbeiten muss man auf den Ausgangspunkt zurückgreifen, von dem her er seine Übersicht bezüglich der Gesetze transzendentalphilosophisch begründet: „Synthetische Erkenntnisse aus Begriffen kann der Verstand also gar nicht verschaffen, und diese sind es eigentlich, welche ich schlechthin Principien nenne: indessen daß alle allgemeine Sätze überhaupt comparative Principien heißen können" (AA IV 193 / AA III 239).

d) Ansporn zur Systembildung und Einheit der Privatrechtsordnung

Prinzipien in diesem Sinne sind also zusammengesetzte Erkenntnisse aus Begriffen. Das lässt sich in Einklang bringen mit jener weiter oben angestellten Folgerung, wonach die Prinzipiensuche, die Kant im Hinblick auf die unbegrenzte ‚Mannigfaltigkeit bürgerlicher Gesetze' postuliert (AA IV 193 / AA III 239), einen rechtstheoretischen Mangel zur Geltung bringt, der, transzendentalphilosophisch betrachtet, einer als solche ‚blinden' Anschauung ohne Begriff entspricht. Überträgt man also vor diesem Hintergrund die beispielhafte Darlegung der bürgerlichen

162 Zu einem ähnlichen Konzept Kantischer Prägung *Jens Petersen*, Friedrich Schiller über die Gesetzgebung des Lykurgus und Solon, Festschrift für Reinhard Singer, 2021, S. 497, 505.
163 Näher *Jens Petersen*, Vicos Kulturgeschichte des Rechts, 2022, § 1.

Gesetze auf die Anforderungen einer wissenschaftlichen Jurisprudenz, die eben keine reine Begriffsjurisprudenz, sondern zugleich Wertungs- und Prinzipienjurisprudenz zu sein hat,[164] dann kann man Kants Ausführungen zugleich als Anleitung zur Systembildung verstehen, welche die Einheit, Folgerichtigkeit und Widerspruchsfreiheit der Privatrechtsordnung zum Ziel hat.[165]

Die das Beispiel aus der Welt des Privatrechts verklammernde Bedeutung der Einheit unter Prinzipien, welche für das Prinzip der Einheit der Privatrechtsordnung ebenso maßgeblich ist wie in transzendentalphilosophischer Hinsicht die Unterscheidung zwischen Verstand und Vernunft (AA IV 192 / AA III 238), veranschaulicht folgende zusammenfassende Einsicht, für die Kant den Begriff der ‚Vernunfteinheit' prägen wird (AA III 291; 430): „Der Verstand mag ein Vermögen der Einheit der Erscheinungen vermittelst der Regeln sein, so ist die Vernunft das Vermögen der Einheit der Verstandesregeln unter Principien" (AA IV 193 / AA III 239). Insbesondere der Gedanke der Einheit enthält das Postulat der Bändigung der ‚endlosen Mannigfaltigkeit bürgerlicher Gesetze'.[166]

Das Paradigma aus der Rechtswelt veranschaulicht mithin die wissenschaftstheoretische Entsprechung der Systembildung und Einheit der Privatrechtsordnung mit der transzendentalphilosophischen Unterscheidung zwischen Verstand und Vernunft. Zugleich kann dies als beiläufiger Ansporn verstanden werden, dasjenige, was Kant mit seiner *Kritik der reinen Vernunft* verwirklicht, auch im Bereich der Rechtswissenschaft anzugehen und auf diese Weise die Prinzipien der Privatrechtsordnung in einem wissenschaftstheoretisch gesicherten Verfahren aufzuspüren und auszuarbeiten,[167] um an die Stelle sinnblinder Mannigfaltigkeit von Gesetzes-Sammelsurien eine teleologisch konsistente Prinzipienjurisprudenz treten

164 *Claus-Wilhelm Canaris*, Systemdenken und Systembegriff in der Jurisprudenz, 2. Auflage 1983, S. 11, geht für die Bestimmung des Systembegriffs nicht von ungefähr von Kants ‚Kritik der reinen Vernunft' sowie der Vorrede seiner ‚Metaphysischen Anfangsgründe der Naturwissenschaft' (1786, Seite IV) aus. Folgerichtig begreift er auf dieser Grundlage das System als Ordnung allgemeiner Rechtsprinzipien (Seite 46).

165 Wegweisend *Hans Christoph Grigoleit*, Dogmatik – Methodik – Teleologik, Festschrift für Claus-Wilhelm Canaris, 2017, S. 241.

166 Das gilt auch für das europäische Privatrecht; siehe nur *Michael Stürner*, Europäisches Vertragsrecht. Institutionelle und methodische Grundlagen, materielles Recht, Kollisionsrecht, 2021, Vorwort, Seite VII.

167 *Claus-Wilhelm Canaris*, Die Vertrauenshaftung im Lichte der Rechtsprechung des Bundesgerichtshofs, in: 50 Jahre Bundesgerichtshof, Festgabe aus der Wissenschaft, 2000, Band I, S. 129, 148 f., hat dies für das Prinzip pacta sunt servanda exemplarisch und unter Rückgriff auf Kants Rechtslehre unternommen.

zu lassen, die eine juristische Methodenlehre weiter entwickelt, welche diesen Namen verdient.[168]

4. Idee und Freiheit

Im ersten Buch der transzendentalen Dialektik handelt Kant zunächst ‚von den Ideen überhaupt' (AA IV 199 / AA III 245). Das scheint nur wenig mit spezifisch rechtsphilosophischem Gedankengut zu tun zu haben. Allerdings findet sich bereits dort, zu Beginn des ersten Abschnitts, eine in rechts- und sprachphilosophischer Hinsicht eigentümliche Einleitung, die zum Begriff der Idee im platonischen Sinne führt.

a) ‚Anmaßung zum Gesetzgeben in Sprachen'

Der erste Satz ist in einem seltsam tastenden Duktus verfasst, der beinahe an den durch Kant maßgeblich beeinflussten Heinrich von Kleist[169] in seiner Abhandlung ‚Über die allmähliche Verfertigung der Gedanken beim Reden' erinnert:[170] „Bei dem großen Reichthum unserer Sprachen findet sich doch oft der denkende Kopf wegen des Ausdrucks verlegen, der seinem Begriffe genau anpaßt, und in dessen Ermangelung er weder andern, noch sogar sich selbst recht verständlich werden kann" (AA IV 199 / AA III 245). Diese umsichtig ins Werk gesetzte Herleitung darf freilich nicht den Eindruck erwecken, der Verfasser selbst sei in einer solchen Verlegenheit befangen und ringe um Begriffe.

Vielmehr geht es Kant um eine möglichst sparsame Prägung von Neologismen, die zwar Anspruch auf philosophische Originalität erheben können und vielleicht sogar Beifall heischen, nicht selten jedoch unnötig oder zumindest vermeidbar wären, wenn man nicht wenigstens zuvor versuchte, Anleihen bei alten Sprachen aufzunehmen: „Neue Wörter zu schmieden, ist eine Anmaßung zum Gesetzgeben in Sprachen, die selten gelingt, und ehe man zu diesem verzweifelten Mittel schreitet, ist es rathsam, sich in einer todten und gelehrten Sprache umzusehen, ob sich

168 *Peter Landau*, Die Rechtsquellenlehre in der deutschen Rechtswissenschaft des 19. Jahrhunderts, in: Juristische Theoriebildung und Rechtliche Einheit, Rättshistorika Studier (Hg. Claes Peterson), Band XIX, 1993, S. 69.

169 *Vittorio Hösle*, Eine kurze Geschichte der deutschen Philosophie, 2013, S. 78.

170 Zu ihr *Jens Petersen*, Heinrich von Kleists „Über die allmähliche Verfertigung der Gedanken beim Reden" im Spiegel der mündlichen Prüfung, Juristische Ausbildung 2011, 818.

daselbst nicht dieser Begriff samt seinem angemessenen Ausdruck vorfinde“ (AA IV 199 / AA III 245).

Für den vorliegenden Zusammenhang aufschlussreich ist die Anspielung an den juristisch konnotierten Begriff der Gesetzgebung. Dabei ist bereits im Ausgangspunkt zu berücksichtigen, dass Kant diesen bewusst vermeidet, indem er anstelle der etablierten ‚Gesetzgebung‘ in einer stilistisch bemerkenswerten Weise vom ‚Gesetzgeben‘ spricht und dadurch den Ad-hoc-Charakter der Maßnahme sprachlich wirkungsvoll unterstreicht.

b) Umkehrung der ‚Rechtmäßigkeit‘ des Begriffsgebrauchs

Wenn Kant diesen Eindruck zudem noch durch das Wort ‚Anmaßung‘ akzentuiert, dann kann man es wohl nur als eine unausgesprochene Verweisung auf die weiter oben behandelte Stelle verstehen, an der er zu Beginn der transzendentalen Deduktion der reinen Verstandesbegriffe über die Rechtslehrer spricht. Dort ging es zur Erinnerung um die Unterscheidung von Befugnissen und Anmaßungen, im Rahmen derer Kant die Berechtigung zur Verwendung bestimmter Begriffe ohne vorangehende Deduktion infrage stellte (AA IV 68 / AA III 99). Er wiederholt dies sogar noch, indem er von der fraglichen ‚Rechtmäßigkeit eines solchen Gebrauchs‘ spricht (AA IV 69 / AA III 100).

Vor diesem Hintergrund kann es schwerlich ein Zufall sein, dass Kant auch zu Beginn der transzendentalen Dialektik, also an ebenso markanter Stelle, die „Anmaßung zum Gesetzgeben in Sprachen“ (AA IV 199 / AA III 245) in Erinnerung ruft.[171] Freilich geht es gleichsam um den umgekehrten Fall: Während er zu Beginn der transzendentalen Deduktion zu bedenken gibt, dass bestimmte Begriffe nicht unbefugt, nämlich ohne die unerlässliche Deduktion, verwendet werden dürfen, geht es zu Beginn der transzendentalen Dialektik um die Warnung vor leichthin geprägten Wortschöpfungen ohne vorherige Vergewisserung darüber, ob sich nicht in der Geschichte der Philosophie ein Begriff finden ließe, der den Zusammenhang zu erhellen geeignet wäre.[172]

171 *Ulrich Seeberg*, Kants Vernunftkritik als Gerichtsprozeß, in: Darstellung und Erkenntnis. Beiträge zur Rolle nichtpropositionaler Erkenntnisformen in der deutschen Philosophie und Literatur nach Kant (Hg. Brady Bowman), 2007, S. 61, 67, betont die „friedensstiftende Kraft der Vernunftkritik“ innerhalb der transzendentalen Dialektik.

172 Zur transzendentalen Dialektik auch *Diego Kosbiau Trevisan*, Der Gerichtshof der Vernunft. Eine historische und systematische Untersuchung über die juridischen Metaphern der K. r. V., 2018, S. 356 ff. Treffend insbesondere zur Funktionsbestimmung, ebenda, S. 357.

c) Begriff der Idee

Vor diesem Hintergrund verwundert nicht, dass Kant den Begriff der Idee auf Plato zurückführt und zunächst philosophiegeschichtlich bündig umreißt: „Plato bediente sich des Ausdrucks Idee so, daß man wohl sieht, er habe darunter etwas verstanden, was nicht allein niemals von den Sinnen entlehnt wird, sondern welches sogar die Begriffe des Verstandes, mit denen sich Aristoteles beschäftigte, weit übersteigt, indem in der Erfahrung niemals etwas damit Congruirendes angetroffen wird“ (AA IV 199 f. / AA III 246).

Allerdings entlehnt Kant den Begriff nicht kritiklos, sondern gibt in allgemein gültiger Form etwas zu bedenken, das auf der Ebene der Gesetzesauslegung der umstrittenen Frage ähnelt, ob nicht das Gesetz klüger sein kann als der Gesetzgeber:[173] „Ich merke nur an, daß es gar nichts Ungewöhnliches sei, sowohl im gemeinen Gespräche als in Schriften durch die Vergleichung der Gedanken, welche ein Verfasser über seinen Gegenstand äußert, ihn sogar besser zu verstehen, als er sich selbst verstand, indem er seinen Begriff nicht genugsam bestimmte und dadurch bisweilen seiner eigenen Absicht entgegen redete oder auch dachte“ (AA IV 200 / AA III 246).

Die hermeneutische Tragweite dieses tiefsinnigen Gedankens kann wohl auch für die juristische Geistesgeschichte nicht hoch genug veranschlagt werden.[174] Denn auch in der Ideengeschichte des Rechts kommt es immer wieder vor, dass ein großer Denker einen zentralen Begriff eines anderen aufgreift, diesem unter Umständen auch die Referenz erweist, was freilich nicht notwendigerweise durch namentliche Nennung zu erfolgen hat, den Begriff selbst dann aber klarer versteht und verwendet als sein Vorläufer, der ihn vielleicht nur auf einen bestimmten Zusammenhang zugerichtet und noch nicht hinlänglich verallgemeinert hat.[175]

---

173 In diese Richtung *Claus-Wilhelm Canaris*, „Falsches Geschichtsbild von der Rechtsperversion im Nationalsozialismus“ durch ein Porträt von Karl Larenz?, JuristenZeitung 2011, 879, der von nicht von ungefähr kantisch argumentiert. Zu dieser Problematik auch *Jens Petersen*, Vicos Kulturgeschichte des Rechts, 2022, S. 356 ff.

174 Grundlegend zur Hermeneutik unter besonderer Berücksichtigung der transzendentalen Dialektik innerhalb der ‚Kritik der reinen Vernunft‘ *Vittorio Hösle*, Kritik der verstehenden Vernunft, 2018, S 15 und passim.

175 So verhält es sich etwa bei Schopenhauers Lehre von der ewigen Gerechtigkeit, die Nietzsche, der ihn bekanntlich ‚als Erzieher‘ würdigte, gleichwohl immanent kritisierte; näher *Jens Petersen*, Schopenhauers Gerechtigkeitsvorstellung, 2017, S. 94–124.

5. Verfassung der Freiheit nach Gesetzen

Inmitten der *Kritik der reinen Vernunft* findet sich, auf den ersten Blick erstaunlicherweise, ein staatstheoretisch anmutender Exkurs über die platonische Republik. Ihre sprichwörtliche Eigenheit nimmt Kant zum Anlass, sie gegen ihre – namentlich hier wegen deren geistesgeschichtlich vergleichsweise geringfügigen Bedeutung nicht weiter interessierenden – Verächter zu verteidigen: „Die Platonische Republik ist als ein vermeintlich auffallendes Beispiel von erträumter Vollkommenheit, die nur im Gehirn des müßigen Denkers ihren Sitz haben kann, zum Sprichwort geworden" (AA IV 201 / AA III 247).

a) Würdigung im werkimmanenten Zusammenhang

Einmal mehr beeindruckt die stilistische Brillanz des oft als so sprachlich spröde gescholtenen Werkes, die sich an der physiologischen Verortung des Denkens im Zusammenhang mit seinem scheinbar geringfügigen Ertrag zeigt.

aa) Die platonische Republik im Lichte der Kritiken

Umso sprachgewaltiger fällt dementsprechend die Kantische Würdigung der platonischen Republik mit ihrer Verwirklichung der Idee der Freiheit aus, deren Notwendigkeit er in einer ehrfurchtgebietenden Periode betont: „Eine Verfassung von der größten menschlichen Freiheit nach Gesetzen, welche machen, daß jedes Freiheit mit der andern ihrer zusammen bestehen kann, (nicht von der größten Glückseligkeit, denn diese wird schon von selbst folgen) ist doch wenigstens eine nothwendige Idee, die man nicht bloß im ersten Entwurfe einer Staatsverfassung, sondern auch bei allen Gesetzen zum Grunde legen muß, und wobei man anfänglich von den gegenwärtigen Hindernissen abstrahiren muß, die vielleicht nicht sowohl aus der menschlichen Natur unvermeidlich entspringen mögen, als vielmehr aus der Vernachlässigung der ächten Ideen bei der Gesetzgebung" (AA IV 201 / AA III 247 f.).

(1) Recht der Freiheit als ‚nothwendige Idee'

Diese ‚nothwendige Idee' läuft letztlich auf ein Recht der Freiheit hinaus. Nicht von ungefähr scheint wiederum die Kantische Rechtsdefinition mit ihrer wechselseitigen Ordnung der Freiheitssphären unter dem Prinzip der Freiheit auf, von der schon verschiedentlich die Rede war.[176] Denn nichts anderes kann ja die ‚Verfassung von der größten menschlichen Freiheit nach Gesetzen' bedeuten, wenn man den anschließenden Relativsatz in Betracht zieht. Wichtig ist, diese Idee nicht nur auf der obersten Ebene der Normenpyramide zu fundieren, die selbstverständlich in besonderer Weise davon durchdrungen sein muss, weil dadurch alle weiteren Wertentscheidungen verfassungsrechtlich geprägt werden.

Vielmehr ist darüber hinaus erforderlich, dass dieses Prinzip der größten menschlichen Freiheit nach Gesetzen' ungeachtet aller entgegenstrebenden Neigungen der Menschennatur zumindest als regulative Idee durchgängig auf der Ebene des einfachen Rechts beibehalten und berücksichtigt wird. Kant hat vorhergesehen, dass hehre Staatszielbestimmungen im Geiste der Freiheit ohne eindeutige verfassungsrechtliche Fundierung und deren systematische Verschränkung mit den niederrangigen gesetzlichen Bestimmungen wenig auszurichten vermögen. Denn gerade auch diese müssen Ausdruck eines Recht der Freiheit sein und in Zweifelsfällen dementsprechend ausgelegt werden, also gleichsam in dubio pro libertate.[177]

(2) Moraltheoretisches Seitenstück aus der *Kritik der Urteilskraft*

Zur Erläuterung des Klammerzusatzes, wonach die Glückseligkeit schon allein folgen werde (AA IV 201 / AA III 247 f.), empfiehlt sich der Blick auf eine Stelle der *Kritik der Urteilskraft*, die dies in einem bei allen Unterschieden entsprechenden moraltheoretischen Gedanken transzendentalphilosophisch zum Ausdruck bringt: „Die Idee eines Endzwecks im Gebrauche der Freiheit nach moralischen Gesetzen hat also subjectiv-praktische Realität. Wir sind *a priori* durch die Vernunft bestimmt, das Weltbeste, welches in der Verbindung des größten Wohls der vernünftigen Weltwesen mit der höchsten Bedingung des Guten an denselben, d. i. der allgemeinen Glückseligkeit mit der gesetzmäßigsten Sittlichkeit, besteht, nach allen Kräften zu befördern" (AA V 453).[178] Auch wenn hier nicht juridische, sondern

---

176 *Kant*, Die Metaphysik der Sitten. Erster Theil. Metaphysische Anfangsgründe der Rechtslehre, 1797, § B: „Was ist Recht?" (AA VI 229).

177 Siehe auch *Otfried Höffe*, Kritik der Freiheit. Das Grundproblem der Moderne, 2015, S. 17, der das Zusammenwirken der „ineinandergreifenden Prinzipien von Vernunft, Aufklärung und Emanzipation" prägnant als „Freiheitsprojekt der Moderne" bezeichnet.

178 Zu Kants Verständnis der Glückseligkeit und insbesondere auch zur zitierten Stelle hellsichtig *Eckart Förster*, Die 25 Jahre der Philosophie, 2011, S. 55. *Dieter Henrich*, Ethik der Autonomie, in: *Ders.*, Selbstverhältnisse. Gedanken und Auslegungen zu den Grundlagen der klassischen deutschen Philosophie, 1982, S. 6, 41, betont im Rahmen seiner grundlegenden moraltheoretischen Fundierung den gedanklichen Ausgangspunkt Kants, der wohl auch hier zu berücksichtigen ist: „Der Ausgang von dem, was Kant Autonomie nennt, ist vom sittlichen Phänomen selbst gefordert".

moralische Gesetze gemeint sind, geht es gleichsam um das moraltheoretische Seitenstück zur soeben behandelten Thematik. Die Verwirklichung der ‚gesetzmäßigsten Sittlichkeit', also letztlich des Primats der sittlichen Freiheit, das ja gerade auch die *Kritik der reinen Vernunft* durch das Darstellungsprinzip der Gerichtsverhandlung zur Geltung bringt,[179] folgt einer vernunftmäßigen Bestimmung im Interesse aller ‚vernünftigen Weltwesen' und gilt daher a priori.[180]

bb) Bezüge zur Friedensschrift und deren Ankündigung

Nicht von ungefähr beansprucht auch der kategorische Imperativ nach Kant a priori Geltung.[181] Es geht Kant nämlich in der praktischen Philosophie darum, „nach Rechtsbegriffen (mithin *a priori*, nicht empirisch) urtheilen zu können" (AA VIII 374). Das zeigt sich gerade am Beispiel des kategorischen Imperativs, wie er in der Friedensschrift begegnet: „Handle so, daß du wollen kannst, deine Maxime solle ein allgemeines Gesetz werden (der Zweck mag sein, welcher er wolle). Ohne alle Zweifel muß das letztere Princip vorangehen: denn es hat als Rechtsprincip unbedingte Nothwendigkeit" (AA VIII 377). ‚Unbedingt' bedeutet nämlich dass es nicht „unter Voraussetzung empirischer Bedingungen des vorgesetzten Zwecks" (AA VIII 377) gilt.

Folgerichtig hat Kant bereits in einer kurzen Schrift zur *Verkündigung des nahen Abschlusses eines Tractats zum ewigen Frieden in der Philosophie* den notwendigen transzendentalphilosophischen Zusammenhang zwischen dem Begriff der Freiheit und dem Gesetz des kategorischen Imperativs vorausgesetzt: „Nun giebt es doch etwas in der menschlichen Vernunft, was uns durch keine Erfahrung bekannt werden kann und doch seine Realität und Wahrheit in Wirkungen beweiset, die in der Erfahrung dargestellt, also auch (und zwar nach einem Princip a priori) schlechterdings können geboten werden. Dieses ist der Begriff der Freiheit und das von dieser abstammende Gesetz des kategorischen, d. i. schlechthin gebietenden, Imperativs" (AA VIII 416).

179 *Dieter Henrich*, Werke im Werden. Über die Genesis philosophischer Einsichten, 2011, S. 83 f.
180 *Dieter Henrich*, Die Deduktion des Sittengesetzes, Festschrift für Wilhelm Weischedel, 1975, S. 55, 60, formuliert folgerichtig im Hinblick auf Kants ‚Grundlegung zur Metaphysik der Sitten' in einer juridischen Diktion, wie sie auch innerhalb der ‚Kritik der reinen Vernunft' begegnet, dass „die ‚Grundlegung' eine Bedeutung hat, die der der ‚Kritik der reinen Vernunft' im Prinzip entspricht. Ihre Aufgabe ist es, von der *Rechtmäßigkeit der Ansprüche* eines Imperativs zu überzeugen, der, wie Kant sich ausdrückt, unabhängig von aller Erfahrung und vorausgesetzter Absicht für alle vernünftigen Wesen unbedingte Geltung hat." Hervorhebung nur hier. – Letzteres entspricht ersichtlich den im Text der von Kant bezeichneten ‚vernünftigen Weltwesen'.
181 *Vittorio Hösle*, Eine kurze Geschichte der deutschen Philosophie, 2013, S. 75.

cc) Auf dem Weg zu einem Recht der Freiheit

Wenn wir das oben genannte Rechtsprinzip der Friedensschrift mit dem zuletzt festgestellten transzendentalphilosophischen Freiheitbegriff zusammenführen, dann ergibt sich auch daraus die Idee eines Rechts der Freiheit. Im Übrigen präzisiert Kant das Verhältnis von Recht und Freiheit auch noch an anderer Stelle, indem jenes dieser entspringt, und grenzt dies von der Glückseligkeit ab: „Der Begriff aber eines äußeren Rechts überhaupt geht gänzlich aus dem Begriffe der Freiheit im äußeren Verhältnisse der Menschen zu einander hervor und hat gar nichts mit dem Zwecke, den alle Menschen natürlicherweise haben (der Absicht auf Glückseligkeit), und der Vorschrift der Mittel dazu zu gelangen, zu thun" (AA VIII 289). Von dem in der menschlichen Vernunft wurzelnden und durch deren kritische Untersuchung ermittelten Begriff der Freiheit stammt also nicht nur der kategorische Imperativ ab, sondern auch der Begriff des äußeren Rechts. Auch von daher erklärt sich, warum man von einem Recht der Freiheit sprechen kann.[182]

b) Wechselbezügliche Gewährleistung der Freiheit als Zielrichtung der Gesetze

Die rechtsphilosophische Dichte des im Ausgangspunkt betrachteten Gedankens der *Kritik der reinen Vernunft* zeigt sich erst, wenn man ihn der Reihe seiner Voraussetzungen nach näher betrachtet (AA IV 201 / AA III 247 f.). Zunächst ist bemerkenswert, dass zu Beginn und damit letztlich über allem die Verfassung der Freiheit steht.[183] Beachtung verdient die ins scheinbar Maximale gesteigerte Bemessung der ‚größten menschlichen Freiheit'. Denn diese auf den ersten Blick alle Grenzen sprengende Verabsolutierung der Freiheit des Einzelnen erweist sich bei näherer Betrachtung der Bedingungen, unter denen diese Freiheitsverwirklichung steht, als eine das menschliche Zusammenleben überhaupt erst ermöglichende Einschränkung.

---

182 *Dieter Henrich*, Between Kant and Hegel. Lectures on German Idealism, 2008, S. 57, hat den Zusammenhang zwischen Freiheit und kategorischem Imperativ mit seinen Implikationen für ein Gesetz bzw. Recht der Freiheit bereits grundlegend im Hinblick auf die moralische Gesetzgebung ausgearbeitet, auch wenn er die scheinbare Einfachheit dieses Gedankens betont: "It is not difficult to see that Kant's *categorical imperative is simply a law that is nothing but the law of freedom*, in the strong sense that it is the law that originates completely in the concept of freedom. This means that we need no other conditions than the concept of freedom to arrive at the idea of a moral law." Hervorhebung nur hier.

183 Aus dem Schrifttum des vorigen Jahrhunderts von einem anderen Ausgangspunkt her bedeutsam *Friedrich August von Hayek*, Die Verfassung der Freiheit, 1960; dazu *Jens Petersen*, Freiheit unter dem Gesetz. Friedrich August von Hayeks Rechtsdenken, 2014.

Die ‚Freiheit nach Gesetzen', die Kant postuliert, ist daher kein bloßes Schlagwort, sondern sie ist in entscheidender Hinsicht begrenzt durch die Richtung, welche die Gesetze entfalten müssen. Es handelt sich also um mehr als die bloße Binsenweisheit, wonach Gesetze die Freiheit nun einmal einschränken. Denn die Zielrichtung jener Gesetze, die Kant meint (‚welche machen'), bedeutet die Entfaltung der eigenen Freiheit unter der Bedingung und in dem Maße, dass dieser Freiheitsgebrauch mit dem aller anderen Rechtsgenossen übereinstimmt. Wir haben bereits gesehen, dass dies mit seiner späten Rechtslehre korrespondiert.[184]

c) Immanenter Rückverweis auf die Prinzipienjurisprudenz

Das ist aber im Ergebnis nichts anderes als jene an Prinzipien orientierte Betrachtungsweise, die Kant weiter oben angemahnt hat, dass „man doch einmal statt der endlosen Mannigfaltigkeit bürgerlicher Gesetze ihre Principien aufsuchen möge" (AA IV 193 / AA III 239). Vor diesem Hintergrund erklärt sich auch, warum Kant in seiner Erklärung der Gesetzmäßigkeiten der platonischen Republik die Bedingung drucktechnisch hervorhebt, „dass jedes Freiheit mit der andern ihrer zusammen bestehen kann" (AA IV 201 / AA III 247). Auch hier ist das allgemeine Gesetz der Freiheit Voraussetzung und Richtmaß der Begriffsbestimmung des Rechts. Folgerichtig ist dies letztlich nur eine Präzisierung jener soeben betrachteten Stelle, aus der wir weiter oben das Gebot einer Prinzipienjurisprudenz abgeleitet haben: „Aber die Gesetze sind hier auch nur Einschränkungen unserer Freiheit auf Bedingungen, unter denen sie durchgängig mit sich selbst zusammenstimmt" (AA IV 193 / AA III 239). In dieser Durchgängigkeit ist eben gerade mitbedacht, dass auch alle anderen von ihrer Freiheit unter dem Gesetz insoweit Gebrauch machen können, als dadurch die eigene Freiheitsentfaltung entsprechend den Gesetzen unberührt bleibt.

d) Lückenloses System wechselseitiger Freiheitsbeschränkungen

Auf diese Weise entsteht gleichsam ein lückenloses System wechselseitiger Freiheitsbeschränkungen nach Maßgabe der Gesetze, die ihrerseits die individuelle Freiheit zur Geltung bringen. Dass Kant hier der platonischen Idee der Freiheit innerhalb der Republik eine durchaus eigene Prägung verleiht, stellt dies keines-

184 *Kant*, Die Metaphysik der Sitten. Erster Theil. Metaphysische Anfangsgründe der Rechtslehre, 1797, § B: „Was ist Recht?" (AA VI 229).

wegs in Abrede, wenn man sich vor diesem Hintergrund den einleitenden Satz vergegenwärtigt, mit dem er Plato gegen dessen Kritiker verteidigt: „Allein man würde besser thun, diesem Gedanken mehr nachzugehen und ihn (wo der vortreffliche Mann uns ohne Hülfe läßt) durch neue Bemühungen in Licht zu stellen, als ihn unter dem sehr elenden und schädlichen Vorwande der Unthunlichkeit als unnütz bei Seite" zu setzen (AA IV 201 / AA III 247).

Der Nachsatz kann als beiläufige Absage an jeden vordergründigen Utilitarismus verstanden werden. Der Klammerzusatz verdeutlicht zudem, dass es sich hier weniger um eine Kantische Eigenwertung handelt als vielmehr um den Versuch, die platonischen Voraussetzungen zu explizieren. Wie es allerdings zu gehen pflegt, wenn ein herausragender Denker die Gedanken eines nicht minder bedeutenden Vorgängers auszuführen versucht, enthält die Verdeutlichung letztlich dann doch eine durchaus eigenständige Prämisse. Hervorhebung verdient vor diesem Hintergrund nämlich das geistesgeschichtlich gesehen zeitlos gültige Postulat, dem platonischen ‚Gedanken mehr nachzugehen und ihn (...) durch neue Bemühungen in Licht zu stellen'. Denn die mutwillige Verkleinerung vorderhand verworren scheinender Gedanken bedeutender Philosophen bestätigt eher die eigene Mittelmäßigkeit, wohingegen jede noch so unzulängliche Beleuchtung solcher Erzeugnisse ohne falschen Geniekult der Mühe wert ist, wenn sie im Sinne einer benigna interpretatio den wohlgemeinten Versuch unternimmt, den größtmöglichen Gehalt des jeweiligen Gedankens auszuleuchten.[185]

e) Übereinstimmung mit späteren Schriften

Das zeigt sich, wenn man Kants Erläuterungen der platonischen Ideenlehre mit seiner eigenen Antwort auf die in der Rechtslehre gestellte Frage, was das Recht sei, abgleicht: „Das Recht ist also der Inbegriff der Bedingungen, unter denen die Willkür des einen mit der Willkür des andern nach einem allgemeinen Gesetze der Freiheit zusammen vereinigt werden kann" (AA VI 230).[186]

---

185 *Vittorio Hösle*, Eine kurze Geschichte der deutschen Philosophie, 2013, S. 308 f., diagnostiziert die Gründe dieser Misere, die seit Kants Zeiten zugenommen hat; dazu auch *Jens Petersen*, Archiv für Rechts- und Sozialphilosophie 99 (2013), 434–438.

186 Zum „Inbegriff von Bedingungen" und ihrer Art *Ralf Dreier*, Rechtsbegriff und Rechtsidee. Kants Rechtsbegriff und seine Bedeutung für die gegenwärtige Diskussion, 1986, S. 11.

aa) Konkordanz mit der späten Rechtslehre

Damit setzt Kant in seinen *Metaphysischen Anfangsgründen der Rechtslehrer* letztlich das voraus, was er bereits in der *Kritik der reinen Vernunft* zugrunde gelegt hat. Daran lässt sich beiläufig wiederum ersehen, dass jene diese voraussetzen und die Rechtslehre damit nicht nur genuin kritische Philosophie darstellt, sondern auch unausgesprochene Außenverweisungen auf die Kritiken enthält.[187] Bei näherer Betrachtung greifen die beiden Stellen denn auch nicht von ungefähr ineinander. Denn in der genannten Präzisierung der platonischen Republik und Ideenlehre innerhalb der *Kritik der reinen Vernunft* geht es um die Freiheit nach Gesetzen. Diese sind auf den ersten Blick nur Einzelbestimmungen, jedoch unter Zugrundelegung des Kantischen Gesetzesverständnisses idealerweise, nämlich unter Prinzipiengesichtspunkten, niemals nur beziehungslose Regelungen der Einzelfälle. Vielmehr stellen die an Prinzipien – etwa demjenigen der Privatautonomie – ausgelegten Gesetze immer zugleich unter einem System der Freiheit geordnete und daher in sich konsistente Bestimmungen dar.[188] Als solche können sie aber widerspruchslos mit dem ‚Inbegriff' des Rechts zusammenbestehen.[189]

bb) Gleichklang mit der Abhandlung Über den Gemeinspruch

Auch in seiner Abhandlung *Über den Gemeinspruch* modifiziert Kant die Definition des Rechts letztlich ohne fundamentalen Unterschied zu jener aus der Rechtslehre: „Recht ist die Einschränkung der Freiheit eines jeden auf die Bedingung ihrer Zusammenstimmung mit der Freiheit von jedermann, in so fern diese nach einem allgemeinen Gesetze möglich ist; und das öffentliche Recht ist der Inbegriff der äußeren Gesetze, welche eine solche durchgängige Zusammenstimmung möglich machen" (AA VIII 289 f.). Diese Präzisierung ist aufschlussreich für das Verhältnis des Privatrechts zum Öffentlichen Recht, weil darin eine systematische Ver-

---

187 Dazu eingehend im Dritten Teil.

188 *Claus-Wilhelm Canaris*, Die Vertrauenshaftung im Lichte der Rechtsprechung des Bundesgerichtshofs, in: 50 Jahre Bundesgerichtshof, Festgabe aus der Wissenschaft, 2000, Band I, S. 129, 148 f., am Beispiel des Prinzips pacta sunt servanda mit transzendentalphilosophischen Bezügen auf Kants Rechtslehre.

189 *Dieter Henrich*, Between Kant and Hegel. Lectures on German Idealism, 2008, S. 59, übertreibt mitnichten, wenn er ganz allgemein folgert: "Therefore, we can say that freedom is the keystone of the system." Aber er betont mit Recht, dass eine solche Einsicht Kants nicht zu Beginn, sondern erst am Ende seines Systemdenkens stehen konnte (S. 60). Deswegen wird auch in der vorliegenden Untersuchung darauf verzichtet, von der Freiheit auszugehen, sondern vielmehr der Versuch unternommen, zunächst die Bedeutung des Rechts und der rechtlichen Anspielungen innerhalb der ‚Kritik der reinen Vernunft' herauszuarbeiten, um von daher zu Kants Freiheitsbegriff vorzudringen und zu einem Recht der Freiheit zu finden.

schränkung zum Ausdruck kommt, in der sich eine prinzipienmäßige Einheit der Rechtsordnung abbildet. Denn auch hier ist das öffentliche Recht ersichtlich mehr als eine bloße Ansammlung zusammenhangloser Ge- und Verbote, sondern darüber hinaus als ‚Inbegriff' und damit zugleich als eine Ermöglichung der wechselseitigen Freiheitsverwirklichung gedacht. Auch vor diesem Hintergrund verwundert es nicht, dass Kant im *Gemeinspruch* ausdrücklich vom Recht der Freiheit spricht.[190]

f) Gesetze als prinzipiengerechte Einschränkungen der Freiheit

Steht damit fest, dass die Begriffsbestimmung des Rechts innerhalb des werkimmanenten Zusammenhangs frei von Widersprüchen ist und insbesondere die Rechtslehre bereits deswegen als kritische Philosophie begriffen werden kann,[191] so fragt sich weiterhin, was aus dieser Idee für die Gesetzgebung folgt. Kant postuliert in diesem Zusammenhang etwas für die *Kritik der reinen Vernunft* Bemerkenswertes, weil es den Rahmen seiner Grundlagenuntersuchung auf den ersten Blick zu sprengen scheint, indem er Folgerungen nicht nur für die Staatsverfassung, sondern auch den Erlass der auf dieser Grundlage erforderlichen Gesetze zieht.

Aber bei Licht betrachtet erweist sich auch diese Konkretisierung nicht als bloße Abschweifung, sondern vielmehr eine notwendige Folgerung seiner Unterscheidung zwischen Regeln und Prinzipien, wie Kant sie im Verhältnis des Verstandes zur Vernunft vorangestellt hat (AA IV 192 f. / AA III 238 f.). Wenn nämlich die Vernunft die Einheit der Regeln des Verstandes unter Prinzipien gewährleistet, dann kann man das insofern auf das Verhältnis von der Staatsverfassung zur Gesetzgebung übertragen, als jene nicht nur Ausdruck der Gewährung wechselseitiger Freiheit sein soll. Vielmehr ist diese Abgrenzung der Freiheitssphären darüber hinaus auch zur Grundlage aller Gesetze zu machen, weil es sich nur auf diese Weise um eine ‚Verfassung von der größten menschlichen Freiheit nach Gesetzen' handeln kann (AA IV 201 / AA III 247 f.).

Denn erst wenn ein jedes der auf der Grundlage der Staatsverfassung zu erlassenden Gesetze seinerseits Ausdruck dieser Idee der Freiheit und wechselseitigen Anerkennung der Willkürsphären ist, handelt es sich nicht einfach um mehr oder minder beliebige Regeln, sondern um prinzipiengerechte Einschränkungen der Freiheit, die damit zugleich den Begriff der Freiheit zur Geltung bringen und auf diese Weise auch die Freiheit desjenigen verwirklichen, dessen Willkür scheinbar

190 *Kant*, Über den Gemeinspruch: Das mag in der Theorie richtig sein, taugt aber nicht für die Praxis, II. Vom Verhältniß der Theorie zur Praxis im Staatsrecht (Gegen Hobbes), 1793 (AA VIII 291).
191 Auch hierzu näher im Dritten Teil.

nur eingeschränkt wird, weil auch er seinerseits darauf vertrauen kann, seine Rechte vorbehaltlich der Rechte anderer durchsetzen zu dürfen.[192]

g) Methodengerechte Anleitung zur Prinzipienjurisprudenz

Diese prinzipiengeleitete Betrachtungsweise setzt freilich ein gewisses Abstraktionsvermögen sowohl der Rechtsunterworfenen als auch der Gesetzgeber voraus. Wie Kant im *Streit der Facultäten* durchaus realistisch feststellt, entscheidet die Menschennatur selten frei von egoistischen Motiven: „Denn wir müssen uns von Menschen in ihren Fortschritten zum Besseren auch nicht zu viel versprechen, um nicht in den Spott des Politikers mit Grunde zu verfallen, der die Hoffnung des ersteren gerne für Träumerei eines überspannten Kopfs halten möchte" (AA VII 92).

aa) Gesetzgebung unter dem Prinzip der Freiheit

Dieser empirische anthropologische Befund stellt indes seine Theorie einer Gesetzgebung unter dem Prinzip der Freiheit nicht infrage, sondern spornt sie im Gegenteil dazu an, diese als regulative Idee der Gesetzgebung bis in alle Einzelheiten zu berücksichtigen und sogar vorauszusetzen, um keine banalen Erfahrungssätze als Gegenargumente transzendentalphilosophischer Einsichten ins Feld führen oder gelten lassen zu müssen: „Denn nichts kann Schädlicheres und eines Philosophen Unwürdigeres gefunden werden, als die pöbelhafte Berufung auf vorgeblich widerstreitende Erfahrung, die doch gar nicht existieren würde, wenn jene Anstalten zu rechter Zeit nach den Ideen getroffen würden, und an deren Statt nicht rohe Begriffe eben darum, weil sie aus Erfahrung geschöpft worden, alle gute Absicht vereitelt hätten" (AA IV 201 f. / AA III 248). Es handelt sich also um eine Absage an jeglichen vulgären Empirismus ohne transzendentalphilosophische Grundlage. Die hier vorausgesetzten rudimentären Begriffe sind ersichtlich gerade keine philosophischen im Sinne der *Kritik der reinen Vernunft.*

bb) Erkenntnis aus Prinzipien und Subsumtion

Das entspricht auch der eigentümlichen Subsumtion Kants, die im Übrigen der juristischen durchaus ähnelt, wenn er bekennt: „Ich würde daher Erkenntniß aus Principien diejenige nennen, da ich das Besondre im Allgemeinen durch Begriffe

---

192 Siehe zum Ganzen auch *Manfred Baum*, Freiheit und Recht bei Kant, in: Kant und die Philosophie in weltbürgerlicher Absicht (Hg. Stefano Bacin/Alfredo Ferrarin/ Claudio La Rocca/Margit Ruffing), 2013, S. 73.

erkenne. So ist denn ein jeder Vernunftschluß eine Form der Ableitung einer Erkenntniß aus einem Princip. Denn der Obersatz giebt jederzeit einen Begriff, der da macht, daß alles, was unter der Bedingung desselben subsumirt wird, aus ihm nach einem Princip erkannt wird“ (AA IV 192 / AA III 238).

(1) Wissenschaftstheoretischer Zusammenhang

Wenn man dies auf die juristische Arbeit und im Übrigen auch auf die juristische Ausbildung bezieht, dann handelt es sich letztlich um nichts anderes als eine methodengerechte Anleitung zur Prinzipienjurisprudenz.[193] Denn die Erkenntnis des Besonderen im Allgemeinen im Wege einer begrifflich möglichst passgenauen Subsumtion stellt eine der wichtigsten Herausforderungen an den Rechtsanwender dar.[194] Darüber hinaus veranschaulicht dies den wissenschaftstheoretischen Zusammenhang zwischen der deduktiven Tätigkeit ‚der Rechtslehrer‘ mit jener der Transzendentalphilosophen (AA IV 68 / AA III 99).[195] Nicht von ungefähr entspricht dies demjenigen, was wir weiter oben gesehen haben, als wir zu Beginn der einleitenden Bemerkungen zur transzendentalen Deduktion der reinen Verstandesbegriffe im Einklang mit der Kantischen Unterscheidung zwischen der Frage nach dem *quid iuris* und dem *quid facti* die Ebene der juristischen Norm von derjenigen des empirischen Entscheidungssachverhalts gesondert haben, um diesen jener subsumieren zu können.

---

193 Zu ihr in methodologischer Hinsicht *Jens Petersen*, Der Dritte im Zivilrecht, 2018, S. 250 f.

194 *Claus-Wilhelm Canaris*, Das Rangverhältnis der „klassischen“ Auslegungskriterien, demonstriert an Standardproblemen aus dem Zivilrecht, Festschrift für Dieter Medicus, 1999, S. 25, 26, hat die dafür erforderliche Fähigkeit im Hinblick auf die juristische Methodenlehre auf den Punkt gebracht: „Man muß nämlich in der Lage sein, vom Besonderen zum Allgemeinen hin zu denken, also den Lebenssachverhalt unter die Norm zu subsumieren *sowie das abstrakte und allgemeine Problem im konkreten und speziellen Fall zu erkennen* und dafür die passende Regel zu finden.“ Hervorhebung nur hier.

195 *Dieter Henrich*, Between Kant and Hegel. Lectures on German Idealism, 2008, S. 60 f., macht freilich in allgemeingültiger Weise auf eine wesentliche Einschränkung aufmerksam, die mutatis mutandis auch für eine eben nicht nur an logischen Herleitungen interessierte, sondern vielmehr an Wertungen und Prinzipien orientierte Jurisprudenz gilt: “Therefore, philosophy is not simply a deduction that would be, in the last analysis, a descent, or a going downwad from the ultimate principle. On the contrary, philosophy finally arrives at the ultimate principle.” – Wenn dieses letzte und höchste Prinzip der Kantischen Philosophie die Freiheit ist, dann kann man das wohl mit Fug auch im Hinblick auf die Bedeutung der Freiheit für das deutsche Privatrecht sagen, das der Kantischen Philosophie letztlich mehr zu verdanken hat als Kant den Deduktionen ‚der Rechtslehrer‘.

(2) Allgemeingültigkeit der Vernunft und gesetzliche Form

Kant selbst gibt im Übrigen an eher entlegener Stelle, nämlich in seiner kleinen Abhandlung unter dem vielversprechenden Titel *Was heißt: sich im Denken orientiren?* einen didaktisch hilfreichen Anhaltspunkt: „Weil indessen bald eine Sprachverwirrung unter diesen selbst entspringen muß, indem, da Vernunft allein für jedermann gültig gebieten kann, jetzt jeder seiner Eingebung folgt: so müssen zuletzt aus inneren Eingebungen durch äußere Zeugnisse bewährte Facta, aus Traditionen, die anfänglich selbst gewählt waren, mit der Zeit *aufgedrungene* Urkunden, mit einem Worte die gänzliche Unterwerfung der Vernunft unter Facta, d. i. der *Aberglaube*, entspringen, weil dieser sich doch wenigstens in eine *gesetzliche Form* und dadurch in einen Ruhestand bringen lässt“ (AA VIII 145).

Die Allgemeingültigkeit der Vernunft ist allein imstande, eine gewisse gesetzliche Form zu schaffen, welche ungeachtet der Maßgeblichkeit jeglicher Autonomie mehr darstellt als persönliches Meinen und Dafürhalten. Im Hintergrund steht wohl auch hier der Unterschied der Frage nach dem *quid facti* und *quid iuris.* Denn evolutionär bedingte Verfestigungen können dazu führen, dass dasjenige, was zunächst der Sphäre des *quid facti* zugehörte, durch urkundliche Verbriefung derjenigen *quid iuris* zuzugehören scheinen. Deswegen kommt es auf die sachgerechte Unterscheidung im Wege der Kritik der reinen Vernunft an.

h) Subsumtion in der *Kritik der Urteilskraft*

Die Subsumtion des Empirisch-Faktischen unter den in Anlehnung an das Juristische gleichsam normativ verstanden Begriff kennzeichnet auch die Tätigkeit des Verstandes, wie sie Kant in der *Kritik der Urteilskraft* zusammenfasst: „Unser Verstand nämlich hat die Eigenschaft, daß er in seinem Erkenntnisse, z. B. der Ursache eines Products, vom Analytisch-Allgemeinen (von Begriffen) zum Besondern (der gegebenen empirischen Anschauung) gehen muß; wobei er also in Ansehung der Mannigfaltigkeit des letztern nichts bestimmt, sondern diese Bestimmung für die Urtheilskraft von der Subsumtion der empirischen Anschauung (...) unter dem Begriff erwarten muß“ (AA V 407).

Auch hier kann man die Frage nach dem Faktischen (*quaestionem facti*) von derjenigen nach dem, was Rechtens ist (*quaestionem iuris*) unterscheiden. Die Subsumtion besteht dann darin, den empirisch gegebenen Sachverhalt unter die Norm zu fassen. Insofern ähnelt die von Kant beschriebene Verstandestätigkeit der Gesetzesanwendung, bei welcher der in der Erfahrung vorgefundene Entscheidungssachverhalt dem Gesetz subsumiert wird, indem dessen begrifflich gefasste Tatbestandsmerkmale der Reihe nach daraufhin geprüft werden, ob der konkret zu entscheidende Fall ihnen unterfällt.

i) Minimierung des Strafrechts

Kehren wir vor dem Hintergrund dieser Überlegungen zur Subsumtion innerhalb der *Kritik der Urteilskraft* wieder zurück zur *Kritik der reinen Vernunft*, so lässt sich ein graduell abgestuftes Bedingungsverhältnis ausmachen.

aa) Beweglichkeit des Systems

Kant zieht aus den vorangehenden Überlegungen zur Idee der Freiheit nach Gesetzen im Einklang mit der platonischen Ideenlehre Folgerungen für das Strafrecht, die in ihrer konkreten Gestalt Ausdruck einer gewissen Beweglichkeit des Systems sind, wie man in Anlehnung an eine weiter oben bereits angesprochene, vor allem aber ebenfalls normativ ausgerichtete und von einem Prinzipiendenken durchdrungene Denkfigur der juristischen Methodenlehre formulieren könnte:[196] „Je übereinstimmender die Gesetzgebung und Regierung mit dieser Idee eingerichtet wären, desto seltener würden allerdings die Strafen werden, und da ist es denn ganz vernünftig (wie Plato behauptet), daß bei einer vollkommenen Anordnung derselben gar keine dergleichen nöthig sein würden" (AA IV 202 / AA III 248).

bb) Optimierungsgebot und regulative Idee

Vernünftig in diesem Sinne bedeutet wohl jenseits des alltäglichen Sprachgebrauchs im Sinne der gedanklichen Nachvollziehbarkeit, dass sich auch in dieser Frage der Gegenstand der Grundlagenuntersuchung der Vernunft spiegelt. Es ist also in der Tat das Adjektiv zur Vernunft im Sinne der beiden ersten Kritiken, in erster Linie natürlich jener der reinen Vernunft, darüber hinaus aber wohl auch der praktischen Vernunft. Allerdings gesteht Kant zugleich zu, dass es sich bei der angesichts der menschlichen Natur kaum je zu erreichenden Vollkommenheit allenfalls um eine Wünschbarkeit oder ein Optimierungsgebot handelt,[197] eher noch um eine regulative Idee, die in Reinkultur nirgends verwirklicht werden wird:[198]

---

196 Grundlegend *Walter Wilburg*, Entwicklung eines beweglichen Systems im Bürgerlichen Recht, Grazer Rektoratsrede 1950; zur Prinzipienorientierung dieser Lehre *Claus-Wilhelm Canaris*, Systemdenken und Systembegriff in der Jurisprudenz, 2. Auflage 1983, S. 75 Fußnote 8; *Jens Petersen*, Unternehmenssteuerrecht und bewegliches System. Betriebsaufspaltung, Mitunternehmerschaft, verdeckte Gewinnausschüttung, 1999, S. 114 (dazu kritisch *Klaus-Dieter Drüen*, Über den Nutzen beweglicher Systeme im Steuerrecht, Steuer und Wirtschaft 2000, 289).

197 *Ralf Dreier*, Rechtsbegriff und Rechtsidee. Kants Rechtsbegriff und seine Bedeutung für die gegenwärtige Diskussion, 1986, S. 14, verwendet ebenfalls den Begriff des ‚Optimierungsgebots'.

198 *Claus-Wilhelm Canaris*, Richtigkeit und Eigenwertung in der richterlichen Rechtsfindung, in: Grazer Universitätsreden Nr. 50, 1993, S. 23, 41, wendet dies interessanterweise auf die von *Ronald*

„Ob nun gleich das letztere niemals zu Stande kommen mag, so ist die Idee doch ganz richtig, welches dieses Maximum zum Urbilde aufstellt, um nach demselben die gesetzliche Verfassung der Menschen der möglich größten Vollkommenheit immer näher zu bringen“ (AA IV 202 / AA III 248). Im Sinne einer regulativen Idee hatten wir weiter oben auch eine entsprechende Stelle verstanden.

6. Transzendentale Freiheit und Gesetzlosigkeit

Möglicherweise ist hier bereits ein zentraler Gedanke seiner Abhandlung zur *Idee zu einer allgemeinen Geschichte in weltbürgerlicher Absicht* angelegt, wenn man an das dort in einem berühmten Worte auf den Begriff gebrachte ‚krumme Holz‘ denkt, „als woraus der Mensch gemacht ist“ (AA VIII 23). Denn eine noch so sehr von der Idee der Freiheit inspirierte gesetzliche Verfassung stößt bei ihrer bestmöglichen Verwirklichung stets an die Grenzen, welche die zu aller Niedrigkeit fähige Menschennatur nun einmal setzt: „Der Mensch ist ein Thier, das, wenn es unter andern seiner Gattung lebt, einen Herrn nöthig hat. Denn er mißbraucht gewiß seine Freiheit in Ansehung anderer seinesgleichen; und ob er gleich als vernünftiges Geschöpf ein Gesetz wünscht, welches der Freiheit aller Schranken setze: so verleitet ihn doch seine selbstsüchtige thierische Neigung, wo er darf, sich selbst auszunehmen“ (AA VIII 23).

a) Preis der Freiheit

Die Verwirklichung dieser Regungen sind letztlich eine Ausprägung der Willensfreiheit, welche die Idee der Freiheit nach Gesetzen gerade nicht beliebig beschränken kann, weil sie ihrer Natur nach Grenzen transzendiert: „Denn welches der höchste Grad sein mag, bei welchem die Menschheit stehen bleiben müsse, und wie groß also die Kluft, die zwischen der Idee und ihrer Ausführung nothwendig übrig bleibt, sein möge, das kann und soll niemand bestimmen, eben darum weil es Freiheit ist, welche jede angegebene Grenze übersteigen kann“ (AA IV 202 / AA III 248).

Die Möglichkeit ihres Missbrauchs ist letztlich der Preis der Idee der Freiheit, die durch eine menschenmögliche Vervollkommnung der gesetzlichen Verfassung wenigstens annäherungsweise zu verwirklichen ist. Die mit der Idee der Freiheit in

---

Dworkin, The Law's Empire, 1986; *ders.*, Taking Rights Seriously, 1977 (Bürgerrechte ernstgenommen, 1984, S. 122 ff., 145 ff.) vertretene ‚one right answer-Thesis‘ an.

Kauf genommene Grenzenlosigkeit der Freiheit führt im Hinblick auf das Recht zu einem möglichen Prinzipienwiderstreit, den Kant durchaus gesehen, aber folgerichtig erst an späterer Stelle in einen werkimmanenten Zusammenhang gebracht hat. Nicht von ungefähr geht es dort im Rahmen der Antinomie der reinen Vernunft um den Widerstreit der transzendentalen Ideen (AA III 308/309).[199] Die Problematik ähnelt dem Freiheitsparadoxon, wonach die grenzenlose Freiheit in letzter Konsequenz auch ihre Aufhebung ermöglicht.[200] Man könnte dann schwerlich von einem Recht der Freiheit sprechen.

b) Blendwerk der Freiheit

Denn eine Freiheit, ‚welche jede angegebene Grenze übersteigen kann' (AA IV 202 / AA III 248) birgt auch nach Kant immer auch die Gefahr einer gewissen Gesetzlosigkeit: „Natur also und transscendentale Freiheit unterscheiden sich wie Gesetzmäßigkeit und Gesetzlosigkeit, davon jene zwar den Verstand mit der Schwierigkeit belästigt, die Abstammung der Begebenheiten in der Reihe der Ursachen immer höher hinauf zu suchen, weil die Causalität an ihnen jederzeit bedingt ist, aber zur Schadloshaltung durchgängige und gesetzmäßige Einheit der Erfahrung verspricht, da hingegen das Blendwerk von Freiheit zwar dem forschenden Verstande in der Kette der Ursachen Ruhe verheißt, indem sie ihn zu einer unbedingten Causalität führt, die von selbst zu handeln anhebt, die aber, da sie selbst blind ist, den Leitfaden der Regeln abreißt, an welchem allein eine durchgängig zusammenhängende Erfahrung möglich ist" (AA III 309/311).

aa) Kausalität und Schadloshaltung

Auch wenn dieser Satz ungeachtet des Gegensatzes zwischen Gesetzmäßigkeit und Gesetzlosigkeit nicht allein auf das Recht bezogen ist, dürfte er sich gleichwohl prinzipiell auch darauf anwenden lassen, zumal da er an die zuvor genannte Stelle zur platonischen Ideenlehre zumindest anzuknüpfen scheint. Die Verbindung der Kausalität mit der rechtlich konnotierten Schadloshaltung erinnert an die zivilrechtlichen und strafrechtlichen Konsequenzen einer uferlosen Äquivalenztheo-

199 Zur Antinomie der reinen Vernunft auch *Diego Kosbiau Trevisan*, Der Gerichtshof der Vernunft. Eine historische und systematische Untersuchung über die juridischen Metaphern der K. r.V., 2018, S. 379 ff.

200 Zum Freiheitsparadoxon im Wirtschaftsrecht *Jens Petersen*, Rechtsordnung und Wirtschaftsordnung nach Eucken, 2019, S. 121.

rie,[201] nach der praktisch kaum mehr eingrenzbare Geschehnisse ursächlich für den Erfolg in seiner konkreten Gestalt sein können, so dass es eine Beschränkung durch Gesichtspunkte der Adäquanz und des Schutzzwecks der Norm bedarf.[202]

bb) Freiheit und Gesetzlosigkeit im Denken

Eine bereits mehrfach zitierte kleinere Schrift Kants, die für das Verständnis der ersten Kritik jedoch gerade im Hinblick auf die juristisch gefärbten Formulierungen nicht außer Betracht zu lassen ist, enthält eine im Hinblick auf die Autonomie und Selbstgesetzgebung aufschlussreiche juristisch gefärbte Erläuterung mit ironischem Einschlag, wonach „Freiheit im Denken die Unterwerfung der Vernunft [bedeute] unter keine andere Gesetze *als: die sie sich selbst giebt*;[203] und ihr Gegentheil ist die Maxime eines *gesetzlosen Gebrauchs* der Vernunft (um dadurch, wie das Genie wähnt, weiter zu sehen, als unter der Einschränkung durch Gesetze). Die Folge davon ist natürlicherweise diese: daß, wenn die Vernunft dem Gesetze nicht unterworfen sein will, das sie sich selbst giebt, sie sich unter das Joch der Gesetze beugen muß, die ihr ein anderer giebt; denn ohne irgend ein Gesetz kann gar nichts, selbst nicht der größte Unsinn sein Spiel lange treiben. Also ist die unvermeidliche Folge der *erklärten* Gesetzlosigkeit im Denken (einer Befreiung von den Einschränkungen durch die Vernunft) diese: daß Freiheit zu denken zuletzt dadurch eingebüßt und, weil nicht etwa Unglück, sondern wahrer Übermuth daran Schuld ist, im eigentlichen Sinne des Worts *verscherzt* wird".[204]

cc) Aufdeckung des Blendwerks der ‚beschönigten Ungerechtigkeit'

Ein entsprechendes Dilemma verdeutlicht Kant hier durch die ebenso suggestiven wie sinnfälligen und auch etymologisch aufeinander bezogenen Formulierungen des ‚Blendwerks von Freiheit' und der Blindheit einer unbedingten Kausalität. Ebenso verhält es sich im Hinblick auf das Recht im für die vorliegende Untersuchung bedeutsamen ersten Anhang der Abhandlung *Zum ewigen Frieden:* „Um

---

201 Tiefdringend zum Ganzen *Christoph Rothenfußer*, Kausalität und Nachteil, 2003.
202 Vgl. nur *Jens Petersen*, Von der Interessenjurisprudenz zur Wertungsjurisprudenz, 2001, S. 51 ff., zur Adäquanztheorie und der Lehre vom Schutzzweck der Norm.
203 Wichtig in diesem Zusammenhang im Hinblick auf die zitierten Eingangsworte *Dieter Henrich*, Between Kant and Hegel. Lectures on German Idealism, 2008, S. 57, der den eminenten Einfluss Rousseaus auf Kant hervorhebt: "Freedom is not only the origin of specific laws that distinguish right from wrong. That is to say, freedom is (and here we could introduce easily a Kantian concept) *autonomy*; it is the self-originating of law." Hervorhebung auch dort.
204 *Kant*, Was heißt: sich im Denken orientiren?, 1786 (AA VIII 145), Hervorhebungen auch dort. Zum Topos der ‚Unterwerfung der Vernunft' in dieser Schrift bereits weiter oben.

dieser Sophisterei (wenn gleich nicht der durch sie beschönigten Ungerechtigkeit) ein Ende zu machen und die falsche Vertreter der Mächtigen der Erde zum Geständnisse zu bringen, daß es nicht das Recht, sondern die Gewalt sei, der sie zum Vortheil sprechen, von welcher sie, gleich als ob sie selbst hiebei was zu befehlen hätten, den Ton annehmen, wird es gut sein, das Blendwerk aufzudecken, womit man sich und andere hintergeht, das oberste Princip, von dem die Absicht auf den ewigen Frieden ausgeht, ausfindig zu machen und zu zeigen: daß alles das Böse, was ihm im Wege ist, davon herrühre: daß der politische Moralist da anfängt, wo der moralische Politiker billigerweise endigt, und, indem er so die Grundsätze dem Zweck unterordnet (d. i. die Pferde hinter den Wagen spannt), seine eigene Absicht vereitelt, die Politik mit der Moral in Einverständniß zu bringen" (AA VIII 376).

Wir werden weiter unten noch sehen, dass dieser Begriff des ‚Blendwerks' noch an einer für die vorliegende Untersuchung zentralen Stelle aufleuchtet. Dort wird es um den ‚obersten Gerichtshof aller Rechte und Ansprüche unserer Speculation' gehen (AA III 442). Dieser ist nichts anderes als die Vernunft selbst, und davon soll im Folgenden die Rede sein.[205]

7. Zusammenfassung in der transzendentalen Methodenlehre

Bevor dies jedoch im Einzelnen geschieht, sei eine längere Passage aus der transzendentalen Methodenlehre zitiert, die vieles von dem, was im bisherigen Verlauf der Untersuchung erarbeitet wurde, erneut in Erinnerung ruft, insbesondere die Rechtfertigung der Begriffsverwendung, die Grundsätze des Verstandes unter paradigmatischer Berücksichtigung der Kausalität, die Ideen der reinen Vernunft, die regulativen Prinzipien sowie abermals das trügerische Blendwerk:[206] „Die erste Regel ist also diese: keine transscendentale Beweise zu versuchen, ohne zuvor überlegt und sich desfalls gerechtfertigt zu haben, woher man die Grundsätze nehmen wolle, auf welche man sie zu errichten gedenkt, und mit welchem Rechte man von ihnen den guten Erfolg der Schlüsse erwarten könne. Sind es Grundsätze des Verstandes (z. B. der Causalität), so ist es umsonst, vermittelst ihrer zu Ideen der reinen Vernunft zu gelangen; denn jene gelten nur für Gegenstände möglicher Erfahrung. Sollen es Grundsätze aus reiner Vernunft sein, so ist wiederum alle Mühe

---

205 Dazu auch *Reinhard Brandt*, Die Bestimmung des Menschen bei Kant, 2007, S. 271–351.

206 *Kant*, Anthropologie in pragmatischer Hinsicht, 1798 (AA VII 117), § 9, verwendet den im Text mit Bedacht genannten Begriff der Rechtfertigung, nämlich jener „der Sinnlichkeit gegen die erste Anklage"(AA VII 144) interessanterweise ebenfalls in juristischer Begriffsverwendung. Wenig später (AA VII 149) ist in § 13 die Rede von jenem anderen Begriff, nämlich dem „Blendwerk, welches durch Sinnenvorstellungen dem Verstande gemacht wird".

umsonst. Denn die Vernunft hat deren zwar, aber als objective Grundsätze sind sie insgesamt dialektisch und können allenfalls nur wie regulative Principien des systematisch zusammenhängenden Erfahrungsgebrauchs gültig sein. Sind aber dergleichen angebliche Beweise schon vorhanden: so setzet der trüglichen Überzeugung das non liquet eurer gereiften Urtheilskraft entgegen; und ob ihr gleich das Blendwerk derselben noch nicht durchdringen könnt, so habt ihr doch völliges Recht, die Deduction der darin gebrauchten Grundsätze zu verlangen, welche, wenn sie aus bloßer Vernunft entsprungen sein sollen, euch niemals geschafft werden kann. Und so habt ihr nicht einmal nöthig, euch mit der Entwickelung und Widerlegung eines jeden grundlosen Scheins zu befassen, sondern könnt alle an Kunstgriffen unerschöpfliche Dialektik am Gerichtshof einer kritischen Vernunft, welche Gesetze verlangt, in ganzen Haufen auf einmal abweisen" (AA III 511 f.).

Diese Stelle wurde auch deswegen in solcher Ausführlichkeit wörtlich zitiert, weil sie paradigmatisch veranschaulicht, auf welche Weise Kant die juristische Diktion nicht nur in seine Beweisführung einwebt, sondern gerade auch in seiner weiter unten noch näher zu behandelnden transzendentalen Methodenlehre veranschaulicht. Mit Bedacht ist vom Grad des Rechts die Rede, der die Überzeugungskraft eines Schlusses ausweist. Auch die Formulierung des ‚non liquet' im Hinblick auf etwaige Beweise entspricht gängiger juristischer Terminologie zur Beweislast.[207] Vor diesem Hintergrund ist auch die Wendung, dass ‚ihr völliges Recht habt' mehr als nur affirmativ, sondern zugleich ein betont juristisch gefärbter Ausdruck des Anspruchs auf eine Deduktion mit einer Beweisführung jener Stringenz und Widerspruchsfreiheit, die Kant von den juristischen Deduktionsschriften her geläufig ist und sich in der transzendentalen Deduktion selbst abverlangt. Schließlich bedeutet das Erfordernis bestimmter Gesetze ‚am Gerichtshof einer kritischen Vernunft' das Richtmaß und die alles entscheidende Instanz der verhandelten Frage.[208]

---

207 Zur Beweislast an einem praktischen Fall der Gesetzgebung *Jens Petersen*, Die Beweislast bei der Ausgleichspflicht unter Miterben nach § 2057a BGB, Zeitschrift für Erbrecht und Vermögensnachfolge 2000, 432–433.

208 *Dieter Henrich*, Kant's Notion of a Deduction and the Methodological Background of the First Critique, in: Kant's Transcendental Deductions. The Three 'Critiques' and the 'Opus postumum' (Hg. Eckart Förster), 1989, S. 29, 39, geht im Einklang mit Kant ebenfalls davon aus, dass in bestimmten Fällen des possessorischen Rechtsschutzes das Bestandsinteresse dem Bewegungsinteresse vorgeht: "The court of reason rules on the basis of the juridical principle that applies in such cases: if a dispute about the rightness of a usage cannot be settled, the usage remains with the possessor".

VI. Gerichtshof der kritischen Vernunft

Im Rahmen der von Kant so genannten ‚Antithetik der reinen Vernunft' findet sich erneut die Metapher des Kampfplatzes (AA IV 7):[209] „Diese vernünftelnde Behauptungen eröffnen also einen dialektischen Kampfplatz, wo jeder Theil die Oberhand behält, der die Erlaubniß hat, den Angriff zu thun, und derjenige gewiß unterliegt, der bloß vertheidigungsweise zu verfahren genöthigt ist. Daher auch rüstige Ritter, sie mögen sich für die gute oder schlimme Sache verbürgen, sicher sind, den Siegeskranz davon zu tragen, wenn sie nur dafür sorgen, daß sie den letzten Angriff zu thun das Vorrecht haben und nicht verbunden sind, einen neuen Anfall des Gegners auszuhalten" (AA III 291).

1. Grenzen der Rechtssprache

Hier wird die Rechtssprache auf eine arge Probe gestellt, weil zwar nominell noch von einem Vorrecht die Rede ist, die Verwirklichung der Idee der Gerechtigkeit aber nicht mehr das erklärte Ziel ist, sondern vielmehr der Sieg über die unterlegene Partei. So ist denn auch der historische Zusammenhang eher von einer mittelalterlichen Kulisse überkommenen Rittertums geprägt, als dass man von einem unmittelbar als solchem erkennbaren Zeugnis der Aufklärung zu sprechen geneigt wäre.[210] Doch werden wir sehen, dass diese pittoreske Verdeutlichung ungeachtet der mitgeteilten Stratageme zum Gerichtshof der Vernunft und damit letztlich auch einem Recht der Freiheit führen wird.[211]

Sogleich nimmt nämlich der spätere Verfasser der berühmten Abhandlung *Zum ewigen Frieden* einen versöhnlichen Standpunkt ein, indem er die richterliche Unabhängigkeit in Erinnerung ruft:[212] „Als unparteiische Kampfrichter müssen wir

---

209 *David Roland Doublet*, Die Vernunft als Rechtsinstanz, 1989, S. 15, erblickt in der Metapher des Kampfplatzes ein interessantes Gegenargument im Hinblick auf den vorgeblichen Solipsismus Kants.

210 *Herbert Schnädelbach*, Immanuel Kant, Kritik der reinen Vernunft, in Zeit-Bibliothek der 100 Sachbücher (Hg. Fritz J. Raddatz), 1984, S. 111 f., zeigt, warum gleichwohl alle Ausprägungen des Werkes im Lichte der Aufklärung begreifbar sind.

211 Ähnlich *David Roland Doublet*, Die Vernunft als Rechtsinstanz, 1989, S. 27.

212 *Eckart Förster*, Die 25 Jahre der Philosophie, 2011, S. 53, bringt die bahnbrechende Bedeutung Kants erster Kritik nicht von ungefähr durch die apostrophierte Metapher des Gerichtshofs auf den Punkt und formuliert sie im Hinblick auf die widerstreitenden Interessen dadurch ebenso sorgsam wie kunstvoll, dass er den in beide Richtungen vermittelnden Urteilsspruch jeweils klar mit allen Bedingungen und Begrenzungen herausarbeitet, womit zugleich ein fürderhin unhintergehbarer

https://doi.org/10.1515/9783111070186-007

es ganz bei Seite setzen, ob es die gute oder die schlimme Sache sei, um welche die Streitenden fechten, und sie ihre Sache erst unter sich ausmachen lassen. Vielleicht daß, nachdem sie einander mehr ermüdet als geschadet haben, sie die Richtigkeit ihres Streithandels von selbst einsehen und als gute Freunde auseinander gehen" (AA III 291). Das Unentschiedene dieser Diktion lenkt den Blick auf die betont neutrale Einstellung des Berichterstatters, der auch dann, wenn er vom Kampfplatz spricht, zum friedvollen Ausgang neigt; einem Frieden freilich, der nicht aus Lauheit, sondern nur unter der Bedingung intellektueller Rechtschaffenheit geschlossen werden kann.[213]

2. Recht und Unrecht

Es ist nicht immer ganz einfach, wenngleich der Sache nach unerlässlich, zu unterscheiden, an welchen Stellen Kant innerhalb der *Kritik der reinen Vernunft* das Recht als solches behandelt und wo er es rhetorisch einsetzt, um der Wahrheitssuche Nachdruck zu verleihen, wie folgende Stelle zeigt, die ihrer Überschrift nach ‚von dem Interesse der Vernunft bei diesem ihrem Widerstreite' (AA III 322) handelt und wiederum das Bild des oben bezüglich der transzendentalen Vernunft angesprochenen ‚Probirsteins' hier bezeichnenderweise im Hinblick auf die Wahrheit, verwendet: „Da wir in diesem Falle nicht den logischen Probirstein der Wahrheit, sondern bloß unser Interesse befragen, so wird eine solche Untersuchung, ob sie gleich in Ansehung des streitigen Rechts beider Theile nichts ausmacht, dennoch den Nutzen haben, es begreiflich zu machen, warum die Theilnehmer an diesem Streite sich lieber auf die eine Seite, als auf die andere geschlagen haben, ohne daß eben eine vorzügliche Einsicht des Gegenstandes daran Ursache gewesen, imgleichen noch andere Nebendinge zu erklären, z. B. die zelotische Hitze des einen und die kalte Behauptung des andern Theils, warum sie gerne der einen Partei freudigen

Maßstab gesetzt ist, der zumindest zeitweise Rechtsfrieden stiftet, um im juristisch geprägten Bild zu bleiben: „Mit der *Kritik* hat der ‚Gerichtshof der reinen Vernunft in Sachen theoretischer Metaphysik eine Sentenz gefällt, die allgemeingültig ist und einen dauerhaften Frieden zwischen den streitenden Parteien verspricht: die Anmaßungen der dogmatischen Vernunft sind ein für alle Mal zurückgewiesen, indem gezeigt ist, dass über mögliche Erfahrung hinaus grundsätzlich keine theoretische Erkenntnis zu gewinnen ist; die prinzipiellen Einsprüche der skeptischen Vernunft sind ebenfalls zurückgewiesen, indem gezeigt wird, dass apriorische Erkenntnis mit Bezug auf mögliche Erfahrung durchaus wirklich und beweisbar ist".

213 Siehe auch *Hans Saner*, Widerstreit und Einheit. Wege zu Kants politischem Denken, Band 1: Kants Weg vom Krieg zum Frieden, 1967, S. 237: „Kant als Friedensstifter in der Metaphysik".

Beifall zujauchzen und wider die andere zum voraus unversöhnlich eingenommen sind" (AA III 323 f.).

a) Streitiges Recht und Begriff von Recht

Hier haben wir es ersichtlich mit einer Stelle zu tun, an der, wie der Begriff des ‚streitigen Rechts' zeigt, der Prozess der Wahrheitsfindung mit juristischer Konnotation veranschaulicht wird und kein spezifisch rechtsphilosophischer Anspruch erhoben wird.[214] Anders verhält es sich jedoch im Folgenden. Bereits in den allgemeinen Anmerkungen zur transzendentalen Ästhetik hat Kant, wie weiter oben gesehen, zur Illustration von Sinnlichkeit und Erscheinung beispielhaft den ‚Begriff von Recht' untersucht (AA IV 43 / AA III 66).

Indem er nun die transzendentalen Aufgaben der reinen Vernunft näher behandelt, kommt er zwar nicht unmittelbar darauf zurück, lässt aber durch einen abschließenden Klammerzusatz erkennen, dass wiederum der Begriff des Rechts beispielhaft sein kann: „Ich behaupte nun, daß die Transscendentalphilosophie unter allem speculativen Erkenntniß dieses Eigenthümliche habe: daß gar keine Frage, welche einen der reinen Vernunft gegebenen Gegenstand betrifft, für eben dieselbe menschliche Vernunft unauflöslich sei, und daß kein Vorschützen einer unvermeidlichen Unwissenheit und unendlichen Tiefe der Aufgabe von der Verbindlichkeit freisprechen könne, sie gründlich und vollständig zu beantworten, weil eben derselbe Begriff, der uns in den Stand setzt zu fragen, durchaus uns auch tüchtig machen muß, auf diese Frage zu antworten, indem der Gegenstand außer dem Begriffe gar nicht angetroffen wird (wie bei Recht und Unrecht)" (AA III 331).

214 *Dieter Henrich*, Die Deduktion des Sittengesetzes, Festschrift für Wilhelm Weischedel, 1975, S. 55, 78 f., hat die Bedeutung des streitigen Rechts luzide für den Anspruch der Transzendentalphilosophie fruchtbar gemacht: „Die Deduktion *rechtfertigt* im Rekurs auf seinen Ursprung die Rechtmäßigkeit eines Anspruches, sei es auf eine Erkenntnis, sei es auf einen Besitz. Veranlaßt ist die Deduktion, in der Erkenntnis wie im Gericht, dadurch, daß Rechtstitel streitig gemacht werden. Ohne daß Zweifel laut werden, gibt es keinen Grund zur Deduktion. Nicht um der Erweiterung der Erkenntnis willen, nur zu ihrer Rechtfertigung geschieht sie. Aus dieser weitgehenden formalen Analogie wird es verständlich, daß Kant fast stereotyp die Verfahrensweisen der kritischen Philosophie mit Metaphern aus dem Gerichtswesen erläutert. (...) Es ist besonders nützlich, sich klarzumachen, daß im Falle von Besitztiteln Ansprüche zu *rechtfertigen* wirklich gar nichts anderes heißen kann, als ihre Herkunft aufzuklären und zu zeigen, daß die Ansprüche erworben und nicht nur usurpiert sind." – Die beiden dortigen Hervorhebungen des Gedankens der Rechtfertigung bilden die innere Folgerichtigkeit des Gedankens passgenau ab.

b) Unausgesprochene Rückverweisung auf den Rechtsbegriff

Dieser Gedanke mit seiner abschließenden Exemplifizierung veranschaulicht die Weiträumigkeit der Kantischen Darstellung, weil sie eine unausgesprochene Verweisung auf dasjenige darstellt, was Kant mit Bedacht an der eingangs zitierten Stelle auseinandergesetzt hat (AA IV 43 / AA III 66), um hier ohne weiteres darauf Bezug nehmen zu können. Dass es entsprechend der Überschrift des vierten Abschnitts der Antinomie der reinen Vernunft um einen unversöhnlichen Widerstreit von ‚Recht oder Unrecht' geht, veranschaulicht die drucktechnische Hervorhebung im folgenden Satz, der dem zuletzt zitierten Gedanken vorausgeht: „Was in allen möglichen Fällen *Recht* oder *Unrecht* sei, muß man der Regel nach wissen können, weil es unsere Verbindlichkeit betrifft, und wir zu dem, *was wir nicht wissen können*, auch keine Verbindlichkeit haben" (AA III 330; Hervorhebung auch dort).

Hieran zeigt sich beiläufig, dass Kants theoretische und praktische Philosophie nicht beziehungslos nebeneinanderstehen, sondern dergestalt ineinandergreifen, dass die Widerspruchsfreiheit der theoretischen Voraussetzung für die praktische Philosophie ist, wie er auch an späterer Stelle andeutet, indem er die unterschiedliche Zielrichtung herausstellt: „Ich begnüge mich hier, die theoretische Erkenntniß durch eine solche zu erklären, wodurch ich erkenne, was da ist, die praktische aber, dadurch ich mir vorstelle, was dasein soll" (AA III 421). Nicht von ungefähr hat sich dies auch bereits am Beispiel der eingangs zitierten Stelle gezeigt (AA IV 43 / AA III 66).

c) Unrecht als Hindernis der Freiheit

Der Unterschied zwischen Recht und Unrecht erklärt sich in der späten Rechtslehre nicht von ungefähr im Hinblick auf die Freiheit: „Nun ist alles, was unrecht ist, ein Hinderniß der Freiheit nach allgemeinen Gesetzen: der Zwang aber ist ein Hinderniß oder Widerstand, der der Freiheit geschieht. Folglich: wenn ein gewisser Gebrauch der Freiheit selbst ein Hinderniß der Freiheit nach allgemeinen Gesetzen (d. i. unrecht) ist, so ist der Zwang, der diesem entgegengesetzt wird, als Verhinderung eines Hindernisses der Freiheit mit der Freiheit nach allgemeinen Gesetzen zusammen stimmend, d. i. recht" (AA VI 231). In der Zusammenschau kann man somit jene soeben aus der *Kritik der reinen Vernunft* bedachten Stellen über die Unterscheidung zwischen Recht und Unrecht mit dieser Bestimmung des Unrechts als Hindernis der Freiheit aus der Rechtslehre unter dem einheitlichen Prinzip des Rechts der Freiheit zusammenfassen.

3. Nomothetik und Antithetik der reinen Vernunft

Von besonderer Bedeutung für die Würdigung der juristischen Anleihen im Hinblick auf die Begrifflichkeit der *Kritik der reinen Vernunft* sind die methodologischen Ausführungen, anhand derer sich erweist, warum Kant zunächst eine so scheinbar polemische Wendung bevorzugt:[215] „Diese Methode, einem Streite der Behauptungen zuzusehen, oder vielmehr ihn selbst zu veranlassen, nicht um endlich zum Vortheile des einen oder des anderen Theils zu entscheiden, sondern um zu untersuchen, ob der Gegenstand desselben nicht vielleicht ein bloßes Blendwerk sei, wornach jeder vergeblich hascht, und bei welchem er nichts gewinnen kann, wenn ihm gleich gar nicht widerstanden würde: dieses Verfahren, sage ich, kann man die sceptische Methode nennen“ (AA III 291 f.).

a) Wettstreit als Entdeckungsverfahren

Auch hier ist es kein Zufall, dass wiederum vom ‚Blendwerk‘ die Rede ist, um das wirkliche transzendentalphilosophische Problem vom bloßen Scheinproblem zu sondern (AA III 338). Nicht zuletzt darin liegt auch der Grund für die kompetitive Ausdrucksweise, weil sie im Streit der Argumente am ehesten der Wahrheitsfindung dienlich sein kann: „Die transscendentale Vernunft also verstattet keinen anderen Probirstein, als den Versuch der Vereinigung ihrer Behauptungen unter sich selbst und mithin zuvor des freien und ungehinderten Wettstreits derselben unter einander, und diesen wollen wir anjetzt anstellen“ (AA III 293).[216]

Der Wettstreit fungiert hier, wie in der transzendentalen Methodenlehre noch deutlicher werden wird, als eine Art Entdeckungsverfahren,[217] um es mit einem moderneren wissenschaftstheoretischen Begriff annährungsweise zu bezeichnen,

215 Zur Nomothetik der Vernunft auch *Diego Kosbiau Trevisan*, Der Gerichtshof der Vernunft. Eine historische und systematische Untersuchung über diejuridischen Metaphern der K. r. V., 2018, S. 205 ff.

216 Zu dieser Stelle *Diego Kosbiau Trevisan*, ebenda, S. 383.

217 *Detlef Leenen*, Anspruchsaufbau und Gesetz: Wie die Methodik der Fallbearbeitung hilft, das Gesetz leichter zu verstehen, Juristische Ausbildung 2011, 723, erblickt auch in der Methodik der Fallbearbeitung mit guten Gründen ein „Entdeckungsverfahren“. Berücksichtigt man die bereits mehrfach angesprochenen vergleichbaren Sachgesetzlichkeiten der jeweiligen Disziplinen, dann kann man auch von diesem Begriff aus, nicht zuletzt im Hinblick auf das beiderseits vordringliche Postulat der inneren Widerspruchsfreiheit, die methodischen Parallelen der Tätigkeiten der ‚Rechtslehrer‘ und der Lehrer der ‚Weltweisheit‘, insbesondere der Transzendentalphilosophen erkennen. Siehe dazu auch im Zweiten Teil unter I. am Ende.

den Kant selbst ansatzweise verbalisiert:[218] „Lasset demnach euren Gegner nur Vernunft zeigen, und bekämpfet ihn bloß mit Waffen der Vernunft. Übrigens seid wegen der guten Sache (des praktischen Interesse) außer Sorgen, denn die kommt im bloß speculativen Streite niemals mit ins Spiel. Der Streit entdeckt alsdann nichts, als eine gewisse Antinomie der Vernunft, die, da sie auf ihrer Natur beruht, nothwendig angehört und geprüft werden muß" (AA III 487).[219] Auch hier hat die erforderliche Anhörung der Vernunft einen formaljuristischen Unterton.

b) Skeptische Methode nach Art ‚weiser Gesetzgeber'

Kant unterscheidet im Ausgangspunkt die skeptische Methode vom Skeptizismus, den er von Grund auf ablehnt. Wichtiger als diese Ablehnung ist jedoch für den vorliegenden Zusammenhang sein Plädoyer für die skeptische Methode, die er als der Transzendentalphilosophie gemäße erachtet: „Denn die sceptische Methode geht auf Gewißheit, dadurch daß sie in einem solchen auf beiden Seiten redlich gemeinten und mit Verstande geführten Streite den Punkt des Mißverständnisses zu entdecken sucht, um, wie weise Gesetzgeber thun, aus der Verlegenheit der Richter bei Rechtshändeln für sich selbst Belehrung von dem Mangelhaften und nicht genau Bestimmten in ihren Gesetzen zu ziehen" (AA III 292).

aa) Aufgeklärtes Rechtsverständnis

Der konsekutive Satz ist aus juristischer Sicht nicht nur vom dogmatischen Standpunkt aus, sondern auch im Hinblick auf die Rechtssoziologie von größtem Interesse.[220] Kants legislatorisches Verständnis ist durchaus ungewöhnlich, gleichwohl überzeugend. Denn ebenso naheliegend wie konventionell und methodisch unangreifbar wäre zwar die umgekehrte Überlegung, dass der Richter beim Gesetzgeber auch dort Rat sucht, wo der Entscheidungsfall nicht mithilfe einschlägiger Vor-

218 In Anlehnung an *Friedrich August von Hayek*, Wettbewerb als Entdeckungsverfahren, in: Freiburger Studien, 1969, S. 249; dazu *Jens Petersen*, Freiheit unter dem Gesetz. Friedrich August von Hayeks Rechtsdenken, 2014.

219 *Dieter Henrich*, Between Kant and Hegel. Lectures on German Idealism, 2008, S. 60, macht im Hinblick auf den Schlüsselbegriff der Freiheit für die Kantische Transzendentalphilosophie auf einen darüber hinaus gehenden Zusammenhang aufmerksam, für den man vielleicht auch die zitierte Stelle anführen könnte: "*The subordination of everything under the concept of freedom is the last result of philosophy*, not the first step, so philosophy can notstart from the idea of freedom. Instead philosophy must remain an investigation." Hervorhebung nur hier.

220 Vgl auch *Jens Petersen*, Max Webers Rechtssoziologie und die juristische Methodenlehre, 3. Auflage 2020, S. 1ff.

schriften zu bewältigen ist, sondern nur im Fortdenken und Auffinden gesetzlicher Wertungen, die sich aus scheinbar fernliegenden, dem inneren System des Gesetzes nach jedoch verwandten Bestimmungen ermitteln lassen.[221]

Es spricht aber für Kants feines Judiz, dass er den umgekehrten Verlauf für näherliegend hält und die Weisheit des Gesetzgebers gerade darin erblickt, dass dieser nicht selbstgewiss dekretiert, sondern die Rechtswelt beobachtet und in Anbetracht der Unbestimmtheit gewisser Gesetze, die der Rechtsprechung Rätsel aufgeben, Abhilfe schafft, wo die Auslegung an ihre Grenzen stößt. Kant spricht also einer sich allmählich vollziehenden Entwicklung der Gesetzgebung das Wort. Wir werden im Zweiten und Dritten Teil noch sehen, dass eine solche evolutionäre Betrachtungsweise, die revolutionäre Umwälzungen argwöhnisch betrachtet, auch mit seiner späten Rechtslehre im Einklang steht.[222] Darin tritt ein aufgeklärtes Rechtsverständnis zutage, wie es wohl nur unter vollumfänglicher Geltung der Gewaltenteilung und wechselseitigem Respekt zwischen Legislativer und Judikativer vorstellbar ist.

bb) Regulativ der Vernunft

Es geht Kant ersichtlich nicht darum, etwaige Strafbarkeitslücken vorschnell zu diagnostizieren und seitens des Gesetzgebers eilfertig zu ausfüllen. Vielmehr hat er, wie der Bezug zu den Rechtsstreitigkeiten erkennen lässt, eher das Zivilrecht vor Augen. Insofern ist seine Vorstellung auch rechtssoziologisch aufschlussreich, weil er den Gesetzgeber als das Rechtsgeschehen beobachtende Instanz erachtet, die mitnichten aktionistisch, sondern im Gegenteil behutsam vorgeht, wo besonnene Richter an ihre Grenzen gelangt sind. Sein Rechtsverständnis ist also nicht nur idealistisch, sondern auch realistisch geprägt. Zugleich dürfte Kant eine Einsicht intuitiv gewonnen haben, die in der juristischen Methodenlehre erst in der zweiten Hälfte des 20. Jahrhunderts Allgemeingut geworden ist, nämlich dass der Lückenausfüllung eine sorgsame Lückenfeststellung voranzugehen hat.[223] Überhaupt wäre Kant das Dogma von der Lückenlosigkeit der Rechtsordnung schwerlich in den Sinn gekommen.[224]

---

221 Siehe nur *Claus-Wilhelm Canaris*, Systemdenken und Systembegriff in der Jurisprudenz, 2. Auflage 1983, S. 40 ff.; *Jens Petersen*, Anspruchsgrundlage und Anspruchsaufbau als Abbildung des inneren Systems der Privatrechtsordnung, Festschrift für Dieter Medicus, 2009, S. 295.

222 *Kant*, Die Metaphysik der Sitten. Erster Theil. Metaphysische Anfangsgründe der Rechtslehre, 1797, § 62 „Beschluß"; (AA VI 354). Zu dieser Stelle noch am Ende des Zweiten Teils.

223 Grundlegend *Claus-Wilhelm Canaris*, Die Feststellung von Lücken im Gesetz, 1964.

224 Aufschlussreich *Johannes Strangas*, Kritik der kantischen Rechtsphilosophie, 1988, S. 8, zur methodologisch davon zu unterscheidenden „Feststellung etwaiger Lücken der kantischen Darstellung der Rechtsphilosophie".

4. Einsicht in ‚unsere eingeschränkte Weisheit'

Die Ausrichtung auf den alles überschauenden ‚weisen' Gesetzgeber, der aus Rechtsstreitigkeiten zu lernen bereit ist, legt ihm ein heilsames Regulativ der Vernunft nahe: „Die Antinomie, die sich in der Anwendung der Gesetze offenbart, ist bei unserer eingeschränkten Weisheit der beste Prüfungsversuch der Nomothetik, um die Vernunft, die in abstracter Speculation ihre Fehltritte nicht leicht gewahr wird, dadurch auf die Momente in Bestimmung ihrer Grundsätze aufmerksam zu machen" (AA III 292). Zur *Kritik der reinen Vernunft* gehört also auch die Einsicht in ‚unsere eingeschränkte Weisheit', welche die Gefahr trügerischer und vorschneller Fehlschlüsse birgt.

a) Unausgesprochene Wiederkehr des *quid iuris* und *quid facti*

Einen trügerischen Fehlschluss, den uns ‚unsere eingeschränkte Weisheit' nahelegen kann, wenn man im Rahmen der Subsumtion Obersatz und Untersatz in jeweils unterschiedlicher Bedeutung voraussetzt, veranschaulicht Kant am Beispiel der ‚kritischen Entscheidung des kosmologischen Streits der Vernunft mit sich selbst' (AA III 342): „Hieraus erhellt, daß der Obersatz des kosmologischen Vernunftschlusses das Bedingte in transscendentaler Bedeutung einer reinen Kategorie, der Untersatz aber in empirischer Bedeutung eines auf bloße Erscheinungen angewandten Verstandesbegriffs nehme, folglich derjenige dialektische Betrug darin angetroffen werde, den man *Sophisma figurae dictionis* nennt.[225] Dieser Betrug ist aber nicht erkünstelt, sondern eine ganz natürliche Täuschung der gemeinen Vernunft" (AA III 343 f.) Ohne dass Kant es ausdrücklich sagt, aber in gedankliche Fortführung seiner Prämissen könnte man die Ursache dieses Trugschlusses wohl in einer Vermengung der Fragen *quid juris* und *quid facti* sehen, wie er sie zum besseren Verständnis der transzendentalen Deduktion der reinen Verstandesbegriffe dargestellt hat (AA IV 68 / AA III 99).

Man kann die Vermengung transzendentaler Fragen, die im übertragenen Sinne auf das *quid iuris* gerichtet sind, mit solchen, denen Erfahrung zugrunde liegt und die auf das *quid facti* zielen, auch noch mit einem späteren Gedanken zur ‚Kritik aller Theologie aus spekulativen Prinzipien der Vernunft' belegen: „Soll es uns erlaubt sein, bloß um in unserer Vernunft nichts Leeres übrig zu lassen, diesen Mangel der völligen Bestimmung durch eine bloße Idee der höchsten Vollkom-

225 Zum genannten ‚sophisma' auch *Diego Kosbiau Trevisan*, Der Gerichtshof der Vernunft. Eine historische und systematische Untersuchung über die juridischen Metaphern der K. r. V., 2018, S. 390.

menheit und ursprünglichen Nothwendigkeit auszufüllen: so kann dieses zwar aus Gunst eingeräumt, aber nicht aus dem Rechte eines unwiderstehlichen Beweises gefordert werden“ (AA III 423).

Nicht von ungefähr bedient sich Kant auch an dieser Stelle wieder der Sprache des Rechts. Denn es handelt sich der Sache nach wieder um eine unzulässige empirische Anreicherung einer transzendentalen Frage, die auf das *quid iuris* lautet und daher auch nicht rechtmäßigerweise mit Segmenten beantwortet werden darf, die aufgrund erfahrungsmäßiger Anreicherung der Ebene des *quid facti* zugehören, sondern gleichfalls normativ – *quid iuris* – ausgerichtet sein müssen, wie Kant mit einem affirmativen Gleichklang postuliert, der auf eine von aller Erfahrung ungetrübte Korrespondenz von Frage und Antwort hinausläuft: „Man sieht also hieraus wohl, daß transscendentale Fragen nur transscendentale Antworten, d. i. aus lauter Begriffen *a priori* ohne die mindeste empirische Beimischung, erlauben“ (AA III 424).

b) Gefahr vorschneller Aburteilung

So dürfte sich wohl erklären, warum Kant auch den trügerischen Schluss mit einer juristisch gefärbten Metapher entlarvt: „Nach der Überweisung eines solchen Fehltritts des gemeinschaftlich zum Grunde (der kosmologischen Behauptungen) gelegten Arguments können beide streitende Theile mit Recht als solche, die ihre Forderung auf keinen gründlichen Titel gründen, abgewiesen werden“ (AA III 344). Wiederum versetzt Kant die streitenden Parteien in den Stand einer zivilrechtlichen Klage. Die pleonastische Formulierung (‚gründlichen Titel gründen') beruht auf keiner stilistischen Nachlässigkeit. Vielmehr verdeutlicht diese Wendung im Sinne der oben genannten Unterscheidung, dass es nicht nur eines Tatsachengrundes (*quid facti*), sondern auch eines Rechtsgrundes (*quid iuris*) bedarf, um den behaupteten Anspruch rechtmäßiger Weise erheben zu können.[226]

226 *Dieter Henrich*, Die Deduktion des Sittengesetzes, Festschrift für Wilhelm Weischedel, 1975, S. 55, 78, hat dies am deutlichsten herausgearbeitet: „Die Rechtserwägungen, welche die quaestio juris entscheiden, sind somit auch von ganz besonderer Art. Bei Streitfragen, die solche Rechtssachen betreffen, ist der Nachweis zu führen, daß ein Anspruch oder Besitz rechtens *zustande gekommen* ist, daß er sich aus legitimer Erwerbung, gültigem Vertrag oder daß er sich aus Abstammung herleitet. Dem entspricht Kants Gedanke der transzendentalen Begründung so vollständig, daß auf ihn aus der Analogie des Beweises eines Rechtstitels neues Licht fällt. (...) Die Prüfung eines solchen Anspruchs konzentriert sich ebensowenig wie die Rechtsprüfung auf die faktischen Bedingungen, die beim Entstehen und der zeitlichen Entwicklung eines Besitzes im Spiele waren, sondern auf diejenigen Aspekte, kraft deren er als Besitz überhaupt eintreten konnte und mußte. In diesem Sinne ist die Antwort auf eine quaestio juris des Erkennens eine Deduktion aus dem Ursprung einer Erkenntnis als der Bedingung ihrer Möglichkeit.“ Hervorhebung auch dort. – Es ist aufschlussreich

Die nächste Folgerung, die Kant daraus zieht, setzt die weiter oben dargestellte Unterscheidung von Recht und Unrecht voraus: „Dadurch aber ist ihr Zwist noch nicht in so fern geendigt, daß sie überführt worden wären, sie oder einer von beiden hätte in der Sache selbst, die er behauptet, (im Schlußsatze) Unrecht, wenn er sie gleich nicht auf tüchtige Beweisgründe zu bauen wußte“ (AA III 344).[227] Die eingeschränkte Weisheit muss sich also vor kategorischen und vorschnellen Urteilen hüten, weil mit der unzureichend begründeten Forderung noch nicht allemal feststeht, dass sie nicht möglicherweise aus anderen Rechtsgründen gleichwohl bestehen könnte und daher nur rechtlich anderweitig dargelegt und gegebenenfalls bewiesen werden müsste, um den geltend gemachten Anspruch dennoch juristisch tragfähig zu begründen.

c) Unerweislichkeit und Scheinproblem

Zur Verdeutlichung dieses vorderhand nur formaljuristischen Arguments hebt Kant die Sachfrage auf eine höhere Ebene: „Es scheint doch nichts klärer, als daß von zweien, deren der eine behauptet: die Welt hat einen Anfang, der andere: die Welt hat keinen Anfang, sondern sie ist von Ewigkeit her, doch einer Recht haben müsse“ (AA III 344 f.). Der Vergleich mit der Unerweislichkeit dieser denkbar konträren Behauptungen könnte dafür sprechen, dass es sich letztlich um ein ertragloses Scheinproblem handelt, der gedachte Rechtsstreit sich also gar nicht in einem Endurteil abschließend erledigen lasse. Andererseits geht es ersichtlich um keine beiläufige oder gleichgültige Frage der als ‚Weltweisheit‘ bzw. ‚Weisheitsforschung‘ verstandenen Philosophie, die entweder im einen oder anderen Sinne zu beantworten sein müsse. Unwillkürlich denkt man an Kants anderes Synonym für die Philosophie: „Sie ist das, was schon ihr Name anzeigt: *Weisheitsforschung*“ (AA VIII 417).

---

und zeugt wohl auch von einem bemerkenswerten Judiz, dass dieser bedeutende Kenner der Kantischen Transzendentalphilosophie just jene zwei Worte drucktechnisch hervorhebt, die auch für die Anspruchsprüfung im Bürgerlichen Recht von kategorialer Bedeutung sind; vgl. nur *Detlef Leenen*, Abschluß, Zustandekommen und Wirksamkeit von Verträgen, Archiv für die civilistische Praxis 188 (1988), 381; *Dieter Medicus/Jens Petersen*, Allgemeiner Teil des BGB, 12. Auflage 2024, § 26.

227 Zu den methodologischen Voraussetzungen solcher Beweisgründe *Dieter Henrich*, Kant's Notion of a Deduction and the Methodological Background of the First Critique, in: Kant's Transcendental Deductions. The Three 'Critiques' and the 'Opus postumum' (Hg. Eckart Förster), 1989, S. 29, 41.

d) Programmatik des Gerichtshofs der Vernunft

In Zusammenhang mit der zuletzt zitierten Stelle aus der *Kritik der reinen Vernunft* findet sich die erhabene Formulierung des ‚Gerichtshofs der Vernunft', die im Folgenden immer mehr an Bedeutung gewinnt:[228] „Ist aber dieses, so ist es, weil die Klarheit auf beiden Seiten gleich ist, doch unmöglich, jemals auszumitteln, auf welcher Seite das Recht sei; und der Streit dauert nach wie vor, wenn die Parteien gleich bei dem Gerichtshofe der Vernunft zur Ruhe verwiesen worden. Es bleibt also kein Mittel übrig, den Streit gründlich und zur Zufriedenheit beider Theile zu endigen, als daß, da sie einander doch so schön widerlegen können, sie endlich überführt werden, daß sie um Nichts streiten, und ein gewisser transscendentaler Schein ihnen da eine Wirklichkeit vorgemalt habe, wo keine anzutreffen ist. Diesen Weg der Beilegung eines nicht abzuurtheilenden Streits wollen wir jetzt einschlagen" (AA III 345). An dieser zentralen Stelle zeigt sich besonders deutlich, wie Kant anhand einer treffenden Rechtsmetapher den Gegenstand seiner Grundlagenuntersuchung mit der Gerichtsbarkeit verknüpft und dadurch den Streitstand vorläufig zusammenfassend verdeutlicht, um den daraus folgenden weiteren Gang der Erörterung vorzubereiten.

5. Richterlicher Prozessvergleich trotz Mangels der Rechtsgründe

Der zuletzt behandelte Gedanke findet an späterer Stelle noch eine Fortsetzung in der ‚Schlußanmerkung zur Auflösung der mathematisch-transscendentalen und Vorerinnerung zur Auflösung der dynamisch transscendentalen Ideen' (AA III 360). Denn dort nimmt Kant wiederum mit juristisch gefärbter Terminologie Bezug auf die einstweilige Klageabweisung, von welcher der soeben erörterte Gedanke mit seiner letztlich als unzulänglich erkannten Prämisse ausging:[229] „Jetzt aber, da wir

228 Eingehend *Fumiyasu Ishikawa*, Kants Denken von einem Dritten. Das Gerichtshof-Modell und das unendliche Urteil in der Antinomielehre, 1990; *ders.*, Grundmotive des Gerichtshof-Modells der Kategorien-Deduktion Kants, Festschrift für Wilhelm Lütterfelds, 2004, S. 29.

229 *Dieter Henrich*, Die Deduktion des Sittengesetzes, Festschrift für Wilhelm Weischedel, 1975, S. 55, 61, führt in anderem Zusammenhang den entfernt an die Klage erinnernden Begriff der Abweisung im Zusammenhang mit der Kritik in seiner Doppeldeutigkeit ein: „So ist Kritik für zwei Möglichkeiten gleich offen: etwas zu bestätigen oder es abzuweisen." Er gibt außerdem in sprachphilosophisch aufschlussreicher Weise zu bedenken, dass „sich das Wort ‚Kritik', trotz der Neutralität des Verfahrens, die es zunächst bezeichnet, gleichfalls als Name für den Akt der begründeten *Abweisung* von Wahrheitsansprüchen gebrauchen läßt." Hervorhebung auch dort.

zu dynamischen Begriffen des Verstandes, so fern sie der Vernunftidee anpassen sollen, fortgehen, wird jene Unterscheidung wichtig und eröffnet uns eine ganz neue Aussicht in Ansehung des Streithandels, darin die Vernunft verflochten ist; und welcher, da er vorher als auf beiderseitige falsche Voraussetzungen gebaut abgewiesen worden, jetzt, da vielleicht in der dynamischen Antinomie eine solche Voraussetzung stattfindet, die mit der Prätension der Vernunft zusammen bestehen kann, aus diesem Gesichtspunkte und, da der Richter den Mangel der Rechtsgründe, die man beiderseits verkannt hatte, ergänzt, zu beider Theile Genugthuung verglichen werden kann, welches sich bei dem Streite in der mathematischen Antinomie nicht thun ließ“ (AA III 361).[230]

Es ist bezwingend, auf welche Weise Kant mithilfe der prozessrechtlich vorgestellten Situation den Stand und Fortgang des Verfahrens nicht nur dramaturgisch aufbereitet, sondern vor allem teleologisch in einen Bedingungszusammenhang zur ‚Vernunftidee‘ stellt. Damit werden scheinbare oder wirkliche Abwege in einer so erkenntnisfördernden Weise aufbereitet, dass der Reihe nach alle relevanten Vorfragen gestellt, geprüft und ihre Antworten zu den Akten genommen werden können.[231] Erstere, nämlich die Kontroverse hinsichtlich der mathematischen Antinomie, konnte nicht vergleichsweise beigelegt werden. Dort kam nur die Abweisung des auf dem Klageweg geltend gemachten Anspruchs in Betracht.

Hingegen sieht Kant im Hinblick auf die dynamische Antinomie einen entsprechenden Spielraum, der es dem Richter sogar gestattet, über die Unzulänglichkeit der von den Parteien geltend gemachten rechtlichen Gründe hinwegzusehen, weil er sie vermöge eigener besserer Rechtskenntnis und kraft seiner Unparteilichkeit sogar ‚ergänzt‘, um schließlich dergestalt darüber zu befinden, dass zumindest ein Prozessvergleich möglich wird. Die prozessrechtliche Diktion entfaltet somit nicht nur für Juristen, sondern auch für die mit der Frage nach den Bedingungen der Möglichkeit von Metaphysik befassten Philosophen eine leserlenkende Wirkung, obwohl oder gerade weil Kant juristisch so präzise argumentiert.

230 Zum Mangel der Rechtsgründe in diesem Sinne auch *Diego Kosbiau Trevisan*, Der Gerichtshof der Vernunft. Eine historische und systematische Untersuchung über die juridischen Metaphern der K. r. V., 2018, S. 399.

231 *Ulrich Seeberg*, Kants Vernunftkritik als Gerichtsprozeß, in: Darstellung und Erkenntnis. Beiträge zur Rolle nichtpropositionaler Erkenntnisformen in der deutschen Philosophie und Literatur nach Kant (Hg. Brady Bowman), 2007, S. 61, 63 f.

6. ‚Oberster Gerichtshof aller Rechte und Ansprüche'

Man könnte geneigt sein, den vorstehenden Überlegungen zum Vorwurf zu machen, sie erachteten mit der Betonung der juristischen Begriffe und Bilder dasjenige als Hauptsache, was doch eher äußeres Gerüst der Kantischen Grundlagenuntersuchung der reinen Vernunft sei.[232] Doch je weiter man in ihr fortschreitet, desto eindrücklicher nehmen die an die Gerichtsbarkeit angelehnten Verdeutlichungen Gestalt an und desto nachdrücklicher argumentiert er mithilfe ihrer, wie wir bereits soeben am Beispiel des ‚Gerichtshofs der Vernunft' gesehen haben.

a) Gerichtshof und Regierung

Besonders deutlich wird dies bei den Ideen der reinen Vernunft, die er wiederum gegenüber dem bereits verschiedentlich so genannten ‚Blendwerk' abgrenzt: „Die Ideen der reinen Vernunft können nimmermehr an sich selbst dialektisch sein, sondern ihr bloßer Mißbrauch muß es allein machen, daß uns von ihnen ein trüglicher Schein entspringt; denn sie sind uns durch die Natur unserer Vernunft aufgegeben, und dieser oberste Gerichtshof aller Rechte und Ansprüche unserer Speculation kann unmöglich selbst ursprüngliche Täuschungen und Blendwerke enthalten" (AA III 442).

aa) Wider den ‚Pöbel der Vernünftler'

Den falschen Schein des Blendwerks unzureichender Deduktionen zu entlarven, indem die Beweisgründe und darauf fußenden Rechtsgründe bzw. rechtmäßigen Ansprüche gegen alle auch nur erdenklichen Einwendungen dargelegt werden, ist eine der wichtigsten Aufgaben der *Kritik der reinen Vernunft.* Kant verteidigt die Vernunft in bemerkenswert polemischer Manier gegen jene, die sie zu ergründen vorgeben, dabei jedoch nur darauf sinnen, ihrer ‚Naturanlage' Inkonsistenzen nachweisen zu wollen. Rhetorisch schwungvoll kanzelt er die Widerrede der abschätzig sogenannten ‚Vernünftler' ab, die er weniger als plebiszitär als vielmehr plebejisch erscheinen lässt, und zeiht sie der planlosen und mutwilligen Aufwiegelung, indem er ein Bild der einsichtslosen Widerborstigkeit zeichnet: „Der Pöbel

232 *Dieter Henrich*, Die Deduktion des Sittengesetzes, Festschrift für Wilhelm Weischedel, 1975, S. 55, 61, erinnert nicht von ungefähr an etwas scheinbar Selbstverständliches in einer juristisch geprägten Formulierung: „‚Kritik' bedeutet ursprünglich die Tätigkeit, die Wahres von Falschem, *Berechtigtes von Angemaßtem* im Blick auf alle überhaupt möglichen Begründungen unterscheidet." Hervorhebung nur hier.

der Vernünftler schreit aber wie gewöhnlich über Ungereimtheiten und Widersprüche und schmäht auf die Regierung, in deren innerste Plane er nicht zu dringen vermag, deren wohlthätigen Einflüssen er auch selbst seine Erhaltung und sogar die Cultur verdanken sollte, die ihn in den Stand setzt, sie zu tadeln und zu verurtheilen" (AA III 442).

bb) Recht der Freiheit im *Streit der Facultäten*

Im *Streit der Facultäten* behandelt Kant übrigens unter der Überschrift der ‚Eigenthümlichkeit der Juristenfacultät' etwas, das nicht nur im Hinblick auf die wiederholt angesprochene Gewaltenteilung aufschlussreich ist, sondern vor allem in Bezug auf die Grenzen der scheinbaren Übereinstimmung mit der Vernunft: „Denn die Verordnungen machen allererst, daß etwas recht ist, und nun nachzufragen, ob auch die Verordnungen selbst recht sein mögen, muß von den Juristen als ungereimt geradezu abgewiesen werden. Es wäre lächerlich, sich dem Gehorsam gegen einen äußeren und obersten Willen darum, weil dieser, *angeblich nicht mit der Vernunft übereinstimmt*, entziehen zu wollen. Denn darin besteht eben das Ansehen der Regierung, daß sie den Unterthanen nicht die Freiheit läßt, *nach ihren eigenen Begriffen*, sondern nach Vorschrift der gesetzgebenden Gewalt über Recht und Unrecht zu urtheilen" (AA VII 25; Hervorhebungen nur hier).

In juristischer Hinsicht ist daran interessant, dass Kant ein bemerkenswertes Gespür für Ermächtigungsgrundlagen unter Beweis stellt. Es ist kein falsch verstandener Positivismus, mit dem er argumentiert, sondern eher eine fortschrittlich anmutende Berufung auf die Gesetzmäßigkeit der Verwaltung sowie den Vorrang und Vorbehalt der Gesetze. Bei aller Wertschätzung der Autonomie freilich findet diese dort eine Grenze, wo allgemeingültige Gesetze etwas anderes bestimmen. Die hervorgehobenen Stellen legen nahe, dass die so begriffene individuelle Vernunft eher Verblendung bedeutet und damit auf eine Selbsttäuschung hinausläuft, die dem Blendwerk zugehört. Zugleich ist diese einschränkende Präzisierung Kants ersichtlich bedeutsam für sein Verständnis eines Rechts der Freiheit. Denn es geht gerade um eine Freiheit unter dem Gesetz und kein persönliches Meinen oder Dafürhalten, das sich täuschen oder blenden lassen kann.

b) Verurteilung und Urteilskraft

Vor diesem Hintergrund kann man zurückgehen zum genannten ‚obersten Gerichtshof aller Rechte und Ansprüche' zur Abwehr aller ‚Täuschungen und Blendwerke', wie sie der ‚Pöbel der Vernünftler' glauben machen will (AA III 442). Dieses Wort zielt ungeachtet der juristischen Konnotation ersichtlich nicht darauf, eine gerechtfertigte Verurteilung zu beschreiben, sondern ist ebenso wie die vulgärtheoretische Verballhornung des Satzanfangs ausschließlich abwertend und polemisch gemeint. Darüber hinaus ist das im Relativsatz bezeichnete Vermögen in seiner ursprünglich positiven Ausprägung nichts anderes als die Urteilskraft, deren Fehlen, wie erinnerlich, Dummheit bedeutet (AA IV 97 / AA III 132).[233]

Dieser nur leicht verbrämte Vorwurf an die Adresse der so genannten ‚Vernünftler', dem vorgeblich dummen, unkultivierten Volk zuzugehören, über das sie sich zugleich hochmütig erhaben dünken, weil sie Widersprüche wähnen, wo umgekehrt gerade die Gabe der Vernunft sie befähigen sollte, wohlabgewogen zu urteilen, ist von schneidender Schärfe. Auch der nachfolgende Satz erinnert an die einleitenden Vorbemerkungen zur transzendentalen Deduktion der reinen Verstandesbegriffe, wo Kant zunächst die durchaus ebenfalls juristisch konnotierte Befugnis der Begriffsverwendung an das Erfordernis einer Deduktion gebunden hat (AA IV 68 / AA III 99).

aa) Vorschau auf die transzendentale Methodenlehre

In diese Richtung lässt sich wohl auch eine respektvoll ablehnende Bemerkung gegenüber David Hume aus der transzendentalen Methodenlehre verstehen: „So widerfährt ihm das, was jederzeit den Scepticism niederschlägt, nämlich daß er selbst bezweifelt wird, indem seine Einwürfe nur auf *Factis*, welche zufällig sind, nicht aber auf Principien beruhen, die eine nothwendige Entsagung auf das Recht dogmatischer Behauptungen bewirken könnten" (AA III 501).[234] Argumente, die allein auf kontingenten Erfahrungstatsachen gründen, haben für Kant – wie übrigens auch aus Sicht der juristischen Methodenlehre[235] – nicht denselben Stellenwert wie solche, denen Prinzipien zugrunde liegen und die auf die Frage *quid iuris* zu

233 Siehe auch *Kant*, Anthropologie in pragmatischer Hinsicht, 1798 (AA VII 204).

234 *Dieter Henrich*, Die Deduktion des Sittengesetzes, Festschrift für Wilhelm Weischedel, 1975, S. 55, 79, zeigt, warum die durchgängige Auseinandersetzung Kants mit Hume auch die juristisch gefärbte Sprache und sogar den Zusammenhang mit dem Zivilprozess betrifft: „In seiner philosophischen Entwicklung kam er schon früh vor die Frage, wie man überhaupt zugunsten von Sätzen argumentieren könne, die sich im direkten Beweisverfahren nicht sichern lassen. Solche Sätze sind auch die, auf welche sich Humes Zweifel bezog. Kant fand, ein solches Verfahren könne nur in der ‚Kritik des Subjekts' bestehen, *und er sah deren Argumentationsform im Zivilprozeß vorgebildet.* Die *Rechtfertigung* von Sätzen, die sich nicht wie Theoreme beweisen lassen, kann überhaupt nur durch die Aufklärung ihres Ursprungs geschehen." Hervorhebungen nur hier. *Ulrich Seeberg*, Ursprung, Umfang und Grenzen der Erkenntnis. Eine Untersuchung zu Kants transzendentaler Deduktion der Kategorien, 2006, S. 199 Fußnote 74, macht im Anschluss an die grundlegenden Arbeiten von Henrich interessanterweise darauf aufmerksam, dass „der Titel ‚Deduktionsschrift' oder ‚Deduktion' im 18. Jahrhundert häufig synonym zu ‚Rechtfertigung' und ‚Beweis' gebraucht wird".

235 *Jens Petersen*, Von der Interessenjurisprudenz zur Wertungsjurisprudenz, 2001, S. 54f.

antworten vermögen. So erklärt sich auch die juristisch geprägte Formulierung des ‚Rechts dogmatischer Behauptungen'.

Und doch würdigt Kant vor allem Hume[236] – „vielleicht der geistreichste unter allen Sceptikern" (AA III 499) – gerade um seines Widerspruchs willen, den er gegen jene Richtung vorbringt, die Kant als ‚dogmatische Vernünftler' geißelt und die einer Bändigung bedürfen: „Und so ist der Sceptiker der Zuchtmeister des dogmatischen Vernünftlers auf eine gesunde Kritik des Verstandes und der Vernunft selbst" (AA III 501). Immerhin bekennt er in der Einleitung seiner *Prolegomena zu einer jeden künftigen Metaphysik, die als Wissenschaft wird auftreten können,* mit einer berühmten Metapher: „Ich gestehe frei: die Erinnerung des David Hume war eben dasjenige, was mir vor vielen Jahren zuerst den dogmatischen Schlummer unterbrach und meinen Untersuchungen im Felde der spekulativen Philosophie eine ganz andre Richtung ab" (AA IV 260).[237]

bb) Skeptische Methode als Probierstein der Vernunft

Die Bedeutung der skeptischen Methode erachtet Kant also in ihrer Funktion als eine Art Probierstein der Vernunft. Sie vermag die Probleme und Sachfragen nicht abschließend zu lösen, richtet aber zumindest weiterführende Fragen an den Kritiker der reinen Vernunft, wie Kant wiederum in einer auf das Recht bezogenen Weise zum Ausdruck bringt, die von Besitz, Ansprüchen und Streitigkeiten handelt. Denn der Skeptiker fordert den ‚dogmatischen Vernünftler' heraus und zwingt ihn paradoxerweise gleichsam über sich hinauszuwachsen, indem er sich eine wesentliche Selbstbeschränkung auferlegt:[238] „Wenn er dahin gelangt ist, so hat er weiter keine Anfechtung zu fürchten; denn er unterscheidet alsdann seinen Besitz von dem, was gänzlich außerhalb demselben liegt, worauf er keine Ansprüche macht und darüber auch nicht in Streitigkeiten verwickelt werden kann. So ist das sceptische Verfahren zwar an sich selbst für die Vernunftfragen nicht befriedigend, aber doch vorübend, um ihre Vorsichtigkeit zu erwecken und auf gründliche Mittel

---

236 Zu Hume auch *Diego Kosbiau Trevisan*, Der Gerichtshof der Vernunft. Eine historische und systematische Untersuchung über die juridischen Metaphern der K. r. V., 2018, S. 192 ff. Bezüglich seines Verhältnisses zu Humes Freund Adam Smith, den Kant ebenfalls sehr schätzte, *Jens Petersen*, Adam Smith als Rechtstheoretiker, 2. Auflage 2017, S. 12 f.

237 Näher zu diesem Wort *Herbert Schnädelbach*, Immanuel Kant, Kritik der reinen Vernunft, in Zeit-Bibliothek der 100 Sachbücher (Hg. Fritz J. Raddatz), 1984, S. 110 f.

238 *Diego Kosbiau Trevisan*, Der Gerichtshof der Vernunft. Eine historische und systematische Untersuchung über die juridischen Metaphern der K. r. V., 2018, S. 198 ff., zu Kants moderatem Skeptizismus.

zu weisen, die sie in ihren rechtmäßigen Besitzen sichern können" (AA III 510 f.).[239] Hervorhebung verdient die wiederholte Nennung des Besitzes, vor allem in Verbindung mit der Rechtmäßigkeit, weil diese, wie wir sogleich sehen werden, bedeutsam für den Gebrauch des jeweiligen Begriffes ist, der im Wege der transzendentalen Deduktion ermittelt wird.

c) Sicherheit und Rechtmäßigkeit des Begriffsgebrauchs

In einem ähnlichen Sinne verfügt er auch an der im Ausgangspunkt betrachteten Stelle kompromisslos, dass allein die vorangehende transzendentale Deduktion den Gebrauch eines Begriffes rechtfertigt, der den Anspruch erheben kann, a priori zu gelten: „Man kann sich eines Begriffes *a priori* mit keiner Sicherheit bedienen, ohne seine transscendentale Deduction zu Stande gebracht zu haben" (AA III 442). In diesem Sinne dürfte ‚Sicherheit' nach dem zuletzt Bedachten ebenso zu verstehen sein, wie wenn er von der ‚Rechtmäßigkeit eines solchen Gebrauchs' spricht (AA IV 69 / AA III 100).[240] Dann erst hat man sich gleichsam den ‚rechtmäßigen Besitz' dieses Begriffs ‚sichern können' (AA III 502).

239 *Dieter Henrich*, Die Deduktion des Sittengesetzes, Festschrift für Wilhelm Weischedel, 1975, S. 55, 78, der die transzendentalphilosophische Bedeutung des rechtmäßigen Besitzes wohl zuerst in aller Klarheit erkannt hat, räumt naheliegende Missverständnisse aus und erklärt eindrücklich, warum es im Hinblick auf die Beweisführung und die Kantische Unterscheidung zwischen der Frage des ‚quid iuris' und des ‚quid facti' gerade um den Besitz geht: „Quaestio juris (..) steht der Ermittlung von Tatsachen entgegen, die sich grundsätzlich durch ‚Einstimmung der Zeugen' führen läßt (..). Man verfehlt nun den entscheidenden Punkt der Analogie, wenn man unterstellt, jede Erwägung von Rechtsgründen sei als solche als quaestio juris zu bezeichnen. Diese quaestio ist in Korrelation zur Tatsachenerwägung zu sehen, und zwar so, daß sich in Beziehung auf dieselbe Art von Tatsachen fragen läßt, ob sie wirklich bestehen und auch ob ihr Bestand rechtens ist. Damit ist die quaestio juris immer eine solche, die auf Rechtstitel des *Besitzes*, sei es von Sachen, von Leistungsansprüchen und von Funktionen oder Privilegien geht." – Die dortige Hervorhebung des berechtigten Besitzes, der gleichsam vor der Klammer steht und sich demnach insbesondere auf Ansprüche und Rechte beziehen kann, macht den Bezug zur Rechtsfrage besonders deutlich.

240 *Eckart Förster*, Die 25 Jahre der Philosophie, 2011, S. 37, erläutert die Analogie anschaulich in Anlehnung an konkrete Beispiele aus der Rechtswelt, wobei sich die Rechtfertigung auf den Besitzanspruch bezieht, und das jeweilige schuld- oder erbrechtliche Rechtsverhältnis gleichsam den Rechtsgrund bildet: „So wird z. B. ein Besitzanspruch in einem Gerichtshof dadurch gerechtfertigt, dass er aus einem gültigen Kaufvertrag oder Erbschaftsverhältnis hergeleitet werden kann. Nun findet sich der ‚Gerichtshof der Vernunft', der über die Möglichkeit von Metaphysik entscheiden soll – also die Kritik – in einer vergleichbaren Lage. Er hat zu entscheiden in einem Streit, in dem es um die Rechtmäßigkeit von Erkenntnisansprüchen geht".

Zwar stellt Kant sogleich den Unterschied gegenüber der zuvor im Zusammenhang mit den Kategorien vollzogenen Deduktion heraus. Doch begreift er sie zugleich als unerlässlich zur Vollendung seiner *Kritik der reinen Vernunft:* „Die Ideen der reinen Vernunft verstatten zwar keine Deduction von der Art, als die Kategorien; sollten sie aber im mindesten einige, wenn auch nur unbestimmte, objective Gültigkeit haben und nicht bloß leere Gedankendinge (...) vorstellen, so muß durchaus eine Deduction derselben möglich sein, gesetzt daß sie auch von derjenigen weit abwiche, die man mit den Kategorien vornehmen kann. Das ist die Vollendung des kritischen Geschäftes der reinen Vernunft, und dieses wollen wir jetzt übernehmen" (AA III 442). Erst am Ende der Vorrede der *Kritik der Urteilskraft* wird er sagen: „Hiemit endige ich also mein ganzes kritisches Geschäft" (AA V 179).

7. Gesetzgebung der Vernunft

Kant fasst die zuletzt behandelten Fragen an späterer Stelle noch einmal bündig zusammen: „Nunmehr können wir das Resultat der ganzen transscendentalen Dialektik deutlich vor Augen stellen und die Endabsicht der Ideen der reinen Vernunft, die nur durch Mißverstand und Unbehutsamkeit dialektisch werden, genau bestimmen. Die reine Vernunft ist in der That mit nichts als sich selbst beschäftigt und kann auch kein anderes Geschäfte haben, weil ihr nicht die Gegenstände zur Einheit des Erfahrungsbegriffs, sondern die Verstandeserkenntnisse zur Einheit des Vernunftbegriffs, d. i. des Zusammenhanges in einem Princip, gegeben werden" (AA III 448).

a) Rechtmäßigkeit der Idee

Es sind eben jene Missverständnisse, welche der ‚Pöbel der Vernünftler' in die Welt getragen hat (AA III 442).[241] Die transzendentale Dialektik hat somit ihren Daseinsgrund nicht zuletzt in mangelnder gedanklicher Sorgfalt und intellektueller Rechtschaffenheit derer, die sich vernünftig dünken, ohne das kritische Geschäft hinreichend zu verstehen, weil sie sich mit bloßem Blendwerk zufrieden geben.

241 *David Roland Doublet*, Die Vernunft als Rechtsinstanz, 1989, S. 192, paraphrasiert eindrücklich: „Soll der ‚Pöbel der Vernünftler' abgewehrt werden können, muß es eine übergeordnete Rechtsinstanz geben, die dieser Destruktion nicht ausgesetzt ist".

aa) Regulative Ideen der spekulativen Vernunft

Noch knapper lautet die Zusammenfassung kurz darauf: „mit einem Worte: dieses transscendentale Ding ist bloß das Schema jenes regulativen Princips, wodurch die Vernunft, so viel an ihr ist, systematische Einheit über alle Erfahrung verbreitet" (AA III 449). Zu den regulativen Ideen der spekulativen Vernunft gehört neben der menschlichen Seele und dem Weltbegriff auch der Vernunftbegriff von Gott (AA III 451): „Den Gegenstand dieser Idee haben wir nicht den mindesten Grund schlechthin anzunehmen (...); denn was kann uns wohl dazu vermögen, oder auch nur berechtigen, ein Wesen von der höchsten Vollkommenheit und als seiner Natur nach schlechthin nothwendig aus dessen bloßem Begriff an sich selbst zu glauben oder zu behaupten, wäre es nicht die Welt, in Beziehung auf welche diese Supposition allein nothwendig sein kann" (AA III 452). Für den vorliegenden Zusammenhang ist das vorderhand unscheinbare Wort ‚berechtigen' aufschlussreich.[242]

bb) Rechtmäßigkeit und Zweckmäßigkeit

Das ‚Berechtigen' begegnet nämlich an späterer Stelle wiederholt bzw. sinngemäß, nachdem er zunächst in einer rhetorisch anspruchsvollen Weise die Bestätigung der Rechtmäßigkeit der Idee behandelt hatte: „Denn die größte systematische und zweckmäßige Einheit, welche eure Vernunft aller Naturforschung als regulatives Princip zum Grunde zu legen verlangte, war eben das, was euch berechtigte, die Idee einer höchsten Intelligenz als ein Schema des regulativen Princips zum Grunde zu legen; und so viel ihr nun nach demselben Zweckmäßigkeit in der Welt antrefft, so viel habt ihr Bestätigung der Rechtmäßigkeit eurer Idee" (AA III 459).[243] Auffällig hieran ist die wiederholte Betonung der Zweckmäßigkeit, die in Übereinstimmung mit der Systematik und Rechtmäßigkeit steht, und an eine kleinere Schrift zur Beantwortung der Frage erinnert, *Was heißt: sich im Denken orientiren?*, deren Ende

---

242 *Dieter Henrich*, Werke im Werden. Über die Genesis philosophischer Einsichten, 2011, S. 83, hat ausgehend von Kants Modell des Gerichtsverfahrens in grundlegender Weise herausgearbeitet, wie sich daraus schließlich der Vorrang des sittlichen Bewusstseins' herausschält: „Wo die Kritik zu ihrem Abschluss kommt, ist durch den gesamten Gang der Rechtfertigungen einsichtig geworden, dass die vielgliedrige Architektur der Vernunft auf einen Primat des sittlichen Bewusstseins gegenüber dem theoretischen Interesse gegründet ist."– So taugt das aus dem Geiste des Gerichtsverfahrens gewonnene theoretische Konzept im Einklang mit der Abhandlung über den Gemeinspruch nicht nur für die reine, sondern gerade auch die praktische Vernunft. Mit diesem ‚Primat des sittlichen Bewusstseins' erweist es sich aber zugleich als wesentlicher Baustein auf dem Weg zu einem Recht der Freiheit.

243 Zum regulativen Prinzip der Vernunft auch *Diego Kosbiau Trevisan*, Der Gerichtshof der Vernunft. Eine historische und systematische Untersuchung über die juridischen Metaphern der K. r. V., 2018, S. 397.

in die Mahnung mündet, „sich seiner Freiheit *gesetzmäßig* und dadurch auch zweckmäßig zum Weltbesten zu bedienen!“ (AA VIII 147).

b) Regulatives Prinzip und systematische Einheit

Zum besseren Verständnis der vorgeblichen Berechtigung, diese Idee zugrunde zu legen, muss man eine vorangehende Voraussetzung hinzunehmen, die das prädikativ eingeleitete regulative Prinzip im Hinblick auf die Naturforschung bedingt: „Das regulative Princip verlangt, die systematische Einheit als Natureinheit, welche nicht bloß empirisch erkannt, sondern *a priori*, obzwar noch unbestimmt, vorausgesetzt wird, schlechterdings, mithin als aus dem Wesen der Dinge folgend vorauszusetzen. Lege ich aber zuvor ein höchstes ordnendes Wesen zum Grunde, so wird die Natureinheit in der That aufgehoben“ (AA III 456). Das ist deswegen bedeutsam, weil es nicht nur den abschließenden Kausalsatz zu erhellen geeignet ist, der von der Bestätigung der Rechtmäßigkeit der Idee spricht, sondern auch die systematische Einheit und die Naturforschung als Erkenntnisgenstand der Vernunft (AA III 459). Hinzu kommt, dass Kant die systematische Einheit auch an der im Ausgangspunkt betrachteten Stelle hervorhebt (AA III 449).[244]

c) Berechtigung durch empirische Kenntnis der Weltordnung

Es kann nach alledem schwerlich ein Zufall sein, dass Kant auf ein- und derselben Seite im Zusammenhang mit der Idee des Vernunftbegriffs mehrmals davon spricht, dass man zu einer Aussage ‚berechtigt‘ sei, wie es schon bei der Entfaltung dieser Idee geschah (AA III 452): „Eben daher sind wir auch berechtigt, die Weltursache in der Idee nicht allein nach einem subtileren Anthropomorphism (ohne welchen sich gar nichts von ihm denken lassen würde), nämlich als ein Wesen, das Verstand, Wohlgefallen und Mißfallen, imgleichen eine demselben gemäße Begierde und Willen hat etc., zu denken, sondern demselben unendliche Vollkommenheit beizulegen, die also diejenige weit übersteigt, dazu wir durch empirische Kenntniß der Weltordnung berechtigt sein können“ (AA III 459). Syntaktisch bemerkenswert ist, wie weit auseinanderstehend Kant hier das wiederholte ‚berechtigt‘ anordnet, um die letztgenannte Berechtigung ‚durch empirische Kenntnis der Weltordnung‘ zu

---

244 Allgemein zum Systemdenken innerhalb der ersten Kritik *Dieter Henrich*, Between Kant and Hegel. Lectures on German Idealism, 2008, S. 52f.

verringern im Verhältnis zu dem, was sie ‚weit übersteigt', also im Wortsinne transzendiert.

d) Judikative und legislative Vernunft

Dass diese juristisch gefärbte Formulierung gerade in einem Zusammenhang bedeutungsvoll ist, der eingangs der Behandlung der ‚Endabsicht der natürlichen Dialektik der menschlichen Vernunft' in einer rhetorisch überaus wirkungsvollen Weise vom ‚oberste(n) Gerichtshof aller Rechte und Ansprüche unserer Speculation' spricht (AA III 442), fügt sich bruchlos in den Zusammenhang mit einer Formulierung, welche die dreifache Nennung der Berechtigung nunmehr abschließend zur ‚Gesetzgebung unserer Vernunft' stellt und damit gleichsam der judikativen Rolle der Vernunft noch die legislative an die Seite stellt: „Denn wiewohl wir nur wenig von dieser Weltvollkommenheit ausspähen oder erreichen werden, so gehört es doch zur Gesetzgebung unserer Vernunft, sie allerwärts zu suchen und zu vermuthen; und es muß uns jederzeit vortheilhaft sein, niemals aber kann es nachtheilig werden, nach diesem Princip die Naturbetrachtung anzustellen. Es ist aber unter dieser Vorstellung der zum Grunde gelegten Idee eines höchsten Urhebers auch klar: daß ich nicht das Dasein und die Kenntniß eines solchen Wesens, sondern nur die Idee desselben zum Grunde lege und also eigentlich nichts von diesem Wesen, sondern bloß von der Idee desselben, d. i. von der Natur der Dinge der Welt, nach einer solchen Idee ableite" (AA III 460).

Auch an dieser entscheidenden Stelle ist es wohl kein Zufall, dass Kant zur Darlegung der Begründung, warum wir zwar nichts von der Existenz oder Entität Gottes wissen können, wohl aber berechtigt sind, die Idee eines Vernunftbegriffs von Gott zugrunde zu legen, den Maßstab der Gesetzgebung der Vernunft hervorhebt, die sich ihrerseits wieder vor jenem ‚obersten Gerichtshof aller Rechte und Ansprüche unserer Spekulation' verantworten muss, der letztlich nichts anderes ist als die Kritik der reinen Vernunft selbst.[245] Denn wir werden sogleich noch in der transzendentalen Methodenlehre sehen, dass Kant „die Kritik der reinen Vernunft als den wahren Gerichtshof für alle Streitigkeiten derselben" ansieht (AA III 491).

245 *Vittorio Hösle*, Goethe und Dickens als christliche Dichter, 2022, S. 35, macht mit Recht darauf aufmerksam, dass „Kants Kritik an den tradierten Gottesbeweisen in der *Kritik der reinen Vernunft* von 1781 und am Offenbarungsglauben in *Die Religion innerhalb der Grenzen der bloßen Vernunft* von 1793/94 die Selbstverständlichkeit des traditionellen religiösen Bewusstseins unter den Gebildeten in ganz anderer Weise erschütterten, als es Humes skeptische Philosophie in Großbritannien zu tun vermochte".

e) Berechtigte Selbstgewissheit und weise Selbstbeschränkung

In der transzendentalen Methodenlehren wird er auch nicht von ungefähr im Umkreis eben jener Stelle, an der er die Kritik der reinen Vernunft als den wahren Gerichtshof ansieht, nochmals auf die Unbeweisbarkeit, aber auch die Unwiderleglichkeit der Willensfreiheit, der Hoffnung auf ein Leben nach dem Tod und des Daseins Gottes zurückkommen: „Wenn ich höre, daß ein nicht gemeiner Kopf die Freiheit des menschlichen Willens, die Hoffnung eines künftigen Lebens und das Dasein Gottes wegdemonstrirt haben solle, so bin ich begierig, das Buch zu lesen, denn ich erwarte von seinem Talent, daß er meine Einsichten weiterbringen werde. Das weiß ich schon zum voraus völlig gewiß, daß er nichts von allem diesem wird geleistet haben; nicht darum weil ich etwa schon im Besitze unbezwinglicher Beweise dieser wichtigen Sätze zu sein glaubte, sondern weil mich die transscendentale Kritik, die mir den ganzen Vorrath unserer reinen Vernunft aufdeckte, völlig überzeugt hat, daß, so wie sie zu bejahenden Behauptungen in diesem Felde ganz unzulänglich ist, so wenig und noch weniger werde sie wissen, um über diese Fragen etwas verneinend behaupten zu können. Denn wo will der angebliche Freigeist seine Kenntniß hernehmen, daß es z. B. kein höchstes Wesen gebe? Dieser Satz liegt außerhalb dem Felde möglicher Erfahrung und darum auch außer den Grenzen aller menschlichen Einsicht“ (AA III 492).[246] Nicht zuletzt die eigentümliche Verbindung von berechtigter Selbstgewissheit und weiser Selbstbeschränkung durch den Nachweis der Unerweislichkeit jenseitiger Gerechtigkeit macht den Rang seiner als Gerichtshof begriffenen *Kritik der reinen Vernunft* aus.[247]

8. Archivierung der Prozessakten

Bevor Kant in der transzendentalen Methodenlehre begründet, warum er „die Kritik der reinen Vernunft als den wahren Gerichtshof für alle Streitigkeiten derselben“ ansieht (AA III 491) beschließt er die transzendentale Logik und Dialektik abermals mit einem Bild aus der Rechtspraxis, das vergleichsweise versöhnlich anmutet, wenn man die vorhergehende Polemik gegen den ‚Pöbel der Vernünftler‘ in Rechnung stellt (AA III 442): „Allein weil doch des Redens kein Ende wird, wenn man nicht hinter die wahre Ursache des Scheins kommt, wodurch selbst der Vernünftigste hintergangen werden kann, und die Auflösung aller unserer transzen-

246 Wenig weiterführend *Robert Spaemann*, Der letzte Gottesbeweis, 2007.
247 Zum Verhältnis weltlicher und jenseitiger Gerechtigkeit *Jens Petersen*, Nietzsches Genialität der Gerechtigkeit, 3. Auflage 2020, S. 228 ff.

denten Erkenntniß in ihre Elemente (als ein Studium unserer inneren Natur) an sich selbst keinen geringen Werth hat, dem Philosophen aber sogar Pflicht ist, so war es nicht allein nöthig, diese ganze, obzwar eitele Bearbeitung der speculativen Vernunft bis zu ihren ersten Quellen ausführlich nachzusuchen; sondern da der dialektische Schein hier nicht allein dem Urtheile nach täuschend, sondern auch dem Interesse nach,[248] das man hier am Urtheile nimmt, anlockend und jederzeit natürlich ist und so in alle Zukunft bleiben wird, so war es rathsam, gleichsam die Acten dieses Processes ausführlich abzufassen und sie im Archive der menschlichen Vernunft zu Verhütung künftiger Irrungen ähnlicher Art niederzulegen" (AA III 461). Nach der schier übermenschlichen gedanklichen Anstrengung, die ihn die ‚Transcendentale Elementarlehre' gekostet haben dürfte, wird man dem jedwedes Blendwerk enttarnenden Schöpfer der *Kritik der reinen Vernunft* die wackere Selbstzufriedenheit des gewissenhaften Verwalters der Prozessakten als nur zu menschlich zugutehalten.

248 *Jürgen Habermas*, Erkenntnis und Interesse, 1968 (hier zitiert nach dem Nachdruck der Ausgabe von 1973, stw 1, S. 244) hat daher recht, wenn er feststellt: „Schon in Kants Transzendentalphilosophie taucht der Begriff eines Vernunftinteresses auf".

VII. Recht in der transzendentalen Methodenlehre

Von einer Methode spricht Kant nur unter der notwendigen Bedingung, dass es sich um ein „Verfahren nach Grundsätzen“ handelt (AA III 551). Die *Kritik der reinen Vernunft* kann es daher nicht bei einer transzendentalen Elementarlehre bewenden lassen, sondern ist auf eine transzendentale Methodenlehre angewiesen, um den Systemgedanken zur Geltung zu bringen: „Ich versehe also unter der transscendentalen Methodenlehre die Bestimmung der formalen Bedingungen eines vollständigen Systems der reinen Vernunft“ (AA III 465).

1. Negative Gesetzgebung

Die transzendentale Methodenlehre beginnt denn auch mit einem anschaulichen Bild, das diesmal nicht der Rechtswelt entlehnt ist, sondern die bisher erörterte transzendentale Elementarlehre wie ein Gebäude betrachtet, welches zwar himmelwärts strebte, von den beschränkten Baumaterialien her „doch nur zu einem Wohnhause zureichte, welches zu unseren Geschäften auf der Ebene der Erfahrung gerade geräumig und hoch genug war, sie zu übersehen“ (AA III 465). Das Fundament der Erfahrung bietet also Überschaubarkeit und stetige Selbstprüfung, weil jegliche Spekulation gleichsam geerdet ist und empirisch überprüft werden kann. Insofern ist auch die Vernunftkritik entbehrlich: „Es bedarf keiner Kritik der Vernunft im empirischen Gebrauche, weil ihre Grundsätze am Probirstein der Erfahrung einer continuirlichen Prüfung unterworfen werden“ (AA III 467).

a) Probierstein der Erfahrung und Probierstein der Rechtmäßigkeit

Kant verwendet den sinnfälligen Begriff des Probiersteins innerhalb der bereits verschiedentlich betrachteten Schrift *Über den Gemeinspruch* wiederholt in einem für das Recht wesentlichen Zusammenhang, nachdem er das tatsächliche Zustandekommen eines Gesellschaftsvertrags durch entsprechende Willenserklärungen in Zweifel gezogen hat und spricht dort vom ‚Probirstein der Rechtmäßigkeit‘: „Sondern es ist eine *bloße Idee* der Vernunft, die aber ihre unbezweifelte (praktische) Realität hat: nämlich jeden Gesetzgeber zu verbinden, daß er seine Gesetze so gebe, als sie aus dem vereinigten Willen eines ganzen Volks haben entspringen *können*, und jeden Unterthan, so fern er Bürger sein will, so anzusehen, als ob er zu

https://doi.org/10.1515/9783111070186-008

einem solchen Willen mit zusammen gestimmt habe. Denn das ist der Probirstein der Rechtmäßigkeit eines jeden öffentlichen Gesetzes" (AA VIII 297).

Auch im Rahmen seiner *Beantwortung der Frage: Was ist Aufklärung?* findet sich dieser vielsagende Topos, der für seine Vorstellung von der Rechtmäßigkeit tragfähiger Begründungen und daraus resultierender Ansprüche offenbar bedeutsam ist: „Der Probirstein alles dessen, was über ein Volk als Gesetz beschlossen werden kann, liegt in der Frage: ob ein Volk sich selbst wohl ein solches Gesetz auferlegen könnte" (AA VIII 39). Und schließlich gebührt der Vernunft nach einer kleineren Schrift Kants zur Frage *Was heißt: sich im Denken orientiren?* „das Vorrecht (...), der letzte Probirstein der Wahrheit zu sein" (AA VIII 146). Das entspricht wohl der Sache nach jener eingangs zitierten Stelle aus der ersten Kritik, wonach es ihr letztlich um ein ‚vollständiges System der reinen Vernunft' geht (AA III 465).

b) ‚System der Selbstprüfung'

Das Problem besteht jedoch darin, dass sich unter dem vornehmen Deckmantel des Systems auch jene von Kant so genannten ‚Vernünftler' bequem eingerichtet und dies bis zum mehrfach inkriminierten Blendwerk entstellt haben.

aa) Enttarnung des „Systems von Blendwerken"

Dessen Enttarnung wird dadurch erschwert, dass es den gleichfalls hehren Begriff der Prinzipien missbraucht, deren Statuierung und scheinbare Einhaltung darüber hinwegtäuscht, dass ein solches System in Wahrheit auf methodisch ungesichertem Terrain errichtet wird; womöglich gar, um das Bild des Bauwerks mit der Rechtswelt zu verknüpfen, als zwar äußerlich ansehnlicher, aber vor dem Gerichtshof der Vernunft ungenehmigter und daher unzulässiger Schwarzbau: „Wo aber, wie in der reinen Vernunft, ein ganzes System von Täuschungen und Blendwerken angetroffen wird, die unter sich wohl verbunden und unter gemeinschaftlichen Principien vereinigt sind, da scheint eine ganz eigene und zwar negative Gesetzgebung erforderlich zu sein, welche unter dem Namen einer Disciplin aus der Natur der Vernunft und der Gegenstände ihres reinen Gebrauchs gleichsam ein System der Vorsicht und Selbstprüfung errichte, vor welchem kein falscher vernünftelnder Schein bestehen kann, sondern sich sofort unerachtet aller Gründe seiner Beschönigung verrathen muß" (AA III 468).[249]

---

249 Zur negativen und positiven Gesetzgebung bei Kant *Diego Kosbiau Trevisan*, Der Gerichtshof der Vernunft. Eine historische und systematische Untersuchung über die juridischen Metaphern der K. r. V., 2018, S. 235ff.

bb) Parallele zum negatorischen Rechtsschutz im Zivilrecht

Dieses ‚System der Selbstprüfung' läuft darauf hinaus, dem ‚System von Täuschungen und Blendwerken' entgegenzuwirken, das zwar in sich scheinbar kohärent argumentiert, aber auf unzureichend abgesicherten Prämissen und brüchigem Fundament gegründet ist. Diese Verdunkelungen abwehrende Grundhaltung bringt Kant mit dem treffenden Begriff der ‚negativen Gesetzgebung' auf eine unter validen Prinzipiengesichtspunkten wissenschaftlich tragfähige Grundlage. Wenn man mit aller gebotenen Behutsamkeit – also auch insoweit nach einem ‚System der Vorsicht' – eine Parallele im Bereich der zivilrechtlichen Dogmatik sucht, könnte man sie vielleicht am ehesten im Bereich des negatorischen Rechtsschutzes suchen.[250] Denn die negatorische Selbstprüfung der als ihr eigener Gerichtshof begriffenen Vernunft ist am ehesten geeignet, jedwedes ‚Blendwerk' zu entlarven. Es geht also um die Abgrenzung wahrhaft kritischer Philosophie von ‚falschem vernünftelnden Schein', für die ein Blick auf den werkimmanenten Zusammenhang förderlich sein kann. Eine solche Unterscheidung im Wortsinne bedeutet nicht von ungefähr Kritik der reinen Vernunft.

c) ‚Untersuchung der Vermögen der menschlichen Vernunft' statt Systembau

Im Zusammenhang mit der eingangs behandelten Stelle und ihrer unausgesprochenen Bezugnahme auf den Systembau (AA III 465), insbesondere die Bedeutung eines tragfähigen Fundaments, lohnt es sich einmal mehr, weitere Schriften Kants hinzuzuziehen, mögen diese mitunter auch lediglich gewichtigere vorbereiten.[251]

aa) Kants ‚Verkündigung'

Es handelt sich dabei zunächst um die *Verkündigung des nahen Abschlusses eines Tractats zum ewigen Frieden in der Philosophie.* Darin findet sich nämlich eine aufschlussreiche Begriffsbestimmung der kritischen Philosophie, mit der die zuletzt zitierte Stelle aus der *Kritik der reinen Vernunft* tendenziell übereinstimmt: „*Kritische* Philosophie ist diejenige, welche nicht mit den *Versuchen* Systeme zu bauen

250 Näher zur dogmatischen Einordnung *Karl Larenz/Claus-Wilhelm Canaris*, Lehrbuch des Schuldrechts, Teil II, 2. Halbband, 1994, § 86 II 2a; überblicksartig *Jens Petersen*, Medienrecht, 5. Auflage 2010, § 5.

251 *Ernst Cassirer*, Kants Leben und Lehre, 1923, S. 237, hält Veröffentlichungen wie die im Folgenden genannte mit Recht für „kurze, schnell hingeworfene Gelegenheitsarbeiten", stellt aber scharfsichtig fest, dass „in ihnen dennoch das gesamte Fundament für die neue Auffassung gegeben ist, die Kant vom Wesen des Staates und vom Wesen der Geschichte entwickelt hat".

oder zu stürzen, oder gar nur (wie der Moderatism) ein Dach ohne Haus zum gelegentlichen Unterkommen auf Stützen zu stellen, sondern von der Untersuchung der *Vermögen* der menschlichen Vernunft (in welcher Absicht es auch sei) Eroberung zu machen anfängt und nicht so ins Blaue hinein vernünftelt, wenn von Philosophemen die Rede ist, die ihre Beläge in keiner möglichen Erfahrung haben können" (AA VIII 416). Beiläufig lässt sich daran veranschaulichen, dass auch die damit angekündigte Schrift *Zum ewigen Frieden* kritische Philosophie darstellt, wie wir weiter unten am Beispiel der beiden Zusatzartikel noch sehen werden, die gerade auch im Hinblick auf den rechtsphilosophischen Gehalt der Friedensschrift ihre systematische Nähe zu den rechtlich gefärbten Ausführungen der ersten Kritik belegen.

bb) ‚Verfehlung des Gesichtspunkts'

Es geht also nicht um die mehr oder minder gutwilllige, aber unbehelfliche Absicht der aufs Geratewohl unternommenen Errichtung oder Destruierung vermeintlicher Systeme, sondern allein um die die kritische Ermittlung dessen, was die ‚menschliche Vernunft' an erfahrungsfreier Erkenntnis hervorzubringen vermag. Hier wie dort findet sich denn auch die peiorative Formulierung des Vernünftelns als Gegenstück zur rechtmäßig verstandenen Kritik der Vernunft, wie übrigens auch folgende Stelle aus seiner *Anthropologie in pragmatischer Hinsicht* zeigt: „Vernünftelei (ohne gesunde Vernunft) ist ein den Endzweck vorbeigehender Gebrauch der Vernunft, theils aus Unvermögen, theils aus Verfehlung des Gesichtspunkts" (AA VII 200). Letzteres erinnert an eine bereits behandelte Stelle desselben Werkes, in der mit juristischem Unterton zum Ausdruck kommt, dass es für ihn immer nur einen entscheidenden Punkt gibt, auf den es ankommt: „denn der ist nur ein einziger" (AA VII 228).[252] Hier wie dort ist es häufig dieselbe methodische Unzulänglichkeit, die eine transzendentalphilosophische oder eine juristische Argumentation als fernliegend oder gar abwegig erscheinen lässt, weil der Entscheidungsgesichtspunkt verkannt wird oder unter lauter nicht entscheidungsrelevanten Erwägungen untergeht.

252 *Kant*, Anthropologie in pragmatischer Hinsicht, 1798, sei hier, soweit es darauf ankommt, zur Veranschaulichung wiederholt; danach geht es darum, „den Punkt zu treffen (…), worauf es ankommt, so ist es kurz abgemacht, und der Spruch der Vernunft folgt von selbst" (AA VII 228).

2. Definitionsschwierigkeiten des Begriffs vom Recht

Aus juristischer Sicht überaus aufschlussreich sind auch Kants Ausführungen zu den Definitionen. Von vornherein lässt Kant eine gewisse Distanz zur Möglichkeit eindeutiger Definitionen erkennen, indem er voranstellt, was sie idealerweise leisten sollen: „Definiren soll, wie es der Ausdruck selbst giebt, eigentlich nur so viel bedeuten, als den ausführlichen Begriff eines Dinges innerhalb seiner Grenzen ursprünglich darstellen. Nach einer solchen Forderung kann ein empirischer Begriff gar nicht definirt, sondern nur explicirt werden“ (AA III 477). Die erfahrungsmäßige Beimischung müsste dann nämlich noch näher ausgeführt werden.

a) Definition und Exposition

Kant spricht daher ungern von Definition, sondern bevorzugt eine andere Bezeichnung: „Anstatt des Ausdrucks Definition würde ich lieber den der Exposition brauchen, der immer noch behutsam bleibt, und bei dem der Kritiker sie auf einem gewissen Grad gelten lassen und doch wegen der Ausführlichkeit noch Bedenken tragen kann“ (AA III 478). Denn die scheinbar eindeutige Definition ist bei näherem Hinsehen unbestimmter, als ihr Inhalt zu versprechen scheint: „Der Begriff steht also niemals zwischen sicheren Grenzen“ (AA III 477).

In einer aufschlussreichen Fußnote nimmt Kant diese Unbestimmtheit zum Anlass einer desillusionierten Bestandsaufnahme: „Die Philosophie wimmelt von fehlerhaften Definitionen, vornehmlich solchen, die zwar wirklich Elemente zur Definition, aber noch nicht vollständig enthalten. Würde man nun eher gar nichts mit einem Begriffe anfangen können, als bis man ihn definirt hätte, so würde es gar schlecht mit allem Philosophiren stehen“ (AA III 479). Voreilige und damit unwissenschaftliche Definitionsversuche, die diesen Namen nicht verdienen, vermitteln lediglich eine scheinbare Gewissheit, erweisen sich also bei näherer Betrachtung ebenfalls als ‚Blendwerk‘, weil sie den Gegenstand also gerade nicht sinnvoll eingrenzen, sondern eher geeignet sind, zu einem von vornherein verengten Verständnis und damit letztlich nicht weiter zu führen.

b) Anwendung auf die Jurisprudenz

Was Kant hier über die Philosophie sagt, entspricht durchaus dem, was aus der juristischen Methodenlehre geläufig ist, und gilt in gewisser Weise auch für die Jurisprudenz. Auch dort begegnen Fallgestaltungen, in denen sich erweisen kann, dass der im gesetzlichen Tatbestand vorausgesetzte Begriff nicht ‚zwischen sicheren

Grenzen steht'.[253] Denn auch im Rahmen der juristischen Subsumtion können Definitionsversuche dergestalt zu kurz greifen, dass der Gesetzesbegriff selbst sinnfälliger ist und sich besser von selbst versteht als der unbeholfene Versuch einer Eingrenzung, die mehr verdunkelt als erhellt und damit dem Gesetzeszweck nicht zur Durchsetzung verhilft, sondern ihm schlimmstenfalls zuwiderläuft. Wollte man es in Kantischer Dikton formulieren, dann könnte man sagen, dass solche unbehelflichen Definitionen im ‚Dogmatismus' verharren und daher gerade keine leistungsfähige Dogmatik darstellen, weil sie nicht die innere Teleologie des Gesetzes zum Ausdruck bringen, sondern mehr oder minder unfundierten Eigenwertungen Vorschub leisten.[254]

c) Verweisung auf den Rechtsbegriff

Für den vorliegenden Zusammenhang ist dies deswegen von Bedeutung, weil Kant es unter anderem am Beispiel des Rechts auseinandersetzt, um den von ihm favorisierten Terminus der Exposition zu übernehmen: „Zweitens kann auch, genau zu reden, kein *a priori* gegebener Begriff definirt werden, z. B. Substanz, Ursache, Recht, Billigkeit etc. Denn ich kann niemals sicher sein, daß die deutliche Vorstellung eines (noch verworren) gegebenen Begriffs ausführlich entwickelt worden, als wenn ich weiß, daß dieselbe dem Gegenstande adäquat sei" (AA III 478).

Um diese Stelle besser zu verstehen, muss man noch einmal zurückgehen zur transzendentalen Ästhetik, im Rahmen derer Kant den Begriff des Rechts, wie weiter oben gesehen, ebenfalls beispielhaft heranzieht: „Ohne Zweifel enthält der Begriff von Recht, dessen sich der gesunde Verstand bedient, eben dasselbe, was die subtilste Speculation aus ihm entwickeln kann, nur daß im gemeinen und praktischen Gebrauche man sich dieser mannigfaltigen Vorstellungen in diesem Gedanken nicht bewußt ist" (AA IV 43 / AA III 66).

Nimmt man diese Stelle hinzu, so erschließt sich, warum beispielsweise der a priori gegebene Begriff des Rechts schwerlich definiert werden kann (AA III 478). Denn eine solche Begriffsbestimmung müsste dann bereits alles Denkbare ermessen und enthalten, was sich aus dem Rechtsbegriff ergeben kann. Dabei kommt in

253 Grundlegend *Detlef Leenen*, Typus und Rechtsfindung, 1971; dazu *Jens Petersen*, Max Webers Rechtssoziologie und die juristische Methodenlehre, 3. Auflage, 2020, § 5; in diesen Zusammenhang gehört wohl auch die Lehre von der ‚Fallnorm', die eine wechselseitige Annäherung von Sachverhalt und Norm bis zum „hermeneutischen Umkehrpunkt" vornimmt; wegweisend *Wolfgang Fikentscher*, Methoden des Rechts in vergleichender Darstellung, Band IV, 1977, S. 198 f.

254 Eingehend dazu *Claus-Wilhelm Canaris*, Richtigkeit und Eigenwertung in der richterlichen Rechtsfindung, in: Grazer Universitätsreden Nr. 50, 1993, S. 23.

der Praxis erschwerend hinzu und ist in Kants dynamischer Formulierung der Entwicklungsfähigkeit bereits mitbedacht, dass in der dort vorausgesetzten Mannigfaltigkeit auch Fallgestaltungen erfasst sein mögen, die bei der Schaffung von Rechtsnormen noch gar nicht bekannt waren, ihnen aber gleichwohl subsumiert werden können.[255]

d) Spannungsverhältnis zur Definition der Rechtslehre

Allerdings besteht zwischen der zuletzt zitierten Einsicht Kants und dem in seiner späteren Rechtslehre gleichwohl unternommenen Versuch einer Definition des Rechts ein gewisses Spannungsverhältnis, da es dort wie erinnerlich heißt: „Das Recht ist also der Inbegriff der Bedingungen, unter denen die Willkür des einen mit der Willkür des andern nach einem allgemeinen Gesetze der Freiheit zusammen vereinigt werden kann" (AA VI 230). Insofern gilt vielleicht auch für die Philosophen dasjenige, was Kant in der oben genannten Fußnote über die Juristen mit einem aufschlussreichen Possessivpronomen bemerkt: „Noch suchen die Juristen eine Definition zu ihrem Begriffe vom Recht" (AA III 479). Der Rechtsbegriff der Juristen ist also nicht notwendigerweise derjenige der Transzendentalphilosophen, weil dieser a priori gegeben sein muss, während jener wohl auch die Möglichkeit erfahrungsmäßiger Beimischung durch die Vielgestaltigkeit vorgestellter Sachverhalte aus der Rechtswelt berücksichtigen kann.

3. Richterliche Vernunft

Der zweite Abschnitt des ersten Hauptstücks der transzendentalen Methodenlehre trägt den polemischen Gebrauch der reinen Vernunft bereits im Titel.[256] Dabei zeigt sich schnell, dass die Rigidität der juristisch oder gar polizeilich geprägten Formulierungen letztlich im Dienste der Verwirklichung Idee der Freiheit steht.

255 Näher etwa *Jens Petersen*, Allgemeiner Teil und Internet, Juristische Ausbildung 2002, 387.
256 Vgl. dazu *Diego Kosbiau Trevisan*, Der Gerichtshof der Vernunft. Eine historische und systematische Untersuchung über die juridischen Metaphern der K. r. V., 2018, S. 266 ff.

a) Unbeschränkte Selbstkritik der reinen Vernunft

Von daher erschließt sich, warum bereits der einleitende Satz Signalworte enthält, die auf eine gewisse Schärfe und Konfrontation hinzudeuten scheinen, bei näherem Hinsehen aber wiederum das Gebot unbedingter Selbstkritik enthalten:[257] „Die Vernunft muß sich in allen ihren Unternehmungen der Kritik unterwerfen und kann der Freiheit derselben durch kein Verbot Abbruch thun, ohne sich selbst zu schaden und einen eher nachtheiligen Verdacht auf sich zu ziehen" (AA III 484).[258]

aa) Vernunftrechtliche Verwirklichung der Freiheit

Wir haben bereits weiter oben gesehen, dass diese Unterwerfung der Vernunft unter das Gebot der Kritik im Zusammenhang mit jener Stelle aus der Einleitung zur ersten Auflage der *Kritik der reinen Vernunft* zu verstehen ist, an der Kant von der ‚gereiften Urtheilskraft des Zeitalters' spricht (AA IV 9).

(1) Freiheit als Voraussetzung der Aufklärung

Nicht zuletzt deswegen, weil es sich um das Zeitalter der Kritik und Aufklärung handelt, kann man darin eine vernunftrechtliche Prägung erblicken, die ihrerseits auf die Verwirklichung der Freiheit zugerichtet ist: „Zu dieser Aufklärung aber wird nichts erfordert als *Freiheit*" (AA VIII 36). Denn die Worte Freiheit, Verbot und Verdacht gehören wohl abermals nicht von ungefähr in einem weiteren Sinne der Rechtssprache zu oder berühren wenigstens Themenbereiche, die typischerweise in den Bereich der Justiz oder die Berichterstattung über dieselbe fallen. Wenn man sich fragt, warum außer der Freiheit nicht auch die Gleichheit erforderlich ist, erweist sich ein Blick auf die Schrift *Zum ewigen Friedens* sowie die späte Rechtslehre als förderlich.

Vor allem bezüglich der Freiheit setzt Kant nämlich diese rechtliche Konnotation auch in der Friedensschrift voraus: „So ist es z. B. ein Grundsatz der moralischen Politik: daß sich ein Volk zu einem Staat nach den alleinigen Rechtsbegriffen der Freiheit und Gleichheit vereinigen solle, und dieses Princip ist nicht auf Klugheit, sondern auf Pflicht gegründet" (AA VIII 378).[259] Diese deontologische Begründung ist folgerichtig, da es um ein Prinzip der *moralischen* Politik handelt, deren

---

257 Näher *Ulrich Seeberg*, Ursprung, Umfang und Grenzen der Erkenntnis. Eine Untersuchung zu Kants transzendentaler Deduktion der Kategorien, 2006, S. 216 f.

258 *Kant*, Was heißt: Sich im Denken orientiren?, 1786 (AA VIII 131), wurde bereits weiter oben im Hinblick auf die ‚Unterwerfung der Vernunft' (AA VIII 145) untersucht.

259 Wichtig dazu auch *Volker Gerhardt*, Immanuel Kants Entwurf ‚Zum ewigen Frieden'. Eine Theorie der Politik, 1999.

Maßstab freilich gleichwohl die genannten Rechtsbegriffe der Freiheit und Gleichheit sein können. Wir werden am Ende des Dritten Teiles noch sehen, dass diese Rechtsbegriffe mit der späten Rechtslehre übereinstimmen, auch wenn Kant dort noch einen Schritt weitergeht, indem er lediglich die Freiheit als angeborenes Recht erachtet, während die Ausprägungen der angeborenen Gleichheit „schon im Princip der angebornen Freiheit" liegen (AA VI 238). Mit dieser Modifizierung lässt sich auch die zuletzt zitierte Stelle aus der Friedensschrift als wenigstens mittelbare Ausprägung eines Rechts der Freiheit begreifen.

(2) Einsetzung des Gerichtshofs der Vernunft auf dem Weg zu einem Recht der Freiheit

In konsequenter Fortsetzung des Bildes vom Gerichtshofs der Vernunft lässt auch sich vor diesem Hintergrund von einem Recht der Freiheit sprechen, wenn man grundlegende Einsichten zur inneren Architektur der *Kritik der reinen Vernunft* berücksichtigt. Einer der führenden Kant-Forscher hat nämlich aus dem Konzept der Gerichtshofs-Metapher in beeindruckender Weise abgeleitet, auf welche Weise Kant über den von ihm verehrten Rousseau hinaus dessen Vorrang der sittlichen Freiheit in eine Theorie der reinen und praktischen Vernunft eingliedert.[260]

Dieser tiefgründige Gedanke veranschaulicht vielleicht, warum es förderlich sein kann, die Darstellung über Kants Recht der Freiheit mit der in planvoller Berücksichtigung von Recht und Gerichtsbarkeit zum Ausdruck kommenden Architektur der ersten Kritik beginnen zu lassen und der als Gerichtshof begriffenen Kritik der reinen Vernunft einen so scheinbar unverhältnismäßig großen Umfang einzuräumen. Womöglich kann man auch unter diesem Gesichtspunkt, wie weiter oben bereits angedeutet, von einer werkimmanenten Darstellung eines Rechts der Freiheit sprechen. Denn wenn die kontinuierliche Wahrheitssuche am Beispiel eines Gerichtsprozesses in letzter Konsequenz geeignet ist, zur Einsicht in den Vorrang der Freiheit zu führen, dann lässt sich wohl auch die von der Einsetzung des Gerichtshofs der Vernunft ausgehende erste Kritik als Meilenstein auf dem Weg zu einem Recht der Freiheit begreifen.

---

260 *Dieter Henrich*, Werke im Werden. Über die Genesis philosophischer Einsichten, 2011, S. 83f.: „Die Kritik zeigt nun aber, was Rousseau selbst niemals hätte aufweisen können: dass nämlich dieser Primat (sc. der sittlichen Freiheit) aus dem inneren Formzusammenhang der Vernunft selbst hervorgeht. (...) Die Konzeption hat in der Einheit, zu der diese beiden Wurzeln ohne äußerlichen Bindungszwang zu einem neuen Einheitsgedanken zusammengewachsen sind, durch die Werkform der *Kritik der reinen Vernunft* die ihr gemäße Ausgestaltung gefunden".

bb) Heiligkeit und gesetzmäßige Gesinnung in der reinen und praktischen Vernunft

Aus dem zuletzt Bedachten folgt, dass insbesondere im Hinblick auf den Zusammenhang von Recht und Freiheit die einschlägigen Stellen innerhalb der *Kritik reinen Vernunft* und der *Kritik der praktischen Vernunft* im Zusammenhang gelesen werden müssen, wie dies bereits im bisherigen Verlauf der Untersuchung immer wieder unternommen wurde, wenn bestimmte Formulierungen in beiden Werken einander auffallend ähnelten.

(1) Unbestechliche Untersuchung der Vernunft ohne ‚Ansehen der Person'

Das zeigt sich auch dort wo eine Prüfung ohne ‚Ansehen der Person', also in größtmöglicher Unbefangenheit mit juristischem Anklang postuliert wird, und in gleichsam inquisitorischer Diktion von einer ‚Durchsuchung' die Rede ist. Als stilistisch besonders markant erweist sich dabei die Verbindung einer Anapher mit einer zweistufigen Klimax: „Da ist nun nichts so wichtig in Ansehung des Nutzens, nichts so heilig, das sich dieser prüfenden und musternden Durchsuchung, die kein Ansehen der Person kennt, entziehen dürfte" (AA III 484). Während das Wichtige scheinbar noch lediglich utilitaristisch verstanden wird, setzt die Berufung auf das Heilige einen mitnichten religiös verstandenen, höheren Maßstab, um die schonungslose Aufdeckung jeglichen Blendwerks zum Ausdruck zu bringen, das vor dem Gerichtshof der Vernunft enttarnt wird. Die nicht nur juristische, sondern in diesem Zusammenhang auch anthropomorphe Formulierung ‚Ansehen der Person' bringt dies besonders wirksam zum Ausdruck, da die als Gerichtshof begriffene Kritik der reinen Vernunft über keinen Anderen Gericht hält. Wir werden weiter unten noch sehen, dass die auf den ersten Blick überraschende Hervorhebung des Heiligen die transzendentale Methodenlehre durchzieht und dort sogar interessanterweise auf das Recht bezogen wird. (AA III 492).[261]

(2) ‚Heiligkeit der Sitten' in der *Kritik der praktischen Vernunft*

In der *Kritik der praktischen Vernunft* wird Kant das ‚heilig' im Sinne der Unabdingbarkeit noch auf das moralische Gesetz ausweiten: „Das moralische Gesetz ist heilig (unnachsichtlich) und fordert Heiligkeit der Sitten, obgleich alle moralische Vollkommenheit, zu welcher der Mensch gelangen kann, immer nur Tugend ist, d. i. gesetzmäßige Gesinnung aus Achtung fürs Gesetz, folglich Bewußtsein eines continuirlichen Hanges zur Übertretung, wenigstens Unlauterkeit, d. i. Beimischung

261 *Ralf Dreier*, Rechtsbegriff und Rechtsidee. Kants Rechtsbegriff und seine Bedeutung für die gegenwärtige Diskussion, 1986, S. 24, zum Adjektiv ‚heilig' noch in einer anderen Schrift Kants.

vieler unächter (nicht moralischer) Bewegungsgründe zur Befolgung des Gesetzes, folglich eine mit Demuth verbundene Selbstschätzung und also in Ansehung der Heiligkeit, welche das christliche Gesetz fordert, nichts als Fortschritt ins Unendliche dem Geschöpfe übrig läßt, eben daher aber auch dasselbe zur Hoffnung seiner ins Unendliche gehenden Fortdauer *berechtigt*" (AA V 128; Hervorhebung nur hier). Auffällig ist der Begriff der ‚Beimischung', freilich nicht der empirischen, wie in der ersten Vernunftkritik, sondern entsprechend der Grundrichtung seiner Moraltheorie auf die Motive der Gesetzesbefolgung. Daher ist auch die ‚gesetzmäßige Gesinnung aus Achtung fürs Gesetz' nicht juridisch, sondern moraltheoretisch im Sinne eines pflichtgemäßen Handelns aus Pflicht zu verstehen.

(3) Berechtigung

Das juristisch geprägte Schlusswort (‚berechtigt') antwortet unausgesprochen auf die auch in der ersten Kritik gestellte Frage, was wir hoffen dürfen (AA III 523). Interessanterweise enthält die bereits wiederholt zitierte und im Hinblick auf die *Kritik der reinen Vernunft* so aufschlussreiche Abhandlung *Über den Gemeinspruch* noch einen auf das Prinzip Hoffnung gerichteten Gedanken bezüglich empirischer Beweisgründe, für den ebenfalls die Berechtigung – wenngleich in negatorischer Ausgestaltung – bestimmend ist: „Empirische Beweisgründe wider das Gelingen dieser auf Hoffnung genommenen Entschließungen richten hier nichts aus. Denn daß dasjenige, was bisher noch nicht gelungen ist, darum auch nie gelingen werde, berechtigt nicht einmal, eine pragmatische oder technische Absicht (…) aufzugeben; noch weniger aber eine moralische, welche, wenn ihre Bewirkung nur nicht demonstrativ-unmöglich ist, Pflicht wird" (AA VIII 309 f.). Zugleich veranschaulicht diese Stelle eines kleineren Werkes über den Nutzen der Theorie für die Praxis den Zusammenhang zwischen reiner und praktischer Vernunft

cc) Freiheit als Grundlage und Bedingung der Vernunft

Aber auch der abschließende Satz des ersten Absatzes an der weiter oben betrachteten Stelle der *Kritik der reinen Vernunft* (AA III 484) stellt unmissverständlich klar, dass – ungeachtet aller auf Polizeibefugnisse hindeutenden Formulierungen[262] – die Idee der Freiheit die nachgerade existenzielle Voraussetzungen der Vernunft

---

262 Näheren Aufschluss über das Bild der Polizei im Verhältnis zum Gerichtshof in den unterschiedlichen Auflagen des Werkes gibt die Abhandlung von *Toshihiro Hirata*, Kants Modellwechsel im Hinblick auf die Kritik der reinen Vernunft. Vom Gerichtshofmodell zum Polizeimodell, in: Kant und die Berliner Aufklärung (Hg. Volker Gerhardt/Rolf-Peter Horstmann), 2001, S. 748.

darstellt:[263] „Auf dieser Freiheit beruht sogar die Existenz der Vernunft, die kein dictatorisches Ansehen hat, sondern deren Ausspruch jederzeit nichts als die Einstimmung freier Bürger ist, deren jeglicher seine Bedenklichkeiten, ja sogar sein *veto* ohne Zurückhalten muß äußern können" (AA III 484). Man fühlt sich bis in die einzelnen Formulierungen hinein an die Vorstellung eines herrschaftsfreien Diskurses erinnert, in dem sich die Vernunft behaupten und allein die Kraft des besseren Arguments durchsetzen darf.[264]

Vor allem aber bedeutsam ist, dass die Vernunft selbst von der Freiheit abhängt und somit das Bestehen der Freiheit eine buchstäblich existenzielle Bedingung der Vernunft darstellt. Der nähere Zusammenhang mit der Absage an jedwedes diktatorische Element ergibt, dass damit Gedanken- und Meinungsfreiheit im denkbar weitesten Sinne der Aufklärung gemeint ist. Dieser Bedingungszusammenhang zwischen Freiheit und Vernunft streitet, wenn man ihn, was angesichts der Anspielungen naheliegt, auf das Juristische anwendet, entscheidend dafür, dass alles, was Kant in dieser Hinsicht ins Feld führt, immer nur auf ein Vernunftrecht der Freiheit hinauslaufen kann.

dd) Parlamentsadvokaten und Richter

Das gegenteilige Vorgehen einfacher Winkeladvokaten, welche die Argumente nach Belieben austauschen, um gerade vor einem kritiklosen und arbeitsscheuen Richter vordergründigen Erfolg zu haben, kennt Kant übrigens ebenfalls, indem er jenen Typus wortgewaltig und mit zeitloser Gültigkeit als opportunistisch beflissen und arbiträr in der Argumentation charakterisiert: „Seine Absicht ist nur wie die von jenem Parlamentsadvocaten: das eine Argument ist für diesen, das andere für jenen, nämlich um sich die Schwäche seiner Richter zu Nutze zu machen, die, ohne sich tief einzulassen und um von dem Geschäfte bald loszukommen, das Erste Beste, was ihnen eben auffällt, ergreifen und danach entscheiden" AA III 513).[265] Demgegenüber hat jede tragende Begründung der *Kritik der reinen Vernunft* im Wortsinne absolut, also losgelöst von einem bestimmten vorgestellten Richter, aus eigenem

---

263 *Dieter Henrich*, Die Deduktion des Sittengesetzes, Festschrift für Wilhelm Weischedel, 1975, S. 55, 69, setzt folgerichtig gleich: „Die Beziehung der Vernunft auf Freiheit ist die Beziehung auf eine *Idee*." Hervorhebung auch dort.

264 *Jürgen Habermas*, Auch eine Geschichte der Philosophie, Band 2: Vernünftige Freiheit. Spuren des Diskurses über Glauben und Wissen, 2019, S. 300 ff., räumt der Kantischen Philosophie wohl nicht von ungefähr den gebührenden Raum ein, wie auch der zitierte Untertitel des zweiten Bandes seines epochalen Alterswerkes belegt.

265 Dazu auch *Diego Kosbiau Trevisan*, Der Gerichtshof der Vernunft. Eine historische und systematische Untersuchung über die juridischen Metaphern der K. r. V., 2018, S. 279 mit Fußnote 891, zu einer weiteren Stelle, an der von den ‚Parlamentsadvokaten' die Rede ist.

Recht zu bestehen und darf sich nicht mit dem erstbesten eingängigen Argument bescheiden, das auf einen mehr oder minder beschränkten oder interessierten Empfängerhorizont zugerichtet ist.

b) Zensur des Richters und Ansprüche des Mitbürgers

Auch die reine Vernunft muss sich somit der Kritik stellen und vor einer höheren Instanz verantworten, weil auch sie beständig Gefahr läuft, sich in unreflektierter Selbstgerechtigkeit eine Bedeutung anheischig zu machen, die ihr nicht zusteht: „Aber die reine Vernunft in ihrem dogmatischen (nicht mathematischen) Gebrauche ist sich nicht so sehr der genauesten Beobachtung ihrer obersten Gesetze bewußt, daß sie nicht mit Blödigkeit, ja mit gänzlicher Ablegung alles angemaßten dogmatischen Ansehens vor dem kritischen Auge einer höheren und richterlichem Vernunft erscheinen müßte" (AA III 484).[266]

aa) Insichprozess und Solipsismus

Die zuletzt in kunstvoll anthropomorpher Diktion angeordnete Präsenzpflicht erhält wiederum die Gerichtsmetapher aufrecht und weitet sie bis in die Abwandlung der letzten Formalitäten aus. Die Kehrseite dieser Veranschaulichung der vor dem Richterstuhl erscheinenden Vernunft,[267] die letztlich selbst wieder der Gerichtshof aller Streitigkeiten im Hinblick auf sie sein soll,[268] wie es an späterer Stelle heißt

266 Im Hinblick auf den Klammerzusatz erweist sich eine juristisch konnotierte Klarstellung von *Dieter Henrich*, Die Deduktion des Sittengesetzes, Festschrift für Wilhelm Weischedel, 1975, S. 55, 80, als weiterführend, zumal da sie die Differenz gegenüber den bereits im Zusammenhang mit Hume zitierten ‚Prolegomena' erhellt: „Im Unterschied zur ‚Kritik der reinen Vernunft' setzen die ‚Prolegomena' die Gültigkeit der synthetischen Sätze von Mathematik und mathematischer Physik voraus und fragen nur ‚wie', nicht auch ‚ob' sie möglich sind. Dieses Verfahren könnte man sich als Erlaß eines Rechtsstreites in einer Sache erklären, in der kaum ein Skeptiker bereit ist, vor das Gericht der Kritik zu gehen. Darum darf auch ohne ausführliche Kritik des Subjekts und somit ohne Rechtfertigung angegeben werden, welches allein der Ursprung einer solchen Erkenntnis sein kann." – Henrich entwickelt hier eine überaus anspruchsvolle Analogie im Sinne der Kantischen Darstellung mit Hilfe der Rechtssprache, auch wenn die Vorstellung des ‚Erlasses eines Rechtsstreits' etwas schief ist und daher an die juristische Präzision Kants nur annäherungsweise herankommt.

267 *Kant*, Anthropologie in pragmatischer Hinsicht, 1798 (AA VII 117), § 10 spricht, wie erinnerlich, zur „Rechtfertigung der Sinnlichkeit gegen die Zweite Anklage" korrespondierende vom „Richterstuhl des Verstandes" (AA VII 145).

268 *David Roland Doublet*, Die Vernunft als Rechtsinstanz, 1989, S. 21 mit Anm. 42, zitiert zustimmend das prägnante Wort von *Friedrich Kaulbach*, Das Prinzip Handlung in der Philosophie Kants,

(AA III 491), könnte freilich in einem Insichprozess liegen.[269] In philosophische Hinsicht würde dem wohl der Vorhalt des Solipsismus entsprechen.[270]

Doch darf man nicht übersehen, dass Kant auch in der *Kritik der reinen Vernunft* durchweg – wie etwa an der soeben zitierten Stelle“ (AA III 484) – den Mitbürger berücksichtigt, also die Intersubjektivität im Blick hält, und zwar nicht von ungefähr in einer rechtsphilosophisch relevanten Weise, die in zivilrechtlicher Sprache dessen Ansprüche formuliert:[271] „Ganz anders ist es bewandt, wenn sie es nicht mit der Censur des Richters, sondern den Ansprüchen ihres Mitbürgers zu thun hat und sich dagegen bloß verteidigen soll. Denn da diese eben sowohl dogmatisch sein wollen, obzwar im Verneinen, als jene im Bejahen: so findet eine Rechtfertigung (…) statt, die wider alle Beeinträchtigung sichert und einen titulierten Besitz verschafft, der keine fremde Anmaßungen scheuen darf, ob er gleich selbst (…) nicht hinreichend bewiesen werden kann“ (AA III 484).

bb) Negatorischer Rechtsschutz

Wiederum unterscheidet Kant status positivus und status negativus. Hier geht es also, wenn man es mit modernen zivilrechtlichen Kategorien ausdrücken möchte, erneut um einen negatorischen Rechtsschutz.[272] Aber auch an dieser Stelle bleibt Kant bewusst im Sprachgebrauch des bürgerlichen Rechts und des Zivilprozesses verhaftet,[273] indem er vom titulierten Besitz ausgeht:[274] „Denn wir sind alsdann

1978, vom „Richterstuhl der Vernunft“, und entkräftet im Übrigen überzeugend den weiter unten im Text angesprochenen Vorhalt des Solipsismus.

269 Zu dieser Rechtsfigur *Wolf-Rüdiger Bub/Jens Petersen*, Konfusion und Insichprozess, Festschrift für Ekkehard Schumann, 2001, S. 72.

270 Zu dieser Gefahr *Vittorio Hösle*, Kritik der verstehenden Vernunft, 2018, Seite 286.

271 *Jürgen Habermas*, Auch eine Geschichte der Philosophie, Band 2: Vernünftige Freiheit. Spuren des Diskurses über Glauben und Wissen, 2019, S. 313, hat herausgearbeitet, dass Kant das Ich „als *ein von Haus aus handelndes* Subjekt“ erachtet. Für *Vittorio Hösle*, Seine Geschichte der Philosophie – Zum Alterswerk von Jürgen Habermas, Philosophische Rundschau 68 (2021), 164, 180f., ist dieser Gedanke „an Habermas‘ Kantdarstellung“ entscheidend. Hervorhebung auch dort.

272 Zu ihm etwa *Jens Petersen*, Medienrecht, 5. Auflage 2010, § 5.

273 Vgl. auch *Friedrich Kaulbach*, Studien zur späten Rechtsphilosophie Kants und ihrer transzendentalen Methode, 1982, S. 35f., zeichnet die Kantische Analogie im Ausgangspunkt auch in juristischer Hinsicht exakt und rechtsdogmatisch widerspruchsfrei nach: „Für die Urteilsfindung in einem Zivilprozeß hat sich in der Praxis des Rechtsdenkens und der prozessualen Rechtsausübung das Verfahren eingebürgert – welches dann in die Dogmatik der ‚Rechtslehrer‘ eingegangen ist, – zuerst den Tatbestand aufzunehmen, wozu auch die Formulierung der Rechtsansprüche der Parteien gehört, danach aber im Sinne der quid iuris-Frage diese Ansprüche zu prüfen und sie in die Grenzen ihrer Rechtmäßigkeit zu verweisen, sie also innerhalb dieser Grenzen zu recht-fertigen. Analog wird in der Vernunftkritik der Anspruch der Kategorien, objektive Realität von syntheti-

doch nicht bittweise in unserem Besitz, wenn wir einen, obzwar nicht hinreichenden Titel derselben vor uns haben, und es völlig gewiß ist, daß niemand die Unrechtmäßigkeit dieses Besitzes jemals beweisen könne" (AA III 484 f.). Auch die Rechtmäßigkeit des Besitzers ist ja ein Topos, der die *Kritik der reinen Vernunft* von Anfang an prägt, wie wir im Zusammenhang der Unterscheidung *quid iuris* und *quid facti* gesehen haben (AA IV 68 / AA III 99).[275]

4. ‚Kritik der reinen Vernunft als wahrer Gerichtshof für alle Streitigkeiten derselben'

Die schonungslose Prüfung der Triftigkeit der Beweisgründe bedeutet für Kant überhaupt ein Gebot intellektueller Rechtschaffenheit, das er auf eine zeitlos gültige Weise begründet und wirkungsvoll in eine rhetorische Frage kleidet: „Denn was kann den Einsichten nachtheiliger sein, als sogar bloße Gedanken verfälscht einander mitzutheilen, Zweifel, die wir wider unsere eigene Behauptungen fühlen, zu verhehlen, oder Beweisgründen, die uns selbst nicht genugthun einen Anstrich von Evidenz zu geben?" (AA III 490).

---

schen Urteilen a priori zu begründen, durch transzendentale Deduktion gerechtfertigt. Eine entsprechende Rolle wird der Deduktion in der praktischen Philosophie zugedacht. Hier ist eine Rechtfertigung des Anspruchs des kategorischen Imperativs und der Maximen auf unbedingte Anerkennung und Befolgung zu leisten." – Seine hier, wie auch an verschiedenen anderen Stellen (etwa ebenda, S. 30), vorgenommene Trennung der ‚Recht-fertigung' bringt jedoch keinen ersichtlichen Zugewinn an Klarheit. Das zeigt sich, bei aller Richtigkeit im Übrigen, insbesondere dann, wenn diese Trennung unterbleibt und auf ein anderes Wort ausgedehnt wird (ebenda, S. 37): „Der Aufweis dieser Er-möglichung leistet zugleich auch die *Rechtfertigung* des Anspruchs des kategorischen Imperativs auf Verbindlichkeit: damit ist die Aufgabe bestimmt, die der ‚transzendentalen Deduktion' obliegt. Auch für die Rechtfertigung des Verbindlichkeitsanspruches des dem moralischen Imperativ entsprechenden Rechtssatzes sind analoge Überlegungen einer ‚Deduktion', der die ‚quid iuris' Frage gestellt ist, zu leisten." Hervorhebung und Silbentrennungen auch dort.

274 Erhellend zur möglichen Genese dieser Terminologie *Dieter Henrich*, Kant's Notion of a Deduction and the Methodological Background of the First Critique, in: Kant's Transcendental Deductions. The Three 'Critiques' and the 'Opus postumum' (Hg. Eckart Förster), 1989, S. 29, 37: "We don't know just when Kant decided to present his new method of philosophical justification in the form and the terminology of juridical deductions. This probably happened rather late in his long preparations for the publication of the first Critique. We do know, however, that the decision concerned more than the chapter that became entitled 'Transcendental Deduction of the Pure Concepts of the Understanding'".

275 Vgl. nur *Diego Kosbiau Trevisan*, Der Gerichtshof der Vernunft. Eine historische und systematische Untersuchung über die juridischen Metaphern der K. r. V., 2018, S. 293, zur Unterscheidung zwischen metaphysischer und transzendentaler Deduktion.

a) Keine Verteidigung einer ‚gerechten Sache mit Unrecht‘

Würde diesem Gebot mit wissenschaftlicher Redlichkeit entsprochen, dann bedürfte es in der Überschrift des hier behandelten Hauptstücks der transzendentalen Methodenlehre keinerlei ‚polemischen Gebrauchs‘. Bevor Kant selbst dies ausdrücklich feststellt, findet sich jedoch ein für den vorliegenden Zusammenhang aufschlussreicher Satz, der sich unmittelbar an seine Leser wendet. Abermals verknüpft Kant die erkenntnisleitenden Gesichtspunkte mit dem Bild eines Gerichtsprozesses, das er zunächst mit einem Appell an die gerechte Gesinnung einleitet: „Ich setze also Leser voraus, die keine gerechte Sache mit Unrecht vertheidigt wissen wollen. In Ansehung deren ist es nun entschieden, daß nach unseren Grundsätzen der Kritik, wenn man nicht auf dasjenige sieht, was geschieht, sondern was billig geschehen sollte, es eigentlich gar keine Polemik der reinen Vernunft geben müsse“ (AA III 491).

Auch hier begegnet die juristisch geprägte Vorstellung Kants, die von einer Kongruenz von Recht und Unrecht ausgeht. Vorgebliche Gerechtigkeit kann nicht auf unrechtmäßige Weise gerechtfertigt werden. Darüber hinaus aber sollte man die moraltheoretische Fundierung nicht außer Betracht lassen, die sich aus den letzten drei Worten des ersten Satzes ergibt, vor allem dem abschließenden: ‚vertheidigt wissen *wollen*‘. Denn hier kommt der gute Wille als entscheidendes Motiv in den Blick, der im berühmten ersten Satz seiner ‚Grundlegung zur Metaphysik der Sitten‘ zum a priori gültigen und alles entscheidenden Beweggrund wird:[276] „Es ist überall nichts in der Welt, ja überhaupt auch außer derselben zu denken möglich, was ohne Einschränkung für gut könnte gehalten werden, als allein ein guter Wille“ (AA IV 393). Der transzendentalphilosophische Zusammenhang zeigt sich nicht nur an der jeweiligen Apriorität, sondern auch daran, dass nicht nur der *Kritik der reinen Vernunft* eine kopernikanische Wende zugrunde liegt, sondern auch seiner Moraltheorie.[277]

---

276 *Manfred Baum*, Freiheit und Recht bei Kant, Kant und die Philosophie in weltbürgerlicher Absicht (Hg. Stefano Bacin/Alfredo Ferrarin/ Claudio La Rocca/Margit Ruffing), 2013, S. 73, 75, schlägt den Bogen zum Vernunftrecht: „Kants revolutionäre Neuerung gegenüber diesem naturrechtlichen Schema besteht nun darin, dass bei ihm der menschliche Wille selbst zum Gesetzgeber wird, dessen Gesetzgebung er selbst und alle anderen vernünftigen Wesen unterworfen sind“.

277 *Dieter Henrich*, Ethik der Autonomie, in: *Ders.*, Selbstverhältnisse. Gedanken und Auslegungen zu den Grundlagen der klassischen deutschen Philosophie, 1982, S. 6, 15 f. mit Anmerkung 4 auf S. 54, hat das überraschende zeitliche Verhältnis unter Verweis auf handschriftliche Anmerkungen Kants in einer anderen Schrift herausgearbeitet: „Der Entschluss, diesen Versuch zu wagen, ist die erste kopernikanische Wende Kants. Sie erfolgte schon im Jahre 1765“.

b) Wiederkehr der Frage des *quid facti* und *quid iuris*

Neben der fundamentalen Unterscheidung zwischen Recht und Unrecht schwingt im Nachsatz, der nicht auf das tatsächliche Geschehen, sondern das normativ zu beurteilende billige Geschehen abstellt (‚sondern was billig geschehen sollte'), wiederum die Ausgangsfrage mit (AA IV 68 / AA III 99). Von daher verwundert nicht, dass Kant kurz darauf das prinzipielle Problem und transzendentalphilosophische Dilemma der *Kritik der reinen Vernunft* noch einmal bündig zusammenfasst: „Denn dieses ist das Schicksal aller Behauptungen der reinen Vernunft: daß, da sie über die Bedingungen aller möglichen Erfahrung hinausgehen, außerhalb welchen kein Document der Wahrheit irgendwo angetroffen wird, sich aber gleichwohl der Verstandesgesetze, die bloß zum empirischen Gebrauch bestimmt sind, ohne die sich aber kein Schritt im synthetischen Denken thun läßt, bedienen müssen, sie dem Gegner jederzeit Blößen geben und sich gegenseitig die Blöße ihres Gegners zu Nutze machen können" (AA III 491).

Dieses Dilemma führt unausweichlich zu einer polemischen Darlegung, derer es nur dann nicht bedürfte, wenn von vornherein die wissenschaftliche Rechtschaffenheit der streitenden Parteien verhinderte, der Versuchung zu erliegen, den Umstand auszunutzen, dass die Beantwortung transzendentaler Fragen zwar allein zulässig ist „aus lauter Begriffen *a priori* ohne die mindeste empirische Beimischung" (AA III 424), andererseits jedoch die zum empirischen Gebrauch bestimmten ‚Verstandesgesetze' für das synthetische Denken unverzichtbar sind.[278]

c) ‚Rechtsame der Vernunft'

Wäre man gehalten, eine Schlüsselstelle zu finden, in der sich die Metapher des Gerichtshofs im Hinblick auf die *Kritik der reinen Vernunft* gleichsam materialisiert, dann würde man sich wohl am ehesten für folgenden kurzen Absatz entscheiden: „Man

278 *Vittorio Hösle*, Eine kurze Geschichte der deutschen Philosophie, 2013, S. 85, hat den Ausgangspunkt besonders anschaulich herausgearbeitet und geistesgeschichtlich eingeordnet: „Denn die ‚Kritik der reinen Vernunft' schlägt einen Mittelweg zwischen Empirismus und Rationalismus vor. Konsistenter als die englischen Empiristen Locke und Berkeley, die innerhalb ihrer Philosophie durchaus Platz für Gott hatten, lehnt Kant die von der Erfahrung abgelösten metaphysischen Spekulationen ab – nicht etwa als falsch, sondern, fast so radikal wie der logische Positivismus, als sinnlos. Nur durch Bezugnahme auf mögliche Erfahrung gebe es ausweisbare Erkenntnis. Doch lehrt er gleichzeitig, dass Erfahrung möglich nur ist, weil sie von Prinzipien geleitet wird, die synthetisch – apriorisch sind und die für jede Erfahrung gelten, freilich nicht für die Dinge an sich. (…) Die Reflexion auf die Bedingungen der Möglichkeit von Erfahrung macht den Restrationalismus Kants aus, der im Positivismus beseitigt ist".

kann die Kritik der reinen Vernunft als den wahren Gerichtshof für alle Streitigkeiten derselben ansehen; denn sie ist in die letzteren, als welche auf Objecte unmittelbar gehen, nicht mit verwickelt, sondern ist dazu gesetzt, die Rechtsame der Vernunft überhaupt nach den Grundsätzen ihrer ersten Institution zu bestimmen und zu beurtheilen“ (AA III 491). Soweit ersichtlich hat das bisherige Schrifttum sich mit dem von Kant verwendeten Begriff der Rechtsame an dieser zentralen Stelle noch nicht eingehend beschäftigt. Auch scheint bislang nicht gebührend gewürdigt worden zu sein, dass dieser Begriff noch in einer kleineren Kantischen Schrift begegnet.

aa) Begriffsklärung dieser unbefangen urteilenden Instanz

Die Kritik der reinen Vernunft erscheint an der zuletzt zitierten Stelle als Subjekt und entscheidende Instanz, die unbefangen urteilt, weil die Zwistigkeiten sich auf Objekte richten. In Ermangelung dieser Parteistellung oder Parteilichkeit scheint der Vorwurf des Insichprozesses vorderhand ausgeräumt.

(1) Herkunft des Begriffs der Rechtsame

Allerdings sind mit dem Verhältnis von Subjektivität und Objektivität, welches die Unbefangenheit der richtenden Instanz belegen soll, noch nicht alle Zweifel behoben. Denn Kant führt in dem Nachsatz, der erklären soll, was vielmehr der Fall ist, nicht von ungefähr die Rechtsame als Objekt der Bestimmung und Beurteilung ein. Fehlte sie, so wäre die Vernunft selbst das Objekt, und die Kritik der reinen Vernunft würde über die ‚Streitigkeiten‘ der Vernunft urteilen, in die sie selbst verstrickt ist. Das aber würde unweigerlich in ein Spannungsverhältnis zu dem soeben Bedachten geraten, weil damit wiederum ein Insichprozess mit dem Problem der mangelnden Unbefangenheit drohen würde.

Durch die Beiziehung der Rechtsame wird die Vernunft gleichsam vertreten, sie erscheint bereits sprachlich im Genitiv und nicht als Untersuchungsgegenstand im Akkusativ. Die Rechtsfigur der Rechtsame überbrückt diese Kluft. Gleichwohl ist der Begriff der ‚Rechtsame‘ aus heutiger Sicht ungewöhnlich und dementsprechend enigmatisch. Man findet ihn beinahe nur noch im Schrifttum des 19. Jahrhunderts zu bestimmten kooperationsrechtlichen Fragen des Allmende-Wesens im Hinblick auf Schweizer Gemeinden,[279] die als Rechtsame bezeichnet wurden.[280] Kant könnte

---

279 *Viktor Egger*, Die Berg- und Rechtsamengemeinden des Solothurner Jura, Jahrbuch für solothurnische Geschichte 23 (1950), 5; *Achilles Renaud*, Die Gemeindenutzungen, Zeitschrift für deutsches Recht und deutsche Rechtswissenschaft 9 (1845), 59, mit dem weiterführenden Hinweis auf S. 70, Fußnote 144: „Früher versuchten die Ortsbürger – Gemeinden im Wege der Administrativwege die Rechtsame-Gemeinden um ihre Allmende zu bringen“.

280 Etwa *Jakob Kurz*, Die Rechtsame Gemeinde Urtenen, 1980.

den Begriff der Rechtsame bei dem von ihm hochgeschätzten Gottfried Achenwall näher kennengelernt haben,[281] über dessen Besonnenheit er an anderer Stelle anerkennend urteilte:[282] „Ich glaube gern, daß weder Achenwall, noch irgend einer der wackeren Männer, die hierüber mit ihm einstimmig vernünftelt haben, je in irgend einem vorkommenden Fall zu so gefährlichen Unternehmungen ihren Rath oder Beistimmung würden gegeben haben."[283] Hier ist ‚vernünftelt' wohl ausnahmsweise nicht abschätzig gemeint, sondern eher im Sinne des Räsonnierens.

(2) Vormundschaftsrechtliche Vorstellung?

Es scheint, als begreife Kant die Rechtsame als Sachwalterin und Vormund zugleich. Allerdings verbietet sich wohl letztlich insbesondere die Annahme einer Vormundschaft, welche die Vernunft gleichsam entmündigen und ihrer Autonomie berauben könnte, was gewiss am wenigsten im Sinne des Autors wäre.[284] Zur Be-

281 Vgl. nur *Gottfried Achenwall*, Staatsverfassung der heutigen vornehmsten Europäischen Reiche und Völker im Grundrisse, Siebende vermehrte Ausgabe, 1790, S. 297 f., zur Verfassung Großbritaniens, allerdings mit anderer Schreibweise: „Es lassen sich insbesondere die Gränzen der Kronprärogativen, der Privilegien des Adels, und der Freiheit des Volks, welches durch das Unterhaus vorgestellt wird nicht so genau bestimmen, daß nicht bisweilen die verschiedenen *Gerechtsame* gegeneinander stoßen sollten; zumal jedem Teil des Parlaments die Beurteilung und Auslegung seiner eigenen Gerechtsame zukommt." Hervorhebung nur hier.

282 *Dieter Henrich*, Kant's Notion of a Deduction and the Methodological Background of the First Critique, in: Kant's Transcendental Deductions. The Three 'Critiques' and the 'Opus postumum' (Hg. Eckart Förster), 1989, S. 29, 38, weist unter Berücksichtigung der seinerzeit maßgeblichen Juristen, die Kants juristisches Verständnis im Hinblick auf die Deduktion geprägt haben dürften, nach, dass dies darüber hinaus gilt: "The Critique is not just permeated by juridical metaphors and terminology. Its major doctrines are related to one another by means of the theory of legal disputes presented by Pütter and Achenwall." Gemeint ist wohl neben *Johann Stephan Pütter*, Anleitung zur juristischen Praxi wie in Teutschland sowohl gerichtliche als aussergerichtliche Rechtshändel oder andere Kanzley- Reichs- und Staats-Sachen schriftlich oder mündlich behandelt, und in Archiven beygeleget werden, Göttingen, 1780; *ders.*, Auserlesene Rechts-Fälle aus allen Theilen der in Teutschland üblichen Rechtsgelehrsamkeit in Deductionen, rechtlichen Bedenken, Relationen und Urtheilen. Göttingen 1768–1802 (eingehend *Ulrich Seeberg*, Kants Vernunftkritik als Gerichtsprozeß, in: Darstellung und Erkenntnis. Beiträge zur Rolle nichtpropositionaler Erkenntnisformen in der deutschen Philosophie und Literatur nach Kant, Hg. Brady Bowman, 2007, S. 61, 68), vor allem *Gottfried Achenwall*, Ius naturae, 1767; vgl. bereits *Friedrich Kaulbach*, Studien zur späten Rechtsphilosophie Kants und ihrer transzendentalen Methode, 1982, S. 35 Fußnote 39.

283 *Kant*, Über den Gemeinspruch: Das mag in der Theorie richtig sein, taugt aber nicht für die Praxis, 1793 (AA VIII 301), unter Verweis auf *Gottfried Achenwall*, Ius naturae, §§ 203 ff.

284 *Dieter Henrich*, Ethik der Autonomie, in: *Ders.*, Selbstverhältnisse. Gedanken und Auslegungen zu den Grundlagen der klassischen deutschen Philosophie, 1982, S. 6, 13, hat dies für die ‚Kritik der praktischen Vernunft' festgestellt, doch gilt es, wie die Folgerung zeigt, mutatis mutandis auch für die ‚Kritik der reinen Vernunft': „Autonomie der Vernunft ist das Prinzip der Kantischen Moral-

stätigung lässt sich die folgende Stelle heranziehen, die zugleich belegt, dass Kant den ebenfalls juristisch geprägten Begriff der Vormundschaft berücksichtigt hat: „Müßte es bei dem dogmatischen Verfahren in Sachen der reinen Vernunft bleiben, und die Abfertigung der Gegner eigentlich polemisch, d. i. so beschaffen sein, daß man sich ins Gefecht einließe und mit Beweisgründen zu entgegengesetzten Behauptungen bewaffnete, so wäre freilich nichts rathsamer vor der Hand, aber zugleich nichts eitler und fruchtlose auf die Dauer, als die Vernunft der Jugend eine Zeit lang unter Vormundschaft zu setzen und wenigstens so lange vor Verführung zu bewahren“ (AA III 493).

(3) Institutionalisierte Fürsprache und Treuhand

Auch wenn sich Kant hier erklärtermaßen an die Jugend wendet, ‚welche dem akademischen Unterrichte anvertrauet ist‘, und von der noch die Rede sein wird,[285] dürften seine paternalistischen Erwägungen nicht nur für die ‚Vernunft der Jugend‘, sondern zur unbedingten Wahrung ihrer Autonomie gleichsam erst recht für die Vernunft als solche gelten.[286] Man darf also getrost annehmen, dass Kant den antiquiert anmutenden, aber durchaus ehrwürdigen Begriff der ‚Rechtsame der Vernunft‘ mit Bedacht gewählt, nachdem er andere in Betracht kommende Bezeichnungen aus der Rechtssprache, wie insbesondere die Vormundschaft, bewusst verworfen bzw. einem anderen Zusammenhang vorbehalten hat. Die Möglichkeit institutionalisierter Fürsprache, die Annahme einer gewissen Schutzbefohlenheit und ein treuhänderisches Modell der Vertretung bei gleichzeitig größtmöglicher Selbstbestimmung könnten somit kennzeichnend für dasjenige sein, was Kant unter der Rechtsame der Vernunft versteht.

bb) ‚Rechtsame der Vernunft‘ in der Preisschrift

Der Begriff der ‚Rechtsame der Vernunft‘ begegnet darüber hinaus, wie freilich im bisherigen Schrifttum weitgehend außer Betracht gelassen wurde, noch in der *Preisschrift* über ‚*die wirklichen Fortschritte, die die Metaphysik seit Leibnitzens und Wolf's Zeiten in Deutschland gemacht hat*‘ aus dem Jahre 1791, also ebenfalls in einem transzendentalphilosophischen Zusammenhang: „Wider dieses Unheil gibt es nun kein Mittel, als daß die reine Vernunft selbst, d. i. das Vermögen überhaupt a priori etwas zu erkennen, einer genauen und ausführlichen Kritik unterworfen

philosophie. Die Vernunft ist dann autonom, wenn sie als ‚reine‘, für sich allein und ohne Rücksicht auf von ihr verschiedene Gründe oder Antriebe zur Willensbestimmung hinreicht“.

285 Unten im Zweiten Teil unter I.

286 *Kant*, Über den Gemeinspruch: Das mag in der Theorie richtig sein, taugt aber nicht für die Praxis, 1793 (AA VIII 290), zum Prinzip der Autonomie sowie der Freiheit und Gleichheit.

werde, und zwar so, daß die Möglichkeit einer reellen Erweiterung der Erkenntniß durch dieselbe in Ansehung des Sinnlichen und ebendieselbe, oder auch, wenn sie hier nicht möglich seyn sollte, die Begrenzung derselben in Ansehung des Übersinnlichen eingesehen, und, was das letztere, als den Zweck der Metaphysik betrifft, dieser der Besitz, dessen sie fähig ist, nicht durch gerade Beweise, die so oft trügerisch befunden worden, sondern durch Deduction der Rechtsame der Vernunft zu Bestimmungen a priori gesichert werde" (AA XX 320).[287]

(1) Rechtmäßiger Besitz statt trügerischer Beweise

Auch hier geht es um den – unausgesprochen wohl als rechtmäßig vorausgesetzten – Besitz; jedenfalls dann, wenn er im Wege einer widerspruchsfreien Deduktion erlangt wurde. Der auf den ersten Blick unübersichtliche Zusammenhang, in den die Bezeichnung der ‚Rechtsame der Vernunft' hier eingebettet ist, muss zur Behandlung der vorliegenden Problematik nicht in allen Einzelheiten entschlüsselt werden. Allerdings lässt sich vergleichsweise leicht ersehen, dass die Verbindung dieses Topos' mit trügerischen Beweisen – also einer Art ‚Blendwerk', wie Kant es an vielen bereits betrachteten Stellen nennt – durchaus eine Nähe zur hier behandelten Frage aufweist. Auch das Mittel der Deduktion, wenngleich in der korrespondierenden Sentenz der *Kritik der reinen Vernunft* nicht eigens aufgeführt, entspricht den früheren Stellen innerhalb des Werkes, an denen im juristischen Zusammenhang die Unerlässlichkeit der Deduktion herausgearbeitet wird (AA IV 68 / AA III 99).

(2) ‚Deduktion der Rechtsame der Vernunft'

Bemerkenswert ist dabei die modale Formulierung ‚durch Deduktion der Rechtsame der Vernunft' mit ihrem vorderhand unbeholfen wirkenden doppelten Genitiv, bei dem der schillernde Begriff der Rechtsame gleichsam zwischengeschaltet wird, um nicht von der Deduktion der Vernunft selbst handeln zu müssen. Insgesamt jedoch bietet der Absatz innerhalb der *Kritik der reinen Vernunft*, in dem Kant gleichsam flankierend von der ‚Rechtsame der Vernunft' spricht, um die Kritik der reinen Vernunft als ‚wahren Gerichtshof' zu begründen, die deutlich prägnantere und sinnfälligere Fassung, so dass wir jene aus der *Preisschrift* eher als nachhal-

---

287 *Friedrich Kaulbach*, Studien zur späten Rechtsphilosophie Kants und ihrer transzendentalen Methode, 1982, S. 17, behandelt diese Stelle zwar nicht, doch lässt sich seine folgende Begriffsbestimmung vielleicht auch für ihre Klärung im Hinblick auf die dort vorausgesetzte ‚Rechtsame' fruchtbar machen: „‚Metaphysik' des Rechts bedeutet die Erfüllung der Aufgabe, rein a priorisch in systematischer Entwicklung eine Welt rechtlicher Verhältnisse zu entwerfen".

lende Ergänzung begreifen dürfen, die dasjenige voraussetzt, was im Hauptwerk in unvergleichlicher Form und geschliffener Prägnanz ausgeführt wird.[288]

d) ‚Ruhe eines gesetzlichen Zustandes‘

Aber auch der Begriff der ‚Institution‘ ist auffallend, wenn man zu der im Ausgangspunkt betrachteten Stelle zurückgeht (AA III 491), ist es doch soweit ersichtlich das einzige Mal, dass sich dieses Wort in Kants Schriften findet.[289] Auch wenn die Formulierung auf den ersten Blick mehrdeutig ist, empfiehlt es sich, die ‚Institution‘ als Bezugspunkt für das Folgende zu begreifen: „Ohne dieselbe ist die Vernunft gleichsam im Stande der Natur und kann ihre Behauptungen und Ansprüche nicht anders geltend machen oder sichern, als durch Krieg“. (AA III 491).

aa) Anlehnung an Hobbes‘ Leviathan

Wenn man bei diesen Worten über den Naturzustand, in dem Krieg herrscht, an das *bellum omnium contra omnes* denkt, wie man es aus dem Leviathan von Thomas Hobbes kennt, liegt man durchaus nicht falsch, wie Kant kurz darauf präzisiert:[290] „So wie Hobbes behauptet: der Stand der Natur sei ein Stand des Unrechts und der Gewaltthätigkeit, und man müsse ihn nothwendig verlassen, um sich dem gesetzlichen Zwange zu unterwerfen, der allein unsere Freiheit dahin einschränkt, daß sie mit jedes anderen Freiheit und eben dadurch mit dem gemeinen Besten zusammen bestehen könne“ (AA III 492).

---

288 *Diego Kosbiau Trevisan*, Der Gerichtshof der Vernunft. Eine historische und systematische Untersuchung über die juridischen Metaphern der K. r. V., 2018, S. 292, scheint, wie das ‚bzw.‘ im Rahmen seiner Bestimmung der Deduktion nahelegt, die ‚Rechtsame‘ gleichzusetzen mit der „Befugnis zum Gebrauch eines bestimmten Begriffs angesichts eines bestimmten Zwecks in einem bestimmten Bereich zu rechtfertigen.“ – Doch ist zweifelhaft, ob man die Rechtsame dafür in Anspruch nehmen kann.

289 *Reinhard Brandt*, Die politische Institution bei Kant, in: Politische Institutionen im gesellschaftlichen Umbruch in: Ideengeschichtliche Beiträge zur Theorie politischer Institutionen (Hg. Gerhard Göhler/Kurt Lenk/Herfried Münkler/Manfred Walther), 1990, S. 335, macht darauf aufmerksam.

290 *Kant*, Über den Gemeinspruch: Das mag in der Theorie richtig sein, taugt aber nicht für die Praxis, 1793 (AA VIII 289), entwickelt seine Vorstellung vom Verhältnis der Theorie zur Praxis im Staatsrecht ausweislich der Überschrift explizit „gegen Hobbes“. *Dieter Henrich*, Between Kant and Hegel. Lectures on German Idealism, 2008, S. 56, weist auf den starken Einfluss von Rousseau auf Kant hin (“Kant knew all Rousseau’s works almost by heart”) sowie auf den Gegensatz zu Hobbes, der sich wohl auch hier widerspiegelt.

(1) Friedliche Geltendmachung behaupteter Ansprüche statt Anarchie

Interessanterweise paraphrasiert Kant die Lehre von Hobbes dergestalt, dass im Konsekutivsatz die wechselseitige Freiheitsbeschränkung in jener Weise erscheint, die Kant selbst bereits, wie gesehen, weiter oben innerhalb der *Kritik der reinen Vernunft* zugrunde gelegt hat und in der Rechtslehre noch weiter ausarbeiten wird. Denn nur wenn man voraussetzt, dass das Recht der „Inbegriff der Bedingungen [ist], unter denen die Willkür des einen mit der Willkür des andern nach einem allgemeinen Gesetze der Freiheit zusammen vereinigt werden kann", wie es in der *Rechtslehre* heißt (AA VI 230), lässt sich die allgemeine Wohlfahrt mit der ‚Ruhe eines gesetzlichen Zustandes' verbinden: „Die Kritik dagegen, welche alle Entscheidungen aus den Grundregeln ihrer eigenen Einsetzung hernimmt, deren Ansehen keiner bezweifeln kann, verschafft uns die Ruhe eines gesetzlichen Zustandes, in welchem wir unsere Streitigkeit nicht anders führen sollen, als durch Proceß" (AA III 491). An die Stelle der Anarchie und des Krieges mit gewaltsamer Durchsetzung vermeintlicher Rechte tritt die vergleichsweise friedliche Geltendmachung behaupteter Ansprüche im Wege des Gerichtsprozesses.

(2) Folgsamkeit in Ansehung der Gesetze statt Gewalttätigkeit

Im *Streit der Facultäten* sieht Kant allerdings auch im Hinblick auf die Gerichtsprozesse eine gewisse Verminderung ihrer Zahl voraus, indem er eine evolutionär vonstatten gehende Sublimierung und Verfeinerung der Sitten voraussetzt, die sich gleichsam von innen aus einer schließlich ‚das Recht verwaltenden bürgerlichen Gesellschaft' nach außen bis hin in das Völkerrecht vollzieht:[291] „Allmählich wird der Gewaltthätigkeit von Seiten der mächtigen weniger, der Folgsamkeit in Ansehung der Gesetze mehr werden. Es wird etwa mehr Wohlthätigkeit, weniger Zank in Processen, mehr Zuverlässigkeit im Worthalten u.s.w. theils aus Ehrliebe, theils aus wohlverstandenem eigenen Vortheil im gemeinen Wesen entspringen und sich endlich dies auch auf die Völker im äußeren Verhältniß gegen einander bis zur weltbürgerlichen Gesellschaft erstrecken, ohne daß dabei die moralische Grundlage im Menschengeschlechte im mindesten vergrößert werden darf" (AA VII 91 f.). Wir werden weiter unten im Zweiten Teil der vorliegenden Abhandlung noch sehen, was es mit der ‚weltbürgerlichen Gesellschaft' und vor allem dem Weltbürgerrecht auf sich hat.[292]

291 *Kant*, Idee zu einer allgemeinen Geschichte in weltbürgerlicher Absicht, 1784 (AA VIII 22), zur ‚das Recht verwaltenden bürgerlichen Gesellschaft'.
292 Zu Kants Idee eines Weltbürgerrechts im Zweiten Teil unter III.

bb) Übertragung auf die Transzendentalphilosophie

Es kann als grundlegende Einsicht gewertet werden, dass Kant diesen gewaltlosen Interessenausgleich mit ihrer lediglich persuasiven Kraftentfaltung auf die Ebene der Transzendentalphilosophie überträgt. Das Fundament – und damit die Legitimation – liegt jedoch gerade in dem, was er weiter oben im Hinblick auf die Vernunft als die ‚Grundsätze ihrer ersten Institution‘ bezeichnet und an der zuletzt zitierten Stelle nochmals mit beinahe gleichen Worten aus den ‚Grundregeln ihrer eigenen Einsetzung‘ präzisiert. Nur unter dieser Voraussetzung, die er im Verlauf der *Kritik der reinen Vernunft* ausgearbeitet hat und wonach auch wirklich ‚alle Entscheidungen‘, d. h. jegliche Begriffe und Prämissen entsprechend diesen Maßgaben ergehen, kann gleichsam für Recht erkannt und ein synthetisches Urteil a priori ohne empirische Beimischung gefällt werden.

VIII. Zum ewigen Frieden durch ein Vernunftrecht der Freiheit

Für Kant ist dies alles zumindest bildlich eine Frage von Krieg und Frieden. Die Anarchie des Naturzustandes bedeutet für ihn jener Krieg, den er drucktechnisch sogar hervorhebt. In ihm zählt nur der gleichfalls auf diese Weise betonte Sieg, der allenfalls einer gewaltsamen Befriedung den Weg ebnet,[293] die von der unterlegenen Seite jedoch niemals als dauerhafter Friede wahrgenommen wird:[294] „Was die Händel in dem ersten Zustande endigt, ist ein Sieg, dessen sich beide Theile rühmen, auf den mehrentheils ein nur unsicherer Friede folgt, den die Obrigkeit stiftet, welche sich ins Mittel legt, im zweiten aber die Sentenz, die, weil sie hier die Quelle der Streitigkeiten selbst trifft, einen ewigen Frieden gewähren muß“ (AA III 491 f.).[295]

1. Zusammenwirken von Vernunftkritik, Friedensschrift und Rechtslehre

Es ist in werkimmanenter Hinsicht bemerkenswert, dass Kant hier den Grundgedanken seiner bereits wiederholt erwähnten Abhandlung *Zum ewigen Frieden* anführt. Er statuiert dort kategorisch, dass es der Rechtsbegriff ist, „der allein den Frieden auf ewig begründen könnte“ (AA VIII 380). Das geht ebenfalls aus dem

293 Im Sinne von *Tacitus*, Agricola 30; dazu *Jens Petersen*, Recht bei Tacitus, 2019, S. 61.

294 *Dieter Henrich*, Kant's Notion of a Deduction and the Methodological Background of the First Critique, in: Kant's Transcendental Deductions. The Three 'Critiques' and the 'Opus postumum' (Hg. Eckart Förster), 1989, S. 29, 38, dürfte wohl nicht zuletzt die in der folgenden Stelle skizzierte Situation aus der ersten Kritik im Blick haben: “In such a situation, where conflicting claims cannot be settled in court in favor of one of the parties, the parties threaten to become engaged in an endless struggle, which would destroy the peace and result in a war within reason itself. The ruling of the court of reason in such a situation consists in an order to keep the peace”.

295 *Ulrich Seeberg*, Ursprung, Umfang und Grenzen der Erkenntnis. Eine Untersuchung zu Kants transzendentaler Deduktion der Kategorien, 2006, S. 211, gelingt eine gehaltvolle und vor dem Hintergrund seiner Prämissen systematisch ebenso konsistente wie anspruchsvolle Erklärung, die, auch wenn sie hinsichtlich der unterschiedlichen Akzentsetzung von der im Text vertretenen abweicht, gerade wegen ihrer Erhellung der Binnenbezüge innerhalb der ‚Kritik der reinen Vernunft‘ ausführlich wiedergegeben sei: „Innerhalb der transzendentalen Dialektik der ersten Kritik stellt sich die Situation so dar, daß die Ansprüche der streitenden Parteien weder bewiesen noch widerlegt werden können. In dieser Situation, die sonst zum Krieg führen würde, stiftet die Kritik eine Sentenz, die einen ‚ewigen Frieden‘ gewähren kann. Diejenige Partei, die im Besitz der streitigen Sache ist, hier also im Besitz der reinen Vernunftideen, verbleibt in diesem Besitz, darf aber nicht beanspruchen, die Rechtmäßigkeit des Ursprungs beweisen zu können“.

https://doi.org/10.1515/9783111070186-009

folgenden Satzbeginn hervor: „Auch nöthigen die endlosen Streitigkeiten einer bloß dogmatischen Vernunft, endlich in irgend einer Kritik dieser Vernunft selbst und in einer Gesetzgebung, die sich auf sie gründet, Ruhe zu suchen" (AA III 492). Die Doppeldeutigkeit des Begriffs der Gesetzgebung ist hier im bildhaften Vergleich angelegt. Die recht verstandene Gesetzgebung vermag aus der Anarchie des Naturzustandes letztlich das Recht der bürgerlichen Gesellschaft bzw. die das Recht verwaltende bürgerliche Gesellschaft zu formen.[296] In transzendentalphilosophischer Hinsicht basiert die Gesetzgebung auf der Kritik der reinen Vernunft.

Wiederum ist es die Friedensschrift, in deren Zweitem Anhang Kant entsprechend seinen soeben gesehenen Vorbehalten gegenüber der dogmatischen Vernunft die Leistungsfähigkeit einer solchen Deduktion der Rechtsgründe bezweifelt: „Diese Fähigkeit der Publicität muß jeder Rechtsanspruch haben, und sie kann also, da es sich ganz leicht beurtheilen läßt, ob sie in einem vorkommenden Falle stattfinde, d. i. ob sie sich mit den Grundsätzen des Handelnden vereinigen lasse oder nicht, ein leicht zu brauchendes, a priori in der Vernunft anzutreffendes Kriterium abgeben, im letzteren Fall die Falschheit (Rechtswidrigkeit) des gedachten Anspruchs (praetensio iuris) gleichsam durch ein Experiment der reinen Vernunft sofort zu erkennen. (...) Hier kann nun Vieles für und dawider vernünftelt werden, wenn man es durch eine dogmatische Deduction der Rechtsgründe ausmachen will; allein das transscendentale Princip der Publicität des öffentlichen Rechts kann sich diese Weitläufigkeit ersparen" (AA VIII 381 f.).[297]

Das Prinzip der Publizität als ‚a priori in der Vernunft anzutreffendes Kriterium' entscheidet also über die Rechtmäßigkeit oder Rechtswidrigkeit eines geltend gemachten Rechtsanspruchs. Nur dasjenige, was diesem ohne jede empirische Beimischung vorausgesetzten Maßstab der Verallgemeinerbarkeit und Öffentlichkeit standhält, kann kraft reiner Vernunft einen in dem Sinne rechtmäßigen Zustand begründen, unter welchem „die Willkür des einen mit der Willkür des andern

296 *Kant*, Idee zu einer allgemeinen Geschichte in weltbürgerlicher Absicht, 1784 (AA VIII 22 sub 5).

297 Zu der dort vorausgesetzten praetensio iuris im Verhältnis zur Frage des ‚quid facti' und des ‚quid iuris' im Hinblick auf die transzendentale Deduktion *Friedrich Kaulbach*, Studien zur späten Rechtsphilosophie Kants und ihrer transzendentalen Methode, 1982, S. 11 Fußnote 2, wonach „zu bedenken ist, daß die transzendentale Methode zur Beantwortung der Frage: ‚quid iuris?'(Deduktion!) führen will, die der Frage: ‚quid facti?' entgegenzustellen ist. Im Bereich der theoretischen Vernunft geht es bei dem Gerichtsverfahren, welches die Philosophie eröffnet, um die „rechtliche" Prüfung von Ansprüchen der wissenschaftlichen Urteile auf Allgemeingültigkeit und Notwendigkeit und um die Entscheidung über das damit geltend gemachte prätendierte Recht." – Auch wenn Kaulbach hier auf die Friedensschrift nicht ausdrücklich Bezug nimmt, veranschaulicht seine hellsichtige Bemerkung den Zusammenhang zwischen ihr und der ersten Kritik; siehe auch die grundlegende Studie seines Schülers *Volker Gerhardt*, Immanuel Kants Entwurf ‚Zum ewigen Frieden'. Eine Theorie der Politik, 1999.

nach einem *allgemeinen* Gesetze der Freiheit zusammen vereinigt werden kann“ (AA VI 230; Hervorhebung nur hier).

2. Recht der Freiheit in werkimmanenter Zusammenschau

Nur so lässt sich die Freiheit verwirklichen, jene Freiheit des Einen, die sich mit der des Anderen in Einklang bringen lässt und auf diese Weise ein Recht der Freiheit gewährleistet: „Dieses Recht der Freiheit kommt ihm, dem Gliede des gemeinen Wesens, als Mensch zu, so fern dieser nämlich ein Wesen ist, das überhaupt der Rechte fähig ist“ (AA VIII 291). Das Recht der Freiheit kann gerade in dieser Begrenzung durch die Willkürsphären der anderen und der eigenen umfassend sein und zugleich als autonom gesetztes Vernunftrecht begriffen werden:[298] „Zu dieser Freiheit gehört denn auch die, seine Gedanken, seine Zweifel, die man sich nicht selbst auflösen kann, öffentlich zur Beurtheilung auszustellen, ohne darüber für einen unruhigen und gefährlichen Bürger verschrieen zu werden. Dies liegt schon in dem ursprünglichen Rechte der menschlichen Vernunft, welche keinen anderen Richter erkennt, als selbst wiederum die allgemeine Menschenvernunft, worin ein jeder seine Stimme hat; und da von dieser alle Besserung, deren unser Zustand fähig ist, herkommen muß, so ist ein solches Recht heilig und darf nicht geschmälert werden“ (AA III 492). Hieraus ersieht man, dass das im Zweitem Anhang der Friedenschrift ausdrücklich als a priori bestehend formulierte Prinzip der Publizität bereits in der *Kritik der reinen Vernunft* als Ausprägung des ‚ursprünglichen Rechts der menschlichen Vernunft‘ – mithin der Freiheit – zugrunde gelegt worden ist (AA III 492).

298 *Dieter Grimm*, Recht und Staat in der bürgerlichen Gesellschaft, 1987, S. 99, beschreibt den Wandel vom 18. zum 19. Jahrhundert treffend so: „Das Privatrecht erschien nun als Recht der Freiheit (...).“ Unter Verweis auf *Friedrich Carl von Savigny*, System des heutigen Römischen Rechts, Band II, 1840, S. 2. Zum Recht der Freiheit auch *Dieter Nörr*, Das Verhältnis von Fall und Norm als Problem der reflektierenden Urteilskraft, in: Text und Applikation, Poetik und Hermeneutik IX (1981), 395, 402 f. *Axel Honneth*, Das Recht der Freiheit, 2011, stellt demgegenüber eine an Hegel orientierte Theorie vor; im dortigen Abschnitt A über die „Historische Vergegenwärtigung: Das Recht der Freiheit“ wird aus dem Werk Kants nur der ‚Streit der Fakultäten‘ zitiert (S. 40 Fußnote 7), nicht aber die explizite Erwähnung des ‚Rechts der Freiheit‘ aus der Abhandlung ‚Über den Gemeinspruch‘. Diese Stelle wird, soweit ersichtlich auch in den übrigen Teilen des Buches nicht erwähnt.

3. Organisation der bürgerlichen Gesellschaft durch Recht und Freiheit

Man gewinnt im Übrigen nicht von ungefähr den Eindruck, als beantworte Kant hiermit auch innerhalb der *Kritik der reinen Vernunft* beiläufig die Frage, was Aufklärung sei.[299] Folgerichtig geht er auch im *Streit der Facultäten* davon aus, dass „Natur und Freiheit, nach inneren Rechtsprincipien im Menschengeschlechte vereinigt" sein können (AA VII 88). In der *Kritik der Urteilskraft*, veranschaulicht er den Unterschied legislatorisch: „Die Gesetzgebung durch Naturbegriffe geschieht durch den Verstand und ist theoretisch. Die Gesetzgebung durch den Freiheitsbegriff geschieht von der Vernunft und ist bloß praktisch" (AA V 174).

Mit der Ausdehnung des Freiheitsbegriffs gibt er zugleich Gedankenfreiheit; jedoch nicht in agitatorischer Weise, sondern durchaus auch in Gestalt einer Selbstkritik der Vernunft, die es wagen darf, sich ihrer eigenen Zweifel zu vergewissern (AA III 492). Dass all dies in der Öffentlichkeit geschehen können soll, zeigt einmal mehr, wie haltlos die Annahme ist, dass Kants *Kritik der reinen Vernunft* stellenweise auf einen Solipsismus hinauslaufe. Es ist also das Modell einer Gesellschaft, die von einem umfassenden Freiheitsverständnis getragen ist, Öffentlichkeit zum Prinzip erhebt, Skepsis nicht als Indiz für Aufwieglertum erachtet und wissenschaftliche Erkenntnisse unter Beachtung der Unterscheidung von Genese und Geltung ergebnisoffen würdigt.

Prägnanter noch hat es Kant selbst in der genannten Streitschrift auf den Begriff gebracht: „Eine dieser gemäß organisirte bürgerliche Gesellschaft ist die Darstellung derselben nach Freiheitsgesetzen" (AA VII 91). Es ist der Sache nach wiederum nichts anderes als die Bewältigung jener schwierigen Aufgabe der Herstellung einer das Recht verwaltenden bürgerlichen Gesellschaft.[300] Zugleich zeigt sich daran, dass derartige Wortwiederholungen, zumal dann, wenn es sich um so charakteristische Begriffe handelt, im werkimmanenten Zusammenhang als Außenverweisungen auf die *Kritik der reinen Vernunft* verstanden werden können, wie wir im Übrigen auch noch im Dritten Teil bezogen auf die späte Kantische Rechtslehre sehen werden.

---

299 *Herbert Schnädelbach*, Immanuel Kant, Kritik der reinen Vernunft, in Zeit-Bibliothek der 100 Sachbücher (Hg. Fritz J. Raddatz), 1984, S. 109 f., macht darauf aufmerksam, dass Kant „reine Vernunft gerade kritisiert. Gemeint ist damit, was dem Projekt Aufklärung selbst einmal zugrunde gelegen hatte: die Selbstständigkeit der Vernunft, ihre Autonomie und Autarkie, d.h. die Unabhängigkeit des menschlichen Denkens von göttlicher Offenbarung und Autorität".

300 *Kant*, Idee zu einer allgemeinen Geschichte in weltbürgerlicher Absicht, 1784 (AA VIII 22, Fünfter Satz).

4. Recht der Freiheit und ‚ursprüngliches Recht der menschlichen Vernunft'

Nicht minder bemerkenswert ist die vernunftrechtliche Begründung.[301] Schon die Statuierung des ‚ursprünglichen Rechts der menschlichen Vernunft' lässt aufhorchen (AA III 492). Hier geht es offenbar um ein originäres Recht, mag sich auch die Ausbildung dieses Rechts in der Menschheitsgeschichte erweisen, wie Kant ebenfalls im *Streit der Facultäten* anklingen lässt, wenn er über die friedliche Vereinigung des Menschengeschlechts sagt: „Es muß etwas *Moralisches* im Grundsatze sein, welches die Vernunft als rein, zugleich aber auch wegen des großen und Epoche machenden Einflusses als etwas, dass die dazu anerkannte Pflicht der Seele des Menschen vor Augen stellt, und das menschliche Geschlecht im Ganzen seiner Vereinigung (...) angeht, dessen verhofftem Gelingen und den Versuchen zu demselben es mit so allgemeiner und uneigennütziger Theilnehmung zujauchzt. – Diese Begebenheit ist das Phänomen nicht einer Revolution, sondern (...) der *Evolution* einer *naturrechtlichen* Verfassung" (AA VII 87).

a) Recht der Freiheit, Gleichheit und Autonomie

Dementsprechend hat jeder Mensch kraft seiner Vernunftbegabung und Autonomie dieses unveräußerliche Recht der Gedankenfreiheit. Dieses Recht folgt aus der Vernunft selbst, die daher auch ‚keinen anderen Richter erkennt, als selbst wiederum die allgemeine Menschenvernunft' (AA III 492). Auch insoweit ist der Gerichtshof der Vernunft vom Prinzip der Selbstbestimmung geprägt. Erneut verläuft die Argumentation mitnichten solipsistisch. Davor feit sie der Maßstab der ‚allgemeinen Menschenvernunft'.[302] Kant begreift somit Freiheit, Gleichheit und Autonomie des Bürgers als Prinzipien a priori und präzisiert wohl durchaus im Sinne der zitierten Stellen aus der *Kritik der reinen Vernunft*: „Diese Principien sind nicht sowohl Gesetze, die der schon errichtete Staat giebt, sondern nach denen allein eine

---

301 Zu einer solchen vernunftrechtlichen Begründung bei Kant auch *Claus-Wilhelm Canaris*, Konsens und Verfahren als Grundelemente der Rechtsordnung – Gedanken vor dem Hintergrund der „Eumeniden" des Aischylos, Juristische Schulung 1996, 573, 579 mit Fußnote 41.

302 Zum von Kant so bezeichneten „Rechtsanspruch (...) selbst der gemeinen Menschenvernunft auf Freiheit des Willens" (AA IV 457) inhaltlich und terminologisch aufschlussreich *Friedrich Kaulbach*, Studien zur späten Rechtsphilosophie Kants und ihrer transzendentalen Methode, 1982, S. 16: „Kant stellt sich die typische Aufgabe einer transzendentalen ‚Deduktion', d. h. Recht-Fertigung des Anspruchs auf Freiheit." Zu den Vorbehalten gegenüber der eigentümlichen Silbentrennung Kaulbachs bereits weiter oben Fußnote 273.

Staatseinrichtung reinen Vernunftprincipien des äußeren Menschenrechtes überhaupt gemäß möglich ist“ (AA VIII 290). Unter dieser Bedingung der prinzipiellen Verwirklichung von Freiheit, Gleichheit und Autonomie der als Bürger begriffenen Rechtsunterworfenen kann also überhaupt nur ein Vernunftrecht der Freiheit begründet werden. Nicht von ungefähr spricht Kant im Anschluss an die zuletzt zitierte Stelle selbst vom Recht der Freiheit (AA VIII 291).

b) Recht aus dem ‚Princip der angeborenen Freiheit‘

Dieser Dreiklang von Freiheit Gleichheit und Autonomie als Voraussetzungen eines Vernunftsrechts der Freiheit ist deswegen aufschlussreich, weil Kant in seinen späten *Metaphysischen Anfangsgründen der Rechtslehre* eine bemerkenswerte Reduktion im Hinblick auf die ersten beiden vornimmt. Das Prinzip der Autonomie ist auch dort unausgesprochen mitbedacht, bedarf aber offenbar für den Rechtsbegriff keiner weiteren Ausführung. Das Verhältnis von Freiheit und Gleichheit jedoch ordnet er auf diese Weise im Wortsinne ‚ursprünglich‘ zugunsten jener, ohne diese geringzuschätzen, weil sie bereits davon kraft ihrer Ebenbürtigkeit notwendigerweise erfasst ist: „Die angeborene Gleichheit, d. i. die Unabhängigkeit nicht zu mehrerem von Anderen verbunden zu werden, als wozu man sie wechselseitig auch verbinden kann; mithin die Qualität des Menschen sein eigener Herr (...) zu sein, imgleichen die eines unbescholtenen Menschen (...), weil er vor allem rechtlichen Act, keinem Unrecht gethan hat; endlich auch die Befugniß, das gegen andere zu thun, was an sich ihnen das Ihre nicht schmälert, wenn sie sich dessen nur nicht annehmen wollen; dergleichen ist ihnen bloß seine Gedanken mitzutheilen, ihnen etwas zu erzählen oder zu versprechen, es sei wahr und aufrichtig, oder unwahr und unaufrichtig (...), weil es bloß auf ihnen beruht, ob sie ihm glauben wollen oder nicht; – alle diese Befugnisse liegen schon im Princip der angebornen Freiheit und sind wirklich von ihr nicht (als Glieder der Eintheilung unter einem höheren Rechtsbegriff) unterschieden“ (AA VI 237 f.). Wir werden am Ende des Dritten Teils auf dieses angeborene Recht der Freiheit zurückkommen.[303]

---

303 *Dieter Henrich*, Die Deduktion des Sittengesetzes, Festschrift für Wilhelm Weischedel, 1975, S. 55, 78, hat dieses ‚angeborene‘ Recht der Freiheit aus der Rechtslehre zwar ersichtlich nicht unmittelbar gemeint, doch verdient eine bereits weiter oben zitierte genealogisch geprägte Formulierung vor diesem Hintergrund mit anderer Akzentsetzung hervorgehoben zu werden: „Die Rechtserwägungen, welche die quaestio juris entscheiden, sind somit auch von ganz besonderer Art. Bei Streitfragen, die solche Rechtssachen betreffen, ist der Nachweis zu führen, daß ein Anspruch oder Besitz rechtens zustande gekommen ist, daß er sich aus legitimer Erwerbung, gültigem Vertrag *oder daß er sich aus Abstammung herleitet.*“ Hervorhebung nur hier.

5. ‚Rechtliche Beweise' im Wege transzendentaler Deduktion

Kehren wir aber vor diesem Hintergrund zunächst zurück zur transzendentalen Methodenlehre. An späterer Stelle nämlich wendet sich Kant gegen jede Art indirekter Beweisführungen, insbesondere apagogische Beweise, und zwar wiederum mit einem juristischen Anklang, der ‚das unstreitige Recht' hervorhebt. Allerdings geschieht dies hier in einer peiorativen Weise welche die Rechtsanmaßung wirkungsvoll charakterisiert:[304] „Die apagogische Beweisart ist auch das eigentliche Blendwerk, womit die Bewunderer der Gründlichkeit unserer dogmatischen Vernünftler jederzeit hingehalten worden: sie ist gleichsam der Champion, der die Ehre und das unstreitige Recht seiner genommenen Partei dadurch beweisen will, daß er sich mit jedermann zu raufen anheischig macht, der es bezweifeln wollte" (AA III 516).

Doch sind eben gerade solche indirekten Beweise wiederum ‚Blendwerk', wie Kant nicht müde wird, jene Beweisführungen zu geißeln, die zwar mit wirkungsmächtigem Schein, aber ohne durch Prinzipien fundierte Überzeugungskraft verfahren. Rechtlich stichhaltig und unanfechtbar sind demgegenüber nur jene schnörkellos und unmittelbar erbrachten Beweise, deren Gründe geradewegs durch eine transzendentale Deduktion hergeleitet wurden: „Ein jeder muß seine Sache vermittelst eines durch transscendentale Deduction der Beweisgründe geführten rechtlichen Beweises, d. i. direct, führen, damit man sehe, was seine Vernunftansprüche für sich selbst anzuführen haben" (AA III 516).

Die transzendentale Deduktion, welche die direkte Beweisführung ermöglicht, gerät auf diese Weise zu einem Entdeckungsverfahren (AA IV 58 / AA III 85), im Wege dessen sich die erhobenen Ansprüche der Vernunft durch deren Kritik selbst klären lassen: „Verfahren aber beide Theile bloß direct, so werden sie entweder die Schwierigkeit, ja Unmöglichkeit, den Titel ihrer Behauptungen auszufinden, von selbst bemerken und sich zuletzt nur auf Verjährung berufen können, oder die Kritik wird den dogmatischen Schein leicht entdecken und die reine Vernunft nöthigen, ihre zu hoch getriebene Anmaßungen im speculativen Gebrauch aufzugeben und sich innerhalb die Grenzen ihres eigenthümlichen Bodens, nämlich praktischer Grundsätze, zurückzuziehen" (AA III 516).

Es ist wohl kein Zufall, dass Kant hier die Grenzen solcher Ansprüche in den Kategorien von Raum und Zeit mit juristischen Anspielungen ausmisst. In zeitlicher Hinsicht sieht er die Grenzen durch das Institut der Verjährung der Ansprüche li-

---

304 Zur apagogischen Beweisart auch *Diego Kosbiau Trevisan*, Der Gerichtshof der Vernunft. Eine historische und systematische Untersuchung über die juridischen Metaphern der K. r. V., 2018, S. 280 f.

mitiert, weil der Prätendent solcher Ansprüche erkennen muss, dass er ihre Voraussetzungen während der Laufzeit der Verjährungsfrist nicht hieb- und stichfest wird beweisen können und daher durch schlichten Zeitablauf zur Aufgabe genötigt wird.[305] Im Hinblick auf den Raum formuliert er die Uneinlösbarkeit behaupteter, aber letztlich unberechtigter Ansprüche gleichsam immobiliarsachenrechtlich, indem er den Rückzug auf den eigenen Grund und Boden im Falle des Misslingens für unabwendbar hält. Die spekulative Vernunft, die sich zu hoch hinauswagt und über Dinge zu urteilen sich anmaßt, deren Voraussetzungen sie nicht im Wege transzendentaler Deduktion zu beweisen vermag, wird gleichsam geerdet und auf den Boden der Tatsachen verwiesen, so dass sie sich damit bescheiden muss, mit gesundem Menschenverstand Handlungsanleitungen ohne transzendentalphilosophischen Anspruch zu geben.

305 *Ulrich Seeberg*, Ursprung, Umfang und Grenzen der Erkenntnis. Eine Untersuchung zu Kants transzendentaler Deduktion der Kategorien, 2006, S. 198 ff., 201 hat verdienstvollerweise Deduktionsschriften über reale Streitigkeiten über Territorialansprüche vor dem Reichskammergericht als Vorbilder für Kants Verständnis der Dedukution herausgearbeitet. Vor allem macht er ebenda, S. 203, anhand biographischer Besonderheiten sowie am Beispiel einer im zweiten Teil dieses Buches behandelten kleineren Schrift zum Büchernachdruck den Einfluss juristischer Deduktionsschriften auf Kants Werk plausibel: „Der Nachweis, daß Kant solche Deduktionsschriften gekannt hat, läßt sich zum einen indirekt durch den Umstand führen, daß Kant als Hilfsbibliothekar der Schloßbibliothek von Königsberg eine Revision des Bestandes vorzunehmen hatte, in dem sich mit Wahrscheinlichkeit auch eine Sammlung von Deduktionen befunden hat, zum anderen aber direkt durch eine Erwähnung von völkerrechtlichen Deduktionen, die sich in der Dunkelheit der Archive befänden, und nicht zuletzt durch Kants eigene Deduktion des Rechts des Verlegers gegen den Büchernachdruck." Zu letzterer unten im Zweiten Teil.

IX. Zusammenfassung

Wenn man einmal davon ausgeht, dass die gedankliche Stringenz und Widerspruchsfreiheit der juristischen Deduktionsschriften, die Kant zu Beginn der transzendentalen Deduktion der reinen Verstandesbegriffe als normatives Vorbild erachtet (AA IV 68 / AA III 99), in der noch heute gebräuchlichen universitären Gutachtenmethode fortwirken, dann kann die reflektierende Rückbesinnung auf die Kantische Wertschätzung der Deduktionsschriften, die in ihrer Art gewiss die für eine Methode vorausgesetzte Bedingung eines ‚Verfahrens nach Grundsätzen' erfüllt (AA III 551), mutatis mutandis zu der Annahme verleiten, dass auch die gutachterliche Prüfung von Ansprüchen ihrerseits mit den Prämissen Kants in Einklang zu bringen ist.

Indem diese Methode zugleich geeignet ist, Schwachstellen einer jeglichen juristischen Argumentation freizulegen, könnte sie zugleich den Wissenschaftsanspruch der Jurisprudenz festigen, weil und sofern sie einer Prinzipienjurisprudenz verpflichtet ist und nicht nur an vordergründiger Begrifflichkeit haftet, sondern auf Schritt und Tritt die Wertentscheidungen des Gesetzes herausarbeitet und die Urteilsfindung an ihnen ausrichtet. Die Verwirklichung dieser Voraussetzungen im Rahmen der Subsumtion des tatsächlichen Entscheidungsfalles (*quid facti*) unter die normativen Voraussetzungen des Gesetzestextes (*quid iuris*) mit seinen darin zum Ausdruck kommenden Prinzipien entsprechen nicht von ungefähr jener Fähigkeit, die Kant als Urteilskraft bezeichnet (AA IV 97 / AA III 132).

Das von Kant in Anlehnung an die juristischen Deduktionsschriften entwickelte Verfahren der transzendentalen Deduktion garantiert, dass die Kritik der reinen Vernunft selbst der Gerichtshof ist, vor dem alle rechtlich nicht hinlänglich geltend gemachten und bewiesenen Ansprüche der Vernunft abgewiesen werden, wenn sie sich auf Gebiete begibt, über die sie nichts Verlässliches aussagen und im Falle des Bestreitens beweisen kann. So erklärt sich auch, warum Kant in der im Ausgangspunkt betrachteten Stelle ‚die Kritik der reinen Vernunft als den wahren Gerichtshof für alle Streitigkeiten derselben' ansieht (AA III 491). Dies läuft auf keinen fragwürdigen Insichprozess hinaus, weil gleichwohl ein unbefangenes Urteil nicht zuletzt über die vertretungsrechtlich ausgestaltete Annahme der ‚Rechtsame der Vernunft' möglich ist.

Es ist soweit ersichtlich im Zusammenhang mit dem Gerichtshof der Vernunft innerhalb der Kritik der reinen Vernunft noch nicht gesehen worden, dass Kant in seiner späten Rechtslehrer den Gerichtshof als Instanz der Gerechtigkeit metaphysisch begreift, indem er ihn auf eine eigentümliche Weise geradezu moralisch personifiziert: „Die moralische Person, welche der Gerechtigkeit vorsteht, ist der Gerichtshof (...) und im Zustande ihrer Amtsführung das Gericht (...) *a priori* ge-

https://doi.org/10.1515/9783111070186-010

dacht, ohne, wie eine solche Verfassung wirklich einzurichten und zu organisiren sei (wozu Statute, also empirische Principien gehören), in Betracht zu ziehen" (AA VI 297). Man kann wohl im Hinblick auf den Gerichtshof bezüglich beider Werke von einem gewissen Gleichklang der Rechtsmetaphysik sprechen.

Der Verweis auf die menschliche Vernunft (AA III 331) im Verhältnis zur allgemeinen Menschenvernunft verdeutlicht dies noch.[306] Denn wenn das ursprüngliche „Rechte der menschlichen Vernunft, welche keinen anderen Richter erkennt, als selbst wiederum die allgemeine Menschenvernunft", so zeigt dies, dass hier nicht auf beiden Seiten nur die menschliche Vernunft des jeweiligen Einzelnen steht, sondern auf Seiten des Richters eben auch die überindividuelle ‚allgemeine' Menschenvernunft. Schließlich ist für sie konstitutiv und nicht lediglich deklaratorisch, dass darin „ein jeder seine Stimme hat" (AA III 492). Aber auch die menschliche Vernunft ist in dem Sinne überindividuell und geistesgeschichtlich überzeitlich, als Kant in kanzleimäßiger Metaphorik vom ‚Archive der menschlichen Vernunft' spricht (AA III 461).

Dieses verbindende Element verallgemeinert die Menschenvernunft somit nicht nur im Wortsinne, sondern erhöht zugleich auch durch das Publizitätsprinzip ihre transzendentalphilosophische Legitimation, wie Kant im Ersten Anhang seiner Schrift *Zum ewigen Frieden* zu erkennen gibt, wonach und „weil es gerade der a priori gegebene allgemeine Wille (...) ist, der allein, was unter Menschen rechtens ist, bestimmt" (AA VIII 378). Damit erklärt sich zugleich auch die auf den ersten Blick seltsam affirmative und scheinbar unpassende, religiös konnotierte Zuschreibung der Heiligkeit dieses Rechts (AA III 492), das in Anlehnung an eine entsprechende Präzisierung innerhalb der *Kritik der praktischen Vernunft* als ‚unnachsichtlich' begriffen werden kann: „Das moralische Gesetz ist heilig (unnachsichtlich) und fordert Heiligkeit der Sitten" (AA V 128).

Auch deswegen, weil sich das Dasein Gottes als außerhalb menschlicher Erfahrung Liegendes nicht beweisen können (AA III 492), handelt es sich nicht um ein göttlich gestiftetes oder geoffenbartes Recht, sondern das seinem Ursprung nach autonom gesetzte Recht der Vernunft,[307] wie sich wiederum aus dem Ersten Anhang

---

306 *Dieter Henrich*, Ethik der Autonomie, in: *Ders.*, Selbstverhältnisse. Gedanken und Auslegungen zu den Grundlagen der klassischen deutschen Philosophie, 1982, S. 6, 17, hat zunächst die ‚natürliche Menschenvernunft' im Hinblick auf Kants Moralphilosophie hervorgehoben. Er folgert ebenda, S. 24: „Kant hat es anerkannt, daß seine Ethik der ‚gemeinen sittlichen Menschenvernunft' gerecht werden muß." – Mutatis mutandis könnte man vielleicht sagen, dass Kant gleichfalls vorausgesetzt habe, dass seine Transzendentalphilosophie der allgemeinen Menschenvernunft gerecht werden müsse.
307 *Manfred Baum*, Freiheit und Recht bei Kant, Kant und die Philosophie in weltbürgerlicher Absicht (Hg. Stefano Bacin/Alfredo Ferrarin/ Claudio La Rocca/Margit Ruffing), 2013, S. 73, 75, präzisiert: „Nicht ein anderer, insbesondere kein göttlicher Gesetzgeber gibt die moralischen Gesetze,

der Friedensschrift ergibt:[308] „Denn diese Art von Experiment ist in keiner Art von Erkenntniß aus bloßen Begriffen nöthiger und dabei doch zugleich so thunlich, als in Fragen über das Recht, das auf bloßer Vernunft beruht“ (AA VIII 129).

Die Friedensschrift steht nicht zuletzt bezüglich ihrer auf das Recht bezogenen und mithin vernunftrechtlichen Aussagen in einem inneren Kausal – und Verweisungsverhältnis zur *Kritik der reinen Vernunft*, weil jene ebenso wie diese im Kern und nach außen hin sichtbar vor allem in ihren beiden Anhängen Transzendentalphilosophie reinsten Wassers ist. Dieses ‚ursprüngliche Recht der menschlichen Vernunft‘ (AA III 492), das über ein ‚Recht des Bedürfnisses der Vernunft‘ im Sinne der *Anthropologie* hinausgeht,[309] ist notwendigerweise ein ‚Recht der Freiheit‘ (AA VIII 291). In diesem Sinne bezeichnet Kant, wie wir am Ende des Dritten Teils sehen werden, in der *Rechtslehre* die Freiheit als das ‚einzige angeborene Recht‘ (AA VI 237).

---

sondern der Mensch selbst, aber nur als vernünftiges Wesen überhaupt, und er gibt sie sich selbst und allen anderen vernünftigen Wesen“.

308 *Kant*, Zum ewigen Frieden. Ein philosophischer Entwurf, 1795, Anhang I (AA VIII 372) spricht von „dem Naturrecht, so wie es in der Idee der Vernunft uns zum Muster vor Augen steht“.

309 *Kant*, Was heißt: sich im Denken orientiren?, 1786 (AA VIII 137).

Zweiter Teil: **Didaktik, Deduktion und Weltbürgerrecht**

I. Kants didaktische Methode und der ‚gemeinschaftliche Maßstab der Rechtsgelahrtheit'

1. Paradigmatische Bedeutung der Gelegenheitsschrift

Der unabänderliche Schwund ursprünglich Anwesender im Hörsaal ist keine Erscheinung unserer Tage, sondern bereits zu Zeiten Kants Gemeingut gewesen; abgesehen davon, dass er ihn unnachahmlich in Worte zu fassen wusste: „Jedermann weiß, wie eifrig der Anfang der Collegien von der muntern und unbeständigen Jugend gemacht wird, und wie darauf die Hörsäle allmählig etwas geräumiger werden. Setze ich nun, daß dasjenige, was nicht geschehen soll, gleichwohl alles Erinnerns ungeachtet künftig noch immer geschehen wird: so behält die gedachte Lehrart eine ihr eigene Nutzbarkeit" (AA II 309).

Die ‚gedachte Lehrart' hat Kant in einer noch heute bemerkenswerten *Nachricht von der Einrichtung seiner Vorlesungen in dem Winterhalbenjahre von 1765–1766* übermittelt. Was sich bei einem gewöhnlichen Gelehrten allenfalls in einer spröden Auflistung der Lehrveranstaltungen erschöpfen würde, gerät unter den Händen des großen Königsberger Denkers unversehens zu einer wegweisenden Schrift, die größere Beachtung verdient, als ihr gegenwärtiger Bekanntheitsgrad nahegelegt. Denn sie gehört zu den so genannten vorkritischen,[310] also insbesondere vor der *Kritik der reinen Vernunft* entstandenen Schriften.[311]

Daher wird die kritische Methode in dieser Gelegenheitsschrift noch nicht zugrunde gelegt, auch wenn Spurenelemente und Vorahnungen erkennen lassen, auf welchem Wege Kant sich bereits Mitte der sechziger Jahre des 18. Jahrhunderts befand, bevor er dann 1781 nach einem Jahrzehnt entsagungsvoller Arbeit unter höchster gedanklicher Anspannung schließlich die *Kritik der reinen Vernunft* der

Anmerkung: Zuerst abgedruckt im: Liber Amicorum für Michael Schulz, 2022, S. 123–130; für das vorliegende Buch leicht verändert und ergänzt um den Abschnitt I.4.

310 Zur Grenzziehung *Dieter Henrich*, Der Begriff der sittlichen Einsicht und Kants Lehre vom Faktum der Vernunft, Festschrift für Hans-Georg Gadamer, 1960, S. 77, 100.

311 Zu der im Hinblick auf die Rechtsphilosophie zu verneinenden Frage, ob und inwieweit auch spätere Schriften gleichsam in einem Rückfall „vorkritischer" Durchdringung verfasst worden sind, unten im Dritten Teil.

https://doi.org/10.1515/9783111070186-011

Öffentlichkeit vorlegte.[312] Die hier behandelte Schrift Kants könnte ebenfalls ein kleiner Baustein für die Richtigkeit der Annahme sein, dass Kants Ideen sich aus einem zunächst eher intuitiv gefassten und dann im Laufe der Zeit gereiften einheitlichen Grundgedanken entwickelt haben.[313]

2. Lehre der ‚Weltweisheit'

Bereits der erste Satz der kurzen Abhandlung scheint die zuletzt geäußerte Vermutung zu bestätigen, wonach sich schon in diesem vorkritischen Text zumindest Schlüsselbegriffe seine *Kritik der reinen Vernunft* finden, in der neben dem den Titel prägenden Vernunft auch dem Verstand eine tragende Rolle zukommt: „Alle Unterweisung der Jugend hat dieses Beschwerliche an sich, daß man genöthigt ist, mit der Einsicht den Jahren vorzueilen, und, ohne die Reife des Verstandes abzuwarten, solche Erkenntnisse ertheilen soll, die nach der natürlichen Ordnung nur von einer geübteren und versuchten Vernunft könnten begriffen werden" (AA II 305).

a) Keine transzendentalphilosophische Überhöhung

Allerdings sollte man diesen Satz nicht transzendentalphilosophisch überhöhen, auch wenn in diesem Zusammenhang von ‚Erkenntnissen' die Rede ist. Vielmehr veranschaulicht er nur, dass die Unterscheidung zwischen Vernunft und Verstand dem Verfasser bereits eineinhalb Jahrzehnte vor der Veröffentlichung der *Kritik der reinen Vernunft* deutlich vor Augen stand, stellte er sich dort doch, wie wir im Ersten Teil gesehen haben, den Verstand „überhaupt als ein Vermögen zu urtheilen" vor

312 *Dieter Henrich*, Ethik der Autonomie, in: *Ders.*, Selbstverhältnisse. Gedanken und Auslegungen zu den Grundlagen der klassischen deutschen Philosophie, 1982, S. 6, 16, 54 Anmerkung 4.

313 *Vittorio Hösle*, Eine kurze Geschichte der deutschen Philosophie, 2013, S. 71 f., wonach „Kant ein Spätzünder war: Sein erstes epochales philosophisches Werk, die ‚Kritik der reinen Vernunft' publizierte er 1781 mit 57 Jahren. (...). Um seine Ideen auszuarbeiten, brauchte Kant (...) viel Zeit. Zwar haben sich diese viel kontinuierlicher entwickelt, als man lange meinte. Doch ohne das stille Jahrzehnt vor 1781, fast ohne Publikationen (...) wäre Kant heute nur Experten bekannt." – Mutatis mutandis dürfte auch für die vorliegende Schrift gelten, was Hösle, ebenda, S. 84, über Kants ungefähr zur selben Zeit (1766) entstandene ‚Träume eines Geistersehers, erläutert durch Träume der Metaphysik', hellsichtig bemerkt: „Für den Kenner der späteren Schriften ist auffallend, wieviel Kant von ihnen schon vorwegnimmt, gleichsam durch einen unbewussten Instinkt zu seiner reifen Position geleitet (man könnte sagen: ihr vorträumend)".

(AA IV 59 / AA III 86). Die Urteilskraft als Bindeglied zwischen Verstand und Vernunft fehlt freilich noch; sie ist unentbehrlich für die kritische Philosophie.[314]

Dass hier die didaktische Absicht der ‚Unterweisung der Jugend' den Vorrang einnimmt vor transzendentalphilosophischen Feinheiten, zeigt auch der unmittelbar folgende Satz, der Kants Fähigkeit zu schneidiger Polemik unter Beweis stellt: „Daher entspringen die ewigen Vorurtheile der Schulen, welche hartnäckichter und öfters abgeschmackter sind als die gemeinen, und die frühkluge Geschwätzigkeit junger Denker, die blinder ist als irgend ein anderer Eigendünkel und unheilbarer als die Unwissenheit" (AA II 305). Auch hier würde man wohl dem erstgenannten Komparativ zu viel Ehre erweisen, wenn man ihn bereits als einen Vorgriff auf jene berühmte Einsicht verstehen würde, wonach Anschauung ohne Begriff blind ist. Allerdings laden diese begrifflichen Auffälligkeiten immerhin zu Assoziationen ein, die freilich noch nicht mehr belegen als die untergründige Beschäftigung des Verfassers mit den Sachzusammenhängen, in welche die Begriffe eingebettet sind.

b) Anklänge an die *Kritik der Urteilskraft*

Auch der dritte Satz der hier behandelten Vorlesungsankündigung reicht ersichtlich über den Anlass hinaus, da er selbst dem interessiertesten Adepten gehörige Anstrengungen des Nachdenkens abverlangt: „Gleichwohl ist diese Beschwerlichkeit nicht gänzlich zu vermeiden, weil in dem Zeitalter einer sehr ausgeschmückten bürgerlichen Verfassung die feinere Einsichten zu den Mitteln des Fortkommens gehören und Bedürfnisse werden, die ihrer Natur nach eigentlich nur zur Zierde des Lebens und gleichsam zum Entbehrlich-Schönen desselben gezählt werden sollten" (AA II 305). Erinnerten die beiden vorgenannten Sätze an die *Kritik der reinen Vernunft*, so stellt die Nennung des Entbehrlich-Schönen einen Anklang an die *Kritik der Urteilskraft*. Denn deren erster Teil behandelt im ersten Abschnitt und dort im ersten Buch die Analytik des Schönen.

Der zweite Paragraph der *Kritik der Urteilskraft* trägt die aussagekräftige Überschrift: „Das Wohlgefallen, welches das Geschmacksurtheil bestimmt, ist ohne alles Interesse" (AA V 204). Dieses interesselose Wohlgefallen ist zwar nicht unbedingt gleichbedeutend mit dem Entbehrlich-Schönen, geht aber zumindest in dieselbe Richtung. Kant selbst sieht offenbar bereits in dieser frühen Schrift über seine Vorlesungstätigkeiten Verbindungslinien zwischen der *Kritik der reinen Vernunft*

---

314 *Johannes Haag*, Grenzbegriffe und die Antinomie der teleologischen Urteilskraft, in: Übergänge – diskursiv oder intuitiv? Essays zu Eckart Försters „Die 25 Jahre der Philosophie" (Hg. Ders./Markus Wild), 2013, S. 141.

und der *Kritik der Urteilskraft*, auch wenn er sie dort noch als diejenige des Geschmacks, also die Ästhetik, bezeichnet: „Wobei zugleich die sehr nahe Verwandtschaft der Materien Anlaß giebt, bei der Kritik der Vernunft einige Blicke auf die Kritik des Geschmacks, d. i. die Ästhetik, zu werfen, davon die Regeln der einen jederzeit dazu dienen, die der andern zu erläutern, und ihre Abstechung ein Mittel ist, beide besser zu begreifen" (AA II 311).

c) ‚Ausgeschmückte bürgerliche Verfassung'

Aus juristischer und womöglich sogar rechtssoziologischer Sicht interessant ist die Annahme eines ‚Zeitalter(s) einer sehr ausgeschmückten bürgerlichen Verfassung' (AA II 305). Auch diesen Verweis muss man gewiss nicht ungebührlich verfassungstheoretisch aufladen. Doch ist die Verbindung einer ästhetischen Komponente (‚ausgeschmückten'), die wir auch soeben im Zusammenhang mit der *Kritik der Urteilskraft* beobachtet haben, mit einer bürgerlichen Verfassung doch immerhin bemerkenswert. Sie kann als Hinweis darauf verstanden werden, dass die Verfassung ihm als überladen erscheint. Näherliegend dürfte sein, dass Kant jene bürgerliche Verfassung als Ausweis eines zweifelhaften Zeitgeistes begreift, der in der Vervollkommnung treffsicherer Geschmacksurteile ein probates Mittel des beruflichen Fortkommens sieht, das durchaus utilitaristisch gefärbt ist.[315] Dies wäre wohl das Gegenteil jener Bildung, die dem Verfasser der universitären Vorlesungsankündigung vorschwebt.

d) Weg der menschlichen Erkenntnis

Konnte man die bisher betrachteten Prämissen noch als mehr oder minder andeutungsweise vorgetragene oder assoziativ anmutende Anklänge an die späteren Werke verstehen, so zeigt folgender Gedanke unmissverständlich, dass sich bereits in diesem vorkritischen Gelegenheitstraktat Erzeugnisse eines Nachdenkens eingenistet haben, das eine Radikalität in Aussicht stellte, die einen philosophiegeschichtlichen Wendepunkt verhieß, auch wenn die Begründung bei unbefangener Lektüre noch vergleichsweise beiläufig wirkt: „Denn da der natürliche Fortschritt der menschlichen Erkenntniß dieser ist, daß sich zuerst der Verstand ausbildet,

---

315 *Andreas Reckwitz*, Die Gesellschaft der Singularitäten, 2017, wäre wohl aus dem zeitgenössischen soziologischen Schrifttum zu nennen, wenn es um eine andeutungsweise Entsprechung eines derartigen Phänomens ginge.

indem er durch Erfahrung zu anschauenden Urtheilen und durch diese zu Begriffen gelangt, daß darauf diese Begriffe in Verhältniß mit ihren Gründen und Folgen durch Vernunft und endlich in einem wohlgeordneten Ganzen vermittelst der Wissenschaft erkannt werden, so wird die Unterweisung eben denselben Weg zu nehmen haben" (AA II 305).

Hier wird die transzendentalphilosophische Hauptsache den verschachtelten Nebensätzen überantwortet, um das didaktische Anliegen in den Vordergrund zu stellen. Denn der skizzierte Weg der Erkenntnis vom Verstand vermittelst der Erfahrung zur Urteilskraft und über diese zur das Ganze erkennenden Vernunft entspricht in einer freilich noch sehr rudimentären Gestalt dem Gedankengang von der transzendentalen Ästhetik zur transzendentalen Logik der reinen Vernunft.[316]

e) Didaktischer Vorgriff auf das Spätwerk

Aufschlussreich ist insbesondere die instrumentelle Funktion der Wissenschaft, die Kant mit knappen Worten (‚vermittelst der Wissenschaft') postuliert. Schließlich leuchtet hiermit nicht nur eine Verschränkung zwischen theoretischer Reflexion und praktischer Lehre der herausgearbeiteten Erkenntnisse auf, wie sie sich in der bereits im Ersten Teil des vorliegenden Buches vielzitierten Abhandlung *Über den Gemeinspruch: Das mag in der Theorie richtig sein, taugt aber nicht für die Praxis* noch näher entfalten wird.[317] Vielleicht kann man in diesem Gedanken der Frühschrift bereits – in einer zugegebenermaßen kühnen Annahme – die auf das Didaktische zugerichtete Entsprechung gegenüber jenen letzten Worten erblicken, die Kant in seinem nachgelassenen *Opus postumum* zur Grundlage seiner Arbeit machen wollte: „Philosophie als Wissenschaftslehre, in einem vollständigen System aufgestellt" (AA XXI 155).[318]

316 *Manfred Kühn*, Kant. Eine Biographie (Übersetzung Martin Pfeiffer), 2003, S. 190, behandelt die hier im Mittelpunkt stehende Schrift, berücksichtigt aber die Auffälligkeiten im Hinblick auf die erste Kritik nicht mehr, auch wenn er in anderem Zusammenhang zu dem zutreffenden Ergebnis gelangt: „Gleichwohl sind diese Unterscheidungen nicht sehr klar getroffen worden. Deshalb sollten wir hinsichtlich der Ethik ebenso skeptisch sein wie hinsichtlich der Metaphysik".

317 Aus juristischer Sicht dazu grundlegend *Claus-Wilhelm Canaris*, Funktion, Struktur und Falsifikation juristischer Theorien, JuristenZeitung 1993, 377.

318 I. Convolut, XII. Bogen; wichtig zu dieser Stelle *Manfred Zahn*, Zur Idee der Transzendentalphilosophie in Kants Opus postumum, in: Selbstvergewisserung. Studien zur klassischen Epoche der Transzendentalphilosophie (Hg. Martin Scherer), 1998, S. 9 ,39; grundlegend zum Opus postumum *Eckart Förster*, Kant's Final Synthesis. An Essay on the Opus postumum, 2002.

f) Methodische Anforderungen an den Lehrer

In einer passgenauen Übereinstimmung dessen, was er soeben entworfen und in der *Kritik der reinen Vernunft* noch grundlegend ausarbeiten wird, formuliert Kant in eben jenem Dreischritt vom Verstand über die Vernunft zur Wissenschaft die daraus folgenden Anforderungen, die an den Universitätslehrer zu stellen sind: „Von einem Lehrer wird also erwartet, daß er an seinem Zuhörer erstlich den *verständigen*, dann den *vernünftigen* Mann und endlich den *Gelehrten* bilde" (AA II 305). Dass es sich hierbei um ein Vorgehen handelt, die den wissenschaftstheoretisch anspruchsvollen Begriff der Methode verdient – also nach der *Kritik der reinen Vernunft*, wie erinnerlich, einem ‚Verfahren nach Grundsätzen' (AA III 551) –, veranschaulicht Kant auf eine paradoxe Weise, indem er die Dinge zur Probe gleichsam auf den Kopf stellt.

Denn damit ist zugleich eine kaustische Wissenschaftskritik seiner Zeit verbunden: „Wenn man diese Methode umkehrt, so erschnappt der Schüler eine Art von Vernunft, ehe noch der Verstand an ihm ausgebildet wurde, und trägt erborgte Wissenschaft, die an ihm gleichsam nur geklebt und nicht gewachsen ist, wobei seine Gemüthsfähigkeit noch so unfruchtbar wie jemals, aber zugleich durch den Wahn von Weisheit viel verderbter geworden ist. Dieses ist die Ursache, weswegen man nicht selten Gelehrte (eigentlich Studirte) antrifft, die wenig Verstand zeigen, und warum die Akademien mehr abgeschmackte Köpfe in die Welt schicken als irgendein anderer Stand des gemeinen Wesens" (AA II 306). Daraus lässt sich nicht nur Kants Fähigkeit zu gepflegter Polemik ersehen, sondern zugleich auch, warum er in der *Kritik der reinen Vernunft* im Rahmen der transzendentalen Elementarlehre zunächst den Verstand als die „Spontaneität des Erkenntnisses" behandelt (AA IV 48 / AA III 75).

g) Folgerungen für die Lehre

Es ist gerade im Hinblick auf die universitäre Lehre besonders bedauerlich, dass die vorliegende Nachricht von der Einrichtung seiner Vorlesungen so unbekannt ist, da sie Einsichten enthält, die der Sache nach wohl auch jenen entsprechen, für die Wilhelm von Humboldt zu recht berühmt wurde:[319] „Kurz, er soll nicht Gedanken, sondern denken lernen: man soll ihn nicht tragen, sondern leiten, wenn man will, daß er in Zukunft von sich selbst zu gehen geschickt sein soll. Eine solche Lehrart erfordert die der Weltweisheit eigene Natur" (AA II 306). Hier findet sich bereits

319 Zu den Einzelheiten *Jürgen Trabant*, Wilhelm von Humboldt (1767–1835), 2021, S. 47 ff.; *Jens Petersen*, Wilhelm von Humboldts Rechtsphilosophie, 3. Auflage 2016, S. 1–173.

Kants bevorzugter Begriff für die Philosophie, nämlich ‚Weltweisheit', dessen für das Verständnis wesentliche Ausprägungen innerhalb der *Kritik der reinen Vernunft* wir bereits im Ersten Teil an verschiedentlich gesehen haben.

Freilich belässt es Kant nicht bei dergestalt erbaulich anmutenden Postulaten, sondern kategorisiert bereits in dieser Gelegenheitsschrift auf eine Weise, die wissenschaftstheoretisches Interesse beanspruchen kann, zumal da sie auch die Rechtswissenschaft berücksichtigt: „Alle Wissenschaften, die man im eigentlichen Verstande lernen kann, lassen sich auf zwei Gattungen bringen: die historische und mathematische. Zu den ersteren gehören außer der eigentlichen Geschichte auch die Naturbeschreibung, Sprachkunde, das positive Recht etc." (AA II 306). Das ist deswegen interessant, weil Kant hier wenigstens teilweise zusammenfasst, was Dilthey später als Geisteswissenschaften bezeichnete,[320] womöglich aber besser als Kulturwissenschaften begriffen werden kann.[321]

3. Anwendung auf die juristische Ausbildung

Kants Unterscheidung zwischen historischer und mathematischer Wissenschaft ist freilich im Hinblick auf die Erstere, der er die Wissenschaft des positiven Rechts, also die Rechtswissenschaft zuordnet, jedoch noch in einer anderen Hinsicht bemerkenswert, weil er offenbar für die historischen Wissenschaften einen gemeinsamen Maßstab zugrunde legt, den er in aufschlussreicher Weise entwickelt und von der als Weltweisheit begriffenen Philosophie unterscheidet.

a) Paradigma der ‚Rechtsgelahrtheit'

Da Kant hierbei von einem Verfahren spricht, liegt nahe, dass es sich sogleich um ein Problem der von ihm gegen Ende seiner drei Kritiken sogenannten Methodenlehre handelt: „Vergleicht man hiemit das davon so sehr abweichende gemeine Verfahren, so läßt sich verschiedenes begreifen, was sonst befremdlich in die Augen fällt. Als z. E., warum es keine Art Gelehrsamkeit vom Handwerke giebt, darin so viele Meister angetroffen werden als in der Philosophie, und, da viele von denen, welche Geschichte, Rechtsgelahrtheit, Mathematik u. d. m. gelernt haben, sich selbst bescheiden, daß sie gleichwohl noch nicht gnug gelernt hätten, um solche wiederum

320 *Wilhelm Dilthey*, Der Aufbau der geschichtlichen Welt in den Geisteswissenschaften, Gesammelte Schriften, Band VII, 7. Auflage 1979, S. 79.
321 Näher *Jens Petersen*, Vicos Kulturgeschichte des Rechts, 2022, S. 355 ff.

zu lehren: warum andererseits selten einer ist, der sich nicht in allem Ernste einbilden sollte, daß außer seiner übrigen Beschäftigung es ihm ganz möglich wäre etwa Logik, Moral u. d. g. vorzutragen, wenn er sich mit solchen Kleinigkeiten bemengen wollte. Die Ursache ist, weil in jenen Wissenschaften ein gemeinschaftlicher Maßstab da ist, in dieser aber ein jeder seinen eigenen hat" (AA II 307 f.).

b) Einheit und Widerspruchsfreiheit der Rechtsordnung

Im Unterschied zur Philosophie haben die historischen Wissenschaften also einen gemeinschaftlichen Maßstab. Wendet man dies auf die Rechtswissenschaft (‚Rechtsgelahrtheit') an, so fragt sich auch heute noch, welcher Art dieser Maßstab ist, der sie einerseits zur Wissenschaft macht, andererseits aber auch einen immanenten Hinweis darauf gibt, wie sie dementsprechend zu lehren ist. Kant selbst sagt über diesen Maßstab nichts weiter, zumal da ihn ersichtlich die didaktische Eigenart der Philosophie beschäftigt, so dass er sich im Folgenden in einer hier nicht weiter interessierenden Weise mit der Ethik, der physischen Geographie und der Logik beschäftigt.

Es lohnt sich daher, der Frage nachzugehen, welche Form des gemeinschaftlichen Maßstabs Kant gerade im Hinblick auf die Rechtswissenschaft voraussetzt. Ohne an dieser Stelle die Besonderheiten seiner kritischen Philosophie behandeln zu müssen, kann man wohl bereits in dieser Phase seines vorkritischen Denkens mit Fug davon ausgehen, dass der Gedanke der Einheit, systematischen Kohärenz und Widerspruchsfreiheit der Rechtsordnung hier bereits einen sicheren Platz einnimmt.

c) Zusammenhang zwischen Rechtswissenschaft und Rechtsdidaktik

Wendet man zugleich den Grundgedanken der vorliegenden Schrift auf die Frage des Zusammenhangs zwischen Rechtswissenschaft und Rechtsdidaktik an, so wird man davon ausgehen dürfen, dass es sich um methodische Prämissen handeln muss, die zwangsläufig die genannte Einheit und Folgerichtigkeit sowie vor allem die Widerspruchsfreiheit zur Geltung bringen.[322] Gerade hierfür gibt es jedoch ein probates Verfahren im Kantischen Sinne, das in einer maßstabsetzenden Weise die Lösung eines beliebigen Zivilrechtsfalles nach wissenschaftlichen Prinzipien er-

---

322 Dazu grundlegend *Claus-Wilhelm Canaris*, Systemdenken und Systembegriff in der Jurisprudenz, 2. Aufl. 1983.

möglicht, nämlich das in den juristischen Prüfungs- und Übungsarbeiten verlangte universitäre Gutachten, das idealiter einem Gerichtsurteil zugrunde gelegt werden kann.[323] Versucht man somit, Kants didaktisches Anliegen und seine ihm zugrunde liegenden wissenschaftstheoretischen Annahmen auf die Jurisprudenz anzuwenden, um auch im Hinblick auf diese die Verschränkung zwischen Theorie und Praxis zu berücksichtigen, so kann man im Einklang mit dem im Ersten Teil Bedachten zu dem Ergebnis gelangen, dass die Gutachtenmethode der universitären Ausbildung auch im Sinne der Kantischen Lehrmethode ist.[324]

4. Deduktion als normativer Maßstab

Kehren wir vor diesem Hintergrund noch einmal zurück zu jener Stelle, an der Kant unter anderem über die Rechtswissenschaft im Unterschied zur Philosophie sagt, dass „ein gemeinschaftlicher Maßstab da ist, in dieser aber ein jeder seinen eigenen hat" (AA II 308). Auch wenn Kant, wie gesehen, nicht ausführt, worin dieser normative Maßstab gerade im Hinblick auf die Jurisprudenz liegt, kann man sich bezüglich der im Ersten Teil dieser Abhandlung angestellten Überlegungen fragen, ob sie nicht ebenso, wie Kant es später in seiner kritischen Philosophie zu Beginn der transzendentalen Deduktion der reinen Verstandesbegriffe innerhalb der *Kritik der reinen Vernunft* über die Vorgehensweise der ‚Rechtslehrer' voraussetzen wird, der Methode der juristischen Deduktionsschriften entspricht, wie er sie von Gottfried Achenwall und Stephan Pütter her kannte. Deren strukturelle Ähnlichkeit und Übereinstimmung mit der noch heute angewandten oben behandelten Methodik der Fallbearbeitung, wäre dann nach den im Ersten Teil ermittelten Ergebnissen mitnichten zufällig, sondern gleichsam notwendig.

---

323 *Detlef Leenen*, Anspruchsaufbau und Gesetz: Wie die Methodik der Fallbearbeitung hilft, das Gesetz leichter zu verstehen, Juristische Ausbildung 2011, 723, erkennt darin ein „Entdeckungsverfahren". Für die Annahme einer zumindest indiziellen Richtigkeitsgewähr beziehungsweise bei etwaigen Unstimmigkeiten eines Falsifikationskriteriums *Jens Petersen*, Anspruchsgrundlage und Anspruchsprüfung als Abbildung des inneren Systems der Privatrechtsordnung, Festschrift für Dieter Medicus, 2009, S. 295.

324 *Claus-Wilhelm Canaris*, Das Rangverhältnis der „klassischen" Auslegungskriterien, demonstriert an Standardproblemen aus dem Zivilrecht, Festschrift für Dieter Medicus, 1999, S. 25, 26 f. mit Fußnote 4/5, hat dies bereits vorbildhaft mit der kritischen Philosophie Kants abgeglichen, wie wir bereits im Ersten Teil verschiedentlich gesehen haben.

II. Kants Beweisführung der Unrechtmäßigkeit des Büchernachdrucks

1. Thematische und zeitliche Einordnung

Im Zeitalter der Spezialisten gilt bereits als leichtfertiger Generalist, wer die eng gesetzten Grenzen seiner Zunft thematisch überschreitet. Zu Zeiten Immanuel Kants brauchte man derlei Skrupel noch nicht zu haben.

a) Gleichzeitige Veröffentlichungen

Denn allein im Jahre 1784, kurz nachdem er seine *Grundlegung der Metaphysik der Sitten* verfasst hatte, schrieb er vier Aufsätze, die zuerst in der Berlinischen Monatsschrift veröffentlicht wurden. Zunächst entwickelte er die *Idee zu einer allgemeinen Geschichte in weltbürgerlicher Absicht.* Im zweiten Beitrag beantwortete er die Frage *Was ist Aufklärung?.* Die dritte Abhandlung ging *Über die Vulkane im Monde.* Und schließlich handelte der vierte Aufsatz *Von der Unrechtmäßigkeit des Büchernachdrucks.* Dieser letztgenannte Beitrag soll im Mittelpunkt der vorliegenden Ausführungen stehen, weil er für die Theorie des geistigen Eigentums von maßgeblicher Bedeutung ist.[325] Darüber hinaus ist die scheinbare Gelegenheitsschrift ein Beispiel für die Kantische Beweisführung nach Maßgabe jener Deduktionsschriften nach Art ‚der Rechtslehrer‘, von denen im Ersten Teil die Rede war, wie freilich auch im bisherigen Schrifttum bereits scharfsichtig erkannt worden ist.[326]

Anmerkung: Inhaltlich im Hinblick auf die Ergebnisse des Ersten Teils dieser Untersuchung entscheidend überarbeitete Fassung des zuerst in der Festschrift für Helmut Köhler, 2014, S. 529–534, veröffentlichten Beitrags.

325 Rechtsgeschichtlich und urheberrechtlich wichtig *Katharina de la Durantaye*, Der Schutz literarischer Urheberschaft im Rom der klassischen Antike, 2005. Zum Geistigen Eigentum aus heutiger Sicht *Ansgar Ohly*, JuristenZeitung 2003, 545 ff.

326 *Ulrich Seeberg*, Ursprung, Umfang und Grenzen der Erkenntnis. Eine Untersuchung zu Kants transzendentaler Deduktion der Kategorien, 2006, S. 203.

https://doi.org/10.1515/9783111070186-012

b) Kant und Fichte über geistiges Eigentum

Kants Aufsatz stellt eine der prägenden Schriften für die Entwicklung des geistigen Eigentums dar, die wenige Jahre später durch einen Aufsatz Johann Gottlieb Fichtes vervollständigt wurde, der gleichfalls den ‚Beweis der Unrechtmäßigkeit des Büchernachdrucks' zu erbringen suchte. In seiner ersten Anmerkung bekennt Fichte offen: „Nachdem ich diesen Aufsatz völlig geschlossen hatte, lese ich die Abhandlung des Herrn Prof. Kant, Berl. Monatsschrift, Mai 1785: über die Unrechtmäßigkeit des Büchernachdrucks, die ich vorher durch einen Zufall nie gelesen hatte. Mit dem Manne sich auf Einem Wege finden, ohne von seinem Gange etwas gewusst zu haben, thut wohl".[327] So selbstzufrieden durfte man damals schreiben, wenn man der thematisch einschlägigen Publikation eines anderen Autors erst im Stadium der Druckfahnen gewahr wurde.

c) Beweisführung nach Art der Deduktionsschriften

Das Thema lag also in der Luft, auch wenn es für Kant scheinbar eher ein beliebiges Gelegenheitsprodukt war, wie er in einem Brief an den Herausgeber der ‚Berlinischen Monatsschrift' schrieb: „Da ich beständig über Ideen brüte, so fehlt's mir nicht an Vorrath, wohl aber an einem bestimmten Grunde der Auswahl, ingleichen an Zeit, mich abgebrochenen Beschäftigungen zu widmen; da ich mit einem ziemlich ausgedehnten Entwurfe, den ich gern vor dem herannahenden Unvermögen des Alters ausgeführt haben möchte, beschäftigt bin" (AA X 397).

Doch auch hier muss man wiederum berücksichtigen, was bereits im Ersten Teil der vorliegenden Abhandlung herausgestellt wurde, nämlich dass Kant seinen Beweis in jener Form der Deduktion erbracht haben dürfte, die er ausweislich des Beginns der transzendentalen Deduktion der reinen Verstandesbergriff innerhalb der *Kritik der reinen Vernunft* als besonders anschaulich für die Transzendentalphilosophie erachtete, und zwar die juristischen Deduktionsschriften, wie er sie namentlich von Gottfried Achenwall und Johann Stephan Pütter her kannte.[328] Vor diesem Hintergrund entfaltet die vorliegenden Gelegenheitsschrift eine über den

---

327 *Johann Gottlieb Fichte*, Beweis der Unrechtmäßigkeit des Büchernachdrucks. Ein Räsonnement und eine Parabel, Berliner Monatsschrift 21 (1793), 443 ff. Die Beiträge Kants und Fichtes sind neu abgedruckt in dem UFITA-Band 106 (1987), 137 und 155. Zu Fichtes Lehre zum Gedankeneigentum wegweisend, nämlich im Hinblick auf moderne Möglichkeiten zum Schutz von Spielideen, *Jürgen Oechsler*, Gewerblicher Rechtsschutz und Urheberrecht 2009, 1101.

328 Insoweit grundlegend *Ulrich Seeberg*, Ursprung, Umfang und Grenzen der Erkenntnis. Eine Untersuchung zu Kants transzendentaler Deduktion der Kategorien, 2006, S. 203.

konkreten Gegenstand hinaus prinzipielle methodologische Bedeutung und veranschaulicht zudem den werkimmanenten Zusammenhang mit der ersten Kritik.

2. Die Beweisführung im Einzelnen

Es ist also gewiss kein Zufall, dass Kant ausgerechnet zur rechtsphilosophischen Darlegung einer letztlich rechtsdogmatischen Problematik just jene Technik der juristischen Deduktionsschriften anwendet, die er wohl schon aus seinen Vorlesungen über das Naturrecht kannte, als deren Kompendium er jenes des Göttinger Professors Achenwall, wie im Ersten Teil darstellt, für besonders empfehlenswert erachtete.[329] Über ihn äußert Kant sich besonders anerkennend: „Gleichwohl finde ich achtungswürdige Männer (...), unter denen ich hier nur den in seinen Lehren des Naturrechts sehr behutsamen, bestimmten und bescheidenen Achenwall anführen will" (AA VIII 301).[330] Diese drei alliterierenden Adjektive sind aufschlussreich im Hinblick darauf, welche Eigenschaften Kant an einem Rechtsgelehrten schätzt.

a) Persönlichkeitsrechtliche Begründung des geistigen Eigentums

Man kann in Kants Abhandlung *Von der Unrechtmäßigkeit des Büchernachdrucks* bereits die grundlegende Unterscheidung zwischen Urheber- und Verlagsrecht finden: „Diejenigen, welche den Verlag eines Buchs als den Gebrauch des Eigenthums an einem Exemplare (es mag nun als Manuscript vom Verfasser, oder als Abdruck desselben von einem schon vorhandenen Verleger auf den Besitzer gekommen sein) ansehen und alsdann doch durch den Vorbehalt gewisser Rechte, es sei des Verfassers, oder des von ihm eingesetzten Verlegers, den Gebrauch noch dahin einschränken wollen, daß es unerlaubt sei, es nachzudrucken, – können damit niemals zum Zwecke kommen" (AA VIII 79).

aa) Die wegweisende Unterscheidung

Wichtiger noch ist aber der bereits in diesem ersten Satz aufscheinende Gedanke, dass es bei der Rechtmäßigkeit des Büchernachdrucks nicht um das Sacheigentum

---

329 *Gottfried Achenwall*, Ius naturae, 1767.

330 Zu Kant und Achenwall auch *Werner Busch*, Die Entstehung der kritischen Rechtsphilosophie Kants 1762–1786, 1979, S. 38 ff.

am Buch geht, sondern vielmehr ein persönlichkeitsrechtlicher Aspekt mitwirkt.[331] Das Eigentum am Buch als Sache ist also zu unterscheiden von dem darin verkörperten geistigen Eigentum – ein Gedanke, dessen Ausprägungen für die moderne Zivilrechtsdogmatik wegweisend ist und auch in der Rechtsprechung vorausgesetzt wird.[332] Unbeschadet jeglicher Einwilligung in den Druck eines Buchs kann dem Verfasser das geistige Eigentum nicht genommen werden:[333] „Denn das Eigenthum des Verfassers an seinen Gedanken (wenn man gleich einräumt, daß ein solches nach äußern Rechten statt finde) bleibt ihm ungeachtet des Nachdrucks; und da nicht einmal füglich eine ausdrückliche Einwilligung der Käufer eines Buchs zu einer solchen Einschränkung ihres Eigenthums statt finden kann, wie viel weniger wird eine bloß präsumirte zur Verbindlichkeit derselben zureichen?" (AA VIII 79). Kant unterscheidet also das geistige Eigentum von der Befugnis zum Druck bzw. Nachdruck.

bb) Dogmatische Begründung des Verlagsrechts

Von juristischem Interesse ist die dogmatische Herleitung des Verlagsrechts, das Kant mit einem gewissen Anklang an das Geschäftsführungsrecht begründet: „Der Verlag ist nun eine Rede ans Publicum (durch den Druck) im Namen des Verfassers, folglich ein Geschäft im Namen eines andern" (AA VIII 83 f.). So sagt Kant an anderer Stelle, dass „in einem Buche als Schrift (…) der Autor zu seinem Leser" redet (AA VIII 80); diesen Gedanken hat kein geringerer als Josef Kohler heftig angegriffen,[334] der als Rechtsphilosoph gleichermaßen versiert war wie als Urheberrechtler und im Übrigen den heute nicht mehr hinwegzudenkenden Begriff des Immaterialgüterrechts geprägt hat.[335]

---

331 *Heinrich Hubmann*, Recht des schöpferischen Geistes, 1954, S. 71; *Eugen Ulmer*, Urheber- und Verlagsrecht, 1980, S. 94; *Volker Jänich*, Geistiges Eigentum – Eine Komplementärerscheinung zum Sacheigentum? 2002, S. 5; *Christian Stuhlmann*, Der zivilrechtliche Persönlichkeitsschutz bei Ehrverletzung und kommerzieller Vermarktung in Deutschland, 2001, S. 30 f. Die Einzelheiten sind streitig, müssen hier aber nicht verfolgt werden.

332 BGH Neue Juristische Wochenschrift 1992, 2084; dazu *Claus-Wilhelm Canaris*, JuristenZeitung 1992, 1114, 1118; *Dieter Medicus/Jens Petersen*, Bürgerliches Recht, 29. Auflage 2023, Rn. 727; vgl. auch *Jens Petersen*, Medienrecht, 5. Auflage 2010, § 6 Rn. 15 ff.

333 Grundlegend zur Einwilligung *Ansgar Ohly*, „Volenti non fit iniuria" – die Einwilligung im Privatrecht, 2002; *ders.*, Gewerblicher Rechtsschutz und Urheberrecht 2012, 983.

334 *Josef Kohler*, Die Idee des geistigen Eigenthums, Archiv für die civilistische Praxis 82 (1894), 141 ff. Ihm zufolge ist diese Begründung „keinem juristischen Boden entsprungen, sondern der abenteuerlichen Ausgeburt eines unjuristischen Genius." Dieses hohnlachende Verdikt ist jedoch ungerecht.

335 Näher *Bernhard Großfeld*, Josef Kohler (1849–1919), Festschrift 200 Jahre Juristische Fakultät der Humboldt-Universität zu Berlin, 2010, S. 375 ff.

Kant legt erkennbar eine juristische Kategorienbildung zugrunde.[336] Es ist ihm ersichtlich um eine strikte Trennung zwischen Urheber und Verlag gegangen, infolge derer der unberechtigte Büchernachdruck *ipso iure* und ohne, dass dafür neue Gesetze geschaffen werden müsste, unzulässig ist und gerichtlich verfolgt werden kann, wie Kant am Schluss seiner Abhandlung resümiert: „Wenn die hier zum Grunde gelegte Idee eines Bücherverlages überhaupt wohlgefaßt, und (wie ich mir schmeichle, daß es möglich sei) mit der erforderlichen Eleganz der römischen Rechtsgelehrsamkeit bearbeitet würde;[337] so könnte die Klage gegen den Nachdrucker wohl vor die Gerichte gebracht werden, ohne daß es nöthig wäre, zuerst um ein neues Gesetz deshalb anzuhalten" (AA VIII 87).[338] Ein Standpunkt, der nicht einfach nach Neuregelungen verlangt, sondern den Spielraum bestehenden Rechts auslotet, indem die anerkannten Befugnisse kunstvoll ausgelegt werden und auf einer dogmatischen Herleitung gründen, kann schwerlich a limine als unjuristisch gebrandmarkt werden.[339]

b) Die Geschäftsanmaßung des unrechtmäßigen Nachdruckers

Wenn der Autor über das Buch als Schrift zu seinem Leser redet und zugleich der Verlag über den Druck des Buches eine Rede ans Publikum im Namen des Verfassers darstellt (AA VIII 80), dann ist diese Rede des Verlags namens des Verfassers für Kant ein Geschäft im Namen eines anderen, nämlich des Autors (AA VIII 83 f.).

aa) Erlösherausgabe und Schadensersatzpflicht

Mit dieser Geschäftsführungsdoktrin begründet Kant die Unrechtmäßigkeit des unbefugten Nachdrucks: „Ich glaube aber Ursache zu haben, den Verlag (…) als die

---

336 Insofern gilt noch immer der schon gegen *Ludwig Friedrich Griesinger*, Der Büchernachdruck, aus dem Gesichtspunkte des Rechts, der Moral und der Politik betrachtet, 1822, gerichtete Satz von *Carl Ernst Schmid*, Der Büchernachdruck aus dem Gesichtspunkte des Rechts, der Moral und der Politik, 1823, S. 13: „So ist auch Kant's Darstellung des Verlagscontracts, als eines Auftrags von dem Verfasser an den Verleger, und Nachdrucks als einer unbefugten Geschäftsführung noch klüger, als der Spott, welchen einer unserer neuern Juristen darüber ausgegossen hat, und wer einmal einem fremden Urteil folgen will, wird an einem Autor wie Kant sich immer noch einen zuverlässigern Führer erwählt haben, als an manchem unserer Legisten, welcher den Geist am Gewande zu fassen meint".

337 Zu dieser Stelle bereits im Ersten Teil.

338 Zum Hintergrund des römischen Rechts mit Blick auf Kants Schrift *Leopold Joseph Neustetel*, Der Büchernachdruck, nach Römischem Recht betrachtet, 1824, S. 16.

339 So aber *Josef Kohler*, Die Idee des geistigen Eigenthums, Archiv für die civilistische Praxis 82 (1894), 141 ff.

Führung eines Geschäftes im Namen eines andern, nämlich des Verfasser, anzusehen, und auf diese Weise die Unrechtmäßigkeit des Nachdruckens leicht und deutlich darstellen zu können“ (AA VIII 79).

(1) Unterscheidung nach der Rechtmäßigkeit und dem Zuweisungsgehalt

Gerade dieses Argument der Geschäftsführung bzw. der Geschäftsanmaßung – je nach dem ob der Nachdruck rechtmäßig oder unrechtmäßig erfolgt – zeigt aber eine Struktur, die einer juristischen Argumentation nicht nur würdig ist,[340] sondern auch in unseren heutigen zivilrechtlichen Kategorien nachvollziehbar wirkt, wenn man nur an den modernen dogmatischen Begriff des Zuweisungsgehalts denkt, der in manchen Formulierungen zumindest der Sache nach mitschwingt:[341] „Wer ein Geschäft eines andern in dessen Namen und dennoch wider den Willen desselben treibt, ist gehalten, diesem oder seinem Bevollmächtigten allen Nutzen, der ihm daraus erwachsen möchte, abzutreten und allen Schaden zu vergüten, der jenem oder diesem daraus entspringt“ (AA VIII 79 f.).

(2) Angemaßte Eigengeschäftsführung

Was Kant hier und im Folgenden *more geometrico* beweist,[342] gründet auf Prämissen, die auch dem heutigen Recht der angemaßten Eigengeschäftsführung (vgl. § 687 Abs. 2 BGB) alles andere als fremd sind: „Da der sich eindringende Geschäftsträger unerlaubter Weise im Namen eines andern handelt, so hat er keinen Anspruch auf den Vortheil, der aus diesem Geschäfte entspringt; sondern der, in dessen Namen er das Geschäft führt, oder ein anderer Bevollmächtigter, welchem jener es anvertraut hat, besitzt das Recht, diesen Vortheil, als die Frucht seines Eigenthums, sich zuzueignen“ (AA VIII 80). Hier kommt nicht nur der Gedanke der Erlösherausgabe (vgl. §§ 681 Satz 2, 667 BGB) zum Ausdruck, sondern auch das Prinzip der Gewinnabschöpfung, die im Immaterialgüterrecht zunehmend an Boden gewinnt.[343] Kant folgert daraus eine umfassende Schadensersatzpflicht, die der

---

340 Daher argumentiert *Wolfgang Ritzel*, Immanuel Kant. Eine Biographie, 1985, S. 80, etwas vordergründig, wenn er zur Motivation des Autors nur feststellt, dass Kant „in der Schrift gegen den unrechtmäßigen Büchernachdruck auf die Seite der Verleger tritt, nicht freilich der Besitzer von Buchfabriken, die gedungene Scribenten ins Brot setzen, sondern seiner eigenen, die durch den Raubdruck seiner Schriften geschädigt werden, jedenfalls seit die Nachfrage nach diesen seit den frühen 80ger Jahren einsetzt“.

341 Dazu etwa *Jens Petersen*, Medienrecht, 5. Auflage 2010, § 6 Rn. 7 ff.

342 In einen weiteren Zusammenhang gestellt von *Siegmund Krause*, Über Büchernachdruck, 1817, S. 5: „Das hat der orthodoxe Kant nachgewiesen“.

343 Zur Marktsteuerung durch Abschöpfungsansprüche *Christian Alexander*, JuristenZeitung 2006, 890. Ferner *Anne van Raay*, Gewinnabschöpfung als Präventionsinstrument im Lauterkeitsrecht.

Verweisung im § 687 Abs. 2 BGB auf § 678 BGB *cum grano salis* entspricht: „Weil ferner dieser Geschäftträger dem Rechte des Besitzers durch unbefugte Einmischung in fremde Geschäfte Abbruch thut, so muss er nothwendig allen Schaden vergüten“ (AA VIII 80).

(3) Kants juristische Urteilskraft

Die vorausahnende Auffächerung all jener Rechtsfolgen, die auch nach heutigem Recht noch in Betracht kommen, veranschaulicht nicht nur Kants vorzügliches Judiz, sondern zugleich einen bemerkenswerten Sinn für die Anspruchskonkurrenz. Kant verfügte demnach offenbar über ein eminentes rechtsdogmatisches Verständnis, das er – ganz im Einklang mit seiner eigenen Lehre – nicht nur theoretisch zu begründen, sondern auch für die Praxis tauglich auszugestalten verstand.[344] Denn das, was er nach sorgfältiger Unterscheidung von Sache und Recht in Gestalt der möglichen Verbindung von Erlösherausgabe und Schadensersatzpflicht unter Gerechtigkeitsgesichtspunkten mit teleologischen Erwägungen postuliert, dokumentiert auch in juristischer Hinsicht Urteilskraft.[345]

bb) Rechtsphilosophische Begründung

Interessant ist allerdings die rechtsphilosophische Begründung, die nicht mit römisch-rechtlichen Vorbildern operiert, auf die sich Kant am Ende seiner Beweisführung bezogen hat.

Möglichkeiten und Grenzen effektiver Verhaltenssteuerung durch den Verbandsanspruch nach § 10 UWG, 2012; *Rolf Sack*, Der Gewinnabschöpfungsanspruch von Verbänden, Wettbewerb in Recht und Praxis 2003, 549; zum Schadensersatz und zur Gewinnabschöpfung im Lauterkeits- und Immaterialgüterrecht auch *Renate Schaub*, Gewerblicher Rechtsschutz und Urheberrecht 2005, 918.

344 *Claus-Wilhelm Canaris*, Funktion, Struktur und Falsifikation juristischer Theorien, Juristen-Zeitung 1993, 377, 390, gibt gegenüber modernen Missverständnissen mit Recht zu bedenken: „Der von Kant verworfene ‚Gemeinspruch‘ (...) ist auch heute noch charakteristisch für die Haltung vieler Juristen.“ Zutreffend auch ebenda, S. 391, wonach „Herablassung gegenüber Theorien nach Art des ‚Gemeinspruchs‘ oder gar antidogmatische Feindseligkeit somit die Leistung der Theorie ebenso wie die Aufgabe der Praxis verfehlt“.

345 *Claus-Wilhelm Canaris*, Das Rangverhältnis der „klassischen“ Auslegungskriterien, demonstriert an Standardproblemen aus dem Zivilrecht, Festschrift für Dieter Medicus, 1999, S. 25, 26, hat im Hinblick auf die juristische Ausbildung jene Fähigkeit beschrieben und auf den Begriff gebracht, auf die es auch hier ankommt: „Das erfordert eine ganz eigenständige Denkweise und -fähigkeit, für die man seit Kant sogar einen besonderen Begriff hat: Urteilskraft. So ist es denn auch kein geringerer als Kant selbst, den man als Zeugen für Sinn und Notwendigkeit einer juristischen Ausbildung auf der Grundlage praktischer Fälle aufrufen kann“.

(1) Natur- und vernunftrechtliche Begründung

Kant begründet seine Ansicht über das hier in Rede stehende Recht vielmehr nicht rechtsgeschichtlich, sondern natur- und vernunftrechtlich: „Dieses liegt ohne Zweifel in den Elementarbegriffen des Naturrechts" (AA VIII 80). Es hier nicht noch der Ort, der Frage nachzugehen, ob und inwieweit dies im Sinne seiner kritischen Philosophie gedacht ist.[346] Als Kant dies schrieb, lag seine *Kritik der reinen Vernunft* über ein Dutzend Jahre zurück, die *Kritik der praktischen Vernunft* wie die *Kritik der Urteilskraft* noch vor ihm. Gerade im Hinblick auf die erste Kritik ist nach dem im Ersten Teil Bedachten zu berücksichtigen, dass Kant vom ‚Rechte des Besitzers' spricht (AA VIII 80). Denn auch in der *Kritik der reinen Vernunft* geht es im Rahmen der Deduktion, wie im Ersten Teil eingehend dargelegt, um die Rechtmäßigkeit von Besitzansprüchen.[347] Man kann es vielleicht am ehesten so verstehen, dass Kant das, was er vom römischen Recht her kannte, rechtsphilosophisch in Gestalt eines unhintergehbaren vernunftrechtlichen Axioms begründen wollte.

(2) Formen des Besitzes

In diesem Sinne postuliert Kant: „Mein Argument ist in einem Vernunftschlusse enthalten, der das Recht des Verlegers beweiset; dem ein zweiter folgt, welcher den Anspruch des Nachdruckers widerlegen soll" (AA VIII 79). Kants Unterscheidung zwischen dem Buch als Sache und seinem auf den Schöpfer zurückgehenden geistigen Gehalt kommt bereits der späteren kantischen Unterscheidung zwischen *possessio noumenon* und *possessio phaenomenon* nahe, die im Dritten Teil der vorliegenden Abhandlung noch näher untersucht wird. Das geistige Eigentum ähnelt insoweit dem intelligiblen Besitz: „Das Exemplar dieser Rede, es sei in der Handschrift oder im Druck, mag gehören, wem es wolle; so ist doch, dieses für sich zu brauchen, oder damit Verkehr zu treiben, ein Geschäft, das jeder Eigenthümer desselben in seinem eigenen Namen und nach Belieben treiben kann" (AA VIII 80 f.). Wir werden auf den intelligiblen Besitz im Dritten Teil zurückkommen.

3. Abgleich mit Kants Rechtsphilosophie

Es ist im bisherigen Schrifttum wohl noch nicht hinlänglich gesehen oder zumindest gewürdigt worden, dass Kants Abhandlung über die Unrechtmäßigkeit des Bü-

346 Zu dieser Problematik näher unten im Ditten Teil.
347 *Eckart Förster*, Die 25 Jahre der Philosophie, 2011, S. 37.

chernachdrucks einen auffallenden Widerhall in seinen vergleichsweise späten *Metaphysischen Anfangsgründen der Rechtslehre* erfährt.[348]

a) Gleichlauf der Fragestellung

Diese wichtige Schrift aus dem Jahre 1797 – also knapp eineinhalb Jahrzehnte später als der genannte Aufsatz und nach den *Kritiken der praktischen Vernunft und der Urteilskraft* verfasst – enthält Kants Rechtsphilosophie. An vergleichsweise versteckter Stelle der *Metaphysischen Anfangsgründe*, nämlich im Rahmen der dogmatischen Einteilung aller erwerblichen Rechte aus Verträgen (AA VI 284),[349] stellt Kant die auf den ersten Blick verblüffenden Fragen „Was ist Geld?" (unter I.) sowie (unter II.) „Was ist ein Buch?" (AA VI 286 ff./289 ff.).

Während die erstgenannte Frage hier nicht näher behandelt werden kann,[350] ist die auf den ersten Blick kurios anmutende Frage, was ein Buch sei, bereits in einer Fußnote des Aufsatzes von 1784 beantwortet worden: „Ein Buch ist das Werkzeug der Überbringung einer Rede ans Publicum, nicht bloß der Gedanken, wie etwa Gemälde, symbolische Vorstellung irgend einer Idee oder Begebenheit. Daran liegt hier das Wesentlichste, daß es keine Sache ist, die dadurch überbracht wird; sondern eine *opera*, nämlich Rede, und zwar buchstäblich. Dadurch, daß es ein stummes Werkzeug genannt wird, unterscheide ich es von dem, was die Rede durch einen Laut überbringt, wie z. B. ein Sprachrohr, ja selbst der Mund anderer ist" (AA VIII 81).

Es kann kein Zufall sein, dass der späte Kant in den *Metaphysischen Anfangsgründen der Rechtslehre* unter der genannten Überschrift ebenfalls das Buch als solches definiert: „Ein Buch ist eine Schrift (ob mit der Feder oder durch Typen, auf wenig oder viel Blättern verzeichnet, ist hier gleichgültig), welche eine Rede vorstellt, die jemand durch sichtbare Sprachzeichen an das Publicum hält. – Der, welcher zu diesem in seinem eigenen Namen spricht, heißt der Schriftsteller (autor). Der, welcher durch eine Schrift im Namen eines anderen (des Autors) öffentlich

348 *Friedrich Bouterwek*, Rezension von Kants *Metaphysische Anfangsgründe der Rechtslehre*, Göttingische Anzeigen von gelehrten Sachen, 28. Stück, den 18ten Februar 1797 (ebenfalls abgedruckt in der Akademie-Ausgabe, Band XX, S. 445 ff.), gesteht Kant zu, dass „der Büchernachdruck durch ein neues Argument für rechtswidrig erklärt wird", lässt aber nicht erkennen, ob dies auch auf den Aufsatz von 1784 bezogen ist.

349 Siehe dazu auch *Hannes Unberath*, Die Vertragsverletzung, 2007, Teil 1; *dens.*, Die Bindung an den Vertrag – Zur Bedeutung Kants für die neuere Diskussion um die Grundlagen des Privatrechts, Festschrift für Joachim Hruschka, 2005, S. 719.

350 Zu ihr *Jens Petersen*, Adam Smith als Rechtstheoretiker, 2. Auflage 2017, S. 41 f.

redet, ist der Verleger. Dieser, wenn er es mit Jenes seiner Erlaubniß thut, ist der rechtmäßige; thut er es aber ohne dieselbe, der unrechtmäßige Verleger, d.i. der Nachdrucker. Die Summe aller Copeien der Urschrift (Exemplare) ist der Verlag" (AA VI 289).

b) Unausgesprochene Außenverweisungen

So unterschiedlich die beiden Definitionen auf den ersten Blick sind, so gleichartig ist ihr gedanklicher Ursprung, der bezüglich der späteren Stelle geradezu als eine unausgesprochene Außenverweisung auf den dort nicht zitierten früheren Aufsatz begriffen werden kann.[351] Denn auch wenn die Definition von 1797 mit dem umständlich anmutenden Klammerzusatz weitschweifiger zu sein scheint, enthält sie doch andererseits bei der Gleichheit des Grundgedankens – der Rede an das Publikum – etwas, das im früheren Aufsatz erst aus dem Haupttext ersichtlich ist, nämlich das Verhältnis des Autors zum Verleger.

Dass die diesbezügliche Stelle aus den *Metaphysischen Anfangsgründen der Rechtslehre* gleichsam die Quintessenz des zitierten Aufsatzes ist, erhellt aus der nachfolgenden Zwischenüberschrift: „Der Büchernachdruck ist von rechtswegen verboten" (AA VI 289). Auch unter dieser Überschrift geht Kant vom Grundgedanken der Schrift als Rede ans Publikum aus, die der Autor über den Verleger an die Öffentlichkeit richtet: „Dieser aber, nämlich der Verleger, spricht (durch seinen Werkmeister, operarius, den Drucker) nicht in seinem eigenen Namen (denn sonst würde er sich für den Autor ausgeben); sondern im Namen des Schriftstellers, wozu er also nur durch eine ihm von dem letzteren ertheilte Vollmacht (*mandatum*) berechtigt ist" AA VI 290).

c) Vergleich der Folgerungen

Das entspricht der Sache nach der bereits in dem früheren Aufsatz liegenden Feststellung: „Aus diesem Grunde folgt auch, daß nicht der Autor, sondern sein bevollmächtigter Verleger lädirt werde. Denn weil jener sein Recht wegen Verwaltung seines Geschäftes mit dem Publicum dem Verleger gänzlich und ohne Vorbehalt, darüber noch anderweitig zu disponiren, überlassen hat: so ist dieser

---

351 Zu diesem Gedanken in anderem Zusammenhang, nämlich auf die ‚Kritik der praktischen Vernunft' bezogen, unten im Dritten Teil.

allein Eigenthümer dieser Geschäftsführung, und der Nachdrucker thut dem Verleger Abbruch an seinem Rechte, nicht dem Verfasser" (AA VIII 82).

Diese Begründung steht in augenfälligem Einklang zur Subsumtion des späten Kant: „Nun spricht der Nachdrucker durch seinen eigenmächtigen Verlag zwar auch im Namen des Schriftstellers, aber ohne dazu Vollmacht von demselben zu haben (*gerit se mandatarium absque mandato*); folglich begeht er an dem von dem Autor bestellten (mithin einzig rechtmäßigen) Verleger ein Verbrechen der Entwendung des Vortheils, den der letztere aus dem Gebrauch seines Rechts ziehen konnte und wollte (*furtum usus*); also ist der Büchernachdruck von rechtswegen verboten" (AA VI 290). Die Gegenüberstellung veranschaulicht die Gleichartigkeit des Gedankens und der Methode. Der Nachdruckende erscheint jeweils als vollmachtloser Vertreter.[352] Der entscheidende Wertungsgesichtspunkt besteht jeweils „im rechtmäßigen Besitz" (AA VI 290).[353] Aus dieser Formulierung der *Metaphysischen Anfangsgründen der Rechtslehre* ergibt sich zugleich die Übereinstimmung mit der *Kritik der reinen Vernunft.*

4. Deduktion der Unrechtmäßigkeit als Mosaikstein eines Vernunftrechts der Freiheit

Kant hat die folgerichtige und in sich widerspruchsfreie Technik der juristischen Deduktionsschriften so verinnerlicht hat, dass er selbst zur Beantwortung einer für ihn selbst durchaus praktischen juristischen Frage damit zu argumentieren wusste.[354] Da er dies aber bereits in der transzendentalen Deduktion der reinen Verstandesbegriffe grundlegend auseinandergesetzt hat, kann man die von Kant immanent angewendete Methode ebenfalls als eine unausgesprochene Außenverweisung auf die *Kritik der reinen Vernunft* verstehen. Was dort über transzendentalphilosophische Beweise verlangt wird, gilt auch hier.

Nicht zuletzt im Hinblick auf die Rechtmäßigkeit von Besitzansprüchen verläuft die Kantische Deduktion der Unrechtmäßigkeit des Büchernachdrucks in den Bahnen, die innerhalb der transzendentalen Deduktion der ersten Kritik vorge-

---

352 Zu den Unterschieden zum heutigen Recht *Jens Petersen*, Die Abstraktheit der Vollmacht, Juristische Ausbildung 2004, 829; *ders.*, Vertretung ohne Vertretungsmacht, Juristische Ausbildung 2010, 904.

353 Zum Nachhall der metaphysischen Anfangsgründe der Rechtslehre im System des heutigen römischen Rechts der gleichnamige Aufsatz von *Hannes Unberath*, Zeitschrift der Savigny-Stiftung für Rechtsgeschichte. Germanistische Abteilung 127 (2010), 142 ff.

354 *Ulrich Seeberg*, Ursprung, Umfang und Grenzen der Erkenntnis. Eine Untersuchung zu Kants transzendentaler Deduktion der Kategorien, 2006, S. 203; dazu bereits im ersten Teil.

zeichnet sind. Wenn man schließlich bedenkt, dass die Frage nach dem Zuweisungsgehalt der Befugnis zum Büchernachdruck die jeweiligen Willkürsphären im Sinne der späten Rechtslehre unterscheidet und somit nach einem Gesetz der Freiheit ordnet, dann ist Kants durch einen Vernunftschluss erbrachter Beweis zur Unrechtmäßigkeit des Büchernachdrucks ein im werkimmanenten Zusammenhang kleiner, aber methodisch bedeutsamer Mosaikstein auf dem anspruchsvollen Weg zu einem Recht der Freiheit.

III. Weltbürgerrecht der Freiheit

1. Weltbürgerliche Absicht

Zu den visionären, aber gleichwohl nicht schwärmerischen Eingebungen des schon über sechzigjährigen Kant gehört seine Idee eines Weltbürgerrechts.[355] Eine wesentliche Vorarbeit, die den Begriff des Weltbürgerrechts freilich noch nicht ausdrücklich enthält, wohl aber die Intention bereits im Titel erkennen lässt, bildet im Jahre 1784, drei Jahre nach dem Erscheinen seiner *Kritik der reinen Vernunft*, die geschichtsphilosophische Abhandlung über die *Idee zu einer allgemeinen Geschichte in weltbürgerlicher Absicht* (AA VIII 15).[356] Darauf konnte er in seiner elf Jahre später veröffentlichten völkerrechtlich[357] geprägten Schrift *Zum ewigen Frieden* (1795) aufbauen,[358] an deren Ende das Weltbürgerrecht postuliert wird (AA VIII 357).

Schließlich enthalten wenig später die 1796 abgeschlossenen und 1797 erschienenen *Metaphysischen Anfangsgründe der Rechtslehre* (AA VI 203) – die eigentliche Rechtsphilosophie Kants,[359] von der im Dritten Teil noch eingehend die Rede sein wird, weitere Ausführungen zum Weltbürgerrecht (AA VI 352). Auch wenn diese beiden letzten Werke nur aus jeweils verhältnismäßig kurzen Abschnitte zum Weltbürgerrecht bestehen, sollten sie doch nicht isoliert gewürdigt werden, sondern müssen zum besseren Verständnis der Kantischen Philosophie im werkimmanenten Zusammenhang betrachtet werden.

Anmerkung: Erweiterte Fassung des unter dem Titel ‚Kants Idee eines Weltbürgerrechts' in der Festschrift für Johannes Hager, 2021, S. 57–70, veröffentlichten Aufsatzes.

355 Rechtstheoretisch weiterführend *Jürgen Habermas*, Kants Idee des Ewigen Friedens – aus dem historischen Abstand von 200 Jahren, Kritische Justiz 28 (1995), 293: „Damit führt Kant in die Rechtstheorie eine dritte Dimension ein: neben das staatliche Recht und das Völkerrecht tritt, und das ist die folgenreiche Innovation, das Recht der Weltbürger." Ähnlich *Pauline Kleingeld*, Kants politischer Kosmopolitismus, Jahrbuch für Recht und Ethik 5 (1997), 333, 337 Fußnote 13.

356 Im abschließenden Neunten Satz findet sich übrigens schon die schöne Wendung „ein philosophischer" Kopf", die man mitunter der berühmten und themenverwandten Antrittsvorlesung von *Friedrich Schiller*, Was heißt und zu welchem Ende studiert man Universalgeschichte?, 1789, zurechnet.

357 *Vittorio Hösle*, Eine kurze Geschichte der deutschen Philosophie, 2013, S. 94, nennt seine völkerrechtlichen Ideen zum allgemeinen Weltbürgerrecht wohl nicht zuletzt deswegen „besonders zukunftweisend".

358 Grundlegend *Volker Gerhardt*, Immanuel Kants Entwurf ‚Zum ewigen Frieden'. Eine Theorie der Politik, 1999.

359 Zu ihr wichtig *Johannes Strangas*, Kritik der kantischen Rechtsphilosophie, 1988.

https://doi.org/10.1515/9783111070186-013

a) Geschichtsphilosophie und Rechtsphilosophie

Daher ist im Ausgangspunkt die weltbürgerliche Absicht herauszustellen, welche die geschichtsphilosophische Schrift aus dem Jahr 1784 im Titel trägt. Denn weit über die historisch ausgerichtete Überschrift hinaus, freilich mit ihr zusammenhängend, führt sie nicht nur zu einer ‚Weltbetrachtung', wie sie ganz am Ende vorausgesetzt wird (AA VIII 30), sondern behandelt insbesondere auch das Recht der bürgerlichen Gesellschaft und damit auch den Staat.[360] Hervorzuheben ist wiederum ihr bereits im Ersten Teil mehrfach zitierter fünfter Satz, der für die Jurisprudenz ersichtlich einen besonderen Stellenwert hat und beiläufig die Verschränkung der Geschichtsphilosophie Kants mit seiner als kritischer Philosophie begriffenen Rechtsphilosophie veranschaulicht:[361] „Das größte Problem für die Menschengattung, zu dessen Auflösung die Natur ihn zwingt, ist die Erreichung einer allgemein das Recht verwaltenden bürgerlichen Gesellschaft" (AA VIII 22). Dieser Gedanke strahlt bis in das moderne europäische Wettbewerbsrecht aus,[362] indem er das kantische Oxymoron der ‚ungeselligen Geselligkeit' aufgreift (AA VIII 20), ja er entfaltet dort sogar eine in besonderer Weise freiheitssichernde Wirkung.[363] Das liegt nicht zuletzt daran, dass Kant die freiheits- und friedenssichernde Funktion des internationalen Handels erkannt hat.[364] Auch dieser praktisch bedeutsame Aspekt gehört zu Kants Recht der Freiheit.

---

360 *Dieter Grimm*, Recht und Staat der bürgerlichen Gesellschaft, 1987, hat in seiner tiefdringenden und gedankenreichen Aufsatzsammlung Kant wohl nicht von ungefähr an zahlreichen Stellen (S. 94, 97 f., 106, 109, 111 f., 183, 217, 223, 230 f., 243, 293, 295, 298, 352, 410, 417) herangezogen, und auch wenn er diese Abhandlung Kants nicht ausdrücklich nennt, sind doch nahezu alle seine einschlägigen Stellen, ja darüber hinaus wohl gar die ganze Sammlung der Beiträge von deren Geist getragen.

361 *Werner Flach*, Zu Kants geschichtsphilosophischem „Chiliasmus", in: Phänomenologische Forschungen (Hg. Karl-Heinz Lembeck/Karl Mertens/Ernst Wolfgang Orth), 2005, S. 167, zur Geschichtsphilosophie, insbesondere dem achten Satz.

362 Grundlegend *Ernst-Joachim Mestmäcker*, Kants Rechtsprinzip als Grundlage der europäischen Einigung, in: Wirtschaft und Verfassung in der Europäischen Union, 2. Auflage 2006, S. 78, 84, dort auch unter Verweis auf den Weltbürger-Essay.

363 *Walter Eucken*, Grundsätze der Wirtschaftspolitik, 7. Auflage 2004, S. 360 mit Fußnote 1, hat dies bereits Mitte des vorigen Jahrhunderts gesehen, indem er unter Verweis auf den Weltbürger-Essay die kompetitive Wirkung feststellt. Dazu auch *Jens Petersen*, Rechtsordnung und Wirtschaftsordnung nach Eucken, 2019, S. 340 ff. *Ernst-Joachim Mestmäcker*, Wettbewerb in der Privatrechtsgesellschaft, 2019, S. 47 f., richtet dies speziell auf den fünften Satz zu; dort auch eingehend zu *Tamás Miklós*, ‚Es ist hier keine Auskunft für den Philosophen.' Über Kants Weltbürger-Essay, in: Der kalte Dämon, Versuche zur Domestizierung des Wissens, 2016, S. 35 ff.

364 *Jürgen Habermas*, Kants Idee des Ewigen Friedens – aus dem historischen Abstand von 200 Jahren, Kritische Justiz 28 (1992), 293, 298, betont dementsprechend unter Verweis auf den dem Weltbürgerrecht gewidmeten § 62 der Rechtslehre die mit dem zunehmenden Austausch von Waren

b) Freiheitssicherung und Friedenssicherung

Mit der Freiheitssicherung geht nämlich idealerweise eine Friedenssicherung einher, die freilich gerade deswegen auch immer bedroht ist,[365] wie Kant selbst am besten wusste und in seinem vierten Satz voraussetzt: „Ich verstehe hier unter dem Antagonism die ungesellige Geselligkeit der Menschen, d.i. den Hang derselben in Gesellschaft zu treten, der doch mit einem durchgängigen Widerstande, welcher diese Gesellschaft beständig zu trennen droht, verbunden ist" (AA VIII 20). Bedenkt man dies zusammen mit dem fünften Satz des Weltbürgeressay und berücksichtigt man zugleich, dass dieser die völkerrechtliche Verankerung des Weltbürgerrechts noch nicht begründet,[366] die erst in der Friedensschrift unternommen wird, dann wird deutlich, dass die bereits mehrfach behandelte ‚durch das Recht verwaltete bürgerliche Gesellschaft' eingebettet sein muss in gesetzmäßige Vorgaben der äußeren Staatenverhältnisse, wie Kant im siebenten Satz postuliert:[367] „Das Problem der Errichtung einer vollkommenen bürgerlichen Verfassung ist von dem Problem eines gesetzmäßigen äußeren Staatenverhältnisses abhängig und kann ohne das letztere nicht aufgelöset werden" (AA VIII 24). Das veranschaulicht die Interdependenz des Weltbürgeressays mit der Friedensschrift, die daher im Folgenden zu behandeln ist, weil erst sie das Weltbürgerrecht einführen kann.[368]

2. Idee eines Weltbürgerrecht in der Friedensschrift

Vor diesem Hintergrund können wir uns nun Kants Schrift ‚Zum ewigen Frieden' zuwenden. Bevor jedoch der dortige ‚Dritte Definitivartikel' zum Weltbürgerrecht behandelt werden kann, muss man zumindest den Schluss des zweiten Definitivartikels in Erinnerung rufen, weil jener nur als systematische Abrundung dieses

---

und Nachrichten sowie den Handelsbeziehungen einhergehende „Interdependenz der Gesellschaften".

365 *Carl Friedrich von Weizsäcker*, Der bedrohte Friede, 1981, S. 399 ff., zur das Recht verwaltenden bürgerlichen Gesellschaft ebenda, S. 401.

366 Prägnant *Ernst-Joachim Mestmäcker*, Wettbewerb in der Privatrechtsgesellschaft, 2019, S. 49: „Der völkerrechtliche Weg zum ewigen Frieden bleibt im Weltbürgeressay offen." Unter Verweis auf *Michael Köhler*, Recht und Gerechtigkeit. Grundzüge einer Rechtsphilosophie der verwirklichten Freiheit, 2017, S. 744 ff.

367 *Jürgen Habermas*, Kants Idee des Ewigen Friedens – aus dem historischen Abstand von 200 Jahren, Kritische Justiz 28 (1992), 293, 295, verdeutlicht den strukturellen Unterschied zwischen Völkerrecht und Weltbürgerrecht noch tieferdringend, indem er den Naturzustand einbezieht.

368 *Carl Friedrich von Weizsäcker*, Der bedrohte Friede, 1981, S. 401, stellt den werkimmanenten Zusammenhang her, den er aus dem zuletzt zitierten siebten Satz des Weltbürgeressays folgert.

zweiten und streng genommen auch des ersten begriffen werden kann, wie im Schrifttum bereits überzeugend dargelegt worden ist:[369] „Bei dem Begriffe des Völkerrechts, als eines Rechts zum Kriege, läßt sich eigentlich gar nichts denken (weil es ein Recht sein soll, nicht nach allgemein gültigen äußern, die Freiheit jedes Einzelnen einschränkenden Gesetzen, sondern nach einseitigen Maximen durch Gewalt, was Recht sei, zu bestimmen), es müßte denn darunter verstanden werden: daß Menschen, die so gesinnet sind, ganz recht geschieht, wenn sie sich unter einander aufreiben und also den ewigen Frieden in dem weiten Grabe finden, das alle Gräuel der Gewaltthätigkeit samt ihren Urhebern bedeckt" (AA VIII 357).[370]

a) Idee einer Weltrepublik

Sieht man einmal von diesem sprachgewaltig vorgetragenen Schluss ab, der mit großer Suggestivkraft und rhetorischem Schwung den Titel der Abhandlung wirkungsvoll abwandelt, wie Kant bereits eingangs vom ewigen Frieden als einem ‚verdächtigen Pleonasmus' (AA VIII 343) spricht,[371] dann liegt wohl das in systematisch tiefer dringende Argument im Klammerzusatz verborgen, indem es in einer gleichsam negatorischen Hinsicht entscheidende Argument die Probe aufs Exempel macht, weil darin jene Definition des Rechts vorhanden ist, die in den *Metaphysischen Anfangsgründen der Rechtslehre entfaltet* wird und von der bereits im Ersten Teil verschiedentlich die Rede war: „Das Recht ist also der Inbegriff der Bedingungen, unter denen die Willkür des einen mit der Willkür des andern nach einem allgemeinen Gesetz der Freiheit zusammen vereinigt werden kann" (AA VI 230).

---

369 Grundlegend *Reinhard Brandt*, Vom Weltbürgerrecht, in: Immanuel Kant: Zum ewigen Frieden (Hg. Otfried Höffe), 1995, S. 133.

370 *Kant*, Zum ewigen Frieden, 1795, Zweiter Definitivartikel zum ewigen Frieden. Das Völkerrecht soll nur auf einen Föderalismus freier Staaten gegründet sein. Siehe auch *Otfried Höffe*, Kant als Theoretiker der internationalen Rechtsgemeinschaft, in: Kant in der Diskussion der Moderne (Hg. Gerhard Schönrich/Yasushi Kato), 1996, S. 489.

371 *Kant*, Zum ewigen Frieden, 1795, Erster Abschnitt, welcher die Präliminarartikel zum ewigen Frieden unter Staaten enthält: „Denn alsdann wäre er ja ein bloßer Waffenstillstand, Aufschub der Feindseligkeiten, nicht *Friede*, der das Ende aller Hostilitäten bedeutet, und dem das Beiwort *ewig* anzuhängen schon ein verdächtiger Pleonasm ist." Hervorhebungen auch dort. Siehe zum Folgenden auch *Matthias Lutz-Bachmann*, Kants Friedensidee und das rechtsphilosophische Konzept einer Weltrepublik, in: Frieden durch Recht (Hg. Ders./James Bohman), 1996, S. 25.

aa) Vernunftrecht und kosmopolitischer Standpunkt

Man kann an diesem Ausblick die vernunftrechtliche Prägung der Friedenschrift erkennen.[372] Fährt man mit einer unmaßgeblichen Unterbrechung nach dem weiter oben aus dem Zweiten Definitivartikel der Friedensschrift Zitierten fort, so folgt der eigentliche Übergang zu jenem dritten Definitivartikel, der das Weltbürgerrecht enthält, vermittels einer den zuletzt behandelten Gedanken absichernden Argumentation, die zwar einer positiven Idee eine Absage erteilt, aber bereits einen für das spätere Weltbürgerrecht bezeichnenden kosmopolitischen Standpunkt einnimmt:[373] „Da sie dieses aber nach ihrer Idee vom Völkerrecht durchaus nicht wollen, mithin, was in thesi richtig ist, in hypothesi verwerfen, so kann an die Stelle der positiven Idee einer Weltrepublik (wenn nicht alles verloren werde soll) nur das negative Surrogat eines den Krieg abwehrenden, bestehenden und sich immer ausbreitenden Bundes den Strom der rechtscheuenden, feindlichen Neigung aufhalten, doch mit beständiger Gefahr ihres Ausbruchs“ (AA VIII 357).

bb) Kosmopolitische Gedanken im *Gemeinspruch*

Kant argumentiert gleichsam mit umgekehrten Vorzeichen.[374] Auch wenn hier nur ein zurückhaltender status negativus begründet und nicht der status positivus einer Weltrepublik postuliert wird, ist doch bemerkenswert, dass dieser ungeachtet seiner letztendlichen Ablehnung immerhin in den Rang einer ‚Idee einer Weltrepublik‘ gesetzt wird.[375] So erscheint die Idee einer Weltrepublik ungeachtet ihrer letztendlichen Zurückweisung als etwas, das – gleichsam in Gestalt einer beides vermittelnden regulativen Idee des Weltbürgertums – jedenfalls von der Einteilung her gesehen nicht vollkommen unterschiedlich ist im Verhältnis zur Idee eines Weltbürgerrechts.[376]

Im Übrigen sollte man nicht übersehen, dass Kant bereits in der verschiedentlich zitierten Schrift *Über den Gemeinspruch* eine kosmopolitische Perspektive

---

372 *Jürgen Habermas*, Kants Idee des Ewigen Friedens – aus dem historischen Abstand von 200 Jahren, Kritische Justiz 28 (1992), 293.

373 *Kant*, Über den Gemeinspruch: Das mag in der Theorie richtig sein, taugt aber nicht für die Praxis, 1793 (AA VIII 277).

374 Dazu *Giuliano Marini*, Kants Idee einer Weltrepublik, Eros und Eris. Liber amicorum for Adriaan Peperzak, 1992, S. 133, 139 f., erklärt diesen anspruchsvollen Gedankengang Kants ebenso anschaulich wie anspruchsvoll.

375 *Vittorio Hösle*, Moral und Politik. Grundlagen einer Politischen Ethik für das 21. Jahrhundert, 1997, S. 79, wonach Kant „dem Ideal der Weltrepublik eine moralische Begründung gegeben hat, die dieses nie vorher, aber in dieser Frische und Klarheit auch nie wieder nach ihm erhalten hat“.

376 Ähnlich *Andrea Albrecht*, Kosmopolitismus. Weltbürgerdiskurse in Literatur, Philosophie und Publizistik um 1800, 2005, S. 191.

vorstellt: „Wir werden also das Verhältniß der Theorie zur Praxis in drei Nummern: erstlich in der Moral überhaupt (in Absicht auf das Wohl jedes Menschen), zweitens in der Politik (in Beziehung auf das Wohl der Staaten), drittens in kosmopolitischer Betrachtung (in Absicht auf das Wohl der Menschengattung im Ganzen, und zwar so fern sie im Fortschreiten zu demselben in der Reihe der Zeugungen aller künftigen Zeiten begriffen ist) vorstellig machen" (AA VIII 277 f.).[377] Diese methodische Vorbemerkung sollte man umso weniger außer Acht lassen, als Kant in dieser Schrift, wie erinnerlich, das Recht der Freiheit sogar explizit auf den Begriff gebracht hat.

b) Recht, nicht Philanthropie

Den Übergang von den weiter oben zitierten Überlegungen Kants für die Weltrepublik im Zweiten Definitivartikel der Friedensschrift zum Dritten über das Weltbürgerrecht markiert ein scheinbar geringfügiger Einleitungssatz, der jedoch in seiner juristischen Tragweite nicht zu unterschätzen ist:[378] „Es ist hier wie in den vorigen Artikeln nicht von Philanthropie, sondern vom Recht die Rede, und da bedeutet Hospitalität (Wirthbarkeit) das Recht eines Fremdlings, seiner Ankunft auf dem Boden eines andern wegen von diesem nicht feindselig behandelt zu werden" (AA VIII 357 f.).

aa) Berücksichtigung der Abhandlung über den ‚Gemeinspruch'

Es geht hier zunächst um den vergleichsweise unscheinbaren ersten Teil der Aussage, der im Ausgangspunkt zu bedenken gibt, dass die rechtliche Geltung gleichsam die Verklammerung dessen, was Kant zum Völkerrecht herausgearbeitet hat, mit den folgenden Ausführungen zum Weltbürgerrecht darstellt. Darüber hinaus und damit zusammenhängend ist bedeutsam, dass Kant das Recht hier von der Philanthropie abgrenzt. Um die Eigenständigkeit dieses Gedankens, der über etwas bloß Affirmatives hinausgeht, verstehen zu können, muss man nochmals auf die Kantische Abhandlung *Über den Gemeinspruch* Bezug nehmen.

---

377 Siehe auch *Kant*, Zum ewigen Frieden, 1795, Zweiter Definitivartikel zum ewigen Frieden. Das Völkerrecht soll nur auf einen Förderalismus freier Staaten gegründet sein. Er untermauert diese mit *Vergil*, Aeneis, Buch I, 294/296: ‚Furor impius intus (...) fremit horridus ore cruento" (AA VIII 357).

378 *Jürgen Habermas*, Kants Idee des Ewigen Friedens – aus dem historischen Abstand von 200 Jahren, Kritische Justiz 28 (1992), 293, 295, bemerkt ebenfalls das beiden Bereichen gemeinsame Rechtliche, betont aber den Unterschied zwischen dem Anwendungsbereich des zweiten und des dritten Definitivartikels. Für seine Darstellung spricht, dass man auf diese Weise – durchaus im Einklang mit den vorliegenden Überlegungen – das Proprium des Weltbürgerrechts herausarbeiten kann.

Es ist im bisherigen Schrifttum bereits gesehen worden, dass der um zwei Jahre jüngere Aufsatz über das Verhältnis von Theorie und Praxis, der in seinem Mittelteil, wie bereits oben dargestellt, grundlegende Gedanken zum Recht enthält, nicht nur ebenfalls einen über Individuum und Staat hinausgehenden kosmopolitischen Standpunkt einnimmt, sondern in seinem gegen Moses Mendelssohn gerichteten dritten Teil weichenstellende Ausführungen zur Philanthropie enthält, die im Verhältnis zum Weltbürgerlichen anders ausgerichtet sind als in der Friedensschrift.[379] Die dortige Überschrift des dritten Teils, der ‚Vom Verhältnis der Theorie zur Praxis im Völkerrecht' handelt, präzisiert dies kleiner gedruckt ‚in allgemein philanthropischer, d. i. kosmopolitischer Absicht'.

Kant hält dies offenbar selbst für erklärungsbedürftig, weil er der Überschrift eine Fußnote hinzufügt: „Es fällt nicht sofort in die Augen, wie eine allgemein-*philanthropische* Voraussetzung auf eine *weltbürgerliche* Verfassung, diese aber auf die Gründung eines *Völkerrechts* hinweise, als eines Zustands, in welchem allein die Anlagen der Menschheit gehörig entwickelt werden können, die unsere Gattung liebenswürdig machen. – Der Beschluß dieser Nummer wird diesen Zusammenhang vor Augen stellen" (AA VIII 307).

bb) Recht und rechtlicher Zustand

Dieser Zusammenhang dürfte wohl, wenn man die Abhandlung weiterverfolgt, nicht zuletzt in dem folgenden Gedanken liegen, die ersichtlich eine naheliegende thematische Verbindungslinie zur Friedensschrift aufweist:[380] „So wie allseitige Gewaltthätigkeit und daraus entspringende Noth endlich ein Volk zur Entschließung bringen mußte, sich dem Zwange, den ihm die Vernunft selbst als Mittel vorschreibt, nämlich dem öffentlicher Gesetze, zu unterwerfen und in eine *staatsbürgerliche* Verfassung zu treten: so muß auch die Noth aus den beständigen Kriegen, in welchen wiederum Staaten einander zu schmälern oder zu unterjochen suchen, sie zuletzt dazu bringen, selbst wider Willen, entweder in eine *weltbürgerliche* Verfassung zu treten; oder, ist ein solcher Zustand eines allgemeinen Friedens (…) auf einer anderen Seite der Freiheit noch gefährlicher, indem er den

379 *Jürgen Habermas*, Kants Idee des Ewigen Friedens – aus dem historischen Abstand von 200 Jahren, Kritische Justiz 28 (1992), 293, 295.

380 *Manfred Kühn*, Kant. Eine Biographie (Übersetzung Martin Pfeiffer), 2003, S. 446, fasst zwar im Rahmen der Behandlung der Friedensschrift, aber wohl auch darüber hinausgehend das Meinungsspektrum zusammen. Für seine dortige Einteilung spricht wohl trotz der scheinbar umgekehrten Reihenfolge die folgende Stelle aus dem Beginn der Abhandlung über den Gemeinspruch (*Kant*, ebenda, AA VIII 277): „Die Eintheilung dieser Abhandlung mache ich (…) in dreifacher Qualität: 1) als Privat-, aber doch Geschäftsmann, 2) als Staatsmann, 3) als Weltmann (oder Weltbürger überhaupt)".

schrecklichsten Despotismus herbei führt, so muß sie diese Noth doch zu einem Zustande zwingen, der zwar kein weltbürgerliches gemeines Wesen unter einem Oberhaupt, aber doch ein rechtlicher Zustand der *Föderation* nach einem gemeinschaftlich verabredeten *Völkerrecht* ist" (AA VIII 310 f.).

Es ist also immerhin ein ‚rechtlicher Zustand'.[381] Aus dem Vergleich mit der Abhandlung *Über den Gemeinspruch* lässt sich ersehen, dass die weltbürgerliche Absicht eben für sich betrachtet noch kein Recht begründen muss, sondern rein philanthropisch ausgerichtet sein kann, wie Kant in der früheren Schrift zugrunde legt. In der Friedensschrift hingegen ist es ihm wohl nicht zuletzt wegen dieser früheren Ausführungen wichtig zu betonen, dass dort im Unterschied zur erstgenannten Abhandlung im Hinblick auf den kosmopolitischen Zweck von einem Recht die Rede ist.

c) Geltungsbereich des Weltbürgerrechts

Dass das Weltbürgerrechts so vergleichsweise – allerdings nur im Verhältnis zum unüberschaubaren Schrifttum bezüglich der übrigen Kantischen Philosophie – wenig berücksichtigt worden ist, liegt wohl nicht zuletzt an seinem im Verhältnis zum zuvor behandelten relativ geringen Geltungsbereich:[382] „Es ist kein Gastrecht, worauf dieser [sc. ein Fremdling] Anspruch machen kann (wozu ein besonderer wohlthätiger Vertrag erfordert werden würde, ihn auf eine gewisse Zeit zum Hausgenossen zu machen), sondern ein Besuchsrecht, welches allen Menschen zusteht, sich zur Gesellschaft anzubieten vermöge des Rechts des gemeinschaftlichen Besitzes der Oberfläche der Erde, auf der als Kugelfläche sie sich nicht ins Unendliche zerstreuen können, sondern endlich sich doch neben einander dulden müssen, ursprünglich aber niemand an einem Orte der Erde zu sein mehr Recht hat, als der Andere" (AA VIII 358).

Diese sprachmächtig und schwungvoll vorgetragene Rechtsbegründung beeindruckt nicht zuletzt durch das geometrische Argument mit dem die Endlichkeit der Fläche begründet wird. Auch das der Sache nach vorausgesetzte Prioritäts-

381 *Jürgen Habermas*, Kants Idee des Ewigen Friedens – aus dem historischen Abstand von 200 Jahren, Kritische Justiz 28 (1992), 293, 295, der ebenfalls die Abhandlung über den Gemeinspruch berücksichtigt, erläutert: „Der fortan als ‚weltbürgerlich' ausgezeichnete Zustand soll sich vom innerstaatlichen Rechtszustand nämlich dadurch unterscheiden, daß sich die Staaten nicht wie die einzelnen Bürger den öffentlichen Zwangsgesetzen einer übergeordneten Gewalt unterwerfen, sondern ihre Unabhängigkeit behalten".

382 Näher *Pauline Kleingeld*, Kants politischer Kosmopolitismus, Jahrbuch für Recht und Ethik 5 (1997), 333, 338.

prinzip für die Rechtsbegründung am Immobiliareigentum ist aufschlussreich. Denn indem Kant den ursprünglichen Rechtszustand der Gleichheit aller Erdenbewohner zum gegenwärtigen in Beziehung setzt, gibt er zu erkennen, dass durch die zwischenzeitliche Inbesitznahme und Bewirtschaftung verbindliche Rechte an dem Grundeigentum begründet worden sind.[383]

In der Tat wird er auf diese Weise später auch das Sachenrecht innerhalb seiner *Metaphysischen Anfangsgründe der Rechtslehre* anordnen. § 12 etwa ist in diesem Sinne überschrieben: „Die erste Erwerbung einer Sache kann keine andere als die des Bodens sein." Und nach § 13 kann „ein jeder Boden (...) ursprünglich erworben werden, und der Grund der Möglichkeit dieser Erwerbung ist die ursprüngliche Gemeinschaft des Bodens überhaupt" (AA VI 261 f.). Hieraus lässt sich ersehen, dass die beiden Werke systematisch aufeinander abgestimmt sind, wie wir im Dritten Teil noch in anderer Hinsicht sehen werden.

d) Inhalt und Grenzen des Weltbürgerrechts

Ungleich bedeutsamer ist freilich die Aussage, dass das Weltbürgerrecht lediglich ein Besuchsrecht begründet, nicht dagegen ein Gastrecht. Mit anderen Worten, aber gleicher Zielrichtung heißt es in der Rechtslehre: „Dieser mögliche Mißbrauch kann aber das Recht des Erdbürgers nicht aufheben, die Gemeinschaft mit allen zu versuchen, und zu diesem Zweck alle Gegenden der Erde zu besuchen, wenn es gleich nicht ein Recht der Ansiedlung auf dem Boden eines anderen Volks (ius incolatus) ist, als zu welchem ein besonderer Vertrag erfordert wird" (AA VI 353).

Hieran lässt sich beispielhaft ersehen, dass Kant ungeachtet der völkerrechtlichen bzw. weltbürgerrechtlichen Konnotation zivilrechtlich in verwandten Kategorien denkt wie das Bürgerliche Recht,[384] also nach in Ansprüchen auf eine bestimmte Leistung und privatautonom ausgehandelten Verträgen mit einem bestimmten Vertragsinhalt, hier etwa dem eines vertraglich eingeräumten Gastrechts, mithin kontraktualistisch.[385] Kants Behauptung, dass das Weltbürgerrecht

---

383 *Marcus Willaschek*, Kant. Die Revolution des Denkens, 2023, S. 168, fasst treffend zusammen, dass „das Recht auf (Privat)Eigentum nach Kant also *auf dem Recht der Freiheit beruht*, in diesem Fall dem Recht zur freien Nutzung von Land und Gütern." Hervorhebung nur hier.

384 *Jürgen Habermas*, Kants Idee des Ewigen Friedens – aus dem historischen Abstand von 200 Jahren, Kritische Justiz 28 (1992), 293, 304, betont in anderem, aber damit verwandtem Zusammenhang mit Recht den mit dem Weltbürgerrecht einhergehenden Durchgriff „auf die Stellung der individuellen Rechtssubjekte".

385 Siehe oben II. im Hinblick auf Kants Beweisführung der Unrechtmäßigkeit des Büchernachdrucks zu ähnlichen Ausprägungen besonderer Aspekte des Kantischen Zivilrechtsverständnisses,

zwar ein Besuchsrecht, aber kein Gastrecht begründet, ist wohl auch der Grund dafür, dass es im Zusammenhang mit aktuellen politischen Problemen zwar immer wieder herangezogen und bemüht wurde, letztlich aber keine konkrete Antwort darauf zu geben vermag. Allenfalls ließe sich darüber nachdenken, ob der darin enthaltene kosmopolitische Grundgedanke gleichsam als regulative Idee eine gewissen Richtung angeben könnte, doch birgt dies ersichtlich die Gefahr von Zirkelschlüssen.[386]

3. Weltbürgerrecht in der Rechtslehre

Es wird mitunter übersehen, dass sich auch in Kants Rechtslehre eine Begründung des Weltbürgerrechts findet. Diese erfolgt in ähnlichen Bahnen wie in der zwei Jahre zuvor publizierten Friedensschrift, weshalb sie hier vergleichsweise kurz dargestellt sei, zumal da die Rechtslehre im Dritten Teil noch ausführlicher behandelt wird. Ebenso wie in der Friedensschrift legt Kant auch in der Rechtslehre Wert auf die Feststellung, dass es nicht nur um ein philanthropisches, sondern rechtliches Prinzip geht, wobei er freilich von der Vernunftidee ausgeht. Da er hier wie dort zuvor das Völkerrecht behandelt hat, kann er im Ausgangspunkt darauf Bezug nehmen, um von daher das Weltbürgerrecht zu begründen: „Dieser Vernunftidee einer friedlichen, wenn gleich noch nicht freundschaftlichen, durchgängigen Gemeinschaft aller Völker auf Erden, die untereinander in wirksame Verhältnisse kommen können, ist nicht etwa philanthropisch (ethisch), sondern ein rechtliches Princip“ (AA VI 352).

a) Globale Betrachtung und kopernikanischen Wende

Ebenfalls begegnet das oben genannte geometrische Argument beschränkter Flächenausdehnung der Erde: „vermöge der Kugelgestalt ihres Aufenthalts, als globus terraqueus“ (AA VI 352). Es ist also eine buchstäblich globale Betrachtung, von der Kant ausgeht. Womöglich ist diese unverstellte Blickrichtung, mit der er an die Dinge heranging, auch eine Grunddisposition für seinen wohl folgenreichsten Perspektivwechsel. So fernliegend es nämlich thematisch sein mag und so schief der

das sich im geltenden Recht beispielsweise im Bereich der angemaßten Eigengeschäftsführung nachverfolgen lässt.

386 *Pauline Kleingeld*, Kants politischer Kosmopolitismus, Jahrbuch für Recht und Ethik 5 (1997), 333, 339, bestimmt den Geltungsbereich im Ausgangspunkt prägnant und macht (aaO., S. 340) auf ihres Erachtens bestehende, weitergehende Möglichkeiten und Öffnungsklauseln aufmerksam.

Vergleich erscheinen könnte, ist es immerhin auffällig, dass Kant im Zusammenhang mit der in der Vorrede der zweiten Auflage der *Kritik der reinen Vernunft* vollzogenen berühmten, wenngleich von ihm selbst nicht so genannten ‚kopernikanischen Wende der Metaphysik' ebenfalls, wenngleich unausgesprochen, die Erde als solche zur Veranschaulichung heranzog: „Es ist hiemit eben so, als mit den ersten Gedanken des Copernicus bewandt, der, nachdem es mit den Himmelsbewegungen nicht gut fort wollte, wenn er annahm, das ganze Sternherr drehe sich um den Zuschauer, versuchte, ob es nicht besser gelingen möchte, wenn er den Zuschauer sich drehen und dagegen die Sterne in Ruhe ließ" (AA III 12) – Kants Gemüt erfüllte eben, je öfter und anhaltender sich sein Denken damit beschäftigte, stets nicht nur das moralische Gesetz in sich, sondern stets zugleich der gestirnte Himmel über sich mit Bewunderung – gleichviel, ob es um einen Perspektivwechsel zur Veranschaulichung der reinen spekulativen Vernunfterkenntnis oder der Begründung eines vormals unerhörten ‚Weltbürgerrechts' ging.

b) Vergleich mit der Friedensschrift

Auch die weitere Herleitung des Weltbürgerrechts verläuft in ähnlichen Bahnen wie in der Friedensschrift. Dabei ergibt der nähere Vergleich, dass einzelne Gedanken noch enger an die zuvor erörterten Paragraphen der Rechtslehre angelehnt sind, worauf hier nur beispielhaft verwiesen sei, weil deren Voraussetzungen im Dritten Teil behandelt werden, aber mutatis mutandis auch hier gelten: „Da der Besitz des Bodens, worauf der Erdbewohner leben kann, immer nur als Besitz von einem Theil eines bestimmten Ganzen, folglich als ein solcher, auf den jeder derselben ursprünglich ein Recht hat, gedacht werden kann: so stehen alle Völker ursprünglich in einer Gemeinschaft des Bodens, nicht aber der rechtlichen Gemeinschaft des Besitzes (communio) und hiemit des Gebrauchs, oder des Eigenthums an demselben, sondern der physischen möglichen Wechselwirkung (commercium), d. i. in einem durchgängigen Verhältnisse eines zu allen Anderen, sich zum Verkehr untereinander anzubieten, und haben ein Recht, den Versuch mit demselben zu machen, ohne daß der Auswärtige ihn darum als einen Feind zu betrachten berechtigt wäre. – Dieses Recht, sofern es auf die mögliche Vereinigung aller Völker in Absicht auf gewisse allgemeine Gesetze ihres möglichen Verkehrs geht, kann das weltbürgerliche (ius cosmopoliticum) genannt werden" (AA VI 352).

c) Dogmatische Struktur des Weltbürgerrechts

Man hat Kants Weltbürgerrecht entgegengehalten, dass es kein Recht sein könne, weil ihm die Eigenschaft der zwangsweisen Durchsetzbarkeit fehle.[387] In der Tat ist für Kant „das Recht (...) mit der Befugniß zu zwingen verbunden" (AA VI 231). Wenn man dies nicht als offenen Widerspruch begreifen möchte, scheint das Weltbürgerrecht nur als Ausnahme dieses Grundsatzes verständlich zu sein.[388] Jedoch muss man zunächst seine eigenartige dogmatische Struktur berücksichtigen.

Der Inhalt des Weltbürgerrechts besteht nach Kant nämlich lediglich darin, einen Antrag auf Eingehung einer Verbindung im transnationalen Bereich abzugeben, ohne dass dies als notwehrfähiger rechtswidriger Angriff aufgefasst werden dürfte. In diesem gleichsam vorvertraglichen Stadium rechtfertigt es nur die dazu notwendige Übertretung der fremden Rechtssphäre. Es ist insofern deklaratorisch, als es klarstellt, dass von dem in dieser Absicht Handelnden kein feindlicher Akt ausgeht. Aber es hat aus Kants Sicht auch konstitutive Wirkung, weshalb ihm, wie soeben gesehen, die Anerkennung als *rechtliches Princip* (AA VI 352) so wichtig ist.

d) Fernwirkung von Rechtverletzungen innerhalb einer globalen Ordnung

Das zeigt sich daran, dass alle als heilsam verbrämten Handlungen derjenigen, die nicht in dieser menschenfreundlichen Absicht fremde Völker heimsuchen, insbesondere kolonialistischen, vorgeblich kulturbringenden oder imperialistischen Tendenzen Vorschub leisten, ipso iure und unauslöschlich mit dem Stigma der Rechtswidrigkeit bemakelt sind und daher von Rechts wegen zurückgewiesen werden dürfen:[389] „obzwar die Rechtfertigungsgründe scheinbar genug sind, daß eine solche Gewaltthätigkeit zum Weltbesten gereiche: theils durch Cultur roher Völker (...), theils zur Reinigung seines eigenen Landes von verderbten Menschen und gehoffter Besserung derselben oder ihrer Nachkommenschaft in einem anderen Welttheile (...); denn alle diese vermeintlich gute Absichten können doch den Flecken der Ungerechtigkeit in den dazu gebrauchten Mitteln nicht abwaschen" (AA VI 353).

---

387 Zu diesem Einwand, ohne ihn sich freilich zu eigen zu machen, anschaulich *Pauline Kleingeld*, Kants politischer Kosmopolitismus, Jahrbuch für Recht und Ethik 5 (1997), 333, 338.

388 *Jürgen Habermas*, Kants Idee des Ewigen Friedens – aus dem historischen Abstand von 200 Jahren, Kritische Justiz 28 (1992), 293, 302, postuliert: „Das Weltbürgerrecht muß so institutionalisiert werden, dass es die einzelnen Regierungen bindet".

389 *Jürgen Habermas*, ebenda, S. 317, ist beizupflichten, wenn er in seiner rundum überzeugenden Kritik an Carl Schmitt zuspitzt: „Das Weltbürgerrecht ist eine Konsequenz der Rechtsstaatsidee".

Bedürfte es einer Rechtfertigung des kantischen Weltbürgerrechts, so läge sie in der unumgänglichen Fernwirkung von Rechtverletzungen innerhalb einer globalen Ordnung:[390] „Da es nun mit der unter den Völkern der Erde einmal durchgängig überhand genommenen (engeren oder weiteren) Gemeinschaft so weit gekommen ist, daß die Rechtsverletzung an einem Platz der Erde an allen gefühlt wird:[391] so ist die Idee eines Weltbürgerrechts keine phantastische und überspannte Vorstellungsart des Rechts, sondern eine nothwendige Ergänzung des ungeschriebenen Codex, sowohl des Staats- als Völkerrechts zum öffentlichen Menschenrechte überhaupt, und so zum ewigen Frieden, zu dem man sich in der continuirlichen Annäherung zu befinden nur unter dieser Bedingung schmeicheln darf" (AA VIII 360).[392] In seiner völkerverständigenden Grundtendenz bedeutet Kants Weltbürgerrecht eine prinzipiell rechtlich und eben nicht allein ethisch (‚philanthropisch') begründete Absage an jeden einseitig nationalstaatlich ausgerichteten engstirnigen Provinzialismus.

4. Von der Rechtslehre über das Weltbürgerrecht zum Recht der Freiheit

Wir haben bereits im Ersten Teil gesehen, dass im Zusammenhang mit der *Kritik der reinen Vernunft* und der Friedenschrift ein Weg zu einem Vernunftrecht der Freiheit führt. Am Beispiel des Weltbürgerrechts zeigt sich nun wiederum, dass die Friedensschrift in einem werkimmanenten Kausal- und Verweisungszusammenhang zur späten Rechtslehre steht. Beides bestätigt sich mit Blick auf den eindrucksvollen Schlusssatz der *Metaphysischen Anfangsgründe der Rechtslehre:* „Denn was kann mehr metaphysisch sublimirt sein, als eben diese Idee, welche gleichwohl nach jener ihrer eigenen Behauptung die bewährteste objective Realität hat, die sich auch in vorkommenden Fällen leicht darstellen läßt, und welche allein,

390 Hierin liegt im Übrigen eine markante Gemeinsamkeit zwischen Kant und dem von ihm verehrten Adam Smith; näher *Jens Petersen*, Adam Smith als Rechtstheoretiker, 2. Auflage 2017, S. 36–42 (dort auch zur Frage der unsichtbaren Hand im Ewigen Frieden; und vor allem S. 310 zur Fernwirkung).

391 *Kant*, Die Metaphysik der Sitten. Erster Theil. Metaphysische Anfangsgründe der Rechtslehre, 1797, § 62 (AA VI 353), formuliert es anstelle der ‚Rechtsverletzung' weniger normativ als vielmehr faktisch: „daß *Übel und Gewaltthätigkeit* an einem Orte unseres Globs an allen gefühlt wird". Hervorhebung nur hier.

392 Zu dieser Stelle auch *Jürgen Habermas*, Kants Idee des Ewigen Friedens – aus dem historischen Abstand von 200 Jahren, Kritische Justiz 28 (1992), 293, 300; er würdigt sie als Ausweis einer „hellsichtigen Antizipation einer *weltweiten* Öffentlichkeit. Denn diese zeichnet sich erst jetzt, in der Folge globaler Kommunikation ab." Hervorhebung auch dort.

wenn sie nicht revolutionsmäßig, durch einen Sprung, d. i. durch gewaltsame Umstürzung einer bisher bestandenen fehlerhaften (denn da würde sich zwischeninne ein Augenblick der Vernichtung alles rechtlichen Zustandes ereignen), sondern durch allmählichere Reform nach festen Grundsätzen versucht und durchgeführt wird, in continuirlicher Annäherung zum höchsten politischen Gut, zum ewigen Frieden, hinleiten kann“ (AA VI 355).

Am Beispiel dieser Stelle bestätigt sich, was wir im Ersten Teil gesehen haben, nämlich dass es Kant niemals um eine dem Rechtsbegriff abträgliche gewaltsame Revolution als vielmehr um eine friedliche Evolution des Rechts zu tun ist, die allmählich vonstattengeht, einer prinzipienmäßig verankerten Vernunftidee folgt und auf diese Weise das Gesetz der Freiheit verwirklicht. Kants Idee einer Weltrepublik und eines Weltbürgerrechts kann in der Zusammenschau wohl letztlich als Hinwendung zu einem möglichst universellen Recht der Freiheit begriffen werden.

Dritter Teil: **Kants *Metaphysische Anfangsgründe der Rechtslehre* und das „angeborene Recht der Freiheit“**

I. Die Rezeption der kantischen Rechtsphilosophie

Bisweilen genügt ein einziges Wort eines bedeutenden Denkers, um das Werk eines anderen, womöglich größeren, auf Dauer zu diskreditieren. Dass es selbst Kant so gehen konnte, liegt an einem Diktum Arthur Schopenhauers, der in seinem Hauptwerk Kants *Metaphysische Anfangsgründe der Rechtslehre* von 1797 als Zeugnis von dessen ‚Altersschwäche' erachtete.[393] In seiner ‚Kritik der Kantischen Philosophie' heißt es: „Die Rechtslehre ist eines der spätesten Werke Kants und ein so schwaches, (...) gleich als wäre sie nicht das Werk dieses großen Mannes, sondern das Erzeugniß eines gewöhnlichen Erdensohnes."[394] Dieses gern und viel zitierte Verdikt hat weit über hundertfünzig Jahre die Diskussion geprägt.[395] Dabei handelt es sich bei den Metaphysischen Anfangsgründen immerhin um das Herzstück der kantischen Rechtsphilosophie,[396] der als erster Teil der Metaphysik der Sitten durch die *Metaphysischen Anfangsgründe der Tugendlehre* vervollständigt wurde.[397]

1. Renaissance der kantischen Rechtsphilosophie

Während die Rechtslehre Kants weit über hundert Jahre nur am Rande beachtet,[398] im internationalen Schrifttum zeitweilig überhaupt in Frage gestellt[399] und auch

Anmerkung: Zuerst unter leicht verändertem Titel und erheblich kürzer veröffentlicht in: Festschrift für Claus-Wilhelm Canaris, 2007, Band II, S. 1243–1262.

393 *Arthur Schopenhauer*, Die Welt als Wille und Vorstellung, 1818, Erster Band, 4. Buch, § 62. Eingehend dazu *Jens Petersen*, Schopenhauers Gerechtigkeitsvorstellung, 2017.
394 Eine ähnliche Stelle findet sich bei *Reinhard Brandt*, Die Interpretation philosophischer Werke, 1984, S. 97: „Die ‚Kritik der praktischen Vernunft' (1788) und die ‚Metaphysik der Sitten' (1797) haben eine identische Person zum Autor. Aber es ist falsch, aus der Identität der Person eine Identität des Autors als solchem zu machen, und den Inhalt der Schriften als Werke dieses identischen Autors zu interpretieren".
395 So etwa noch vor hundert Jahren *Friedrich Paulsen*, Immanuel Kant. Sein Leben und seine Lehre, 4. Auflage 1904, S. 364; siehe aus dieser Zeit auch *Hermann Bargmann*, Der Formalismus in Kants Rechtsphilosophie, 1902.
396 Materialien zu Kants Rechtsphilosophie hat *Zwi Batscha*, 1976, gesammelt und herausgegeben.
397 Allgemein hierzu *Georg Anderson*, Kants Metaphysik der Sitten – ihre Idee und ihr Verhältnis zur Ethik der Wolffschen Schule, Kant-Studien 28 (1923), 41.
398 Siehe aber zwischenzeitlich immerhin *Carl Victor Fricker*, Zu Kants Rechtsphilosophie, 1885; *Friedrich Delekat*, Das Verhältnis von Sitte und Recht in Kants großer „Metaphysik der Sitten" (1797), Zeitschrift für Philosophische Forschung 12 (1958), 59; *ders.*, Sitte und Recht in Kants Metaphysik der

https://doi.org/10.1515/9783111070186-014

von den Neukantianern[400] eher skeptisch beurteilt wurde,[401] formierte sich zu Beginn der achtziger Jahre des zwanzigsten Jahrhunderts eine Phalanx von Exegeten,[402] die vor allem das Interesse einte, ob die Rechtsphilosophie *Kants* in ihrem Kern kritisch sei oder einen Rückfall in vorkritisches Denken bedeutete.[403] Dem-

Sitten, Festschrift für Eduard Spranger, 1957, S. 389; *Waldemar Schreckenberger*, Legalität und Moralität. Rechtsphilosophische Untersuchungen zum Rechtsbegriff bei Kant, 1959; *Günter Ellscheid*, Das Problem von Sein und Sollen in der Philosophie I. Kants, 1968; *Friedrich Kaulbach*, Moral und Recht in der Philosophie Kants, in: Recht und Ethik (Hg. Jürgen Blühdorn/Joachim Ritter), 1970, S. 43.

399 Vgl. *Stuart Brown*, Has Kant a Philosophy of Law?, Philosophical Review 71 (1962), 33–48; siehe aber auch *Norberto Bobbio*, Diritto e stato nel pensiero di Emanuele Kant, 2. Auflage 1969; *Michele Barillari*, Rilettura della Rechtslehre Kantiana, Rivista internazionale di Filosofia del Diritto 36 (1959), 125.

400 *Hermann Cohen*, Kants Begründung der Ethik nebst ihren Anwendungen auf Recht, Religion und Geschichte, 2. Auflage 1910; dazu *Hariolf Oberer*, Zur Frühgeschichte der Kantischen Rechtslehre, Kant-Studien 64 (1973), 88, 94 ff.; *Christian Ritter*, Der Rechtsgedanke Kants nach frühen Quellen, 1971, S. 17 ff (dazu *Reinhard Brandt*, Philosophische Rundschau 20, 1974, 43).; zusammenfassend *Julius Ebbinghaus*, Kants Rechtslehre und die Rechtsphilosophie des Neukantianismus, Festschrift für Theodor Litt, 1960, S. 317.

401 Siehe auch *Erich Kaufmann*, Kritik der neukantischen Rechtsphilosophie. Eine Betrachtung über die Beziehung zwischen Philosophie und Rechtswissenschaft, 1921; dort etwa zur unzureichenden Einsicht *Rudolf Stammlers* in Kants Rechtsbegriff (S. 10 ff.); vgl. auch *Bruno Bauch*, Das Rechtsproblem in der Kantischen Philosophie, Zeitschrift für Philosophie III (1921), 1 ff., sowie aus derselben Epoche *Gerhard Dulckeit*, Naturrecht und positives Recht bei Kant, 1932; *Rudolf Dünnhaupt*, Sittlichkeit, Staat und Recht bei Kant, 1926.

402 Überblick über die neuen Interpretationen der Kantischen Rechtsphilosophie bei *Wolfgang Kersting*, Zeitschrift für philosophische Forschung 1983, 282–298; siehe auch *Ulrich Anacker*, Hoffnung – Kants Versuch, die Idee der Gerechtigkeit zu denken, Philosophisches Jahrbuch 88 (1981), 257; *Reinhard Brandt*, Das Erlaubnisgesetz, oder: Vernunft und Geschichte in Kants Rechtslehre, in: Rechtsphilosophie der Aufklärung (Hg. Ders.), 1982, S. 233; *Hans-Georg Deggau*, Die Aporien der Rechtslehre Kants, 1983 (dazu *Wolfgang Kersting*, Kant-Studien 77, 1986, 241); aus dem Ausland *Simone Goyard-Fabre*, Kant et l'idée pure de droit, Archives de philosophie du droit 26 (1981), 133; *dies.* Kant et le problème du droit, 1975 (dazu *Hans-Georg Deggau*, Rechtstheorie 11, 1980, 244); *Norman E. Bowie*, Aspects of Kant's Philosophy of Law, Philosophical Forum 2 (1970/71), 469; *Armando Carlini*, Reflessioni sur la dottrina etica e giuridica di Kant, Logos 3 (1941/42), 563; *E.L. Hinman*, Kant's Philosophy of Law, The Monist 35 (1925), 280; *Vincenzo De Ruvo*, La filosofia del diritto di E. Kant, 1961.

403 Vgl. nur *Friedrich Kaulbach*, Studien zur späten Rechtsphilosophie Kants und ihrer transzendentalen Methode, 1982; *dens.*, Rechtsphilosophie und Rechtstheorie in Kants Rechtsmetaphysik, Festschrift für Josef Derbolav, 1979, S. 145; *Karl-Heinz Ilting*, Gibt es eine kritische Ethik und Rechtsphilosophie Kants?, Archiv für Geschichte der Philosophie 63 (1981), 325–345; ferner *Hariolf Oberer*, Ist Kants Rechtslehre kritische Philosophie?, Kant-Studien 74 (1983), 217–224 zu *Werner Buschs* Untersuchungen der Kantischen Rechtsphilosophie; erschienen unter dem Titel „Die Entstehung der kritischen Rechtsphilosophie Kants 1762–1780", abgedruckt in Kant-Studien-Ergänzungshefte 110 (1979). Siehe auch *Gerhard Luf*, Naturrechtskritik im Lichte der Transzendentalphilosophie, Gedächtnisschrift für René Marcic, 1983, S. 609; *Monika Sänger*, Die kategoriale gegenüber ist von anderer Seite die Unabhängigkeit der Rechtslehre von den Kritiken postuliert worden.[404] Diese Unabhängigkeitsthese differenziert teilweise zwischen Recht als Selbstgesetzgebung und Vernunft, die als Autonomie begriffen wird.[405]

Eine darüber hinausweisende Überlegung gelangt zu der interessanten Hypothese, dass dann womöglich die Rechtslehre selbst entscheidend sei für das Verständnis der Kritiken.[406] Auch wenn man diese Auffassung bereits nach dem im Ersten Teil Bedachten wird zurückweisen müssen, stellt sie zumindest die Frage nach dem Verhältnis der Werke zueinander. Jedoch spricht nach den bisherigen Ergebnissen mehr dafür, dass umgekehrt die Kritiken die Deutung der Rechtslehre bestimmen und somit jene stets mit zu berücksichtigen sind, wo diese undeutlich oder unvollständig zu sein scheint. Das soll im Folgenden näher dargelegt und mit den bisherigen Überlegungen in Einklang gebracht werden.

2. Entstehungszeitraum und biographische Besonderheiten

Man muss für die Beantwortung dieser Fragen im Ausgangspunkt beachten, dass die *Metaphysische Anfangsgründe der Rechtslehre* zwar stets mit ihrem Publikationszeitpunkt im Jahre 1797 in Verbindung gebracht werden, die Entstehung jedoch erheblich weiter,[407] wohl bis in die Mitte der sechziger Jahre zurückreicht.[408] Ge-

---

Systematik in den „Metaphysischen Anfangsgründen der Rechtslehre", Ein Beitrag zur Methodenlehre Kants, Kant-Studien-Ergänzungsheft 114, 1982.

404 *Julius Ebbinghaus*, Kants Rechtslehre und die Rechtsphilosophie des Neukantiansmus, Festschrift für Theodor Litt, 1960, S. 317.

405 *Amadeus Altmann*, Freiheit im Spiegel des rationalen Gesetzes bei Kant, 1982, S. 78. Siehe auch *Adrian Loretan*, Freiheit setzt für Kant die Rechtsbindung der Leitungsorgane voraus, in: Theologie in gefährdeter Zeit. Stichworte von nahen und fernen Weggefährten für Johann Baptist Metz zum 90. Geburtstag (Hg. Hans-Gerd Janßen/Julia D. E. Prinz/Michael J. Rainer), 2018, S. 289.

406 *Gerd-Walter Küsters*, Kants Rechtsphilosophie, 1988, S. 143: „Vor allem käme dabei in den Blick, inwieweit das Verständnis der Kritik geändert werden müsste, weil sie in ihrer Funktion für die Begründung der Metaphysik gesehen würde".

407 Vgl. auch *Werner Busch*, Die Entstehung der kritischen Rechtsphilosophie Kants 1762–1786, 1979.

408 Eine der frühesten Darstellungen gibt *Johann Adam Bergk*, Briefe über Immanuel Kants metaphysische Anfangsgründe der Rechtslehre, enthaltend Erläuterung, Prüfung und Einwürfe, 1797 (Nachdruck 1968); vgl. auch *Karl Leonhard Reinhold*, Einige Bemerkungen über die in der Einleitung zu den ‚Metaphysischen Anfangsgründen der Rechtslehre' von I. Kant aufgestellten Begriffe von der Freiheit des Willens, Zweither Theil, 1797; *Johann Christoph Schwab*, Neun Gespräche zwischen Christian Wolff und einem Kantianer über Kants Metaphysische Anfangsgründe der Rechtslehre und der Tugendlehre, 1798 (Nachdruck 1968); *Konrad Stang*, Darstellung der reinen Rechtslehre von rade der jahrzehntelange Entstehungszeitraum dürfte eine Ursache dafür sein, dass sowohl diejenigen, die das Werk für vorkritisch halten, als auch die Autoren, die es dem Spätwerk zuordnen, biographisch gefärbte Argumente ins Feld führen können.[409] Aufs Neue entfacht wurde die Debatte rund zweihundert Jahre nach Kants Tod durch eine biographische Arbeit, welche die Auffassung vertritt, dass Kant um 1797 nicht nur gesundheitlich, sondern auch geistig entscheidend geschwächt war.[410]

a) Paradigma der Geistesschwäche?

Man betrachte für die Bewertung, ob die zuletzt referierte Auffassung, dass es sich bei der Rechtslehre um ein von zunehmender Geistesschwäche geprägtes Werk handelt, nur § 31 II. unter der auf den ersten Blick skurril anmutenden Überschrift „Was ist ein Buch?" Dort heißt es in einer vorderhand umständlich anmutenden Diktion: „Ein Buch ist eine Schrift (ob mit der Feder oder durch Typen, auf wenig oder viel Blättern verzeichnet, ist hier gleichgültig), welche eine Rede vorstellt, die jemand durch sichtbare Sprachzeichen an das Publicum hält. – Der, welcher zu diesem in seinem eigenen Namen spricht, heißt der Schriftsteller (*autor*). Der, welcher durch eine Schrift im Namen eines Anderen (des Autors) öffentlich redet, ist der Verleger. Dieser, wenn er es mit Jenes seiner Erlaubniß thut, ist der rechtmäßige; thut er es aber ohne dieselbe, der unrechtmäßige Verleger, d. i. der Nachdrucker. Die Summe aller Copeien der Urschrift (Exemplare) ist der Verlag" (AA VI 289).

Kant zur Berichtigung der vorzüglichsten Missverständnisse derselben, 1798; *Heinrich Stephani*, Anmerkungen zu Kants Metaphysischen Anfangsgründen der Rechtslehre, 1797; *Johann Heinrich Tieftrunk*, Philosophische Untersuchungen über das Privat- und öffentliche Recht zur Erläuterung und Beurteilung der metaphysischen Anfangsgründe der Rechtslehre von Prof. Immanuel Kant, Erster Theil, 1797, Zweiter Theil, 1798.

409 Eine monographische Darstellung der Wirkungsgeschichte fehlt, wie *Ralf Dreier* (Zur Einheit der praktischen Philosophie Kants. Kants Rechtsphilosophie im Kontext seiner Moralphilosophie, Perspektiven der Philosophie 5, 1979, 5 Fußnote 6) 1979 festgestellt hat; siehe auch *dens.*, Rechtsbegriff und Rechtsidee. Kants Rechtsbegriff und seine Bedeutung für die gegenwärtige Diskussion, 1986.

410 *Manfred Kühn*, Kant. Eine Biographie (Übersetzung Martin Pfeiffer), 2003, S. 458: „Kant besaß einfach nicht mehr die Energie, um all die verschiedenen Fäden seiner Argumentation in befriedigender Weise miteinander zu verknüpfen, von einem Feilen an dem Werk ganz zu schweigen. Er hatte sogar Schwierigkeiten damit, den Druck zu überwachen." – Aber letzteres hat er ohnehin, wie bereits im Ersten Teil gesehen, oft nicht gemacht, so dass daraus nichts folgt.

b) Methodik der juristischen Deduktionsschriften

Es sind wohl vor allem derlei scheinbare Trivialitäten, die Schopenhauer zu der Folgerung gelangen ließen, man glaube „oft eine satirische Parodie der Kantischen Manier zu lesen“.[411] Doch liegen die Dinge nicht ganz so einfach.[412] Denn wie bereits im Zweiten Teil dieser Abhandlung gesehen, entsprechen die Ausführungen Kants Herleitung der Unrechtmäßigkeit des Büchernachdrucks, die ihrerseits die Methode der juristischen Deduktionsschriften anwendet, welche wiederum vorbildhaft für die transzendentale Deduktion der reinen Verstandesbegriffe innerhalb der *Kritik der reinen Vernunft* war. Daran lässt sich ersehen, dass selbst an den scheinbar schwächeren Stellen der Rechtslehre der werkimmanente Zusammenhang so dicht ist, dass sie nicht ohne weiteres dem Verdikt der Belanglosigkeit verfallen können.

3. Ausblick

Daher sollte aus scheinbaren Schwächen nicht vorschnell der Vorwurf einer Publikation aus Alterssenilität gefolgert werden. Es mag zwar die Herleitung im Einzelnen und durchaus auch an entscheidenden Stellen die Spannkraft und Tiefe der drei Kritiken vermissen lassen. Doch hat die Notwendigkeit der Publikation der die Kritiken ergänzenden und sie in rechtsphilosophischer Hinsicht abrundenden Rechtslehre Kant offenbar von allem Anfang an als notwendig vorgestellt.[413] Zugleich wird dabei konzediert, dass sich in Methode und Ausführung Unzulänglichkeiten aufzeigen lassen, die womöglich dem Alter geschuldet sind,[414] dem Werk

411 *Arthur Schopenhauer,* Die Welt als Wille und Vorstellung, 1818, Erster Band, Anhang Kritik der Kantischen Philosophie, S. 626.

412 Anders noch *Jens Petersen*, Kants Metaphysische Anfangsgründe der Rechtslehre – kritisches Spätwerk oder ‚Erzeugnis eines gewöhnlichen Erdensohns‘, Festschrift für Claus-Wilhelm Canaris, 2007, Band II, S. 1243, 1246 Fußnote 29.

413 Zur Einheit der praktischen Philosophie Kants bereits *Ralf Dreier,* Perspektiven der Philosophie 5 (1979), 5 ff.

414 *Wolfgang Kersting*, Wohlgeordnete Freiheit. Immanuel Kants Rechts- und Staatsphilosophie, 1984, S. VII, fasst unter Nennung des bereits mehrfach erwähnten Gottfried Achenwall, dessen Bedeutung für die im Ersten Teil erwähnten Deduktionsschriften er jedoch wohl nicht hinreichend ermisst, folgendermaßen zusammen: „Man hat diesem Alterswerk Kants seit seinem Erscheinen wenig Verständnis entgegengebracht: wenn man es nicht gar als Produkt eines verfallenden Geistes kommentarlos zur Seite legte, warf man ihm einen Rückfall in das teleologische Naturrechtsdenken eines Wolff, Baumgarten und Achenwall vor, sah in ihm Gegensätzlichkeiten zur Transzendentalphilosophie der ‚Kritik der reinen Vernunft‘ und Unvereinbarkeit mit den geltungstheoretischen Grundlagen der Moralphilosophie, die die Kritik der praktischen Vernunft entwickelt hat. Die Kant-

jedoch in seiner Konzeption keinen Abbruch tun.[415] Vielmehr hat das Werk den Charakter einer notwendigen Abrundung seines Gesamtwerks, und muss daher im Hinblick auf dieses, d. h. vor allem die Kritik der reinen und der praktischen Vernunft, interpretiert werden.[416] Vor diesem Hintergrund wird sich auch ein Abgleich zwischen dem im Ersten Teil Behandelten mit jenem in der Rechtslehre vorausgesetzten „angeborenen Recht der Freiheit" ergeben (AA VI 237 f.).

Forschung vermochte für diese spröde, sperrige Spätschrift, die kompositorisch unausgewogen und bisweilen fahrig in der Gedankenführung, dem Leser die Hilfe einer deutlich heraustretenden Argumentationstechnik verwehrt, keinen Halt in den Fundamenten der praktischen Philosophie Kants und keinen Platz in dem auf ihnen zu errichtenden Denkgebäude finden." Siehe zu *Kerstings* Schrift auch *Hariolf Oberer*, Kant-Studien 77 (1986), 118.

415 Zur Kantischen Methode *Monika Sänger*, Die kategoriale Systematik in den „Metaphysischen Anfangsgründen der Rechtslehre". Ein Beitrag zur Methodenlehre Kants, Kant-Studien-Ergänzungsheft 114, 1982.

416 Dabei wird nicht übersehen, dass nach der Metaphysik der Sitten noch das „Opus postumum" zu verzeichnen ist, das der Kantforschung bis heute Rätsel aufgibt (vgl. *Manfred Kühn*, Kant. Eine Biographie, Übersetzung Martin Pfeiffer, 2003, S. 472–478; wichtig aber die in jeder Hinsicht grundlegende Studie von *Eckart Förster*, Kant's Final Synthesis. An Essay on the Opus postumum, 2002). Es wurde von Kant im Gegensatz zur Metaphysik der Sitten, deren publizistische Notwendigkeit ihm offenbar dringlich vor Augen stand, jedoch nicht mehr veröffentlicht. *Gerhard Lehmann* (Kants Besitzlehre, in: Beiträge zur Geschichte und Interpretation der Philosophie Kants, Hg, Ders., 1969, S. 195, 214 f.) versucht sogar am Beispiel der Besitzherleitung und der so genannten „Ätherdeduktion" Beziehungen zwischen Rechtslehre und dem Opus postumum aufzuzeigen; siehe dazu auch *Jürgen Blühdorn*, „Kantianer" und Kant. Die Wende von der Rechtsmetaphysik zur „Wissenschaft" vom positiven Recht, Kant-Studien 64 (1973), 363, 366.

II. Kants Privatrechtsverständnis

Anhand der kantischen Privatrechtslehre ist im Folgenden auf der Grundlage ihrer zentralen Themen zu zeigen, dass bezüglich der *Metaphysischen Anfangsgründe der Rechtslehre* kein Rückfall in vorkritisches Denken zu verzeichnen ist, sondern dass es sich vielmehr im Einklang mit der *Kritik der reinen Vernunft* und der *Kritik der praktischen Vernunft* um ein Recht der Freiheit handelt. Die stiefmütterliche Behandlung im bisherigen Schrifttum mag daran liegen, dass das bisherige Schrifttum, soweit es transzendentalphilosophischer Provenienz ist, aus naheliegenden Gründen das ohne juristische und dogmengeschichtliche Vorbildung heute nur noch schwer zugängliche Kantische Privatrecht gemieden hat.[417] Die Rechtswissenschaft hat diese Auseinandersetzung umgekehrt in Ermangelung der nötigen Vertrautheit mit der Transzendentalphilosophie gescheut[418] und sich demgegenüber eher auf das Strafrecht beschränkt,[419] während für das öffentlichrechtliche Schrifttum das genannte Widerstandsrecht von besonderem Interesse war.[420]

1. Bedeutung des Privatrechts für Kants Recht der Freiheit

Im Mittelpunkt der vorliegenden Ausführungen soll daher in konsequenter Fortsetzung der im Ersten Teil behandelten Übereinstimmungen mit der heutigen zivilrechtlichen Methode Kants Privatrechtsverständnis stehen.[421] Es gehört vielleicht zu den am wenigsten schillernden Teilen seiner Rechtsphilosophie und wird insbesondere von den spektakuläreren Abschnitten,[422] wie vor allem der Untersu-

417 Eine interessante These stellt diesbezüglich *Yasuhiro Ikadatsu* (Der Paradigmenwechsel der Privatrechtstheorie und die Neukonstruktion der Vertragstheorie in seinem Namen, 2002, S. 79) auf, wonach „man das Privatrecht der *Metaphysik der Sitten* als *zur Rechtfertigung des Begriffs des subjektiven Rechts geschrieben* verstehen sollte". Hervorhebungen auch dort.

418 *Claus-Wilhelm Canaris*, Die Vertrauenshaftung im Lichte der Rechtsprechung des Bundesgerichtshofs, in: 50 Jahre Bundesgerichtshof, Festgabe aus der Wissenschaft, 2000, Band I, S. 129, 148 f., bildet bezüglich einer punktuellen, aber unter Prinzipienerwägungen zentralen Frage mit seiner transzendentalphilosophischen Begründung des Grundsatzes pacta sunt servanda eine Ausnahme.

419 Vgl. allgemein dazu *Jürgen Habermas*, Faktizität und Geltung, 1992, S. 7.

420 Dazu *Jörg Berkemann*, Studien über Kants Haltung zum Widerstandsrecht, 1972.

421 Dazu *Ernst Swoboda*, Kant und das Zivilrecht, Kant-Studien 43 (1943), 369; monographisch hierzu aus dem älteren Schrifttum die Dissertation von *Gerhard Buchda*, Das Privatrecht I. Kants, 1929; *Kurt Lisser*, Der Begriff des Rechts bei Kant, 1922.

422 Vgl. nur *Richard Nürnberger*, Kants Rechtsphilosophie in ihrem Verhältnis zu Rousseau, Zeitschrift für die gesamte Staatswissenschaft 104 (1944), 1 ff.

https://doi.org/10.1515/9783111070186-015

chung des Widerstandsrechts, die seit jeher die Gemüter erhitzt hat,[423] in den Schatten gestellt.[424] Demgegenüber vermittelt Kants Privatrechtstheorie, äußerlich betrachtet, den Charakter trockener Herleitung mit vereinzelt skurril anmutenden Einschüben.[425] Und doch handelt es sich um eine der großen geistesgeschichtlichen Begründungen dessen, was letztlich eine ‚das Recht verwaltenden bürgerlichen Gesellschaft' ausmacht, wie Kant selbst es im bereits mehrfach zitierten Weltbürgeressay nennt (AA VIII 22).

Die Zentrierung der Privatrechtslehre erhebt zudem jenseits des Aspekts beispielhafter Selbstbeschränkung den Anspruch einer prinzipiellen Veranschaulichung, die womöglich geeignet ist, das Werk insgesamt einer gerechteren und ausgewogeneren Beurteilung zuzuführen.[426] Denn auch und gerade dann, wenn man mit der überwiegenden Ansicht davon ausgeht, dass nicht alle Passagen der Rechtslehre gleichermaßen kohärent sind, kommt man nicht umhin, die eindringlichsten und konzisesten zu würdigen, weil sich – will man sich die Arbeit nicht zu leicht machen – nur anhand ihrer aufzeigen lässt, ob und inwieweit sich in ihnen kritisches Denken dokumentiert, das mutatis mutandis durchaus auf der Höhe der drei Kritiken liegt. Vor allem aber ist Kants Privatrechtsverständnis nach allem, was wir im Ersten Teil festgestellt haben, bedeutsam für das, was er bereits in der vielfach zitierten Abhandlung *Über den Gemeinspruch* als ‚Recht der Freiheit' bezeichnet (AA VIII 291). Das Prinzip der das Privatrecht prägenden Privatautonomie zeugt wohl noch heute von diesem auf dem Prinzip der Autonomie gründenden Kantischen Erbe.[427]

2. Besitz und Eigentum

Von besonderer Bedeutung für die *Metaphysischen Anfangsgründe der Rechtslehre* ist die Darstellung des Besitzes.[428] Da diese freilich seit jeher auch ein Kernstück der

423 Vgl. schon *Werner Haensel*, Kants Lehre vom Widerstandsrecht, 1926 (dazu *Erwin Ruck*, Kritische Vierteljahresschrift für Gesetzgebung und Rechtswissenschaft 22/58, 1929, 326).

424 Dazu *Robert Spaemann*, Kants Kritik des Widerstandsrechts, in: Materialien zu Kants Rechtsphilosophie (Hg. Zwi Batscha), 1976, S. 347, Fn. 6.

425 Zu ihnen weiter unten bei der Behandlung des Familienrechts.

426 Speziell zum Vertragsrecht *Gertrude Lübbe-Wolf*, Begründungsmethoden in Kants Rechtslehre untersucht am Beispiel des Vertragsrechts, in: Rechtsphilosophie der Aufklärung (Hg. Reinhard Brandt), 1982, S. 286 ff.

427 Dazu im Überblick *Jens Petersen*, Die Privatautonomie und ihre Grenzen, Juristische Ausbildung 2011, 184; näher *Dieter Medicus/Jens Petersen*, Allgemeiner Teil des BGB, 12. Auflage 2024, § 17.

428 Monographisch *Christian Müller*, Wille und Gegenstand. Die idealistische Kritik der Kantischen Besitzlehre, 2006; *Gerhard Lehmann*, Kants Besitzlehre, in: Beiträge zur Geschichte und Interpre-

Rechtsdogmatik ist, muss eingangs etwas Grundsätzliches für die Bewertung des Besitzes in Kants Rechtslehre vorangestellt werden. Wie wichtig der Besitz für Kant ist, wurde bereits im Ersten Teil an verschiedenen Stellen im Zusammenhang betont.

a) Dogmatik und Rechtsphilosophie

Anders als nach unserem heutigen Verständnis gehören für Kant Besitz und Eigentum nicht zum Sachenrecht, das er vielmehr erst unter § 11 der Rechtslehre behandelt. Die dortigen Ausführungen zählen teilweise zu jenen, deren theoretische Durchdringung nur bedingt lohnt, weil sie gerade bei der Behandlung des von Kant schwerpunktmäßig erörterten Bodenrechts eher diffusen Charakter haben. Man sollte sich freilich – zumal als Rechtsdogmatiker[429] – vor dem Fehlschluss hüten, dass die zivilrechtsdogmatischen Kategorien im Einklang mit den rechtsphilosophischen stehen müssten.[430] Es ist dies nachgerade paradigmatisch für die Unterscheidung zwischen Rechtsphilosophie und Rechtsdogmatik überhaupt. So sind bei Kant Besitz und Eigentum[431] nicht in dem strengen Sinne unterschieden,[432] wie es heute der Fall ist.[433] Speziell für den vorliegenden Zusammenhang lässt sich dies im

---

tation der Philosophie Kants (Hg. Ders.), 1969, S. 195; vgl. auch *Richard Saage*, Besitzindividualistische Perspektiven der politischen Theorie Kants, Neue Politische Literatur 17 (1972), 168 ff.; *ders.*, Eigentum, Staat und Gesellschaft bei I. Kant, 1973.

429 Zur Dogmatisierung von Rechtsproblemen bei Kant *Wolfgang Naucke*, Zeitschrift für Neuere Rechtsgeschichte 1 (1979), 3 ff.

430 *Kristian Kühl*, Eigentumsordnung als Freiheitsordnung, Zur Aktualität der Kantischen Rechts- und Eigentumslehre, 1984, S. 132 f.

431 Speziell dazu *Ralf Dreier*, Eigentum in rechtsphilosophischer Sicht, Archiv für Rechts- und Sozialphilosophie 73 (1987), 159, 163 ff.; siehe auch *Wolfgang Kersting*, Transzendentalphilosophische und naturrechtliche Eigentumsbegründung, Archiv für Rechts- und Sozialphilosophie 67 (1981), 157; zur rechtsphilosophischen Problematik des Eigentums auch *Karl Larenz*, in: Eigentum und Eigentumsverteilung als theologisches, rechtsphilosophisches und ökonomisches Problem (Hg. Theodor Heckel), 1962, S. 21 ff.

432 *Friedrich Kaulbach*, Der Begriff der Freiheit in Kants Rechtsphilosophie, Philosophische Perspektiven 5, 1973, S. 78, 86 verwendet die Begriffe Besitz und Eigentum in seiner Abhandlung zum Begriff der Freiheit in Kants Rechtsphilosophie zwar in Entsprechung zur Kantischen Unterscheidung von empirischem und intelligiblen Besitz, doch „kann diese Ähnlichkeit nur bei Kenntnis der Unterschiede als unschädlich zugelassen werden“ (so *Kristian Kühl*, Eigentumsordnung als Freiheitsordnung, Zur Aktualität der Kantischen Rechts- und Eigentumslehre, 1984, S. 133).

433 *Hans Albrecht Fischer*, Kritische Vierteljahresschrift für Gesetzgebung und Rechtswissenschaft 22 (1929), 59, 67.

Übrigen in aufschlussreicher Weise durch eine interessante Koinzidenz veranschaulichen, von der bereits im Ersten Teil andeutungsweise die Rede war.

Nahezu zeitgleich, nämlich nur wenige Jahre später, als Kants *Metaphysischen Anfangsgründe der Rechtslehre* erschienen, veröffentlichte Friedrich Carl von Savigny im Jahre 1804 seine bereits im Ersten Teil erwähnte Schrift über ‚Das Recht des Besitzes'.[434] Auch wenn Kant Unterscheidungen des Römischen Rechts durchaus bekannt sind und diese wiederum bei von Savigny auf dem damaligen dogmatischen Stand im Einzelnen vorausgesetzt und weiterentwickelt worden sind,[435] darf nicht übersehen werden, dass das eigentliche philosophische und damit für das Kant-Verständnis zentrale Gewicht innerhalb der Rechtslehre auf der im Folgenden zu behandelnden Entscheidung ruht.[436]

b) Possessio noumenon und possessio phaenomenon

Kant definiert den Besitz als „die subjective Bedingung der Möglichkeit des Gebrauchs" (AA VI 245).[437] Er unterscheidet die possessio noumenon von der possessio phaenomenon. Letztere ist der Besitz in der Erscheinung, d. h. die äußere Innehabung, die Kant auch empirischen Besitz nennt (AA VI 249).

aa) Begriffsbestimmung

Possessio noumenon ist demgegenüber der von Kant so genannte intelligible Besitz; er wird verstanden als rechtliche Verbindung des Willens mit dem Gegenstand. Man hat ihn im Schrifttum als eine Parallele zum Besitzwillen im Privatrecht interpretiert.[438] Zwar greift auch dies wohl letztlich zu kurz, weil der intelligible Besitz nicht auf eine subjektive Komponente beschränkt werden kann. Auch wenn daher dogmatische und rechtsphilosophische Gleichsetzungen möglichst vermieden werden sollten, vermitteln sie uns doch, wie bereits im Ersten Teil verschiedentlich gesehen, zumindest schemenhaft eine praktische Vorstellung davon, was Kant mit der Unterscheidung gemeint haben könnte. Die Herleitung des intelligiblen Besitzes ver-

434 Mit dem Untertitel „Eine civilistische Abhandlung", die deshalb rechtsphilosophische Fragen ausblendete, denen Savigny sonst durchaus aufgeschlossen gegenüber stand; grundlegend *Dieter Nörr*, Savignys philosophische Lehrjahre, 1994.

435 Siehe dazu *Yasuhiro Ikadatsu*, Der Paradigmenwechsel der Privatrechtstheorie und die Neukonstruktion der Vertragstheorie in seinem Namen, 2002, S. 104 f.

436 Vgl. auch *Kenichi Moriya*, Savignys Gedanke im Recht des Besitzes, 2003, S. 80 f.

437 Im ersten Hauptstück („Von der Art etwas Äußeres als das Seine zu haben") zu Beginn des § 1.

438 *Bernd Ludwig*, Postulat, Deduktion und Abstraktion in Kants Lehre vom intelligiblen Besitz, ARSP 82 (1996), 250, 258.

anschaulicht zugleich die kritischen Elemente im Kantischen Sachenrecht: „Die Frage: wie ist ein äußeres Mein und Dein möglich? löst sich nun in diejenige auf: Wie ist ein bloß rechtlicher (intelligibler) Besitz möglich? und diese wiederum in die dritte: wie ist ein synthetischer Rechtssatz *a priori* möglich?“ (AA VI 249).

bb) Kritische Rechtsphilosophie par excellence

Es ist schwer, in der damit eingeleiteten Deduktion des Begriffs des bloß-rechtlichen Besitzes eines äußeren Gegenstandes keine kritische Philosophie zu erblicken. Das Bestreben der Beweisführung geht ersichtlich dahin aufzuzeigen, wie ein synthetisches Urteil a priori möglich ist, also ein genuin kritisches Unterfangen. Der Begriff des empirischen Besitzes wird zunächst als lediglich analytisch bezeichnet,[439] weil er mit der Innehabung der tatsächlichen Gewalt über eine Sache nichts über sich selbst Hinausgehendes preisgibt: „Dagegen geht der Satz von der Möglichkeit des Besitzes einer Sache außer mir nach Absonderung aller Bedingungen des empirischen Besitzes in Raum und Zeit (mithin die Voraussetzung der Möglichkeit einer *possessio noumenon*) über jene einschränkenden Bedingungen hinaus, und weil er einen Besitz auch ohne Innehabung als nothwendig zum Begriffe des äußeren Mein und Dein statuirt, so ist er synthetisch, und nun kann es zur Aufgabe für die Vernunft dienen, zu zeigen, wie ein solcher sich über den Begriff des empirischen Besitzes erweiternde Satz *a priori* möglich sei“ (AA VI 250).

Transzendentalphilosophisch betrachtet, handelt es sich dabei um kritische Rechtsphilosophie par excellence.[440] Die ganze Herleitung kann hier nicht untersucht werden, es mag gegen sie eingewandt werden, dass sie in ihren Einzelteilen nicht durchgängig stringent sei, wie immer wieder behauptet worden ist, doch ist die kritische Fragestellung unabweislich.[441] Überhaupt ist es in diesem Werk Kants weit weniger ergiebig, die leicht zu erkennenden weniger konzisen Teile herauszustreichen, als vielmehr diejenigen Stellen und Gedanken hervorzuheben, die ihn

---

439 Allgemein zur Apriorität und Empirie in Kants Rechtsphilosophie *Wolfgang Bartuschat*, Philosophische Rundschau 34 (1987), 31; siehe auch *dens.*, Praktische Philosophie und Rechtsphilosophie bei Kant, Philosophisches Jahrbuch 94 (1987), 24.

440 Zum transzendental-juridischen Grundverhältnis im Vernunftbegriff Kants und dem Bezug zwischen Recht und Gesellschaft *Friedrich Kaulbach*, Festschrift für Helmut Schelsky, 1978, S. 263 ff.

441 Es ist auch in diesem Zusammenhang aufschlussreich, in Erinnerung zu rufen, dass die transzendentale Deduktion innerhalb der ‚Kritik der reinen Vernunft‘ mit einer Parallele aus dem Rechtsleben beginnt, wie im Ersten Teil eingehend untersucht wurde. Nicht zuletzt aus den hier im Text wiedergegebenen Gründen sollte man sich vor der kurzschlüssigen Gleichsetzung des intelligiblen Besitzes mit dem Eigentum in seiner heutigen rechtlichen Ausgestaltung hüten (so aber *Manfred Kühn*, Kant. Eine Biographie (Übersetzung Martin Pfeiffer), 2003, S. 460 f.); siehe zum quid iuris und quid facti auch *J. E. Dott*, Internationaler Kant-Kongress 1981, Akten I.1, S. 12.

auf der Höhe seines kritischen Denkens zeigen, und dies auf den Gegenstand der Rechtsphilosophie zu übertragen.[442]

c) Noumenon und Phaenomenon

Man sollte nicht übersehen, dass die am Beispiel des Besitzes getroffene Unterteilung bereits für Kants Werk geradezu wegweisend wurde, als er im Jahre 1770 seine Inauguraldissertation verteidigte.

aa) Frühe Spuren in Kants Dissertation

Sie handelt, wenn man ihren Titel übersetzt, *Von der Form der Sinnen- und Verstandeswelt und ihren Gründen.*[443] Folgende Sätze sind daraus auch für den vorliegenden Zusammenhang von Interesse: „Der Gegenstand der Sinnlichkeit ist sensibel; was aber nichts enthält, als was man durch Verstandesausstattung erkennen kann, ist intelligibel. Das erstere hieß in den Schulen der Alten *Phaenomenon*, das letztere *Noumenon.*“[444] Das für unsere Zwecke Bemerkenswerte dieser unverfänglichen Passage besteht darin, dass *Kant* in seiner Dissertation, wovon insbesondere die zitierten Sätze zeugen, erstmals zentrale Gedanken seiner kritischen Philosophie vorstellte, so dass er selbst anläßlich dessen vom Ende seiner „vorkritischen Periode“ und dem Beginn seiner kritischen Philosophie sprach.[445] Auch wenn diese darin bei weitem noch nicht vollendet war, nahm er von der Grundeinteilung forthin nicht mehr Abstand. Wenn es in der Dissertation etwa sinngemäß heißt, „dass das sinnlich Gedachte in Vorstellungen der Dinge besteht, wie sie erscheinen, das Intellektuelle aber, wie sie sind“,[446] so bedeutet dies nicht, dass die später zentrale Einsicht, dass die Dinge an sich nicht erkennbar sind, darin

---

442 Zutreffend *Otfried Höffe*, Immanuel Kant, 1983, S. 208 f.: „Legt man (…) die methodisch gesehen problematischen Elemente beiseite und konzentriert sich auf das philosophische Hauptanliegen, die Begründung von Recht und Staat aus Begriffen a priori, so erweist sich Kant als ein bedeutender Rechts- und Staatsdenker, der mit guten Gründen zu den Klassikern politischen Denkens zählt“.

443 Der Originaltitel hieß: „De mundi sensibilis atque intelligibilis forma et principiis“ (AA II 385).

444 *Kant*, Von der Form der Sinnen- und Verstandeswelt und ihren Gründen, 1770 (Werkausgabe Hg. Wilhelm Weischedel), 1968, Band V, S. 7, 29.

445 *Manfred Kühn*, Kant. Eine Biographie (Übersetzung Martin Pfeiffer), 2003, S. 224; zufolge bestand Kant darauf, dass eine spätere Zusammenstellung seiner kleineren Schriften „mit meiner Dissertation: *de mundi sensibilis atque intelligibilis forma et principiis* anfange“.

446 *Kant*, Von der Form der Sinnen- und Verstandeswelt und ihren Gründen, 1770 (Werkausgabe Hg. Wilhelm Weischedel), 1968, Band V, S.7, 29.

schon angelegt sei. Dies wird vielmehr das Resultat einer umwälzenden Überlegung sein, die noch Jahre auf sich warten ließ.

bb) Übergang zur kritischen Philosophie

Die genannte Unterscheidung zwischen Phaenomenon und Noumenon prägt aber noch die erste Kritik. So ist ein Abschnitt der transzendentalen Analytik innerhalb der *Kritik der reinen Vernunft* überschrieben mit: „Von dem Grunde der Unterscheidung aller Gegenstände überhaupt in Phaenomena und Noumena" (AA IV 155 / AA III 202). Das wird folgendermaßen verdeutlich: „Gleichwohl liegt es doch schon in unserm Begriffe, wenn wir gewisse Gegenstände als Erscheinungen Sinneswesen (Phaenomena) nennen, indem wir die Art, wie wir sie anschauen, von ihrer Beschaffenheit an sich selbst unterscheiden: daß wir entweder eben dieselbe nach dieser letzteren Beschaffenheit, wenn wir sie gleich in derselben nicht anschauen, oder auch andere mögliche Dinge, die gar nicht Objecte unserer Sinne sind, als Gegenstände bloß durch den Verstand gedacht, jenen gleichsam gegenüber stellen, und sie Verstandeswesen (Noumena) nennen" (AA III 209). Vor diesem Hintergrund kann man die in der Dissertation vorgenommene Weichenstellung und Hinwendung zur kritischen Philosophie auch auf diejenigen Zusammenhänge anwenden, in denen – wie hier beim Besitz in der Rechtslehre – die Unterscheidung in Noumenon und Phaenomenon tragend wurde.[447]

3. Recht der Freiheit zwischen erster Kritik und Rechtslehre

Kants Rechtslehre ist also in diesem wesentlichen Kern und Ansatz kritisch. Ihre Durchführung ist es beispielsweise deshalb, weil sie diese Einteilung in Noumenon und Phaenomenon prinzipiell zugrunde legt. Das zeigt sich auch an einer wenig beachteten Stelle, die ausdrücklich Bezug nimmt auf die bereits im Ersten Teil behandelte transzendentalen Analytik innerhalb der *Kritik der reinen Vernunft*.

a) Verhältnis zur transzendentalen Analytik

Indem Kant von der *possessio phaenomenon*, also dem Besitz in der Erscheinung, spricht, konzediert er: „obgleich der Gegenstand, den ich besitze, hier nicht so, wie

447 Siehe auch *Manfred Brocker*, Kants Besitzlehre. Zur Problematik einer transzendentalphilosophischen Eigentumslehre, 1987. Aus heutiger zivilrechtsdogmatischer Sicht mutet dieser Titel zwar wie eine Begriffsvermengung an, doch kennzeichnet er das, was bei Kant gemeint sein dürfte.

es in der transscendentalen Analytik geschieht, selbst als Erscheinung, sondern als Sache an sich betrachtet wird" (AA VI 249). Dieses vermeintliche Zugeständnis ist von großem Interesse und tiefgreifender Bedeutung. Denn bei vordergründiger Sicht könnte man darin einen Rückfall in vorkritisches Denken erblicken. Immerhin sieht es so aus, als nehme Kant selbst Abschied von der bereits im Ersten Teil behandelten Einsicht, dass das Ding an sich nicht erkannt werden könne, sondern dass die Gegenstände immer nur ihrer äußeren Erscheinung nach von uns erfassbar seien.

In Wahrheit bleibt dies jedoch gänzlich unberührt, wie sich auch aus der nachfolgenden Begründung Kants ergibt: „Denn dort war es der Vernunft um das theoretische Erkenntniß der Natur der Dinge und, wie weit sie reichen könne, hier aber ist es ihr um praktische Bestimmung der Willkür nach Gesetzen der Freiheit zu thun, der Gegenstand mag nun durch Sinne, oder auch bloß den reinen Verstand erkennbar sein, und das Recht ist ein solcher rein praktischer Vernunftbegriff der Willkür unter Freiheitsgesetzen" (AA VI 249). Vor allem aber der zuletzt zitierte Nachsatz, wonach ‚das Recht ein solcher rein praktischer Vernunftbegriff der Willkür unter Freiheitsgesetzen ist', zeigt besonders deutlich, dass es Kant um ein Recht der Freiheit geht.

b) Transzendentale Methode und Philosophie des Rechts

Es handelt sich also mitnichten um eine Relativierung, geschweige denn eine Abkehr, sondern allein um eine Standortbestimmung. In konsequenter Fortführung seiner Vorrede,[448] wonach es dem Recht um die praktische Bestimmung der Willkür nach Gesetzen der Freiheit zu tun ist, geht es nicht mehr um die Erkennbarkeit des Gegenstandes, sondern die Verwirklichung der Freiheit durch das Recht. Man wird in der zitierten Passage eher die – wie sich in der späteren Forschungsdiskussion zeigt: berechtigte – Befürchtung Kants ersehen können, falsch verstanden zu werden. Was also wie ein Rückfall in vorkritisches Denken erscheint, ist im Gegenteil ein unbedingtes Bekenntnis zur transzendentalen Methode und ihrer prinzipienmäßigen Abbildung auf ihrem ureigenen Feld der Rechtsphilosophie.[449]

---

448 Zu ihr noch näher unter III.

449 Grundlegend *Friedrich Kaulbach* Studien zur späten Rechtsphilosophie Kants und ihrer transzendentalen Methode, 1982, S. 7: „In der Philosophie des Rechts wird die transzendentale Methode nicht nur ‚angewandt'; vielmehr erkennt in ihr das transzendentalphilosophische Denken die Prinzipien wieder, auf denen seine eigene Reflexionsleistung beruht. Die späte Rechtsphilosophie ist daher nicht nur ein beiläufiges Anwendungsgebiet der transzendentalen Methode, sondern ist als die Domäne anzusehen, in der sie ursprünglich zu Hause ist".

c) Parallelismusthese: Intelligibler Besitz und intelligible Freiheit

In der wissenschaftlichen Diskussion ist unter dem Stichwort der Parallelismusthese die Frage aufgeworfen worden, ob die kantische Besitzlehre nicht in der *Kritik der praktischen Vernunft* eine Parallele findet.[450] Das Verhältnis zwischen synthetischem Rechtssatz a priori und intelligiblem Besitz würde sich demzufolge entsprechend der Beziehung zwischen kategorischem Imperativ und intelligibler Freiheit verhalten.[451] Dem intelligiblen Besitz der Rechtslehre entspräche funktional die intelligible Freiheit der *Kritik der praktischen Vernunft*.[452] Wir werden weiter unten noch sehen, dass die Parallelismusthese eine beachtliche Leistungsfähigkeit aufweist, weil sie auch das Eigentum als konkretisierte Freiheit erklären könnte.[453] Das ist ersichtlich von Bedeutung für Kants Recht der Freiheit.

Diese Auffassung ist gleichwohl im Schrifttum mit Nachdruck angegriffen worden.[454] Es geht jedoch in den konkreten Ausprägungen der diesbezüglichen Kontroverse mitunter eher um sehr spezielle Einzelfragen, wie diejenige, ob die unterschiedlichen Möglichkeiten der inneren Anordnung der Rechtslehre überdacht oder inwieweit § 2 der Rechtslehre umgestellt werden muss.[455] Ohne diesen Streit hier entscheiden zu müssen, kann doch schon an dieser Stelle festgestellt werden, dass die Parallelismusthese nicht zuletzt deswegen einen erheblichen Erklärungswert hat, weil sich auch anhand ihrer begründen lässt, dass die *Metaphysischen Anfangsgründe der Rechtslehre* in einer systematisch konsistenten Beziehung zur *Kritik der praktischen Vernunft* stehen. Auf diesen Gesichtspunkt wird an späterer Stelle noch zurückzukommen sein, wenn es um die abschließende Beurteilung geht, inwieweit nicht zuletzt zentrale Stellen dieser beiden Werke Ausprägungen eines Rechts der Freiheit sind.[456]

---

450 *Anja Victorine Hartmann*, Der Platz des Rechtlichen Postulats in der Besitzlehre, Kant-Forschungen (Hg. Reinhard Brandt/Werner Stark), Band 5, 1994, S. 109, 137 ff.

451 Siehe auch *Bernd Ludwig*, Postulat, Deduktion und Abstraktion in Kants Lehre vom intelligiblen Besitz, Archiv für Rechts- und Sozialphilosophie 82 (1996), 250 ff.

452 Vgl. auch *Wolfgang Kersting*, Freiheit und intelligibler Besitz. Kants Lehre vom synthetischen Rechtssatz a priori, Allgemeine Zeitschrift für Philosophie 6 (1981), 31.

453 Unten III 3.

454 *Yumi Saito*, Archiv für Rechts- und Sozialphilosophie 82 (1996), 238, 242 ff.; sowie nochmals *ders.*, Archiv für Rechts- und Sozialphilosophie 82 (1996), 259 ff.

455 Insofern entzündet sich die Debatte nicht zuletzt an *Bernd Ludwigs* Edition und betrifft darüber hinaus auch inhaltliche Aussagen seiner Dissertation über Kants Rechtslehre, 1988.

456 Unter III.

d) Zwischenergebnis

Jedenfalls kann ein Text, der derartige Deutungen zulässt, mitnichten als Rückfall in vorkritische Denkmuster geschweige denn als Produkt einer „Altersschwäche“ verworfen werden. Gerade die Figur des intelligiblen Besitzes dokumentiert, dass Kant in der Rechtslehre transzendentalphilosophisch auf einer Höhe argumentiert, die derjenigen der Kritiken nicht nachsteht. Insbesondere der Gesichtspunkt der selbstgesetzten Verbindlichkeit für das Werk Kants lässt eine Universalität aufscheinen, welche die Herleitung des intelligiblen Besitzes in das Gesamtwerk einbettet. So erweist sich die skizzierte Diskussion zumindest als werkimmanenter Hinweis darauf, dass die ersten beiden Kritiken im werkimmanenten Zusammenhang mit der Rechtslehre zumindest auch unter dem soeben in Erinnerung gerufenen Gesichtspunkt des Rechts der Freiheit begriffen werden können.

4. Das Vertragsrecht

Auch das Vertragsrecht, das wohl weniger häufig untersucht worden ist als das Besitzverständnis Kants, ist aus Sicht der vorstehenden Problematik durchaus aufschlussreich.[457]

a) Transzendentale Deduktion des Begriffs der Erwerbung durch Vertrag

Nach einleitenden Worten zum Vertragsschluss, die im Übrigen nicht sehr weit entfernt von der Konzeption des Bürgerlichen Gesetzbuchs liegen und dieses sogar maßgeblich geprägt haben dürften,[458] wendet sich Kant dem Problem zu, dass die notwendige Übereinstimmung der Willenserklärungen – wie man heute formulieren würde – als „empirische Actus (…) in der Zeit folgen müssen.“[459]

---

457 Vgl. zum anderen großen Antipoden *Peter Landau*, Hegels Begründung des Vertragsrechts, in: Materialien zu Hegels Rechtsphilosophie (Hg. Manfred Riedel), 1975, Band 2, S. 176 ff.

458 Zum geltenden Recht etwa *Jens Petersen*, Das Zustandekommen des Vertrags, Juristische Ausbildung 2009, 183.

459 *Yasuhiro Ikadatsu*, Der Paradigmenwechsel der Privatrechtstheorie und die Neukonstruktion der Vertragstheorie in seinem Namen, 2002, S. 101) bemerkt dazu treffend: „Dies ist nur aufgrund der Vorstellung dieses Willens als reiner praktischer Vernunft möglich, der Versprechen und Annahme nahtlos umfaßt“.

aa) Vorgehen ‚nach dem Gesetz der reinen praktischen Vernunft'

Dadurch könnte jedoch immer zugleich ein zwischenzeitlich eingetretener Wandel in der Willensrichtung den Konsens gefährden: „So kann ich während der Zwischenzeit (so kurz sie auch sein mag) es mich gereuen lassen, weil ich vor der Acceptation noch frei bin" (AA VI 272). Da die Schwierigkeit daher rührt, dass es „in der Zeit einander folgende Actus sind", löst Kant sie mit einem Gedanken, dessen kritischen Ursprung man, wie bereits gleich zu Beginn durch den Hinweis auf transzendentale Deduktion des Begriffs deutlich wird, schwerlich wird bestreiten können:[460] „Aber die transscendentale Deduction des Begriffs der Erwerbung durch Vertrag kann allein alle diese Schwierigkeiten heben. In einem rechtlichen äußeren Verhältnisse wird meine Besitznehmung der Willkür eines Anderen (und so wechselseitig), als Bestimmungsgrund desselben zu einer That, zwar erst empirisch durch Erklärung und Gegenerklärung der Willkür eines jeden von beiden in der Zeit, als sinnlicher Bedingung der Apprehension, gedacht, wo beide rechtliche Acte immer nur auf einander folgen; weil jenes Verhältniß (als ein rechtliches) rein intellectuell ist, durch den Willen als ein gesetzgebendes Vernunftvermögen jener Besitz als ein rein intelligibler (possessio noumenon) nach Freiheitsbegriffen mit Abstraction von jenen empirischen Bedingungen als das Mein und Dein vorgestellt, wo beide Acte, des Versprechens und der Annehmung, nicht als aufeinander folgend, sondern (...) aus einem einzigen Willen hervorgehend (welches durch das Wort zugleich ausgedrückt wird) und der Gegenstand (promissum) durch Weglassung der empirischen Bedingungen nach dem Gesetz der reinen praktischen Vernunft als erworben vorgestellt wird" (AA VI 272 f.).

bb) Erwerb durch Vertrag als Paradigma des Rechts der Freiheit

Verächter der Kantischen Rechtsphilosophie werden auf diese Stelle die Beobachtung *Schopenhauers* anwenden wollen, man glaube „oft eine satirische Parodie der Kantischen Manier zu lesen."[461] Doch wird dies dem Gegenstand nicht gerecht. Die schon beim Besitz beobachtete Abrundung der Kritiken durch Anwendung auf den Gegenstand des Rechts begegnet auch hier. Vor allem aber veranschaulicht ‚die transzendentale Deduktion des Begriffs der Erwerbung', dass Kant hier methodisch exakt so vorgeht wie in der *Kritik der reinen Vernunft.* Nicht zuletzt die Wendung, dass ‚durch den Willen als ein gesetzgebendes Vernunftvermögen jener Besitz als ein rein intelligibler (possessio noumenon) nach Freiheitsbegriffen mit Abstraktion

---

460 Zu Kants nachfolgender transzendentaler Deduktion des Begriffs der Erwerbung durch Vertrag *Dieter Scheffel*, in: Rechtsphilosophie der Aufklärung (Hg. Reinhard Brandt), 1982, S. 311.

461 *Arthur Schopenhauer*, Die Welt als Wille und Vorstellung, 1818, Erster Band, Anhang Kritik der Kantischen Philosophie, S. 626.

von jenen empirischen Bedingungen als das Mein und Dein vorgestellt wird', verdeutlicht die transzendentalphilosophische Vorgehensweise.

Das zeigt auch die Scheidung von allen erfahrungsmäßigen Voraussetzungen, so dass es, wie Kant an entsprechenden Stellen der *Kritik der reinen Vernunft*, auch innerhalb der Rechtslehre an jeglicher empirischer Beimischung fehlt. Das stimmt exakt überein mit der nachfolgenden Präzisierung des Mittels der ‚Weglassung der empirischen Bedingungen nach dem Gesetz der reinen praktischen Vernunft'. Auch die Vorstellung des Willens als ‚gesetzgebendes Vernunftvermögens' entspricht dem, was wir im Ersten Teil verschiedentlich im Hinblick auf die *Kritik der praktischen Vernunft* gesehen haben. Wenn schließlich der intelligible Besitz ‚nach Freiheitsbegriffen' zur Voraussetzung des Erwerbs durch Vertrag statuiert wird, dann lässt sich wohl in der Zusammenschau mit Fug von einem Recht der Freiheit sprechen.

b) Transzendentalphilosophische Begründung des Prinzips *pacta sunt servanda*

Das belegt auch Kants nachfolgende Begründung des Prinzips *pacta sunt servanda*, die gleichsam *more geometrico* erfolgt:[462] „Die Frage war: warum soll ich mein Versprechen halten? Denn *daß ich es soll*, begreift ein jeder von selbst. Es ist aber schlechterdings unmöglich, von diesem kategorischen Imperativ noch einen Beweis zu führen; eben so, wie es für den Geometer unmöglich ist, durch Vernunftschlüsse zu beweisen, daß ich, um ein Dreieck zu machen, drei Linien nehmen müsse (ein analytischer Satz), deren zwei aber zusammengenommen größer sein müssen, als die dritte (ein synthetischer; beide aber a priori). Es ist ein Postulat der reinen (von

462 *Claus-Wilhelm Canaris*, Die Vertrauenshaftung im Lichte der Rechtsprechung des Bundesgerichtshofs, in: 50 Jahre Bundesgerichtshof, Festgabe aus der Wissenschaft, 2000, Band I, S. 129, 148 f., hat dies in grundlegender Weise für das Zivilrecht im Hinblick auf Kant begründet. Seine Begründung veranschaulicht in geradezu mustergültiger Weise, wie die Basiswertungen der Privatrechtsordnung des Bürgerlichen Recht – denn es sind in Gestalt der Privatautonomie und ihrem zentralen Begriff des Rechtsgeschäfts gleich zwei – mit der Kantischen Transzendentalphilosophie in Übereinstimmung gebracht werden können. Das zeigt zugleich, dass die Reflexion der dem geltenden Recht zugrundeliegenden Prinzipien mit Kantischen Begriffen einen substantiellen Zugewinn an dogmatischer Grundlagenvergewisserung vermitteln kann und auf diese Weise nicht nur den Gerechtigkeitsgehalt der Wertungen zur Geltung bringt, sondern auch ihre geistesgeschichtliche Begründung freilegt. So erweist sich am Beispiel dieser anspruchsvollen Herleitung das bleibende Fortwirkung der Kantischen Transzendentalphilosophie in der geltenden Privatrechtsordnung, indem das Ganze nicht nur in der Theorie richtig ist, sondern auch für die Praxis taugt. Das wiederum bestätigt die eingangs dieser Untersuchung angedeuteten Wechselwirkungen zwischen Kantischer Rechtsphilosophie und Zivilrechtsdogmatik.

allen sinnlichen Bedingungen des Raumes und der Zeit, was den Rechtsbegriff betrifft, abstrahirenden) Vernunft, und die Lehre der Möglichkeit der Abstraction von jenen Bedingungen, ohne daß dadurch der Besitz desselben aufgehoben wird, ist selbst die Deduction des Begriffs der Erwerbung durch Vertrag“ (AA VI 273).

Auch wenn und gerade weil dies auf den ersten Blick wie eine Stelle aus der Kritik der reinen bzw. praktischen Vernunft anmutet, zumal die Begründungen in der Rechtslehre nicht selten von lakonischer Kürze sind und mehr voraussetzen, als sie erklären, so sind doch gerade diese Voraussetzungen als Außenverweisungen auf die Kritiken zu verstehen. Sie offenbaren damit die Konsequenz der ein- für allemal gewählten Methode.[463] Interessanterweise bezeichnet Kant den Satz als kategorischen Imperativ, und so findet auf ihn gerade deswegen, weil er nicht näher beweisbar ist, dasjenige Anwendung, was auch auf den berühmten kategorischen Imperativ aus der Moraltheorie zutrifft, nämlich, dass er a priori gilt.[464]

Zum besseren Verständnis sei hier nochmals eine bereits im Ersten Teil zitierte Stelle einer kleineren Schrift Kants genannt, die den transzendentalphilosophischen Zusammenhang erhellt: „Nun giebt es doch etwas in der menschlichen Vernunft, was uns durch keine Erfahrung bekannt werden kann und doch seine Realität und Wahrheit in Wirkungen beweiset, die in der Erfahrung dargestellt, also auch (und zwar nach einem Princip a priori) schlechterdings können geboten werden. Dieses ist der Begriff der Freiheit und das von dieser abstammende Gesetz des kategorischen, d. i. schlechthin gebietenden, Imperativ“ (AA VIII 416).

Denn das gilt letztlich auch für den Grundsatz *pacta sunt servanda.* Auch dieser kategorische Imperativ stammt vom Begriff der Freiheit ab, weil er Ausfluss der Vertragsfreiheit ist. Folgerichtig geht Kant in der Rechtslehre bezüglich des Grundsatzes *pacta sunt servanda* davon aus, dass „nicht in der Ethik, sondern im *Ius* (...) die Gesetzgebung [liegt], daß angenommene Versprechen gehalten werden müssen“ (AA 6 220). Die transzendentalphilosophische Begründung des Prinzips *pacta sunt servanda* führt daher ebenfalls zu einem Recht der Freiheit.

---

463 Vgl. nochmals *Dieter Henrich,* Kant und Hegel. Versuch der Vereinigung ihrer Grundgedanken, in: *Ders.,* Selbstverhältnisse. Gedanken und Auslegungen zu den Grundlagen der klassischen deutschen Philosophie, 1982, S. 173, 176.

464 *Claus-Wilhelm Canaris,* Die Vertrauenshaftung im Lichte der Rechtsprechung des Bundesgerichtshofs, in: 50 Jahre Bundesgerichtshof, Festgabe aus der Wissenschaft, 2000, Band I, S. 129, 148 f., lässt dies mit Bedacht offen.

5. Vorläufige Bewertung

Über die tragenden Gründe zentraler Prinzipien des Kantischen Privatrechts lässt sich nach alledem das sagen, was im Ersten Teil bereits über die beiden Zusatzartikel der Schrift *Zum ewigen Frieden* festgestellt wurde, nämlich, dass es sich um lupenreine Transzendentalphilosophie handelt. Daher ist es wichtiger, den selbstgesetzten systematischen Anspruch der Rechtslehre herauszustellen, als die einzelnen Ausprägungen, die oft nur skizzenhaft vorliegen, weil es sich dabei nicht selten um kaum mehr als Vorlesungsnotizen handelt.[465] Sie dienen, nach dem zu urteilen, was auf uns gekommen ist, ohnehin oft nur der Exemplifizierung und sind damit notwendig empirischer Art, so dass sie wenig über die kritische Methode verraten.

a) Transzendentalphilosophische Voraussetzungen einer empirischen Rechtslehre

In diesem Sinne ist etwa an der dogmatischen Einteilung aller erwerblichen Rechte aus Verträgen die Darstellung nur stichworthaft erhalten.[466] Ihr Einleitungssatz ist dagegen höchst lehrreich: „Von einer metaphysischen Rechtslehre kann gefordert werden, daß sie a priori die Glieder der Eintheilung (...) vollständig und bestimmt aufzähle und so ein wahres System derselben aufstelle; statt dessen alle empirische Eintheilung bloß fragmentarisch (...) ist und es ungewiß läßt, ob es nicht noch mehr Glieder gebe, welche zur Ausfüllung der ganzen Sphäre des eingetheilten Begriffs erfordert würden – Eine Eintheilung nach einem Princip a priori (im Gegensatz der empirischen) kann man nur dogmatisch nennen“ (AA VI 284).

aa) Verhältnis zur transzendentalen Methodenlehre

Das hiermit postulierte Systemdenken entspricht ebenfalls den Maßgaben der transzendentalen Methodenlehre innerhalb der *Kritik der reinen Vernunft*. Gleiches gilt für die dogmatische Einteilung, wie sie auch in der ersten Kritik im Unterschied zum Dogmatismus verfochten wird, und die Abgrenzung zur empirischen Einteilung, die nach einem a priori geltenden Prinzip sucht. Übrigens ist die Beobachtung,

---

465 Vgl. auch *Hans-Georg Deggau*, Die Aporien der Rechtslehre Kants, 1983, S. 17 ff.

466 Die Bemerkungen, die unter der Überschrift „Was ist Geld?“ zusammengefasst sind (AA VI 286 ff.), können eher das Interesse der Nationalökonomie beanspruchen und sind wohl nicht zuletzt durch Adam Smith beeinflusst; näher *Jens Petersen*, Adam Smith als Rechtstheoretiker, 2. Auflage 2017, S. 41.

dass man nur eine Einteilung nach einem Prinzip a priori dogmatisch nennen kann und dies im Gegensatz zur empirischen steht, auch für die moderne Rechtsdogmatik noch bemerkenswert, wenn man daran denkt, wie viele als dogmatisch verstandene und bezeichnete Einteilungen sich lediglich aus dem empirischen Lebenssachverhalt speisen und die Prinzipienebene gar nicht erst erreichen. In Anlehnung an die im Ersten Teil eingehend behandelte Diktion der *Kritik der reinen Vernunft* antworten jene Einteilungen gleichsam nur auf die Frage *quid facti*, nicht aber *quid iuris.*[467]

bb) Systematisches Recht und empirische Rechtspraxis

Man kann sich daher mit Fug fragen, ob die darauf gegründeten interpretatorischen Ansichten überhaupt den wissenschaftstheoretischen Rang einer Theorie verdienen.[468] Dabei darf aber nicht übersehen werden, dass Kant selbst dies in seiner Vorrede vorausgesehen hat und dem ebenso praktisch wirkungsvoll wie systematisch konsistent dadurch entgegengetreten ist, dass er „nämlich das Recht, was zum a priori entworfenen System gehört, in den Text, die Rechte aber, welche auf besondere Erfahrungsfälle bezogen werden, in zum Theil weitläufige Anmerkungen zu bringen; weil sonst das, was hier Metaphysik ist, von dem, was empirische Rechtspraxis ist, nicht wohl unterschieden werden könnte" (AA VI 205 f.). So ist die Problemstellung, wenn man dies ernst nimmt und herausfiltert, gleichwohl im Kern kritisch und transzendentalphilosophisch geprägt.

b) Grenzfälle

Gewiss sind nicht alle Teile des kantischen Privatrechts nicht gleichermaßen gehaltvoll oder zumindest nicht auf derselben systematischen Höhe wie etwa das Besitzrecht.

---

467 Zu der damit verbundenen Unterscheidung zwischen Faktizität und Normativität, von der bereits im Ersten Teil eingehend die Rede war, auf rechtsdogmatischer Ebene *Jens Petersen*, Von der Interessenjurisprudenz zur Wertungsjurisprudenz, 2001, S. 54 f.

468 Eingehend *Claus-Wilhelm Canaris*, Funktion, Struktur und Falsifikation juristischer Theorien, JuristenZeitung 1993, 377.

aa) Familienrecht und das „auf dingliche Art persönliche Recht"

Gerade die vielzitierte Darstellung des Familienrechts führt vom Standpunkt der transzendentalen Betrachtung aus nur bedingt weiter,[469] da sie stellenweise in der Tat parodistische Züge trägt,[470] jedoch andererseits zu Unrecht oft geschmäht wurde,[471] weil sich in ihr durchaus auch anspruchsvolle Gedanken finden – etwa den für Kants Verständnis des Familien- und Sachenrechts konstitutiven Begriff des „auf dingliche Art persönlichen Rechts"[472] –, die in der Kantischen Denkweise durchaus auch der Sache nach und nicht nur um des Begriffsgebrauchs willen als transzendentalphilosophisch bezeichnet werden können So lässt sich etwa in der scheinbar rückschrittlichen, aber historisch begreiflichen Darstellung des Eherechts durchaus eine Entsprechung und Konkretisierung derjenigen Ausprägung des kategorischen Imperativs sehen, wonach der andere jederzeit zugleich als Zweck und niemals als bloßes Mittel gebraucht werden soll.[473]

bb) Kategorischer Imperativ als „Verbindlichkeit aus dem Rechte der Menschheit"

Diese Ausprägung des kategorischen Imperativs findet im Übrigen auch in der Einleitung in die Rechtslehre ihren Niederschlag, nämlich unter dem Imperativ: „Sei ein rechtlicher Mensch". Dort heißt es: „Die rechtliche Ehrbarkeit (...) besteht darin: im Verhältniß zu Anderen seinen Werth als den eines Menschen zu behaupten, welche Pflicht durch den Satz ausgedrückt wird: ‚Mache dich Anderen nicht zum bloßen Mittel, sondern sei für sie zugleich Zweck'. Diese Pflicht wird im Folgenden als Verbindlichkeit aus dem Rechte der Menschheit in unserer eigenen Person erklärt werden" (AA VI 236). Auch wenn dies, wenn man es auf die Ehe bezieht, gleichsam die gegenteilige Personenkonstellation betrifft, so kann es auch dort

---

469 Dazu *Carl August Emge*, Das Eherecht Immanuel Kants, Kant-Studien 29 (1924), 243–279 (dazu *Hans Albrecht Fischer*, Kritische Vierteljahresschrift für Gesetzgebung und Rechtswissenschaft 22, 1929, 59).

470 Zu nennen sind vor allem die §§ 24 f. (AA VI 277), § 27 (AA VI 279 f.).

471 Vgl. nur § 29 (AA VI 281 f.). Grundlegend *Vittorio Hösle*, The Family in the History of Philosophy, Archiv für Rechts- und Sozialphilosophie 109 (2023), 497, 509 f.

472 § 29 (AA VI 281 f.). Siehe dazu *Joachim Kopper*, Von dem auf dingliche Art persönlichen Recht, Kant-Studien 52 (1961), 283; skeptisch *Hans Kiefner*, Der Einfluß Kants auf Theorie und Praxis des Zivilrechts im 19. Jahrhundert, in: Philosophie und Rechtswissenschaft (Hg. Jürgen Blühdorn/Joachim Ritter), 1969, S. 3, 12: „Kants persönlich-dingliches Rechts ist und bleibt ein Kuriosum".

473 *Manfred Kühn*, Kant. Eine Biographie (Übersetzung Martin Pfeiffer), 2003, S. 462, gibt zu bedenken, dass „große Teile dieser Ausführungen nach heutigen Maßstäben gewiss seltsam erscheinen müssen. Doch betrachtet man sie vor dem Hintergrund Preußens im 18. Jahrhundert, dann sind sie in der Tat recht fortschrittlich. Die Funktion der Frau ist derjenigen des Mannes nicht eindeutig untergeordnet. Zwischen beiden herrscht gegenseitige Anerkennung".

Geltung beanspruchen. Dementsprechend gilt dies mutatis mutandis auch für das dort bezeichnete Recht der Menschheit in der jeweils anderen Person.

c) Der nach Rechtsprinzipien verfahrende ‚philosophische Rechtslehrer' als Maßstab

Bemerkenswert im Hinblick auf das im Ersten Teil zu den Rechtslehrern Festgestellte ist im Übrigen der Begriff des ‚philosophischen Rechtslehrers': „Der philosophische Rechtslehrer wird diese Nachforschung bis zu den ersten Elementen der Transscendentalphilosophie in einer Metaphysik der Sitten nicht für unnöthige Grübelei erklären, die sich in zwecklose Dunkelheit verliert, wenn er die Schwierigkeit der zu lösenden Aufgabe und doch auch die Nothwendigkeit, hierin den Rechtsprincipien genug zu thun, in Überlegung zieht" (AA VI 280).

Im Unterschied zu den Rechtslehrern, von denen innerhalb der *Kritik der reinen Vernunft* im Rahmen der transzendentalen Deduktion der reinen Verstandesbegriffe die Rede ist, weil ihre juristische Methode der Deduktionen die transzendentalphilosophische Vorgehensweise veranschaulichen kann (AA IV 68 / AA III 99), geht es hier um die *philosophischen* Rechtslehrer, also solche, die transzendentalphilosophische Spekulationen ‚nicht für unnötige Grübelei erklären'.[474] Dazu passt auch die prinzipienorientierte Betrachtungsweise, die ebenfalls den in der ersten Kritik aufgestellten Postulaten entspricht.

Denn der Drang, den Rechtsprinzipien selbst gerecht zu werden und der Gerechtigkeit als regulativer Idee nachzueifern – mag auch vollkommene Gerechtigkeit nicht zu verwirklichen sein, wie im Ersten Teil anhand einer Stelle aus der *Kritik der reinen Vernunft* eingehend behandelt wurde (118–119/AA 89) –, zeichnet gerade den philosophischen Rechtslehrer aus. Jedenfalls an den entscheidenden Eckpunkten des Privatrechts liefert Kant also den Beweis mit den Mitteln der kritischen Methode.

Abgesehen von den philosophischen Rechtslehrern begegnet in den *Metaphysischen Anfangsgründen* noch eine eigentümliche Spezies, nämlich die der Rechtsforscher, zu denen er interessanterweise Moses Mendelssohn zählt, der ihn be-

474 *Claus-Wilhelm Canaris*, Die Vertrauenshaftung im Lichte der Rechtsprechung des Bundesgerichtshofs, in: 50 Jahre Bundesgerichtshof, Festgabe aus der Wissenschaft, 2000, Band I, S. 129, dürfte schon angesichts der dort (S. 148 f.) angestellten transzendentalphilosophischen Beurteilung des oben behandelten Grundsatzes ‚pacta sunt servanda' ein ‚philosophischer Rechtslehrer' im Kantischen Sinne gewesen sein.

kanntlich ‚den alles zermalmenden Kant' genannt hat:[475] „Daß dieses die wahre und einzig mögliche Deduction des Begriffs der Erwerbung durch Vertrag sei, wird durch die mühselige und doch immer vergebliche Bestrebung der Rechtsforscher (z. B. Moses Mendelssohns in seinem „Jerusalem") zur Beweisführung jener Möglichkeit hinreichend bestätigt" (AA VI 273).[476]

475 *Moses Mendelssohn*, Morgenstunden oder Vorlesungen über das Daseyn Gottes, Vorbericht, in: Gesammelte Schriften, Band 3.2, 1929, S. 3.

476 Zum von Kant zitierten Werk wegweisend *Adrian Loretan*, Religion und Recht in der Rechtsphilosophie von Moses Mendelssohn – Moses Mendelssohns „Jerusalem oder über religiöse Macht im Judentum", in: Interdependenzen von Religion und Recht. Diskurs Religion, Beiträge zur Religionsgeschichte und religiösen Zeitgeschichte, Band 5 (Hg. Anne Kühler/Felix Hafner/Jürgen Mohn), 2014, S. 93.

III. Folgerung für den Stellenwert der Rechtslehre

Die hier zugrunde gelegte Sichtweise bleibt auch für die Beurteilung des Stellenwerts der Rechtsphilosophie Kants nicht folgenlos.

1. Existenz der Philosophie ‚vor dem Entstehen der kritischen Philosophie'?

Dabei ist zunächst nochmals die bereits eingangs zitierte Hypothese in den Blick zu nehmen, wonach sich unter Umständen von der Rechtslehre Kants eine neue Bedeutung der kritischen Schriften erschließen lasse.[477] Diese Sichtweise schießt aber wohl über das Ziel hinaus, indem sie nach über hundertjähriger Geringschätzung der Rechtslehre unvermittelt ins andere Extrem der ungezügelten Aufwertung verfällt. Die Einordnung der *Metaphysischen Anfangsgründe der Rechtslehre* kann schwerlich gelingen, wenn ihre unleugbaren Schwächen und ihre Unfertigkeit schlicht umgedeutet werden in vorgeblich fehleingeschätzte Stärken, die es zu akzentuieren und auf die gesamte Bandbreite des Werkes auszudehnen gilt. Der Rückschluss von der Rechtslehre auf die Kritiken und die damit implizit postulierte Neuinterpretation dieser im Lichte jener geht also wohl zu weit.

Den entscheidenden und durchaus selbstbewussten Hinweis darauf, wie er den Stellenwert seiner Kritiken eingeschätzt wissen wollte, gibt Kant selbst in der Vorrede der *Metaphysischen Anfangsgründe der Rechtslehre:* „Es klingt arrogant, selbstsüchtig, und für die, welche ihrem alten System noch nicht entsagt haben, verkleinerlich, zu behaupten: daß vor dem Entstehen der kritischen Philosophie es noch gar keine gegeben habe" (AA VI 206). Einer der größten Kenner des Kantischen Spätwerks beginnt die Vorbemerkung einer grundlegenden Monographie interessanterweise rückblickend von dieser Bemerkung her und entwickelt daraus den Gang der Untersuchung, indem er den Zusammenhang zwischen theoretischer und praktischer Philosophie verdeutlicht und auf diesem Weg zu einer von Grund auf neuen Sichtweise findet, welche auch die Kantische Moraltheorie einbezieht.[478]

477 Vgl. *Gerd-Walter Küsters,* Kants Rechtsphilosophie, 1988, S. 17 ff., 143 f.; siehe auch *dens.*, Philosophische Rundschau 30 (1983), 209 ff.

478 *Eckart Förster,* Die 25 Jahre der Philosophie, 2011, S. 8, wonach sich Kant damals „auf dem Höhepunkt seiner Karriere" befand, sowie vor allem S. 23 f.: „Denn nachdem, was sich bisher ergeben hat, hätte Kant eigentlich nur sagen können, dass es vor der Kritik gar keine theoretische Philosophie gegeben habe, denn die Moralphilosophie ist von den bisherigen Überlegungen gar

https://doi.org/10.1515/9783111070186-016

2. Kants Rechtsphilosophie im Lichte der Kritiken

Von daher erklärt sich, warum die Rechtslehre ausweislich ihrer Vorrede der auf der kritischen Philosophie gründet, auf sie verweist und nicht ohne diese zu begreifen ist

a) Rechtslehre und *Kritik der reinen Vernunft*

Die Rechtslehre könnte demnach der Abrundung des Gesamtwerks dienen und muss daher insbesondere von den ersten beiden Kritiken her verstanden werden.

aa) Stellenwert der Rechtslehre

Nach dem bisher Bedachten steht die Rechtslehre im Schatten der *Kritik der reinen Vernunft*, deren Zentralität sie zwar nicht beanspruchen kann, deren transzendentale Methode der Deduktion sie aber gleichwohl an entscheidenden Stellen befolgt. Dementsprechend hat der Begriff der Deduktion in der Rechtslehre womöglich nicht Rang und Reichweite der transzendentalen Deduktion der reinen Verstandesbegriffe innerhalb der *Kritik der reinen Vernunft*.[479] Immerhin ist aber, wie bei der Behandlung des Besitzes gesehen,[480] die grundsätzliche Methode ebenso

---

nicht betroffen." Gerade dieser werkimmanente Zusammenhang ist jedoch von größter Bedeutung, wie Förster (ebenda, S. 24) hervorhebt: „Wollen wir Kants Bemerkung in den Metaphysischen Anfangsgründen der Rechtslehre also wirklich verstehen, so müssen wir besonders darauf Acht haben, wie sich die ursprüngliche Konzeption der Transzendentalphilosophie in der Zwischenzeit geändert hat, so dass sie schließlich auch die Moral mit umschloss." – Dieser Gedanke ist auch vor dem Hintergrund des im Ersten Teil Behandelten aufschlussreich. Denn wenn Kant zwischenzeitlich auch den Primat der sittlichen Freiheit aus der Kritik der Vernunft herleiten konnte, wie *Dieter Henrich*, Werke im Werden. Über die Genesis philosophischer Einsichten, 2011, S. 83 f., aufgewiesen hat, dann lässt sich, wie bereits oben im Ersten Teil bezüglich der reinen und praktischen Vernunft erwogen wurde, auch insofern von einem Recht der Freiheit sprechen, und zwar nunmehr – im Anschluss an die von der Rechtslehre aus zurückblickenden Überlegungen von Förster – gerade auch im Hinblick auf die späte Rechtslehre. Dem entspricht im Übrigen, wie wir schließlich sehen werden, Kants ausdrückliche Bezugnahme auf das Recht der Freiheit gegen Ende der Einleitung in die Rechtslehre, die sich somit auch als in sich systematisch kohärent im Hinblick auf den von Förster betonten Beginn erweist, und zwar nicht nur bezüglich der Rechtslehre, sondern darüber hinaus auch und gerade im Hinblick auf die beiden ersten Kritiken sowie insbesondere den ‚Gemeinspruch', in dem das Recht der Freiheit ausdrücklich genannt ist.

479 Zu ihr *Dieter Henrich*, Identität und Objektivität: Eine Untersuchung über Kants transzendentale Deduktion, 1976.

480 *Friedrich Kaulbach*, Die Copernicanische Denkfigur bei Kant, Kant-Studien 64 (1973), 30 ff., stellt sogar einen interessanten Zusammenhang zwischen dem Problem der Aneignung von Besitz und dieselbe wie das Erkenntnisinteresse der Herleitung eines synthetischen Urteils bzw. Rechtsbegriffs a priori. Nicht von ungefähr steht, wie im Ersten Teil gesehen, die Begründung der Rechtmäßigkeit von Besitzansprüchen im Mittelpunkt der transzendentalen Deduktion der reinen Verstandesbegriffe, auch wenn es dabei nicht um die unterschiedlichen Arten des Besitzes, also etwa die Unterscheidung zwischen der possessio noumenon und phaenomenon geht.

bb) Überkommene Sichtweise des Neukantianismus'

Die Neukantianer haben gegenüber der kantischen Rechtslehre zwar die mangelnde Interdependenz von System und Rechtslehre eingewandt und damit ihre unzureichende Fundierung im transzendentalen Idealismus geltend gemacht.[481] Doch sprechen die besseren Gründe dafür, dass – wie dies Kant selbst in der Vorrede zum Ausdruck bringt – diese Interdependenz im Sinne einer wechselseitigen Abhängigkeit der unterschiedlichen Elemente im System seiner kritischen Philosophie durchaus besteht. Die dessen ungeachtet bestehenden Unzulänglichkeiten der Rechtslehre gegenüber den Kritiken müssen also stets im Verhältnis zum Ganzen gesehen und gewichtet werden. Dagegen wird eingewandt, dass dies keinen Mangel, sondern im Gegenteil einen besonderen Vorzug ausmachen könnte.[482] Doch ist das Bestehen dieses vermeintlichen Mangels aus den genannten Gründen überhaupt zweifelhaft.

cc) Metaphysik des Rechts

Will man den kritischen Anspruch der Kantischen Rechtslehre würdigen, so kommt man nicht umhin, erneut Kants eigene Vorrede in den Blick zu nehmen. Gleich im zweiten Absatz heißt es dort: „Die Rechtslehre als der erste Theil der Sittenlehre ist nun das, wovon *ein aus der Vernunft hervorgehendes System* verlangt wird, welches man die Metaphysik des Rechts nennen könnte. Da aber der Begriff des Rechts ein reiner, jedoch auf die Praxis (Anwendung auf in der Erfahrung vorkommende Fälle) gestellter Begriff ist, mithin ein metaphysisches System desselben in seiner Eintheilung auch auf die empirische Mannigfaltigkeit jener Fälle Rücksicht nehmen müßte, um die Eintheilung vollständig zu machen (welches zur Errichtung eines *Systems der Vernunft* eine unerlaßliche Forderung ist), Vollständigkeit der Eintheilung des Empirischen aber unmöglich ist, und, wo sie versucht wird (wenigstens

---

Eigentum mit der von Kant eingeleiteten kopernikanischen Wende her; zu ihr *Kant*, Kritik der reinen Vernunft, Vorrede zur zweiten Auflage 1787 (AA III 12).

481 *Hariolf Oberer*, Kant-Studien 64 (1973), 88, 99 f.

482 Zur umgekehrten Frage nach dem Rechtsprinzip in der ‚Kritik der reinen Vernunft' *Friedrich Kaulbach*, Allgemeine Zeitschrift für Philosophie 10 (1985), 21.

um ihr nahe zu kommen), solche Begriffe nicht als integrirende Theile in das System, sondern nur als Beispiele in die Anmerkungen kommen können: so wird der für den ersten Theil der Metaphysik der Sitten allein schickliche Ausdruck sein metaphysische Anfangsgründe der Rechtslehre“ (AA VI 205; Hervorhebungen nur hier). Ein so formuliertes Vorhaben konnte nicht nur erklärtermaßen – das wäre vielleicht noch als rein deklaratorische Zielsetzung außer Betracht zu lassen, – sondern auch der Sache nach nur auf der Basis der *Kritik der reinen Vernunft* angegangen werden. Insbesondere die Vorstellung des intelligiblen Besitzes, von der bereits die Rede war, veranschaulicht, dass es sich um Gedanken handelt, welche die *Kritik der reinen Vernunft* voraussetzen. Nicht minder deutlich ist der bereits behandelte Satz aus der Vorrede, wonach es „vor dem Entstehen der kritischen Philosophie noch gar keine gegeben habe“ (AA VI 206).[483]

b) Rechtslehre und *Kritik der praktischen Vernunft*

Dementsprechend steht die Rechtslehre als notwendiges Glied neben der Tugendlehre, wie auch der äußere systematische Zusammenhang als erster Teil vor den *Metaphysischen Anfangsgründen der Tugendlehre* nahelegt. Damit ist jedoch auch der Zusammenhang mit der *Kritik der praktischen Vernunft* unabweislich.[484] An zentralen Stellen baut sie auf jener auf, woran sich im Übrigen wiederum deutlich zeigt, dass die Rechtslehre im Ganzen als kritische Philosophie konzipiert ist. Selbst wenn einzelne Passagen auf die Zeit vor den Kritiken zurückgehen, sind sie im Hinblick auf diese, gleichsam vorausschauend, angelegt. Daher kann auch die Frage als müßig beurteilt werden, welche Textschichten wann genau entstanden sind. So hoch die Textkritik im Einzelnen zu achten ist, verstellt sie bezogen auf die vorliegende Frage doch den Blick auf das Ganze.[485]

483 Dazu auch *Thomas Sören Hoffmann*, Archiv für Rechts- und Sozialphilosophie 87 (2001), 449.
484 Kants Moralphilosophie und ihren Einfluss auf Ethik und Rechtsphilosophie behandelt *Arthur Baumgarten*, Handbuch für Philosophie, 1930, Abteilung IV, c, S. 10.
485 Dies ist gleichsam die Schattenseite der vorstehend gewürdigten Gründlichkeit, die sich paradigmatisch in wissenschaftlichen Stellungnahmen zeigt. Besonders drastisch zeigt sich dies anhand der kleinteiligen Kontroverse zwischen *Yumi Saito* (Archiv für Rechts- und Sozialphilosophie 82, 1996, 238) und *Bernd Ludwig* (Archiv für Rechts- und Sozialphilosophie 82, 1996, 250; dazu wiederum die Replik von *Yumi Saito*, Archiv für Rechts- und Sozialphilosophie 82, 1996, 259, unter der Überschrift „Die Debatte weitet sich aus“), in der es stellenweise buchstäblich um ein Komma geht (vgl. *Yumi Saito*, Archiv für Rechts- und Sozialphilosophie 82, 1996, 238, 244 mit Fußnote 27 einerseits und – wohl zutreffend – *Bernd Ludwig*, Archiv für Rechts- und Sozialphilosophie 82, 1996, 250, 252 andererseits, der die Bedeutung dieses Kommas relativiert). Auch wenn die Autoren durchaus prinzipielle Folgerungen aus den Einzelbeobachtungen ziehen, fällt der Gesamtertrag dieser Kontroverse doch eher bescheiden aus.

Entscheidend ist aber, dass etwa, um ein zentrales Beispiel zu geben, die Letztbegründung des Eigentums aus dem Gebot der praktischen Vernunft entspringt:[486] „Also ist es eine Voraussetzung *a priori* der praktischen Vernunft einen jeden Gegenstand meiner Willkür als objectiv mögliches Mein oder Dein anzusehen und zu behandeln“ (AA VI 246). Die damit vorderhand eingestandene argumentative Dürftigkeit verliert sich mit Blick auf die darin implizit enthaltene Außenverweisung auf die *Kritik der praktischen Vernunft.* Sie ist im ersten Satz der Vorrede sogar explizit gemacht worden, in dem es u. a. heißt: „Auf die Kritik der praktischen Vernunft sollte das System, die Metaphysik der Sitten, folgen“ (AA VI 205).

Auch insofern erweist sich die Rechtslehre als konzeptionell kritisch und abrundend, mag auch die nähere Ausarbeitung der damit vorausgesetzten Begriffe unterblieben sein.[487] Die Publikation von 1797 legt nahe, dass diese Begriffe jeweils in der Weise zu verstehen sind, wie sie in den Hauptwerken definiert wurden. Interpretiert man das Postulat der praktischen Vernunft nur aus der Rechtslehre, so mögen zwar Fragen offenbleiben.[488] Es scheint dies ein Beispiel für die Unzulänglichkeiten des Werks zu sein. Ein anderes Bild ergibt sich aber, wenn man die vermeintlichen Unvollständigkeiten als von Kant selbstverständlich zugrunde gelegte Verweisungen auf die Kritiken liest, in diesem Fall die *Kritik der praktischen Vernunft.*

3. Die Freiheit als zentrale Konstante

Dass die Rechtslehre im Kern kritisch und insbesondere die *Kritik der praktischen Vernunft* voraussetzend konzipiert ist, zeigt vor allem das Verständnis der Freiheit als oberste Zwecksetzung.[489] Dieses wiederum erweist sich als prägend für Kants Recht der Freiheit.

---

486 Dazu *Burkhard Tuschling*, Das „rechtliche Postulat der praktischen Vernunft“: seine Stellung und Bedeutung in Kants „Rechtslehre“, in: Kant. Analysen – Probleme – Kritik (Hg. Hariolf Oberer/Gerhard Seel), 1988, S. 273.

487 *Helmut Coing*, Grundzüge der Rechtsphilosophie, 1969, S. 35 f., wonach „Kant dann in seiner Schrift ‚Die Metaphysik der Sitten‘ von 1797 eine eigene, a priorische Rechtslehre geschaffen hat, d. h. ein ‚Naturrecht‘, das auf Prinzipien der praktischen Vernunft beruht“.

488 Vgl. auch *Kristian Kühl*, Eigentumsordnung als Freiheitsordnung, Zur Aktualität der Kantischen Rechts- und Eigentumslehre, 1984, S. 142 („erhält durch die Bestimmung des Urhebers des Postulats – ‚*praktische* Vernunft‘ – eine gewisse Bestätigung, doch ist der ‚Zusammenhang‘ auch hier von Kant nicht deutlich gemacht. Insbesondere klärt Kant nicht die Beziehung dieses Postulats zu dem Begriff der praktischen Vernunft im Unterschied zu dem des Rechts als solchem auf.“).

489 Eingehend dazu *Sverre Klausen*, Die Freiheitsidee in ihrem Verhältnis zum Naturrecht und dem positiven Recht bei Kant. Mit einer Kritik der empiristischen Richtungen in moderner nordischer

a) „Das angeborene Recht ist nur ein einziges“

In der Tat heißt es in der Einleitung in die Rechtslehre unter der Überschrift ‚*Das angeborene Recht ist nur ein einziges*‘: „Freiheit (Unabhängigkeit von eines Anderen nöthigender Willkür), sofern sie mit jedes Anderen Freiheit nach einem allgemeinen Gesetz zusammen bestehen kann, ist dieses einzige, ursprüngliche, jedem Menschen, kraft seiner Menschheit, zustehende Recht“ (AA VI 237).[490] Hier kommt das Recht der Freiheit nicht minder deutlich zum Ausdruck als in der bereits zitierten Abhandlung *Über den Gemeinspruch:* „Dieses Recht der Freiheit kommt ihm, dem Gliede des gemeinen Wesens, als Mensch zu, so fern dieser nämlich ein Wesen ist, das überhaupt der Rechte fähig ist“ (AA VIII 291). Beide Aussagen stehen ersichtlich in einem werkimmanenten Zusammenhang. Wir werden darauf am Ende der Abhandlung zurückkommen.

b) Freiheit und allgemeines Gesetz

Von zentraler Bedeutung aus der Einleitung in die Rechtslehre ist daher nach wie vor die ebenfalls bereits mehrfach zitierte Rechtsdefinition: „Das Recht ist also der Inbegriff der Bedingungen, unter denen die Willkür des einen mit der Willkür des anderen nach einem allgemeinen Gesetze der Freiheit zusammen vereinigt werden kann“ (AA VI 230). Daraus folgt als allgemeines Prinzip des Rechts die bereits im Ersten Teil vielzitierte Begriffsbestimmung rechtmäßigen Handelns:[491] „Eine jede Handlung ist Recht, die oder nach deren Maxime die Freiheit der Willkür eines jeden mit jedermanns Freiheit nach einem allgemeinen Gesetze zusammen bestehen kann“ (AA VI 230). Hieraus leitet sich das allgemeine Rechtsgesetz ab:[492] „Handle äußerlich so, daß der freie Gebrauch deiner Willkür mit der Freiheit von jedermann nach einem allgemeinen Gesetze zusammen bestehen könne“ (AA VI 231).

Rechtsphilosophie, 1950; siehe auch *Gerold Prauss*, Kant über Freiheit als Antinomie, 1983; *Amandus Altmann* Freiheit im Spiegel des rationalen Gesetzes bei Kant, 1982.

490 Siehe auch *Amandus Altmann* Freiheit im Spiegel des rationalen Gesetzes bei Kant, 1982; *Arno Anzenbacher*, Kant und die Naturrechtsethik, Festschrift für Johannes Messner, 1976, S. 127.

491 *Mary J. Gregor* sieht in ihrer wegweisenden Monographie (Laws of Freedom. A Study of Kant's Method of Applying the Categorical Imperative in the „Metaphysik der Sitten“, 1963) die zentrale Zielsetzung einer Rechtsmetaphysik in der Herausarbeitung der *äußeren* Freiheit. Ihr wird freilich entgegengehalten, dass sie mit ihrer Akzentuierung der moralischen Qualifizierung des Rechts die Unterscheidung von Legalität und Moralität verdunkle (so *Gerd-Walter Küsters*, Kants Rechtsphilosophie, 1988, S. 64 f.). Ähnliches gilt für *Jeffrie G. Murphy*, Kant: The Philosophy of Right, 1970, der die Rechtslehre in Richtung einer Sozialphilosophie versteht (ebenda, S. 105).

492 *Johannes Strangas*, Kritik der kantischen Rechtsphilosophie, 1988, S. 12 ff. zu den Rechtsgesetzen.

c) Rechtslehre und Sittenlehre

Der Zusammenhang mit dem kategorischen Imperativ scheint augenfällig. Man ist geneigt, den zuletzt zitierten Satz als weniger prominente vierte Ausprägung ansehen. Dabei ist freilich nicht zu übersehen, dass er hier ausdrücklich lautet „Handle *äußerlich* so", also nicht nach derjenigen Maxime, durch die du zugleich wollen kannst, d.h. von der Willensrichtung her gesehen, sondern mit der für die Rechtsbefolgung bezeichnenden Außenrichtung. Das liegt aber eben in der Konsequenz der Rechtslehre im Unterschied zur Sittenlehre. An die Stelle des guten Willens, welcher der Pflicht, verstanden als die Notwendigkeit einer Handlung aus Achtung vor dem Gesetz, folgt, tritt die äußerliche Handlung.

Folgerichtig ist auch der Begriff der Pflicht ein anderer: „Die Pflichten nach der rechtlichen Gesetzgebung können nur äußere Pflichten sein, weil diese Gesetzgebung nicht verlangt, daß die Idee dieser Pflicht, welche innerlich ist, für sich selbst Bestimmungsgrund der Willkür des Handelnden sei, und, da sie doch einer für Gesetze schicklichen Triebfeder bedarf, nur äußere mit dem Gesetz verbinden kann. (...) Die ethische Gesetzgebung (die Pflichten mögen allenfalls auch äußere sein) ist diejenige, welche nicht äußerlich sein kann; die juridische ist, welche auch äußerlich sein kann" (AA VI 219 f.).

d) Prinzip der allgemeinen Freiheit

Grundidee des Rechts ist also seine freiheitsstiftende und freiheitswahrende Funktion.[493] Kant hat diesen Zusammenhang an einer weniger oft zitierten, aber nichtsdestoweniger zentralen Stelle mit einer beinahe physikalischen Entsprechung zum Ausdruck gebracht, die jedoch im Ausgangspunkt transzendentalphilosophisch fundiert ist: „Das Gesetz eines mit jedermanns Freiheit nothwendig zusammenstimmenden wechselseitigen Zwanges unter dem Princip der allgemeinen Freiheit ist gleichsam die Construction jenes Begriffs, d. i. Darstellung desselben in einer reinen Anschauung *a priori*, nach der Analogie der Möglichkeit freier Bewegungen der Körper unter dem Gesetze der Gleichheit der Wirkung und Gegenwirkung" (AA VI 232). Auch alle für die Rechtsdurchsetzung unerlässlichen Zwangsbefugnisse stehen somit ausdrücklich ‚unter dem Prinzip der allgemeinen Freiheit'.

---

493 Dazu auch *Wolfgang Kersting* Wohlgeordnete Freiheit: Immanuel Kants Rechts- und Staatsphilosophie, 1984.

4. Das Eigentumspostulat als Vernunftidee

Wendet man dies auf das Privatrechtsverständnis Kants an und legt zugleich die Zentralität des Freiheitsbegriffs innerhalb der Kritiken zugrunde,[494] welcher, wie zuletzt gesehen, auch in den *Metaphysischen Anfangsgründender Rechtslehre* seinen Platz hat,[495] so kann auch das Eigentum als Gebot der praktischen Vernunft der Freiheit zur Geltung verhelfen,[496] zumal da „der Begriff der Freiheit (...) ein reiner Vernunftbegriff [ist]" (AA VI 221). Ähnlich wie Gott und Unsterblichkeit als Ideen postuliert werden, wird in der Rechtslehre das Eigentum als solche vorgestellt.[497] Diese wird damit freilich nicht auf dieselbe Stufe gestellt oder in denselben Rang erhoben wie jene;[498] es geht insoweit nur um den theoretischen Stellenwert innerhalb der jeweiligen Konzeption.[499] Damit entspricht das hier vorgetragene Verständnis der oben behandelten Parallelismusthese.[500] Das Eigentum stellt sich mithin als konkretisierte Freiheit dar, die jederzeit verallgemeinerbar wird.[501]

---

494 Siehe zu Kants Freiheitsverständnis auch *Herbert Marcuse*, Kant über Autorität und Freiheit, in: Kant. Zur Deutung seiner Theorie von Erkennen und Handeln (Hg. Gerold Prauss), 1973, S. 310 ff.

495 Zum Ganzen auch *Bernd Ludwig*, Der Platz des rechtlichen Postulats der praktischen Vernunft innerhalb der Paragraphen 1–6 der kantischen Rechtslehre, in: Rechtsphilosophie der Aufklärung (Hg. Reinhard Brandt), 1982, S. 218–232.

496 Noch weiter geht *Kristian Kühl*, Eigentumsordnung als Freiheitsordnung, Zur Aktualität der Kantischen Rechts- und Eigentumslehre, 1984, S. 25, der „das Bemühen Kants, Freiheit für jedermann auch im wirtschaftlichen Bereich durch Recht zu verwirklichen" nicht hinreichend ernst genommen sieht und sich um eine systematische Untersuchung der als konstitutiv für verstandenen sozialpflichtigen Aspekte des Eigentums bei Kant bemüht.

497 Allerdings dürfte es sich im heutigen Sinne eher um eine institutionelle Absicherung handeln, so dass *Karl Larenz* (Die rechtsphilosophische Problematik des Eigentums, in: Eigentum und Eigentumsverteilung als theologisches, rechtsphilosophisches und ökonomisches Problem, Hg. Theodor Heckel, 1962, S. 21, 31) Recht hat, wenn er betont, dass „eine soziale Ordnung, die es grundsätzlich nur einigen erlauben würde, Eigentum zu haben, anderen aber nicht, (...) keine Rechtsordnung, sondern nach dem Rechtsbegriffe Kants, widerrechtlich" wäre.

498 Die Zentralität des Eigentumsbegriffs bei Kant sieht auch *Susan Shell*, The Rights of Reason. A Study of Kant's Philosophy and Politics, 1980, die sogar noch weiter geht (S. 179): "Both Kant's metaphysics and his jurisprudence are theorys of property".

499 *Otfried Höffe*, Immanuel Kant, 1983, S. 219, hat das Eigentum als Institution im Sinne eines „vernunftnotwendigen Bestandteils jeder Rechtsordnung" charakterisiert (ähnlich schon *Kosmas Psychopedis*, Untersuchungen zur politischen Theorie von Immanuel Kant, 1980, S. 4).

500 Sub II 1 c.

501 Zum Begriff der Freiheit in Kants Rechtsphilosophie *Friedrich Kaulbach*, Philosophische Perspektiven 5 (1973), 78 ff.

IV. Kants „angeborenes Recht der Freiheit"

Die Rechtslehre ist trotz ihrer altersbedingten Unzulänglichkeiten ein systemkonsistentes und damit kritisches Spätwerk, das durchgängig transzendentalphilosophisch argumentiert. An den entscheidenden Stellen erfolgt die jeweilige Herleitung im Wege transzendentaler Deduktionen. Die Rechtslehre hat so die paradox anmutende Eigenschaft, ungeachtet ihrer unfertigen Sperrigkeit Kants Werk abzurunden, zumal scheinbare Verkürzungen mitunter als Außenverweisungen auf die Kritiken zu lesen sind. In ihrer Konzeption und den entscheidenden Herleitungen des Besitzes und des Vertragsrechts können die *Metaphysischen Anfangsgründe der Rechtslehre* daher mitnichten dem „Erzeugnis eines gewöhnlichen Erdensohns" (Schopenhauer) gleichgesetzt werden, sondern nur als Werk des Verfassers der Kritik der reinen und praktischen Vernunft gesehen werden.

Kant begreift Freiheit als das einzige ‚angeborene Recht'.[502] Diesen werkimmanenten Zusammenhang zwischen seinen Kritiken und der Rechtslehre hat er selbst am schönsten unter der Überschrift „Das angeborene Recht ist nur ein einziges" zum Ausdruck gebracht,[503] indem der wie nach einem Doppelpunkt zu lesende Absatz mit dem drucktechnisch hervorgehobenen Zentralbegriff beginnt: ‚Freiheit' (AA VI 237). Dieses angeborene Recht der Freiheit ist ein singulare tantum,[504] „da es nun in Ansehung des angebornen, mithin inneren Mein und Dein keine Rechte, sondern nur Ein Recht giebt" (AA VI 238).

Kants Feststellung eines angeborenen Rechts der Freiheit innerhalb der Rechtslehre fügt sich auch in seine im Ersten Teil der vorliegenden Untersuchung erörterten Überlegungen zum Recht und zu der an den juristischen Deduktionen ausgerichteten Methode der Beweisführung innerhalb der *Kritik der reinen Vernunft*, wie folgender Satz nahelegt: „Die Absicht, weswegen man eine solche Ein-

---

502 Dazu auch *Heiner F. Klemme*, Das „angeborene Recht der Freiheit" – Zum inneren Mein und Dein in Kants Rechtslehre, in: Kant und die Berliner Aufklärung (Hg. Volker Gerhardt/Rolf-Peter Horstmann/Ralph Schumacher), 2001, Band IV, S. 180.

503 *Ulrich Seeberg*, Ursprung, Umfang und Grenzen der Erkenntnis. Eine Untersuchung zu Kants transzendentaler Deduktion der Kategorien, 2006, S. 219 mit Fußnote 121, hat bereits überzeugend aufgezeigt, dass sich hinsichtlich der Beweislastverteilung die systematische Geschlossenheit der ersten Kritik im Verhältnis zur späten Rechtslehre bis in die Unterscheidung zwischen der Frage des ‚quid iuris' zu derjenigen des ‚quid facti' darstellen lässt. Seine Ausführungen sind auch deswegen wichtig, weil sie über Kants Rechtsdefinition aus der Rechtslehre zum hierfür maßgeblichen ‚angeborenen Recht der Freiheit' aus der späten Rechtslehre führen.

504 *Stefan Gosepath*, Das Problem der Menschenrechte bei Kant, in: Kant und Menschenrechte (Hg. Reza Mosayebi), 2018, S. 195, 206, zufolge „eignet (sc. es) sich also nicht als Grundlage unseres heutigen Menschenrechtsverständnisses".

https://doi.org/10.1515/9783111070186-017

theilung in das System des Naturrechts (sofern es das angeborene angeht) eingeführt hat, geht darauf hinaus, damit, wenn über ein erworbenes Recht ein Streit entsteht und die Frage eintritt, wem die Beweisführung (onus probandi) obliege, entweder von einer bezweifelten That, oder, wenn diese ausgemittelt ist, von einem bezweifelten Recht, derjenige, welcher diese Verbindlichkeit von sich ablehnt, sich auf *sein angeborenes Recht der Freiheit* (...) methodisch und gleich als nach verschiedenen Rechtstiteln berufen könne“ (AA VI 238; Hervorhebung nur hier).

Jenes Recht der Freiheit stimmt überein mit dem, was Kant in der *Kritik der reinen Vernunft* das ‚ursprüngliche Recht der menschlichen Vernunft‘ nennt (AA III 492), die zugleich immer nur die „Eine menschliche Vernunft“ sein kann, da nur „Ein wahres System derselben aus Principien möglich“ ist (AA VI 207).[505] Dieses Recht der menschlichen Vernunft geht daher auch über ein bloßes ‚Recht des Bedürfnisses der Vernunft‘ hinaus, von dem Kant in einer kleineren Abhandlung spricht (AA VIII 137). Es ist deshalb notwendigerweise ein Recht der Freiheit: „Dieses Recht der Freiheit kommt ihm, dem Gliede des gemeinen Wesens, als Mensch zu, so fern dieser nämlich ein Wesen ist, das überhaupt der Rechte fähig ist“ (AA VIII 291). Kants ebenso knappe wie voraussetzungsreiche Ausführungen innerhalb der *Metaphysischen Anfangsgründe der Rechtslehre* über das „angeborene Recht der Freiheit“ erschließen sich somit durch das im *Gemeinspruch* genannte ‚Recht der Freiheit‘ als unausgesprochene Außenverweisung auf das in der *Kritik der reinen Vernunft* genannte ‚ursprüngliche Recht der menschlichen Vernunft‘ (AA III 492). In der Zusammenschau der ersten Kritik als dem Gerichtshof der Vernunft mit den kleineren Schriften und schließlich der späten Rechtslehre offenbart sich somit Kants auf Vernunft gründendes Recht der Freiheit.

---

505 Zum Umfeld und den Voraussetzungen dieser Stelle wegweisend *Eckart Förster*, Die 25 Jahre der Philosophie, 2011, S. 8. Wichtig auch *Rainer Forst*, Menschenwürde und Menschenrechte nach Kant, in: Immanuel Kant 1724–2024. Ein europäischer Denker (Hg. Volker Gerhardt/Matthias Weber/Maja Schepelmann), 2022, S. 127, 131 f.: „Das natürliche Recht der Freiheit ist daher keine Basis für die ‚Ableitung‘ einer Liste von Rechten oder Pflichten oder Prinzipien der Gerechtigkeit, sondern enthält das moralische Kriterium der Rechtfertigung jeglicher Rechte oder Gerechtigkeitsansprüche sowie des Rechts des freien und gleichen Status aller, die dem Recht unterworfen sind. Aus diesem Grund ist das Recht auf Freiheit – oder, in meiner Lesart, das Recht auf Rechtfertigung – das Fundament einer prozeduralen *Konstruktion* grundlegender Menschenrechte“.

Literaturverzeichnis

I Werke von Immanuel Kant

Hier zitiert nach Gesammelte Schriften, Hrsg.: Bd. 1–22 Preußische Akademie der Wissenschaften, Bd. 23 Deutsche Akademie der Wissenschaften zu Berlin, ab Bd. 24 Akademie der Wissenschaften zu Göttingen, Berlin 1900 ff. (zitiert als: AA Band Seite)

Kritik der reinen Vernunft, 1. Auflage 1781 (AA IV 1) bzw. 2. Auflage 1787 (AA III 1)

Kritik der praktischen Vernunft, 1788 (AA V 1)

Kritik der Urteilskraft, 1790 (AA V 165)

Nachricht von der Einrichtung seiner Vorlesungen in dem Winterhalbenjahre von 1765–1766, 1765 (AA II 303)

De mundi sensibilis atque intelligibilis forma et principiis, 1770 (AA II 385); deutsche Übersetzung: Von der Form der Sinnen- und Verstandeswelt und ihren Gründen, 1770 (Werkausgabe Hg. Wilhelm Weischedel), 1968, Band V, S. 7

Prolegomena zu einer jeden künftigen Metaphysik, die als Wissenschaft wird auftreten können, 1783 (AA IV 253)

Beantwortung der Frage: Was ist Aufklärung?, 1784 (AA VIII 33)

Idee zu einer allgemeinen Geschichte in weltbürgerlicher Absicht, 1784 (AA VIII 15)

Grundlegung zur Metaphysik der Sitten, 1785 (AA IV 385)

Von der Unrechtmäßigkeit des Büchernachdrucks, 1785 (AA VIII 77)

Was heißt: Sich im Denken orientiren?, 1786 (AA VIII 131)

Recension von Gottlieb Hufeland's Versuch über den Grundsatz des Naturrechts, 1786 (AA VIII 125)

Preisschrift über die Fortschritte der Metaphysik, 1791 (AA XX 253)

Über den Gemeinspruch: Das mag in der Theorie richtig sein, taugt aber nicht für die Praxis, 1793 (AA VIII 273)

Zum ewigen Frieden. Ein philosophischer Entwurf, 1795 (AA VIII 341)

Von einem neuerdings erhobenen vornehmen Ton in der Philosophie, 1796 (AA VIII 387)

Verkündigung des nahen Abschlusses eines Tractats zum ewigen Frieden in der Philosophie 1796 (AA VIII 411)

Die Metaphysik der Sitten. Erster Theil. Metaphysische Anfangsgründe der Rechtslehre, 1797 (AA VI 203)

Der Streit der Facultäten, 1798 (AA VII 1)

Anthropologie in pragmatischer Hinsicht, 1798 (AA VII 117)

Handschriftlicher Nachlaß. Opus postumum (AA XXI)

II Sekundärliteratur

Achenwall, Gottfried, Ius naturae, 1767

Achenwall, Gottfried, Staatsverfassung der heutigen vornehmsten Europäischen Reiche und Völker im Grundrisse, Siebende vermehrte Ausgabe, 1790

Albrecht, Andrea, Kosmopolitismus. Weltbürgerdiskurse in Literatur, Philosophie und Publizistik um 1800, 2005

https://doi.org/10.1515/9783111070186-018

Alexander, Christian, Marktsteuerung durch Abschöpfungsansprüche, JuristenZeitung 2006, 890
Allison, Henry E., Kant's Conception of Freedom: A Developmental and Critical Analysis, 2020
Altmann, Amadeus, Freiheit im Spiegel des rationalen Gesetzes bei Kant, 1982
Anacker, Ulrich, Hoffnung – Kants Versuch, die Idee der Gerechtigkeit zu denken, Philosophisches Jahrbuch 88 (1981), 257
Anderson, Georg, Kants Metaphysik der Sitten – ihre Idee und ihr Verhältnis zur Ethik der Wolffschen Schule, Kant-Studien 28 (1923), 41
Anzenbacher, Arno, Kant und die Naturrechtsethik, Festschrift für Johannes Messner, 1976, S. 127
Bargmann, Hermann, Der Formalismus in Kants Rechtsphilosophie, 1902
Barillari, Michele, Rilettura della Rechtslehre Kantiana, Rivista internazionale di Filosofia del Diritto 36 (1959), 125
Bartuschat, Wolfgang, Apriorität und Empirie in Kants Rechtsphilosophie, Philosophische Rundschau 34 (1987), 31
Bartuschat, Wolfgang, Praktische Philosophie und Rechtsphilosophie bei Kant, Philosophisches Jahrbuch 94 (1987), 24
Batscha, Zwi, Materialien zu Kants Rechtsphilosophie, 1976
Bauch, Bruno, Das Rechtsproblem in der Kantischen Philosophie, Zeitschrift für Philosophie III (1921), 1
Baum, Manfred, Freiheit und Recht bei Kant, in: Kant und die Philosophie in weltbürgerlicher Absicht (Hg. Stefano Bacin/Alfredo Ferrarin/ Claudio La Rocca/Margit Ruffing), 2013, S. 73
Baumgarten, Arthur, Handbuch für Philosophie, 1930
Bergk, Johann Adam, Briefe über Immanuel Kants metaphysische Anfangsgründe der Rechtslehre, enthaltend Erläuterung, Prüfung und Einwürfe, 1797 (Nachdruck 1968)
Berkemann, Jörg, Studien über Kants Haltung zum Widerstandsrecht, 1972
Biser, Eugen, Gotteskindschaft und Menschenwürde. Eine neue Anthropologie, 2005
Blühdorn, Jürgen, „Kantianer“ und Kant. Die Wende von der Rechtsmetaphysik zur „Wissenschaft“ vom positiven Recht, Kant-Studien 64 (1973), 363
Bobbio, Norberto, Diritto e stato nel pensiero di Emanuele Kant, 2. Auflage 1969
Bouterwek, Friedrich, Rezension von Kants Metaphysische Anfangsgründe der Rechtslehre, Göttingische Anzeigen von gelehrten Sachen, 28. Stück, den 18ten Februar 1797 (ebenfalls abgedruckt in der Akademie-Ausgabe, Band XX, S. 445 ff.)
Bowie, Norman E., Aspects of Kant's Philosophy of Law, Philosophical Forum 2 (1970/71), 469
Brandt, Reinhard, Rezension zu *Christian Ritter*, Der Rechtsgedanke Kants nach frühen Quellen, 1971, Philosophische Rundschau 20 (1974), 43
Brandt, Reinhard, Das Erlaubnisgesetz, oder: Vernunft und Geschichte in Kants Rechtslehre, in: Rechtsphilosophie der Aufklärung (Hg. Ders.), 1982, S. 233
Brandt, Reinhard, Die Interpretation philosophischer Werke, 1984
Brandt, Reinhard, Die politische Institution bei Kant, in: Politische Institutionen im gesellschaftlichen Umbruch in: Ideengeschichtliche Beiträge zur Theorie politischer Institutionen (Hg. Gerhard Göhler/Kurt Lenk/Herfried Münkler/Manfred Walther), 1990, S. 335
Brandt, Reinhard, Vom Weltbürgerrecht, in: Immanuel Kant: Zum ewigen Frieden (Hg. Otfried Höffe), 1995, S. 133
Brandt, Reinhard, Die Bestimmung des Menschen bei Kant, 2007
Brocker, Manfred, Kants Besitzlehre. Zur Problematik einer transzendentalphilosophischen Eigentumslehre, 1987
Brown, Stuart, Has Kant a Philosophy of Law?, Philosophical Review 71 (1962), 33

Bub, Wolf-Rüdiger/Petersen, Jens, Konfusion und Insichprozess, Festschrift für Ekkehard Schumann, 2001, S. 72
Buchda, Gerhard, Das Privatrecht I. Kants, 1929
Busch, Werner, Die Entstehung der kritischen Rechtsphilosophie Kants 1762–1786, 1979
Bydlinski, Franz, System und Prinzipien des Privatrechts, 1996
Canaris, Claus-Wilhelm, Die Feststellung von Lücken im Gesetz, 1964
Canaris, Claus-Wilhelm, Systemdenken und Systembegriff in der Jurisprudenz, 2. Auflage 1983
Canaris, Claus-Wilhelm, Der Vorrang außerbereicherungsrechtlicher, insbesondere dinglicher Wertungen gegenüber der Saldotheorie und dem Subsidiaritätsdogma – Zugleich eine Besprechung der Entscheidungen des BGH vom 6.12.1991 – V ZR 311/89 und vom 14.4.1992 – VI ZR 285/91, JuristenZeitung 1992, 1114
Canaris, Claus-Wilhelm, Theorienrezeption und Theorienstruktur, Festschrift für Zentaro Kitawaga, 1992, S. 59
Canaris, Claus-Wilhelm, Funktion, Struktur und Falsifikation juristischer Theorien, JuristenZeitung 1993, 377
Canaris, Claus-Wilhelm, Richtigkeit und Eigenwertung in der richterlichen Rechtsfindung, in: Grazer Universitätsreden Nr. 50, 1993, S. 23
Canaris, Claus-Wilhelm, Konsens und Verfahren als Grundelemente der Rechtsordnung – Gedanken vor dem Hintergrund der „Eumeniden" des Aischylos, Juristische Schulung 1996, 573
Canaris, Claus-Wilhelm, Das Rangverhältnis der „klassischen" Auslegungskriterien, demonstriert an Standardproblemen aus dem Zivilrecht, Festschrift für Dieter Medicus, 1999, S. 25
Canaris, Claus-Wilhelm, Die Vertrauenshaftung im Lichte der Rechtsprechung des Bundesgerichtshofs, in: 50 Jahre Bundesgerichtshof, Festgabe aus der Wissenschaft, 2000, Band I, S. 129
Canaris, Claus-Wilhelm, „Falsches Geschichtsbild von der Rechtsperversion im Nationalsozialismus" durch ein Porträt von Karl Larenz?, JuristenZeitung 2011, 879
Canaris, Claus-Wilhelm, Funktionen des Allgemeinen Teils eines Zivilgesetzbuchs und Grenzen seiner Leistungsfähigkeit, Gesammelte Schriften (Hg. Hans Christoph Grigoleit/Jörg Neuner), 2012, Band 3, S. 403
Carlini, Armando, Reflessioni sur la dottrina etica e giuridica di Kant, Logos 3 (1941/42), 563
Cassirer, Ernst, Kants Leben und Lehre, 1923
Cohen, Hermann, Kants Begründung der Ethik nebst ihren Anwendungen auf Recht, Religion und Geschichte, 2. Auflage 1910
Coing, Helmut, Grundzüge der Rechtsphilosophie, 1969
Deggau, Hans-Georg, Rezension zu *Simone Goyard-Fabre*, Kant et le probléme du droit, 1975, Rechtstheorie 11 (1980), 244
Deggau, Hans-Georg, Die Aporien der Rechtslehre Kants, 1983
Delekat, Friedrich, Sitte und Recht in Kants Metaphysik der Sitten, Festschrift für Eduard Spranger, 1957, S. 389
Delekat, Friedrich, Das Verhältnis von Sitte und Recht in Kants großer „Metaphysik der Sitten" (1797), Zeitschrift für Philosophische Forschung 12 (1958), 59
Dilthey, Wilhelm, Der Aufbau der geschichtlichen Welt in den Geisteswissenschaften, Gesammelte Schriften, Band VII, 7. Auflage 1979, S. 79
Dott, J. E., Quid iuris und quid facti, in: Internationaler Kant-Kongress 1981, Akten I.1, S. 12
Doublet, David Roland, Die Vernunft als Rechtsinstanz, 1989
Dreier, Ralf, Zur Einheit der praktischen Philosophie Kants. Kants Rechtsphilosophie im Kontext seiner Moralphilosophie, Perspektiven der Philosophie 5 (1979), 5

Dreier, Ralf, Rechtsbegriff und Rechtsidee. Kants Rechtsbegriff und seine Bedeutung für die gegenwärtige Diskussion, 1986
Dreier, Ralf, Eigentum in rechtsphilosophischer Sicht, Archiv für Rechts- und Sozialphilosophie 73 (1987), 159
Drüen, Klaus-Dieter, Über den Nutzen beweglicher Systeme im Steuerrecht, Steuer und Wirtschaft 2000, 289
Dünnhaupt, Rudolf, Sittlichkeit, Staat und Recht bei Kant, 1926
Dulckeit, Gerhard, Naturrecht und positives Recht bei Kant, 1932
Durantaye, Katharina de la, Der Schutz literarischer Urheberschaft im Rom der klassischen Antike, 2005
Dworkin, Ronald, Taking Rights Seriously, 1977
Dworkin, Ronald, The Law's Empire, 1986
Ebbinghaus, Julius, Kants Rechtslehre und die Rechtsphilosophie des Neukantianismus, Festschrift für Theodor Litt, 1960, S. 317
Egger, Viktor, Die Berg- und Rechtsamengemeinden des Solothurner Jura, Jahrbuch für solothurnische Geschichte 23 (1950), 5
Ellscheid, Günter, Das Problem von Sein und Sollen in der Philosophie I. Kants, 1968
Emge, Carl August, Das Eherecht Immanuel Kants, Kant-Studien 29 (1924), 243
Engisch, Karl, Logische Studien zur Gesetzesanwendung, 3. Auflage 1963
Eucken, Walter, Grundsätze der Wirtschaftspolitik, 7. Auflage 2004
Fichte, Johann Gottlieb, Beweis der Unrechtmäßigkeit des Büchernachdrucks. Ein Räsonnement und eine Parabel, Berliner Monatsschrift 21 (1793), 443
Fikentscher, Wolfgang, Methoden des Rechts in vergleichender Darstellung, Band IV, 1977
Fischer, Hans Albrecht, Rezension zu *Carl August Emge*, Das Eherecht Immanuel Kants, Kant-Studien 29 (1924), 243, Kritische Vierteljahresschrift für Gesetzgebung und Rechtswissenschaft 22 (1929), 59
Flach, Werner, Zu Kants geschichtsphilosophischem „Chiliasmus", in: Phänomenologische Forschungen (Hg. Karl-Heinz Lembeck/Karl Mertens/Ernst Wolfgang Orth), 2005, S. 167
Forst, Rainer, Menschenwürde und Menschenrechte nach Kant, in: Immanuel Kant 1724-2024. Ein europäischer Denker (Hg. Volker Gerhardt/Matthias Weber/Maja Schepelmann), 2022, S. 127
Förster, Eckart, Kant's Final Synthesis. An Essay on the Opus postumum, 2002
Förster, Eckart, Die 25 Jahre der Philosophie, 2011
Fricker, Carl Victor, Zu Kants Rechtsphilosophie, 1885
Gadamer, Hans-Georg, Wahrheit und Methode. Grundzüge einer philosophischen Hermeneutik, 1960
Gerhardt, Volker, Immanuel Kants Entwurf ‚Zum ewigen Frieden'. Eine Theorie der Politik, 1999
Gosepath, Stefan, Das Problem der Menschenrechte bei Kant, in: Kant und Menschenrechte (Hg. Reza Mosayebi), 2018, S. 195
Goyard-Fabre, Simone, Kant et le problème du droit, 1975
Goyard-Fabre, Simone, Kant et l'idée pure de droit, Archives de philosophie du droit 26 (1981), 133
Gregor, Mary J., Laws of Freedom. A Study of Kant's Method of Applying the Categorical Imperative in the „Metaphysik der Sitten", 1963
Griesinger, Ludwig Friedrich, Der Büchernachdruck, aus dem Gesichtspunkte des Rechts, der Moral und der Politik betrachtet, 1822
Grigoleit, Hans Christoph, Dogmatik – Methodik – Teleologik, Festschrift für Claus-Wilhelm Canaris, 2017, S. 241
Grimm, Dieter, Recht und Staat in der bürgerlichen Gesellschaft, 1987
Großfeld, Bernhard, Examensvorbereitung und Jurisprudenz, JuristenZeitung 1992, 22

Großfeld, Bernhard, Josef Kohler (1849–1919), Festschrift 200 Jahre Juristische Fakultät der Humboldt-Universität zu Berlin, 2010, S. 375

Haag, Johannes, Erfahrung und Gegenstand. Das Verhältnis von Sinnlichkeit und Verstand, 2007

Haag, Johannes, Grenzbegriffe und die Antinomie der teleologischen Urteilskraft, in: Übergänge – diskursiv oder intuitiv? Essays zu Eckart Försters „Die 25 Jahre der Philosophie" (Hg. Ders./Markus Wild), 2013, S. 141

Habermas, Jürgen, Strukturwandel der Öffentlichkeit. Untersuchungen zu einer Kategorie der bürgerlichen Gesellschaft, 1962, Neuauflage 1990

Habermas, Jürgen, Erkenntnis und Interesse, 1968 (hier zitiert nach dem Nachdruck der Ausgabe von 1973)

Habermas, Jürgen, Faktizität und Geltung, 1992

Habermas, Jürgen, Kants Idee des Ewigen Friedens – aus dem historischen Abstand von 200 Jahren, Kritische Justiz 28 (1995), 293

Habermas, Jürgen, Auch eine Geschichte der Philosophie, Band 2: Vernünftige Freiheit. Spuren des Diskurses über Glauben und Wissen, 2019

Haensel, Werner, Kants Lehre vom Widerstandsrecht, 1926

Hartmann, Anja Victorine, Der Platz des Rechtlichen Postulats in der Besitzlehre, Kant-Forschungen (Hg. Reinhard Brandt/Werner Stark), Band 5, 1994, S. 109

Hayek, Friedrich August von, Die Verfassung der Freiheit, 1960

Hayek, Friedrich August von, Wettbewerb als Entdeckungsverfahren, in: Freiburger Studien, 1969, S. 249

Heisenberg, Werner, Der Teil und das Ganze. Gespräche im Umkreis der Atomphysik, 13. Auflage 1993

Henrich, Dieter, Der Begriff der sittlichen Einsicht und Kants Lehre vom Faktum der Vernunft, Festschrift für Hans-Georg Gadamer, 1960, S. 77

Henrich, Dieter, Die Deduktion des Sittengesetzes, Festschrift für Wilhelm Weischedel, 1975, S. 55

Henrich, Dieter, Identität und Objektivität. Eine Untersuchung über Kants transzendentale Deduktion, 1976

Henrich, Dieter, Ethik der Autonomie, in: *Ders.*, Selbstverhältnisse. Gedanken und Auslegungen zu den Grundlagen der klassischen deutschen Philosophie, 1982, S. 6

Henrich, Dieter, Kant und Hegel. Versuch der Vereinigung ihrer Grundgedanken, in: *Ders.*, Selbstverhältnisse. Gedanken und Auslegungen zu den Grundlagen der klassischen deutschen Philosophie, 1982, S. 173

Henrich, Dieter, Die Identität des Subjekts in der transzendentalen Deduktion, in: Kant. Analysen – Probleme – Kritik (Hg. Hariolf Oberer/Gerhard Seel), 1988, S. 39

Henrich, Dieter, Kant's Notion of a Deduction and the Methodological Background of the First Critique, in: Kant's Transcendental Deductions. The Three 'Critiques' and the 'Opus postumum' (Hg. Eckart Förster), 1989, S. 29

Henrich, Dieter, Between Kant and Hegel. Lectures on German Idealism, 2008

Henrich, Dieter, Werke im Werden. Über die Genesis philosophischer Einsichten, 2011

Hinman, E.L., Kant's Philosophy of Law, The Monist 35 (1925), 280

Hirata, Toshihiro, Kants Modellwechsel im Hinblick auf die Kritik der reinen Vernunft. Vom Gerichtshofmodell zum Polizeimodell, in: Kant und die Berliner Aufklärung (Hg. Volker Gerhardt/Rolf-Peter Horstmann), 2001, S. 748

Höffe, Otfried, Immanuel Kant, 1983

Höffe, Otfried, Immanuel Kant (1724–1804), in: Klassiker der Philosophie (Hg. Ders.), Zweiter Band, 2. Auflage 1985, S. 7

Höffe, Otfried, Kant als Theoretiker der internationalen Rechtsgemeinschaft, in: Kant in der Diskussion der Moderne (Hg. Gerhard Schönrich/Yasushi Kato), 1996, S. 489
Höffe, Otfried, Kritik der Freiheit. Das Grundproblem der Moderne, 2015
Höffe, Otfried, Kants Kritik der reinen Vernunft. Die Grundlegung der modernen Philosophie, 2023
Hoffmann, Thomas Sören, Kant und das Naturrechtsdenken: Systematische Aspekte der Neubegründung und Realisierung der Rechtsidee in der kritischen Philosophie, Archiv für Rechts- und Sozialphilosophie 87 (2001), 449
Honneth, Axel, Das Recht der Freiheit, 2011
Hösle, Vittorio, Moral und Politik. Grundlagen einer Politischen Ethik für das 21. Jahrhundert, 1997
Hösle, Vittorio, Eine kurze Geschichte der deutschen Philosophie, 2013
Hösle, Vittorio, Kritik der verstehenden Vernunft, 2018
Hösle, Vittorio, Seine Geschichte der Philosophie – Zum Alterswerk von Jürgen Habermas, Philosophische Rundschau 68 (2021), 164
Hösle, Vittorio, Goethe und Dickens als christliche Dichter, 2022
Hösle, Vittorio, Im Dialog mit Gómez Dávila. Gegenaphorismen, Variationen, Korollarien, 2022
Hösle, Vittorio, The Family in the History of Philosophy, Archiv für Rechts- und Sozialphilosophie 109 (2023), 497
Hubmann, Heinrich, Recht des schöpferischen Geistes, 1954
Ikadatsu, Yasuhiro, Der Paradigmenwechsel der Privatrechtstheorie und die Neukonstruktion der Vertragstheorie in seinem Namen, 2002
Ilting, Karl-Heinz, Gibt es eine kritische Ethik und Rechtsphilosophie Kants?, Archiv für Geschichte der Philosophie 63 (1981), 325
Ishikawa, Fumiyasu, Kants Denken von einem Dritten. Das Gerichtshof-Modell und das unendliche Urteil in der Antinomielehre, 1990
Ishikawa, Fumiyasu, Das Gerichtshof-Modell des Gewissens, Aufklärung 7 (1993), 43
Ishikawa, Fumiyasu, Grundmotive des Gerichtshof-Modells der Kategorien-Deduktion Kants, Festschrift für Wilhelm Lütterfelds, 2004, S. 29
Jacoby, Florian, Zivilprozessrecht, 18. Auflage 2022
Jänich, Volker, Geistiges Eigentum – Eine Komplementärerscheinung zum Sacheigentum? 2002
Jhering, Rudolf von, Der Kampf ums Recht, 1872
Kafka, Franz, Tagebücher 1910 – 1923 (Hg. Max Brod), 1967
Kalscheuer, Fiete, Autonomie als Grund und Grenze des Rechts. Das Verhältnis zwischen dem kategorischen Imperativ und dem allgemeinen Rechtsgesetz Kants, 2014
Kaufmann, Erich, Kritik der neukantischen Rechtsphilosophie. Eine Betrachtung über die Beziehung zwischen Philosophie und Rechtswissenschaft, 1921
Kaulbach, Friedrich, Moral und Recht in der Philosophie Kants, in: Recht und Ethik (Hg. Jürgen Blühdorn/Joachim Ritter), 1970, S. 43
Kaulbach, Friedrich, Der Begriff der Freiheit in Kants Rechtsphilosophie, Philosophische Perspektiven 5 (1973), 78 ff.
Kaulbach, Friedrich, Die Copernicanische Denkfigur bei Kant, Kant-Studien 64 (1973), 30
Kaulbach, Friedrich, Das Prinzip Handlung in der Philosophie Kants, 1978
Kaulbach, Friedrich, Das transzendental-juridische Grundverhältnis im Vernunftbegriff Kants und der Bezug zwischen Recht und Gesellschaft, Festschrift für Helmut Schelsky, 1978, S. 263
Kaulbach, Friedrich, Rechtsphilosophie und Rechtstheorie in Kants Rechtsmetaphysik, Festschrift für Josef Derbolav, 1979, S. 145

Kaulbach, Friedrich, Studien zur späten Rechtsphilosophie Kants und ihrer transzendentalen Methode, 1982
Kaulbach, Friedrich, Perspektivismus und Rechtsprinzip in Kants Kritik der reinen Vernunft, Allgemeine Zeitschrift für Philosophie 10 (1985), 21
Kersting, Wolfgang, Freiheit und intelligibler Besitz. Kants Lehre vom synthetischen Rechtssatz a priori, Allgemeine Zeitschrift für Philosophie 6 (1981), 31
Kersting, Wolfgang, Transzendentalphilosophische und naturrechtliche Eigentumsbegründung, Archiv für Rechts- und Sozialphilosophie 67 (1981), 157
Kersting, Wolfgang, Neuere Interpretationen der Kantischen Rechtsphilosophie, Zeitschrift für philosophische Forschung 1983, 282
Kersting, Wolfgang, Wohlgeordnete Freiheit. Immanuel Kants Rechts- und Staatsphilosophie, 1984
Kersting, Wolfgang, Ist Kants Rechtsphilosophie aporetisch? Zu Hans-Georg Deggaus Darstellung der Rechtslehre Kants, Kant-Studien 77 (1986), 241
Kiefner, Hans, Der Einfluß Kants auf Theorie und Praxis des Zivilrechts im 19. Jahrhundert, in: Philosophie und Rechtswissenschaft (Hg. Jürgen Blühdorn/Joachim Ritter), 1969, S. 3
Kiefner, Hans, Ius praetensum – Preussisches Zivil- und Zivilprozessrecht, richterliche Methode und Naturrecht im Spiegel einer Reflexion Kants zur Logik, Festschrift für Helmut Schelsky, 1978, S. 287
Klausen, Sverre, Die Freiheitsidee in ihrem Verhältnis zum Naturrecht und dem positiven Recht bei Kant. Mit einer Kritik der empiristischen Richtungen in moderner nordischer Rechtsphilosophie, 1950
Kleingeld, Pauline, Kants politischer Kosmopolitismus, Jahrbuch für Recht und Ethik 5 (1997), 333
Klemme, Heiner F., Das „angeborene Recht der Freiheit" – Zum inneren Mein und Dein in Kants Rechtslehre, in: Kant und die Berliner Aufklärung (Hg. Volker Gerhardt/Rolf-Peter Horstmann/Ralph Schumacher), 2001, Band IV, S. 180
Köhler, Michael, Recht und Gerechtigkeit. Grundzüge einer Rechtsphilosophie der verwirklichten Freiheit, 2017
Kohler, Josef, Die Idee des geistigen Eigenthums, Archiv für die civilistische Praxis 82 (1894), 141
Kopper, Joachim, Von dem auf dingliche Art persönlichen Recht, Kant-Studien 52 (1961), 283
Krause, Siegmund, Über Büchernachdruck, 1817
Kühl, Kristian, Eigentumsordnung als Freiheitsordnung, Zur Aktualität der Kantischen Rechts- und Eigentumslehre, 1984
Kühn, Manfred, Kant. Eine Biographie (Übersetzung Martin Pfeiffer), 2003
Küsters, Gerd-Walter, Recht und Vernunft: Bedeutung und Problem von Recht und Rechtsphilosophie bei Kant, Philosophische Rundschau 30 (1983), 209
Küsters, Gerd-Walter, Kants Rechtsphilosophie, 1988
Kurz, Jakob, Die Rechtsame Gemeinde Urtenen, 1980
Landau, Peter, Hegels Begründung des Vertragsrechts, in: Materialien zu Hegels Rechtsphilosophie (Hg. Manfred Riedel), 1975, Band 2, S. 176
Landau, Peter, Die Rechtsquellenlehre in der deutschen Rechtswissenschaft des 19. Jahrhunderts, in: Juristische Theoriebildung und Rechtliche Einheit, Rättshistorika Studier (Hg. Claes Peterson), Band XIX, 1993, S. 69
Larenz, Karl, Die rechtsphilosophische Problematik des Eigentums, in: Eigentum und Eigentumsverteilung als theologisches, rechtsphilosophisches und ökonomisches Problem (Hg. Theodor Heckel), 1962, S. 21
Larenz, Karl/Canaris, Claus-Wilhelm, Lehrbuch des Schuldrechts, Teil II, 2. Halbband, 1994

Leenen, Detlef, Typus und Rechtsfindung, 1971

Leenen, Detlef, Abschluß, Zustandekommen und Wirksamkeit von Verträgen, Archiv für die civilistische Praxis 188 (1988), 381

Leenen, Detlef, Verjährung oder Risikoverlagerung?, 1997

Leenen, Detlef, Anspruchsaufbau und Gesetz: Wie die Methodik der Fallbearbeitung hilft, das Gesetz leichter zu verstehen, Juristische Ausbildung 2011, 723

Lehmann, Gerhard, Kants Besitzlehre, in: Beiträge zur Geschichte und Interpretation der Philosophie Kants (Hg. Ders.), 1969, S. 195

Lisser, Kurt, Der Begriff des Rechts bei Kant, 1922

Loretan, Adrian, Religion und Recht in der Rechtsphilosophie von Moses Mendelssohn – Moses Mendelssohns „Jerusalem oder über religiöse Macht im Judentum", in: Interdependenzen von Religion und Recht. Diskurs Religion, Beiträge zur Religionsgeschichte und religiösen Zeitgeschichte, Band 5 (Hg. Anne Kühler/Felix Hafner/Jürgen Mohn), 2014, S. 93

Loretan, Adrian, Freiheit setzt für Kant die Rechtsbindung der Leitungsorgane voraus, in: Theologie in gefährdeter Zeit. Stichworte von nahen und fernen Weggefährten für Johann Baptist Metz zum 90. Geburtstag (Hg. Hans-Gerd Janßen/Julia D. E. Prinz/Michael J. Rainer), 2018, S. 289

Ludwig, Bernd, Der Platz des rechtlichen Postulats der praktischen Vernunft innerhalb der Paragraphen 1 – 6 der kantischen Rechtslehre, in: Rechtsphilosophie der Aufklärung (Hg. Reinhard Brandt), 1982, S. 218

Ludwig, Bernd, Kants Rechtslehre, 1988

Ludwig, Bernd, Postulat, Deduktion und Abstraktion in Kants Lehre vom intelligiblen Besitz, Archiv für Rechts- und Sozialphilosophie 82 (1996), 250

Lübbe-Wolf, Gertrude, Begründungsmethoden in Kants Rechtslehre untersucht am Beispiel des Vertragsrechts, in: Rechtsphilosophie der Aufklärung (Hg. Reinhard Brandt), 1982, S. 286

Luf, Gerhard, Naturrechtskritik im Lichte der Transzendentalphilosophie, Gedächtnisschrift für René Marcic, 1983, S. 609

Luhmann, Niklas, Die Grenzen der Verwaltung, 2. Auflage 2022

Lutz-Bachmann, Matthias, Kants Friedensidee und das rechtsphilosophische Konzept einer Weltrepublik, in: Frieden durch Recht (Hg. Ders./James Bohman), 1996, S. 25

Marcuse, Herbert, Kant über Autorität und Freiheit, in: Kant. Zur Deutung seiner Theorie von Erkennen und Handeln (Hg. Gerold Prauss), 1973, S. 310

Marini, Giuliano, Kants Idee einer Weltrepublik, Eros und Eris. Liber amicorum for Adriaan Peperzak, 1992, S. 133

Mayer-Maly, Theo, Gedanken sind zollfrei, Festschrift für Claus-Wilhelm Canaris, 2007, Band II, S. 1241

Medicus, Dieter, Anspruch und Einrede als Rückgrat einer zivilistischen Lehrmethode, Archiv für die civilistische Praxis 174 (1974), 313

Medicus, Dieter, Bürgerliches Recht, 16. bis 20. Auflage (1993 bis 2004)

Medicus, Dieter/Petersen, Jens, Grundwissen zum Bürgerlichen Recht, 12. Auflage 2021

Medicus, Dieter/Petersen, Jens, Bürgerliches Recht, 29. Auflage 2023

Medicus, Dieter/Petersen, Jens, Allgemeiner Teil des BGB, 12. Auflage 2024

Mendelssohn, Moses, Morgenstunden oder Vorlesungen über das Daseyn Gottes, Vorbericht, in: Gesammelte Schriften, Band 3.2, 1929

Mestmäcker, Ernst-Joachim, Kants Rechtsprinzip als Grundlage der europäischen Einigung, in: Wirtschaft und Verfassung in der Europäischen Union, 2. Auflage 2006, S. 78

Mestmäcker, Ernst-Joachim, Wettbewerb in der Privatrechtsgesellschaft, 2019

Miklós, Tamás, ‚Es ist hier keine Auskunft für den Philosophen.' Über Kants Weltbürger-Essay, in: Der kalte Dämon, Versuche zur Domestizierung des Wissens, 2016, S. 35
Moriya, Kenichi, Savignys Gedanke im Recht des Besitzes, 2003
Müller, Christian, Wille und Gegenstand. Die idealistische Kritik der Kantischen Besitzlehre, 2006
Murphy, Jeffrie G., Kant: The Philosophy of Right, 1970
Naucke, Wolfgang, Die Dogmatisierung von Rechtsproblemen bei Kant, Zeitschrift für Neuere Rechtsgeschichte 1 (1979), 3
Neuner, Jörg, Das Rechtsprinzip Hoffnung, JuristenZeitung 2021, 585
Neustetel, Leopold Joseph, Der Büchernachdruck, nach Römischem Recht betrachtet, 1824
Nörr, Dieter, Das Verhältnis von Fall und Norm als Problem der reflektierenden Urteilskraft, in: Text und Applikation, Poetik und Hermeneutik IX (1981), 395
Nörr, Dieter, Savignys philosophische Lehrjahre, 1994
Nürnberger, Richard, Kants Rechtsphilosophie in ihrem Verhältnis zu Rousseau, Zeitschrift für die gesamte Staatswissenschaft 104 (1944), 1
Oberer, Hariolf, Zur Frühgeschichte der Kantischen Rechtslehre, Kant-Studien 64 (1973), 88
Oberer, Hariolf, Ist Kants Rechtslehre kritische Philosophie? Zu Werner Buschs Untersuchung der Kantischen Rechtsphilosophie, Kant-Studien 74 (1983), 217
Oberer, Hariolf, Rezension zu *Wolfgang Kersting*, Wohlgeordnete Freiheit. Immanuel Kants Rechts- und Staatsphilosophie, 1984, Kant-Studien 77 (1986), 118
Oechsler, Jürgen, Die Idee als persönliche geistige Schöpfung. Von Fichtes Lehre vom Gedankeneigentum zum Schutz von Spielideen, Gewerblicher Rechtsschutz und Urheberrecht 2009, 1101
Oesterreich, Peter L., Vom Vernunftgerichtshof zum Weltgericht. Gerichtliche Metaphorik bei Kant und Hegel, in: Darstellung und Erkenntnis. Beiträge zur Rolle nichtpropositionaler Erkenntnisformen in der deutschen Philosophie und Literatur nach Kant (Hg. Brady Bowman), 2007, S. 45
Ohly, Ansgar, „Volenti non fit iniuria" – die Einwilligung im Privatrecht, 2002
Ohly, Ansgar, Zwölf Thesen zur Einwilligung im Internet – Zugleich Besprechung zu BGH, Urt. v. 19.10.2011 – I ZR 140/10 – Vorschaubilder II, Gewerblicher Rechtsschutz und Urheberrecht 2012, 983
Ohly, Ansgar, Geistiges Eigentum?, JuristenZeitung 2003, 545
Paulsen, Friedrich, Immanuel Kant. Sein Leben und seine Lehre, 4. Auflage 1904
Petersen, Jens, Unternehmenssteuerrecht und bewegliches System. Betriebsaufspaltung, Mitunternehmerschaft, verdeckte Gewinnausschüttung, 1999
Petersen, Jens, Die Beweislast bei der Ausgleichspflicht unter Miterben nach § 2057a BGB, Zeitschrift für Erbrecht und Vermögensnachfolge 2000, 432
Petersen, Jens, Von der Interessenjurisprudenz zur Wertungsjurisprudenz, 2001
Petersen, Jens, Allgemeiner Teil und Internet, Juristische Ausbildung 2002, 387
Petersen, Jens, Grundfragen zum Recht des Besitzes, Juristische Ausbildung 2002, 160
Petersen, Jens, Sonderfragen zum Recht des Besitzes, Juristische Ausbildung 2002, 255
Petersen, Jens, Die Abstraktheit der Vollmacht, Juristische Ausbildung 2004, 829
Petersen, Jens, Die Entstehung und Prüfung von Ansprüchen, Juristische Ausbildung 2008, 180
Petersen, Jens, Einwendungen und Einreden, Juristische Ausbildung 2008, 422
Petersen, Jens, Anspruchsgrundlage und Anspruchsaufbau als Abbildung des inneren Systems der Privatrechtsordnung, Festschrift für Dieter Medicus, 2009, S. 295
Petersen, Jens, Das Zustandekommen des Vertrags, Juristische Ausbildung 2009, 183
Petersen, Jens, Medienrecht, 5. Auflage 2010

Petersen, Jens, Vertretung ohne Vertretungsmacht, Juristische Ausbildung 2010, 904
Petersen, Jens, Die Privatautonomie und ihre Grenzen, Juristische Ausbildung 2011, 184
Petersen, Jens, Die systematische Stellung des Allgemeinen Teils vor der Klammer der übrigen Bücher, Juristische Ausbildung 2011, 759
Petersen, Jens, Die Verjährung der Ansprüche, Juristische Ausbildung 2011, 657
Petersen, Jens, Heinrich von Kleists „Über die allmähliche Verfertigung der Gedanken beim Reden" im Spiegel der mündlichen Prüfung, Juristische Ausbildung 2011, 818
Petersen, Jens, Rezension zu *Vittorio Hösle*, Eine kurze Geschichte der deutschen Philosophie, 2013, Archiv für Rechts- und Sozialphilosophie 99 (2013), 434
Petersen, Jens, Freiheit unter dem Gesetz. Friedrich August von Hayeks Rechtsdenken, 2014
Petersen, Jens, Wilhelm von Humboldts Rechtsphilosophie, 3. Auflage 2016
Petersen, Jens, Adam Smith als Rechtstheoretiker, 2. Auflage 2017
Petersen, Jens, Privatrechtsdogmatik und methodischer Individualismus am Beispiel Rudolf von Jherings, Festschrift für Claus-Wilhelm Canaris, 2017, S. 87
Petersen, Jens, Schopenhauers Gerechtigkeitsvorstellung, 2017
Petersen, Jens, Der Dritte im Zivilrecht, 2018
Petersen, Jens, Recht bei Tacitus, 2019
Petersen, Jens, Rechtsordnung und Wirtschaftsordnung nach Eucken, 2019
Petersen, Jens, Max Webers Rechtssoziologie und die juristische Methodenlehre, 3. Auflage 2020
Petersen, Jens, Nietzsches Genialität der Gerechtigkeit, 3. Auflage 2020
Petersen, Jens, Friedrich Schiller über die Gesetzgebung des Lykurgus und Solon, Festschrift für Reinhard Singer, 2021, S. 497
Petersen, Jens, Vicos Kulturgeschichte des Rechts, 2022
Picker, Eduard, Der negatorische Beseitigungsanspruch, 1972
Prauss, Gerold, Kant über Freiheit als Antinomie, 1983
Psychopedis, Kosmas, Untersuchungen zur politischen Theorie von Immanuel Kant, 1980
Pütter, Johann Stephan, Auserlesene Rechts-Fälle aus allen Theilen der in Teutschland üblichen Rechtsgelehrsamkeit in Deductionen, rechtlichen Bedenken, Relationen und Urtheilen. Göttingen 1768 – 1802
Pütter, Johann Stephan, Anleitung zur juristischen Praxi wie in Teutschland sowohl gerichtliche als aussergerichtliche Rechtshändel oder andere Kanzley- Reichs- und Staats-Sachen schriftlich oder mündlich behandelt, und in Archiven beygeleget werden, Göttingen, 1780
Raay, Anne van, Gewinnabschöpfung als Präventionsinstrument im Lauterkeitsrecht. Möglichkeiten und Grenzen effektiver Verhaltenssteuerung durch den Verbandsanspruch nach § 10 UWG, 2012
Reckwitz, Andreas, Die Gesellschaft der Singularitäten, 2017
Reinhold, Karl Leonard, Einige Bemerkungen über die in der Einleitung zu den ‚Metaphysischen Anfangsgründen der Rechtslehre' von I. Kant aufgestellten Begriffe von der Freiheit des Willens, Zweither Theil, 1797
Renaud, Achilles, Die Gemeindenutzungen, Zeitschrift für deutsches Recht und deutsche Rechtswissenschaft 9 (1845), 59
Ritter, Christian, Der Rechtsgedanke Kants nach frühen Quellen, 1971
Ritzel, Wolfgang, Immanuel Kant. Eine Biographie, 1985
Rothenfußer, Christoph, Kausalität und Nachteil, 2003
Ruck, Erwin, Rezension zu *Werner Haensel*, Kants Lehre vom Widerstandsrecht, 1926, Kritische Vierteljahresschrift für Gesetzgebung und Rechtswissenschaft 22/58 (1929), 326
Ruvo, Vincenzo De, La filosofia del diritto di E. Kant, 1961

Saage, Richard, Besitzindividualistische Perspektiven der politischen Theorie Kants, Neue Politische Literatur 17 (1972), 168

Saage, Richard, Eigentum, Staat und Gesellschaft bei I. Kant, 1973.

Sack, Rolf, Der Gewinnabschöpfungsanspruch von Verbänden, Wettbewerb in Recht und Praxis 2003, 549

Sänger, Monika, Die kategoriale Systematik in den „Metaphysischen Anfangsgründen der Rechtslehre“, Ein Beitrag zur Methodenlehre Kants, Kant-Studien-Ergänzungsheft 114, 1982

Saito, Yumi, War die Umstellung von § 2 der Kantischen „Rechtslehre“ zwingend? Eine Rezension von Anja V. Hartmanns Abhandlung „Der Platz des rechtlichen Postulats in der Besitzlehre“, Archiv für Rechts- und Sozialphilosophie 82 (1996), 238

Saito, Yumi, Die Debatte weitet sich aus – zu Bernd Ludwigs vorstehender Replik, Archiv für Rechts- und Sozialphilosophie 82 (1996), 259

Saner, Hans, Widerstreit und Einheit. Wege zu Kants politischem Denken, Band 1: Kants Weg vom Krieg zum Frieden, 1967

Savigny, Friedrich Carl von, Das Recht des Besitzes, 1803

Savigny, Friedrich Carl von, System des heutigen Römischen Rechts, Band II, 1840

Schaub, Renate, Schadensersatz und Gewinnabschöpfung im Lauterkeits- und Immaterialgüterrecht, Gewerblicher Rechtsschutz und Urheberrecht 2005, 918

Scheffel, Dieter, Thesen zu Kants transzendentaler Deduktion des Begriffs der Erwerbung durch Vertrag, in: Rechtsphilosophie der Aufklärung (Hg. Reinhard Brandt), 1982, S. 311

Scheuerle, Wilhelm A., Kants Auffassung von der Urteilskraft des Richters, Zeitschrift für die gesamte Staatswissenschaft 109 (1953), 691

Schiller, Friedrich, Was heißt und zu welchem Ende studiert man Universalgeschichte?, 1789

Schmid, Carl Ernst, Der Büchernachdruck aus dem Gesichtspunkte des Rechts, der Moral und der Politik, 1823

Schnädelbach, Herbert, Immanuel Kant, Kritik der reinen Vernunft, in Zeit-Bibliothek der 100 Sachbücher (Hg. Fritz J. Raddatz), 1984

Schopenhauer, Arthur, Die Welt als Wille und Vorstellung, 1818

Schreckenberger, Waldemar, Legalität und Moralität. Rechtsphilosophische Untersuchungen zum Rechtsbegriff bei Kant, 1959

Schwab, Johann Christoph, Neun Gespräche zwischen Christian Wolff und einem Kantianer über Kants Metaphysische Anfangsgründe der Rechtslehre und der Tugendlehre, 1798 (Nachdruck 1968)

Seeberg, Ulrich, Ursprung, Umfang und Grenzen der Erkenntnis. Eine Untersuchung zu Kants transzendentaler Deduktion der Kategorien, 2006

Seeberg, Ulrich, Kants Vernunftkritik als Gerichtsprozeß, in: Darstellung und Erkenntnis. Beiträge zur Rolle nichtpropositionaler Erkenntnisformen in der deutschen Philosophie und Literatur nach Kant (Hg. Brady Bowman), 2007, S. 61

Shell, Susan, The Rights of Reason. A Study of Kant's Philosophy and Politics, 1980

Spaemann, Robert, Kants Kritik des Widerstandsrechts, in: Materialien zu Kants Rechtsphilosophie (Hg. Zwi Batscha), 1976, S. 347

Spaemann, Robert, Der letzte Gottesbeweis, 2007

Stang, Konrad, Darstellung der reinen Rechtslehre von Kant zur Berichtigung der vorzüglichsten Missverständnisse derselben, 1798

Stephani, Heinrich, Anmerkungen zu Kants Metaphysischen Anfangsgründen der Rechtslehre, 1797

Sterzenbach, Georg, Die Welt als Tribunal. Der Gerichtshof als Metapher in Philosophie und schöner Literatur, Kritische Justiz 31 (1998), 486

Strangas, Johannes, Kritik der kantischen Rechtsphilosophie, 1988

Strangas, Johannes, Zum Problem einer transzendentalen Deduktion des Begriffs des Rechts, in: Opera minora omnia, 2021, Band II, S. 551

Strawson, Peter F., The Bounds of Sense, 1966

Stürner, Michael, Europäisches Vertragsrecht. Institutionelle und methodische Grundlagen, materielles Recht, Kollisionsrecht, 2021

Stuhlmann, Christian, Der zivilrechtliche Persönlichkeitsschutz bei Ehrverletzung und kommerzieller Vermarktung in Deutschland, 2001

Swoboda, Ernst, Kant und das Zivilrecht, Kant-Studien 43 (1943), 369

Trabant, Jürgen, Mithridates im Paradies. Kleine Geschichte des Sprachdenkens, 2003

Trabant, Jürgen, Wilhelm von Humboldt (1767-1835), 2021

Tieftrunk, Johann Heinrich, Philosophische Untersuchungen über das Privat- und öffentliche Recht zur Erläuterung und Beurteilung der metaphysischen Anfangsgründe der Rechtslehre von Prof. Immanuel Kant, Erster Theil, 1797, Zweiter Theil, 1798

Tipke, Klaus, Ein Ende dem Einkommensteuerwirrwarr!?, 2006

Trevisan, Diego Kosbiau, Der Gerichtshof der Vernunft. Eine historische und systematische Untersuchung über die juridischen Metaphern der K. r. V., 2018

Tuschling, Burkhard, Das „rechtliche Postulat der praktischen Vernunft“: seine Stellung und Bedeutung in Kants „Rechtslehre“, in: Kant. Analysen – Probleme – Kritik (Hg. Hariolf Oberer/Gerhard Seel), 1988, S. 273

Twellmann, Marcus, Der (Anti-)Juridismus der reinen Vernunft. Zur Rechtsmetaphorik bei Kant, Weimarer Beiträge 55 (2009), 413

Ulmer, Eugen, Urheber- und Verlagsrecht, 1980

Unberath, Hannes, Die Bindung an den Vertrag – Zur Bedeutung Kants für die neuere Diskussion um die Grundlagen des Privatrechts, Festschrift für Joachim Hruschka, 2005, S. 719

Unberath, Hannes, Die Vertragsverletzung, 2007

Unberath, Hannes, Der Nachhall der Metaphysischen Anfangsgründe der Rechtslehre im System des heutigen römischen Rechts, Zeitschrift der Savigny-Stiftung für Rechtsgeschichte. Germanistische Abteilung 127 (2010), 142

Vorländer, Karl, Ergänzungen aus Kants Handschrift, in: Kant, Anthropologie in pragmatischer Hinsicht (Hg. Reinhard Brandt), 2000, S. 273

Weizsäcker, Carl Friedrich von, Der bedrohte Friede, 1981

Wilburg, Walter, Die Elemente des Schadensrechts, 1941

Wilburg, Walter, Entwicklung eines beweglichen Systems im Bürgerlichen Recht, Grazer Rektoratsrede 1950

Willaschek, Marcus, Kant. Die Revolution des Denkens, 2023

Zahn, Manfred, Zur Idee der Transzendentalphilosophie in Kants Opus postumum, in: Selbstvergewisserung. Studien zur klassischen Epoche der Transzendentalphilosophie (Hg. Martin Scherer), 1998, S. 9

Zeiss, Walter/Schreiber, Klaus, Zivilprozessrecht, 12. Auflage 2014

Personenverzeichnis

Die kursiv gedruckten Zahlen verweisen auf den Text, die normal gedruckten auf die Fußnoten.

https://doi.org/10.1515/9783111070186-019